CLASSICS IN GERMANIC LITERATURES AND PHILOSOPHY

HERAUSGEGEBEN VON

WOLFGANG F. TARABA

Professor für Neuere Germanistik und *Humanities*
University of Minnesota

Bernhard Diebold

Anarchie im Drama

Kritik und Darstellung
der modernen
Dramatik

4., neu erweiterte Auflage

mit einer Einführung von
Klaus Kilian
Ruhr-Universität Bochum

Johnson Reprint Corporation
New York   1972   London

Library of Congress Catalog Card Number 72-3729

Die 4., neu erweiterte Auflage nachgedruckt mit Erlaubnis von Anton Schroll & Co.

Copyright © 1972 by Johnson Reprint Corporation
First reprinting 1972, all rights reserved
Johnson Reprint Corporation, 111 Fifth Avenue, New York, New York 10003

Printed in Germany

Einleitung zum Nachdruck

I

Was Dringlicheres wäre heute eigentlich meine Aufgabe, der ich die Aufrechterhaltung der letzten Reste geistiger Ordnung in Deutschland öffentlich mitbesorge, als endlich vor Deutschland und dem Ausland aufzudecken, daß Sie die Spur öffentlichen Ansehens, die Sie in kleinen Teilen des Südens noch genießen, durch den gänzlichen Mangel an Lebensfrische, Enthusiasmus, ein mürrisches Bürgerpathos, das Sie in Ihrem ehemals wichtigen Blatt hätscheln, auch nicht mehr verdienen.

Muß es das unvoreingenommene Gewissen nicht verdrießen, daß Ihre gänzlich für den Zeitgenossen verstorbenen Heilborn [und] Diebold [. . .] die arme Bevölkerung Frankfurts und Umgebung mit dem fossilsten Abhub der Geschehnisse so versorgen, daß ich bei einem kürzlichen Aufenthalt in der Goethestadt die Bewohner tatsächlich mental bis zu einem Grade niedergebrochen fand, der sonst nur noch in Berlin und München möglich ist.[1]

Diesen verärgerten Brief Carl Sternheims an die Redaktion, – eine Entgegnung auf die unter dem Titel „Flohzirkus Sternheim" publizierte Rezension Diebolds über den eben erschienenen Essayband „Lutetia" – druckte die Frankfurter Zeitung am 30. Juli 1926 ab, mit der Anmerkung, man erhoffe sich „davon als nicht ganz unbeabsichtigte Nebenwirkung einige heitere Minuten"[2] für die Leser.

Mit noch schärferer Ironie reagierte Ernst Heilborn, Herausgeber der Monatsschrift „Die Literatur," der den Brief zusammen mit den Anmerkungen der Redaktion der Frankfurter Zeitung unter der Überschrift „Todesfälle. Statt jeder besonderen Meldung"[3] erneut abdruckte und damit Bernhard Diebold, der in diesen Jahren auch für „Die Literatur" Berichte schrieb, und sich selbst als „gänzlich für den Zeitgenossen verstorben" vorstellte.

Wie weit die Vorwürfe Sternheims – Mangel an Lebensfrische und Enthusiasmus, mürrisches Bürgerpathos – Diebold treffen können, ob er zu jenen Kritikern gehört, die sagen „Das Alte war das Gute. Das Alte wird nie übertroffen werden. Wir werden zum Alten zurückkehren"[4], ob er zu jenen „Aposteln des Alten" zu rechnen ist, die „über gewertete Werte längst Gesagtes [...] immer wieder sagen"[4] und das Neue und seinen Eigenwert nicht rechtzeitig zu erkennen vermögen, wird noch untersucht werden müssen.

II

Bernhard Ludwig Diebold wurde am 6. Januar 1886 in Zürich geboren, studierte zunächst (1904–1906) Jura in Zürich, ging dann (1906–1908) nach Wien, um die Schauspielschule am Burgtheater zu besuchen, und begann schließlich 1908 das Studium der Theaterwissenschaft bei Max Herrmann in Berlin, das er 1912 in Bern mit einer Dissertation über „Das Rollenfach im deutschen Theaterbetrieb des 18. Jahrhunderts" abschloß, einer Arbeit, die seine gründliche Kenntnis der dramatischen Literatur und der Geschichte von Dramentheorie, Literaturkritik und Theaterbetrieb beweist. Nach seiner Promotion arbeitete er bis 1915 als Dramaturg und Spielleiter am Münchener Schauspielhaus und wurde so mit der Praxis der Bühnenarbeit vertraut. Von 1915 an wirkte er als Theaterkritiker, ab 1917 für die Frankfurter Zeitung, und schrieb Berichte über die Aufführungen verschiedener Bühnen, unter anderem in Frankfurt, Berlin, Darmstadt und Erfurt.

Im Jahre 1921 veröffentlichte er sein kritisches Hauptwerk, „Anarchie im Drama", das 1928 bereits in 4. Auflage erschien; 1924 folgte die Studie „Der Denkspieler Georg Kaiser", eine Erweiterung und Umarbeitung des „Georg Kaiser der Denkspieler" betitelten Abschnitts der „Anarchie". 1926 hatte er als Beauftragter der Kleist-Stiftung die Preisträger zu nominieren; er teilte den Preis unter die Autoren Alexander Lernet-Holenia,

Alfred Neumann und Martin Kessel. Seine Entscheidung begründete er mit folgenden Worten:

> Da [...] die meisten unter den sogenannten Jüngsten mir momentan den Menschen zu einseitig und problemlos auf ein mechanisches oder erotisches Programm verpflichten, so suchte ich nach Dichtern, deren Wille auf das Menschenganze zielt. Denn für die Dichtung gilt als Stoff die vieldeutige Totalität von Körper, Geist und Seele.[5]

1928 sollte er für die Frankfurter Zeitung über die Bayreuther Festspiele berichten; seine Eindrücke und Überlegungen jedoch gingen weit über das Tagesgeschehen hinaus, und so „wuchs diese Schrift unter dem Druck des mächtigen Décadence-Problems über das Zeitungsmögliche hinaus"[6] und wurde im selben Jahr unter dem Titel „Der Fall Wagner. Eine Revision" veröffentlicht. Sein Fazit des Ersten Weltkrieges zieht er 1932 („Das Buch der guten Werke 1914-1918"): „Die große Masse solcher kleinsten Züge der Humanität ergeben schließlich die g a n z e Erkenntnis: daß unter tausend Teufeln des Krieges neunhundert nur gezwungene arme Teufel waren"[7]; er versucht, Nationalismus und politischen Haß durch Berichte von den Kriegsschauplätzen ad absurdum zu führen, in denen der Soldat „als mitleidender E i n z e l m e n s c h dem leidenden Einzelmenschen von der anderen Seite"[8] gegenübergestellt wird, eine Darstellung der schizophrenen Situation des Krieges – „Die eine Seele [...] untersteht der allgemeinen Pflicht [...] Die andere Seele aber bleibt die private des Mannes im Zivilanzug, der außerhalb der zwingenden Regel des Krieges sich vor den eigenen Waffentaten [...] entsetzen würde. Zweierlei Mensch lebt in der Uniform"[9] – in der der Angehörige einer Nation gezwungen ist, anders zu handeln, als er „als soziales Menschgeschöpf"[10] handeln würde. Die kurzen Berichte von der Front, aus Lazaretten und Gefangenenlagern, verfaßt von Soldaten und Zivilisten aller beteiligten Nationen, die Diebold zusammenstellte, haben keine nationalistische

Tendenz, weder Abschreckung noch Verharmlosung des Geschehenen sieht der Herausgeber als Sinn des Buches, sondern Vermittlung der „ganzen Erkenntnis": „Der Mensch darf nicht glauben, er sei den Tieren gleich, er darf nicht glauben, er sei den Engeln gleich. Er darf nicht das eine und nicht das andere übergehen; sondern er muß beides wissen."[11] Das Motto der „Anarchie im Drama" steht, wie in der Begründung für die Verteilung des Kleist-Preises, ungeschrieben auch über dem „Buch der guten Werke 1914–1918", als Warnung und Mahnung an den Einzelmenschen.

1935 kehrt Diebold nach Zürich zurück; dort erschien 1938 sein Roman „Das Reich ohne Mitte". Seit 1939 schrieb er Schauspielkritiken für die Zeitung „Die Tat." Im selben Jahr wurden ein Band skurriler Geschichten mit dem Titel „Italienische Suite" und die breit angelegte Erzählung „Der letzte Großvater", im folgenden Jahr das Libretto zu einer komischen Oper nach einer Komödie Molières veröffentlicht.

Am 9. August 1945 starb Bernhard Diebold in Zürich.

Die zahllosen Berichte, Rezensionen und Aufsätze, die er für die Tagespresse und literarische Zeitschriften verfaßte, können hier nicht erwähnt werden; eine geringe Auswahl ist, da für das Verständnis von Diebolds Position als Kritiker unentbehrlich, in die Bibliographie aufgenommen.

Carl Sternheim hatte dem Kritiker Diebold Rückständigkeit und epigonale Geisteshaltung vorgeworfen. Um zu einer ersten Klärung dieser Vorwürfe zu gelangen, scheint es notwendig, auf die bereits erwähnte Erzählung „Der letzte Großvater" kurz einzugehen. Der Untertitel dieses Werkes – „Gegen die Jugend gibt es kein Gesetz" – scheint der Sternheimschen Anklage recht zu geben. Die Handlung spielt im engen, kleinbürgerlichen Milieu der Züricher Vorstadt in den dreißiger Jahren unseres Jahrhunderts. Drei Generationen leben nebeneinander in der abgestandenen, stickigen Atmosphäre des Kleinbürgertums: die Jugend – übertrieben, nervös verkrampft und unaufrichtig – kämpft gegen das geistige Erbe des 19. Jahrhunderts, das für sie nur mehr pathetischen Gefühlsschwindel bedeutet; Böcklin und Wagner werden von ihr als Paradigmen für Kitsch und Verlogenheit einer vergangenen Epoche verurteilt. Man versucht, den „Zwiespalt eines Enkels, der kein Enkel mehr sein"[12] will, durch „logische Gymnastik"[13] zu überbrücken und findet nicht den Weg zu einem Dialog mit der Generation der Greise, die geistig im verhaßten 19. Jahrhundert verwurzelt sind und sich bemühen, ihre Zweifel und Schwächen mit der Starrheit der Tradition zu verdecken und zu überspielen. Die dazwischen stehende Generation der Eltern, nur äußerlich vom Chaos des Weltkrieges verschont, lebt haltlos einem verlogenen Egoismus. Keine Generation ist fähig zur Kommunikation mit der anderen; der Greis ist zwar in der Lage, die Situation zu durchschauen – „Er war bei Gott ein Großvater – nichts als ein Großvater. Arnold war schon kein rechter Vater mehr. Otto kein Sohn, geschweige ein Enkel mehr. Sein Großvatertum schwebte, nur noch sich selber nützlich, in der Luft"[14] – , zum Handeln ist er zu schwach.

Diebold verherrlicht in seiner Erzählung weder das mürrische Bürgerpathos einer vergangenen Epoche, noch verdammt er die ziellosen Versuche der Jugend; er versucht, objektiv die Situation einer Zeit zu analysieren, in der sich die Generationen als „kulturelle Seelenfeinde"[15] gegenüberstehen, demaskiert erbarmungslos die Schwächen *aller* Gruppen, worüber auch der idyllisch wirkende Ort der Handlung nicht hinwegzutäuschen vermag. Er kritisiert die Haltung aller drei Generationen in gleichem Maß und läßt keine einen Ausweg aus ihrer inneren Abgeschlossenheit finden, – am Ende stehen, trotz aller Irrwege und Erfahrungen, Großvater, Vater und Enkel unverändert starr nebeneinander.

Von größerer literarischer Bedeutung ist Diebolds zu Unrecht völlig vergessener Roman „Das Reich ohne Mitte", eine Darstellung der geistigen Verhältnisse und politischen Entwicklungen in Deutschland zwischen 1923 und 1932. Das Nachwort zu diesem Roman enthält sein politisches Bekenntnis, gibt den geistigen und politischen Standort Diebolds an; dieser Versuch der Bestimmung der eigenen Position ist von großer Bedeutung für das Verständnis des Kritikers Diebold.

In diesem Roman treiben etwa achtzig Personen im Trubel der politischen Rednerei. Die meisten bekennen ihre Politik in einer sehr lauten Sprache. Aber mit Ausnahme zweier tragischer Einzelgänger von ganz Links und ganz Rechts gilt auf sie Christi Wort gegen die Schriftgelehrten: „Sie sagen es wohl – und tun es nicht." Darum steht dieser Satz als Leitwort unter dem Titel des Werkes.

Während der deutschen Nachkriegsjahre, die der Roman schildert, war sein Autor unaufhörlicher Zeuge der wildesten politischen Redefreiheit, deren Gereiztheit auf nahe Taten wies [...] Er sah allüberall gutgläubige politische Redner, neunmalkluge Sophisten und verlogene Zeloten. Aber er sichtete fast keine *Täter*. Das gesprochene, geschriebene und gedruckte Wort hatte seine Verantwortlichkeit verloren.

Zwischen Wort und Tat klaffte ein Abgrund. Beim Blick in diesen Abgrund verlor der Autor den Glauben an die noch heute gepredigte Vorherrschaft der Politik – im geistig-seelischen Gesamtbereiche unseres Lebens. Die Leitartikel und Versammlungsreden bedeuteten in allzu vielen Fällen nur eine Selbstenthemmung oder ein Geltungsbedürfnis; eine eitle Demagogie oder eine Art von politischem Expressionismus des privaten Ichs. Aber sie waren nicht mehr Aufrufe zur Tat. [...] Es mangelte nicht an der Intelligenz zur Politik; es fehlte am *Charakter*.

Was ist Charakter? Die Jugend hält ihn für eine moralinsaure Forderung pedantischer Schullehrer. Aber Charakter ist die Ausformung der divergierenden Eigenschaften des Menschen zur persönlichen Einheit. Charakter ist ethischer Stil. Charakter leistet die Gruppierung des Guten im

Einleitung zum Nachdruck

Zentrum und die Plazierung des Bösen an der Peripherie des Menschenbezirks. [. . .] Charakter verbürgt die Tateinheit von Denken und Wirken. Voraussetzung jeglicher Tat aus geistigem Antrieb, auch der politischen, ist unerläßlich: ein Charakter.

An den achtzig in der charakterlosen Atmosphäre schwebenden Figuren seines Romans nimmt der Autor deshalb zunächst nicht politischen Anteil, sondern nur seelischen und geistigen. Er betrachtet und ergründet nicht Massen, sondern *Menschen*. [. . .] Er sieht die *Gefährdung der ganzen europäischen Menschheit nicht in dieser oder jener politischen Richtung, sondern in der Verdämmerung des Einzelnen in einem Jenseits von Gut und Böse, wo auf jedes Ethos verzichtet wird – zu Gunsten des Praktischen, Nützlichen und "Wirtschaftlichen", das man so gerne das "Politische" nennt*. [. . .] Der Autor verlangt vom Menschen nicht zuerst sein politisches, sondern sein *ethisches* Bekenntnis. [. . .] Er steht bei denen, die *tun*, was sie sagen. Er glaubt nur denen, die ihr Wort mit ihrem Leben vertreten wollen. Er steht für den Charakter – für den totalen Menschen. [. . .] Ohne Charakter ist keine wahrhaft menschliche Haltung möglich – weder die ethische noch die kulturelle, noch die soziale, noch die politische.

Am deutschen Chaos von 1923 bis 1932 beantwortet der Autor die oft gestellte und niemals redlich beantwortete Elementarfrage: Warum die Diktatur ohne den leisesten Widerstand im freien Deutschland einmarschieren durfte? Jede rein politische Antwort erklärt nicht das geringste. Nur die ethische Deutung liefert den Schlüssel zu diesem Scheingeheimnis. Am amoralischen Individualismus von sechzig Millionen winzigen Ichen scheiterte der Zusammenhalt der Gesamtheit. [. . .] Der Mensch vergaß die Verantwortung vor jeglicher ethischen Bindung – und daher auch vor der *wahrhaft politischen Verpflichtung* – die nicht nur Rechte fordert, sondern Pflichten leistet – und also nicht nur redet, sondern *tut*. Zeitungen gab es in Fülle. Barrikaden keine einzige.[16]

Das politische Geschehen bis zum Einzug des Faschismus

in Deutschland leitet Diebold nicht aus den wirtschaftlichen, sozialen und politischen Fakten ab; seine Kritik richtet sich einzig an das Individuum: Das ethische Versagen des Einzelmenschen führt zur großräumigen gesellschaftlichen Katastrophe. Zur Deutung des politischen Vorgangs reichen die politischen Fakten für Diebold nicht aus, die eigentliche Begründung findet er in den Wertmaßstäben der Ethik.

Die „g a n z e Erkenntnis", zentrale Forderung im „Buch der guten Werke", wird hier erneut präzisiert: Ausformung der divergierenden Eigenschaften des Menschen zur persönlichen Einheit. Nur aus dieser Einheit heraus überwindet der Mensch den *amoralischen Individualismus*, dessen Folge die Divergenz von Worten und Handlungen ist. „Sie sagen es wohl – und tun es nicht." Diebold achtet u n d verurteilt die Figuren des Kommunisten Flachs und des Nationalsozialisten Schneiter, die konsequent für ihre Ideale der Einseitigkeit zu Grunde gehen. Er betont seinen Haß gegen die Figur des Dramatikers Ludwig Bartuch, der von der Aktualität seiner Phrasen lebt, der selbst nicht an seine Thesen glaubt und der verkündeten Ideologie nicht Folge leistet, an dem nur die Maske des Kämpfers vollendet ist. Bartuch, im Handlungsverlauf nur eine Nebenfigur des Romans, wird in Diebolds Selbstinterpretation zum Zentralpunkt der Kritik und zur Schlüsselfigur für das Verständnis der Thesen des Romans. Diebolds Haß gilt dem D i c h t e r Bartuch, aber seine Vorwürfe gegen ihn basieren nicht auf ästhetischen Normen; die Anklage wird auf Grund ethischer Postulate erhoben. Diebolds Kritik gilt der Relativierung ethischer Maßstäbe; sie ist politisch, da politische Bindung ethische Verpflichtung bedeutet. „Das [. . .] Wort hatte seine Verantwortlichkeit verloren." Die Haltung des Menschen gegenüber dem W o r t ist Ausgangs- und Kernpunkt für Diebolds Analyse und Kritik des politischen Geschehens, daher kann die Randfigur Bartuch in den Mittelpunkt gestellt werden. Verständlich wird dieser Ansatz aus den Grundlagen der Dieboldschen Ästhetik.

III

„Es gibt drei Arten Kritiker", stellt Diebold in seinem Aufsatz „Kritiker Kerr" im Jahre 1927 fest, in dem er seinem berühmten Kollegen zu dessen 60. Geburtstag eine Ovation darbringt, und er fährt fort: „nämlich die inhalterzählenden Referenten, die gesetzgebenden Methodiker und die bekenntniszwitschernden Impressionisten. Der Referent sagt: So ist's. Der Methodiker sagt: So soll es sein! Der Impressionist sagt: Wie es mir gefällt. Und Sie, Pardon Herr Kerr, gehören vornehmlich zu den Impressionisten."[17]

So pauschal diese Systematik möglicher Kritik zu sein scheint, Diebold charakterisiert hier nicht nur seinen prominenten Kollegen Alfred Kerr, (Theaterkritiker in Berlin für den *Tag* von 1900 bis 1919, für das *Berliner Tageblatt* ab 1920, in den dreißiger Jahren – wie Diebold – in die Schweiz emigriert), sondern erfaßt mit seiner Typologie die bedeutenden Vertreter der Theaterkritik zu Beginn unseres Jahrhunderts.

Von nur geringer Nachwirkung ist die Arbeit des Referenten, der zwar versucht, in seiner Kritik eine möglichst objektive Darstellung des Theatergeschehens zu liefern, der aber nicht über die Feststellung „So ist's" hinauskommt. Seine Kritiken haben den Wert der Information, tendieren aber nicht über den informativen Charakter hinaus und erhalten daher nur lokale und momentane Bedeutung.

Der Methodiker hingegen versucht, seine Zeit zu beeinflussen und den literarischen Geschmack seiner Leser zu prägen, mit seiner Forderung „So soll es sein!" wird der Kritiker zum Vorkämpfer des Dichters, wie z.B. Otto Brahm, der Ibsen und Hauptmann ihren Platz auf den deutschen Bühnen erkämpfte. „Wo das Neue mit freudigem Zuruf begrüßt wird, muß dem Alten Fehde angesagt werden, mit allen Waffen des Geistes."[18] Seine Essays und Kritiken sind Kampfaufrufe, informieren und referieren nur, soweit es für das Verständnis des Lesers unumgänglich ist, versuchen dann aber, den Eigenwert des Neuen hervorzuheben und verständlich zu machen; Information ist nicht Selbstzweck, sondern notwendiges Medium des Verständnisses. Das Motto von Otto Brahms Zeitschrift „Freie Bühne für modernes Leben" lautet: Für das Neue kämpfen mit allen Waffen des Geistes.

> Nicht das Alte, welches lebt, nicht die großen Führer der Menschheit sind uns die Feinde; aber das tote Alte, die erstarrte Regel und die abgelebte Kritik, die mit angelernter Buchstabenweisheit dem Werdenden sich entgegenstemmt – sie sind es, denen unser Kampfruf gilt. Die Sache meinen wir, nicht die Personen; aber wo immer der Gegensatz der Anschauungen die Jungen aufruft gegen die Alten, wo wir die Sache nicht treffen können, ohne die Person zu treffen, wollen wir mit freiem Sinn, der ersessenen Autorität nicht untertan, für die Forderungen unserer Generation streiten.[18]

Kämpferisches Ethos und leidenschaftliches Engagement kennzeichnen diese Form der richtungweisenden Kritik, für die um die Jahrhundertwende Otto Brahm als bedeutendster Vertreter gelten kann. Der Referent stellt nur fest, enthält sich in seiner Kritik jeder Wertung; der Methodiker stellt sich bewußt in den Dienst *einer* Kunstrichtung, versucht in seinen Publikationen, das spezifisch Neue und seinen Wert zu ergründen und begreiflich zu machen. So schreibt Brahm bereits 1888: „[...] was uns in Gerhart Hauptmann, einem bis heute unbekannten, aber in kürzester oder längerer Frist vermutlich allgemein bekannten Autor entgegentritt, ist mehr als ein nur relatives Talent: es ist Eigenart, klare dramatische Anschauung, ist neue Kunst, die [...] sicher und selbstgewiß ihre eigenen Wege geht [...] ; eine so originelle Begabung, wie sie uns hier überraschend entgegengetreten ist, mag ihren Weg unbeirrt weiterschreiten"[19], – so soll es sein!

Richtschnur für die kritische Arbeit des „bekenntniszwitschernden Impressionisten", dessen Motto Diebold als „Wie es mir gefällt" bestimmt, ist weder der kämpferische Einsatz im Dienst einer neuen Kunstrichtung, noch sieht er sein

Ziel in einer exakten Information, die sich dem kritisierten Gegenstand vorbehaltlos unterordnet. Auch er setzt Akzente, erkennt für seine Entscheidungen aber keine objektiven Kriterien an. „Aus dem Ich heraus vor allem andern den Maßstab des Erlebnisses der Kunst ergründen und aus dem Ich heraus bejahen u n d Gerichtstag halten – das ist Impressionismus."[20] Kerrs Kritiken wollen nicht objektiv referieren, sie sind persönlich und subjektiv, sagen häufig über den Kritiker mehr als über den kritisierten Gegenstand aus. Seine Rezension zu Wedekinds „Frühlings Erwachen" vom 1. Januar 1907 ist typisch für das Verfahren des impressionistischen Kritikers; sie beginnt mit einem langen Zitat aus dem Tagebuch des sechzehnjährigen Ferdinand Lassalle, spielt an auf Hamlet- und Fauststoff, gelangt über Jean Paul, Heinrich Laube und Gustave Flaubert in einer langen Assoziationskette schließlich bis zu Vergleichen mit einem Lied von Johannes Brahms. Wedekinds Stück scheint völlig im Hintergrund zu stehen, es ist lediglich der Anlaß für den Kritiker Alfred Kerr, seine Eindrücke und die daraus resultierenden Assoziationen unter Verzicht auf jede logische Folgerichtigkeit seiner Ausführungen wiederzugeben und damit sich selbst statt des kritisierten Stückes in den Vordergrund zu stellen. Der „gegebene Faktor *Kerr* ist [...] das oberste ästhetische Gesetz aller Urteile"[21], resümiert Diebold. Kerrs Intention ist es, in der Kritik ein gleichwertiges Kunstwerk zu schaffen, das aus den momentanen, subjektiv-ästhetischen Impressionen entsteht. „Was ist eines Kritikers Sendung?" fragt er selbst und legitimiert sein Verfahren so: „Er braucht [...] die unwägbare Kraft, die von Vielen im Grunde gehaßt wird – die Kraft: fortzureißen; zu singen; zu zünden; zu schweben. Er braucht Hände, Finger, Augen. Und die Macht, ein Dasein im Blitze zucken zu lassen ... als Gegenschöpfer. [...] Erkennend eine Schönheit schaffen ... und alles ist erledigt."[22]

Diebold kennzeichnet diese Haltung eines Kritikers treffend als ein monarchisches Prinzip, und er muß natürlich die Frage nach dem Wahrheitsgehalt dieser kritischen Methode stellen, die in ihrem Objekt nur einen Katalysator der eigenen Produktivität sieht.

Was aber ist die Wahrheit? Die Frage wird gleichgültig vor der Überzeugungskraft des Redners seiner eigenen Wahrheit. Wenn sich das Ego-Zentrum mit dem Zentrum der Epoche deckt, und das Ich und die Welt sich auf e i n e r Achse drehen, dann kommen Wahrheit und Wirklichkeit zur Gleichung. Kerr hat seine Epoche kritisch erkannt.[23]

Diebold, als dessen zentrales Anliegen wir oben einen Wahrheitswillen in den Vordergrund stellten, der auf das höchste Ziel der g a n z e n E r k e n n t n i s tendiert, muß die Gefahr einer rein subjektiv fundierten, also in extremer Weise einseitigen Kritik betonen; die Subjektivität einer Impression darf nicht zur kritischen Sanktion erklärt werden. Die Methode der Kerrschen Kritik „darf nicht Schule machen. Denn sie erzöge nicht zur Freiheit, sondern zu Libertinage des Ichs"[24], zum „amoralischen Individualismus", zum „Expressionismus des privaten Ichs" – wie er den analogen Tatbestand im Nachwort zu seinem Roman formuliert. Von Bedeutung für die Basis der Kritikführung Diebolds ist ein zweiter Aspekt seiner Stellungnahme zu Kerr: „sie e r z ö g e". Noch schärfer kommt diese Koppelung der Fragen nach Wahrheitsgehalt und nach Wirkung in einer Rezension zu Thomas Manns „Bemühungen" aus dem Jahre 1925 zum Ausdruck.[25] Diebold rühmt an den Essays Thomas Manns, daß sie „Monolog, Diskussion mit sich selber, Reinigung der Denkatmosphäre; Vergleich, These und Antithese; Rechtfertigung und Absteckung der Grenzen"[26] seien, ohne eine eindeutige Antwort. G a n z e E r k e n n t n i s anstreben: das heißt nicht, Prophet des Ziels zu sein; denn Ziele festzulegen, wäre gleichbedeutend mit einer Vorausbestimmung lebendiger Entwicklungen, die zu einer erneuten Erstarrung führen müßte. Die Erkenntnis der Zusammenhänge, Grundlagen und Wechselwirkungen bedeutet das höchste Ziel für das gesprochene, geschriebene und gedruckte Wort. „Aus solchem Wahrheitswillen aber strömt die Pädagogik über auf die Umwelt."[26] Das Ziel des Erkenntnisstrebens wird genau formuliert: Pädagogik als Wirkung der Kunst, der die Aufgabe zugewiesen wird, den Menschen sich seiner *Totalität von Körper, Geist und Seele*, seiner sämtlichen Möglichkeiten bewußt zu machen, *ihn nicht einseitig und problemlos auf ein mechanisches oder erotisches Programm zu verpflichten.* Die Lösung des Wortes — und das gilt in potenziertem Maß für die literarische Aussage — von der Verantwortlichkeit vor der Vergangenheit und für die Zukunft führt zu jener Selbstenthemmung — durch die pädagogische Wirkung nicht auf den Bereich der Kunst beschränkt —, deren Folgen Diebold in seinem Zeitroman „Das Reich ohne Mitte" entlarvt.

In seinem System der möglichen Kritik gibt Diebold keine direkte Zuordnung seiner Arbeit zu einer der Methoden; die schlichte Feststellung „So ist's", die reine Information über die literarische Produktion berücksichtigt nicht die Frage der auf „die Umwelt überströmenden Pädagogik"; für seine Kritik kann die Darstellung der Fakten nur der Ausgangspunkt sein.

Die Gefahren der *Libertinage des Ichs* auf der Basis der impressionistischen Kritikführung werden immer wieder analysiert und dargestellt.

Die Zuordnung zur Gruppe der methodischen Kritiker erscheint ebenfalls nicht möglich; Diebold vermag sich nicht mit einer Kunstrichtung oder einem Autor zu identifizieren wie Otto Brahm; in seiner Thomas-Mann-Rezension betont er, daß die prophetische Festlegung eines Ziels als Vorausbestimmung lebendiger Entwicklungen dem Ideal der totalen Erfassung aller Aspekte widerspricht. Trotzdem steht er der Kritikführung des Methodikers nahe; nur richtet sich seine Kritik nicht nach den vom kritisierten Autor anerkannten Forderungen der Poetik, sondern basiert auf einem vom Kritiker Diebold entworfenen System der Verbindung ethischer Forderungen und ästhetischer Normen — und erhält dadurch auch das Moment der Subjektivität.

„Es gibt drei Arten Kritiker" beginnt Diebold seinen Aufsatz „Kritiker Kerr", seine eigene Arbeit aber ordnet sich keiner der dargestellten Methoden unter: Die angestrebte Totalität der Aspekte führt zu einer Überschneidung und Vermischung der drei Bereiche.

IV

In den Jahren von 1923 bis 1932 veröffentlichte Diebold eine Reihe von Essays, die in ihrer scharfen Polemik und programmatischen Kürze geeignet erscheinen, seine Stellung zur zeitgenössischen Literatur und die Basis seiner Wertung zu erhellen. Besondere Bedeutung kommt in diesem Zusammenhang den folgenden Arbeiten zu: „Bilanz der jungen Dramatik" (1923), „Jeremiade 1927" (1927), „Kritische Rhapsodie 1928" (1928), und „Film und Drama" (1932).

In „Anarchie im Drama" – wie in den oben angeführten Aufsätzen – geht es Diebold nicht um eine Analyse und Kritik einzelner Stücke der dramatischen Literatur, diese Aufgabe hätte eine Sammlung der Theaterreferate erfüllen können; sein Ziel ist die „Klärung und Kritik des Zeitgeists" (S. 11)*, eine Synthese also, die nicht nur einige Werke sichtet, sondern das Zeittypische herauszustellen sucht und eben darum auch auf Autoren von geringerer Bedeutung eingehen muß, weil „manches talentlose Opus am allerdeutlichsten die prinzipiellen Mängel der Zeitdramatik bloßstellte und damit eben den fruchtbarsten Anlaß zu produktiver Kritik bot." (S. 10) Die Frage nach Hintergrund und Wirkung der allgemeinen Anarchie, nach jenem *amoralischen Individualismus*, der nicht auf das Gebiet der Kunst beschränkt ist, soll untersucht werden, denn „das Drama ist nicht nur eine schöngeistige Kunstangelegenheit, sondern der Symbolspiegel unserer ethischen Kraft."

---

* Zitate aus „Anarchie im Drama" werden nur durch die Seitenangabe der hier vorliegenden 4. Auflage (1928) gekennzeichnet.

(S. 435) Die Bewertung des Dramas unterliegt n i c h t n u r ästhetischen Prinzipien, für die totale Sicht genügen nicht die Kriterien der Ästhetik. Im Drama manifestiert sich die ethische Kraft der *Zeitseele*.

In seinem Roman „Das Reich ohne Mitte" analysierte Diebold vor dem Hintergrund des politischen Geschehens der Jahre 1923 bis 1932 den Weg Deutschlands in die Diktatur des Nationalsozialismus, und er stellte fest, daß *eine rein politische Antwort nicht das geringste* zu erklären vermochte. Die Katastrophe leitete er in einer übergreifenden *ethischen Deutung* ab. Wie zur Interpretation der politischen Vorgänge die politischen Fakten nicht ausreichen, so genügen zur Bewertung der dramatischen Literatur, zur allgemeinen Kunstkritik nicht die Maßstäbe der Ästhetik. Politische Tatsachen und ästhetische Prinzipien können immer nur Teilaspekte von relativem Wahrheitsgehalt sein, zur t o t a l e n Sicht werden nur die Forderungen der Ethik führen, die allein absolute Wertmaßstäbe bietet und daher Basis absolut gültiger Aussagen sein kann. „Ja, wären wir wirklich mitten im ‚Untergang des Abendlandes', wie ihn Oswald Spengler prophezeit, und müßten wir uns etwa gar die Relativitätslehre Einsteins aus der Naturerkenntnis für unser ethisches Sein zurechtlegen – dann allerdings bliebe uns im Bankerott alles Absoluten nur noch ein ästhetisierendes Rentnertum übrig." (S. 436).

Alfred Kerr fordert am Ende der schon erwähnten Wedekind-Rezension vom Künstler die Absolutsetzung des Ichs:

> Jüngere Dramatiker werden von diesem Stück nichts zu lernen haben; doch von diesem Autor. Geht hin. Seid unbekümmert um Gott und um die Welt. Bloß um eines nicht: um die Gestaltung der Dinge, die ihr in euch tragt. Und in diesem einen Satz empfangt ihr [...] das große Geheimnis aller Siege: Seid unbekümmert.[27]

Ähnlich programmatisch schließt Diebold seine „Anarchie": „Unser Ethos heißt: Tat für die Liebe und Glauben an den

Triumph der Wahrheit. Nicht Soldateneitelkeit und Märtyrerwollust dulden wir mehr auf den Schlachtfeldern des Daseins, auf denen immer wieder die tragischen Opfer fallen werden im Zeichen des Lichts, der Liebe und des Lebens." (S. 441) Und: „Die Relativierung aller Maßstäbe hat es schwer gemacht, sich absolut für Erdenideale aufzuopfern. Aber das eine muß feststehen: der Mensch ist dazu da, um in immerwährenden Kämpfen gegen das Niedere in sich und in der Welt höchstes Menschentum zu verwirklichen." (S. 18f)

Die grundlegende Differenz zwischen dem Welt- und Menschenbild Kerrs und Diebolds kommt hier in aller Schärfe zum Ausdruck: wo Kerr die Maximen des Handelns ausschließlich in die Verantwortlichkeit des Ich stellt, jede Bindung des Ich bestreitet, fordert Diebold die Unterordnung des Individuums. Der impressionistischen *Libertinage des Ich* setzt er ethische Normen zur Verwirklichung *höchsten Menschentums* entgegen. Dieses Ziel des Lebenskampfes wird in immer neuen Formulierungen umschrieben als ganze Erkenntnis, Triumph der Wahrheit, Totalität, Tateinheit von Denken und Wirken, Ausformung der divergierenden Eigenschaften des Menschen zur persönlichen Einheit, Charakter. Definitiv erreichbar ist dieses Ziel nicht, – immerwährender Kampf – , es wird verstanden als eine Realutopie, als eine Idealität, die in der Realität nicht zur Existenz kommen kann; im Prozeß der permanenten Annäherung liegt die Möglichkeit der realen Existenz. Aber dieses Ziel ist darstellbar: Die Kunst ist der Realität nicht untergeordnet, nur sie hat die Möglichkeit der totalen Sicht, und daher verlangt Diebold vom Künstler eine ästhetische Erziehung des Menschen auf der Basis ethischer Normen. Aufgabe der Kunst ist es, den Menschen zur Erkenntnis seiner Möglichkeiten zu führen, ihn seiner Größe und seiner Niedrigkeit bewußt zu machen, ihm in seinem Werden die Richtung und Aufgabe zu zeigen.

Die Musik ist nicht das geeignete Medium dieser Pädagogik, in totaler Abstraktion hebt sie alle Sinnlichkeit auf in den

Bereich des Geistes, in „erdenfernste Form[en]" (S. 15). Die bildende Kunst ist an die „Augenform der Dinge des Raumes" (S. 15) gebunden, sie benötigt den Stoff und kann durch diese Bindung an die Realität nicht die geforderte Totalität der Aspekte erreichen. Die Dichtung liegt zwischen diesen Bereichen, sie „gibt den Weltblick aus der erhabenen Mitte." (S. 15)

Das Wort partizipiert gleichermaßen am geistigen und am sinnlichen Bereich, dem Wort gelingt die Darstellung von Möglichem und Unmöglichem, von Realitäten und Utopien. Daher stellt Diebold speziell dem D i c h t e r die Aufgabe, in seinem Werk *höchstes Menschentum* zu verwirklichen und die absoluten ethischen Forderungen bewußt zu machen, darum gilt in seinem Roman „Das Reich ohne Mitte" sein Haß der Figur des Dichters, für den das Wort seine Verantwortlichkeit verloren hatte. Erst unter dem Aspekt der fundamentalen Bedeutung des Wortkunstwerks im Dieboldschen Weltbild wird verständlich, warum er im Nachwort zu seinem Roman den Dichter Bartuch zum Kernpunkt seiner Kritik macht und ihn als eigentlich verantwortlich für die Katastrophe, für politische, soziale und wirtschaftliche Mißstände hinstellt. „Nur der Dichtung gelingt die Ganzheit des Menschen" (S. 15), am vollkommensten aber kann diese Totalität im Drama gestaltet werden.

„Das W o r t ist weltweit. Dreifach ist seine Strahlung: Es klingt, es denkt, es schildert." (S. 15) Diebold stellt die Dichtung in seiner Hierarchie der Künste an die Spitze, und eine analog aufgebaute Hierarchie konstruiert er auch zwischen den Gattungen der Dichtung. In lyrischer Dichtung klingt das Wort, nähert sich dem Bereich der Musik; epische Dichtung schildert, „steht dem Naturstoff näher" (S. 15), wird also in Analogie zu den bildenden Künsten gesetzt. „Das Drama [...] zeigt den geistigen Umriß der Welt und füllt ihn aus mit dem Schicksal der Menschen" (S. 15). Nur im Drama ist jene Totalität der Aspekte realisierbar, die das Wort Pascals fordert:

„Der Mensch darf nicht glauben, er sei den Tieren gleich, er darf nicht glauben, er sei den Engeln gleich. Er darf nicht das eine und nicht das andere übergehen; sondern er muß beides wissen."

Diebolds Kritik erkennt ethische Normen als apriorisch an, aber: das Drama unterliegt auch ästhetischen Prinzipien. Diese inneren Gesetze des Kunstwerks sind relativiert, sind abhängig von den Forderungen der Ethik und von diesen nicht ablösbar. Die formalen Wertungskriterien sind funktional ableitbar aus den apriorischen Postulaten der Ethik.

Diebold nennt sein kritisches Hauptwerk „Anarchie im Drama" und trifft damit bereits im Titel eine Festlegung seiner formalen Wertungskriterien; am schärfsten sind diese Postulate in dem Aufsatz „Film und Drama" formuliert. „Das große Drama von Äschylos bis Ibsen ist immer ein Denkspiel; denn die Gedanken der Spielfiguren sind wichtiger als ihre Aktion."[28] Die sichtbare körperliche Aktion des Menschen auf der Bühne wird nur als Auswirkung der geistigen Handlung, der unsichtbaren Denkakte verstanden. „Die Idee – Tendenz, Sehnsucht, Erkenntnis des Dichters – ist die Weltordnung im All des Dramatikers. Aus der Idee, für die Idee, gegen die Idee reden sie alle als agierende Agenten der Idee. Nicht die körperliche Tat entscheidet im Drama, sondern die Erörterung, Begründung und Reflexion der Tat."[29] Drama und Denkspiel werden synonym verwendet, in Absetzung gegen den kritisch-abwertend verstandenen Gattungsbegriff Schau-Spiel. Im Gegensatz zum Drama ist das Schauspiel für das Auge bestimmt, ist in stärkerem Maße an die sinnliche Wahrnehmung gebunden und kann daher nicht den geforderten Grad der Idealität erreichen. Episierende Momente im Drama führen zum Schauspiel. Diebold verweist in diesem Zusammenhang auf Shakespeare und die Dramen des Irrationalismus; im zwanzigsten Jahrhundert findet er im Film die konsequente Ausformung des Schauspiels. Das Drama spielt sich in kausalen Denkakten ab, es ist nur als Sprechtheater darstellbar, seine höchste Vollendung hat es im Buch, da auf der Bühne notwendig die sinnlichen Elemente gesteigert werden. „Erörterung, Begründung und Reflexion der Tat": das Durchdenken der dramatischen Idee im Dialog, die Erörterung aller Aspekte und Konsequenzen im Sinne der totalen Sicht bestimmen die Struktur des Dramas. „Lange Gedanken in langen Akten sind das Wesen des lehrenden Dramatikers, der für die Menschheit ethische Fürsorge trägt"[30]. Aus der ethisierenden Funktion des Dramas folgt als formale Konsequenz die Forderung nach der klassischen Form des Fünfakters, daher auch die Polemik gegen den Film als Darstellungsform der kurzen Szenen. Diebolds Wirkungsästhetik fordert den lehrenden Dramatiker, eine mißverständliche Formulierung, da die Funktion des Dramas nicht eine auf den Intellekt zielende Belehrung sein soll. Diebolds „ethische Fürsorge" basiert weder auf dem Gedanken der Nützlichkeit einer dargestellten moralischen Wahrheit, noch auf der reinigenden Wirkung der Katharsis im Sinne von Aristoteles oder Lessing. Ausformung der divergierenden Eigenschaften des Menschen meint die Bildung einer Einheit – des Charakters – aus der Dreiheit von Körper („Stoff"), Seele („Gefühl") und Geist („Idee"): „jedes Kunstwerk bildet einen Organismus aus Stoff, Gefühl und Idee – gleich wie im Menschen Körper, Seele und Geist wechselwirkend zu seiner Ganzheit werden." (S. 30) Die Seele steuert die Aktionen des Körpers, sie ist primär wertfrei, ist die „schwankende Vermittlerin von Liebe und Geilheit, die Kupplerin von Gott und Tier" (S. 26), „vitaler Instinkt und göttliche Ahnung" (S. 27); sie ist gesetzlos und führt den stofflichen Bereich zu ethischem Handeln durch Anerkennung der Gesetze des Geistes. Die Rückbesinnung der Seele auf das Geist-Gesetz vor der Aktivierung des stofflichen Bereiches kennzeichnet die Handlungsweise des totalen Menschen. Die Darstellung dieser Einheit in ihrer Idealität ist Aufgabe des Dramas, Vorherrschaft eines der Aspekte bedeutet Anarchie.

Im Naturalismus sieht Diebold die Überbetonung des Stofflichen, eine stets unzureichende „Kopie zufälliger Wirklichkeiten" (S. 30), die Ahnung der Seele und die Forderung des Geistes nach gleichnishafter Struktur des Geschehens werden eliminiert, „die Seele fügt sich hier dem Körper und der Geist schweigt vor der heilig gesprochenen Empirie: So ist das Leben!" (S. 30) Die einseitige Bindung an ein erotisches Programm kritisierte Diebold in seiner Begründung für die Verteilung des Kleist-Preises, die Gleichsetzung von „Nacktheit mit Schönheit und Wahrheit." (S. 44) Er polemisiert gegen „die ganze Erziehung der Verlegenheit, mit der die Zivilisation sich der Natur schämt, mit der in Schule, Staat und Gesellschaft die Erotik als offiziell nicht existierend behandelt wird" (S. 44f) und rechtfertigt sich damit indirekt gegen die Vorwürfe Sternheims. Aber er protestiert gegen eine Darstellung, in der der Mensch ausschließlich als Triebwesen verstanden wird, in der ein „Mechanismus der Gedärme, Gefäße, Stränge und Säfte [. . .] unter Naturnotwendigkeit – trotz Geist und Seele oben im Gehirn – seinen scheußlichen Gang"[31] läuft. Die naturalistische Anklage gegen gesellschaftliche, soziale oder moralische Mißstände verzerrt die Totalität durch Überbetonung eines Aspektes in der unzureichenden „Kopie zufälliger Wirklichkeiten." (S. 30)

Die einseitige Herrschaft des Geistes über Stoff und Seele führt zur erstarrenden Konstruktion, zum Experiment mit dem Wort, zur Negierung des Individuums in kubistischer Typisierung. Der Wille zur Tektonik löst das Individuum auf in einen anonymen Typus, „der Geist baut errechnete Kristallpaläste" (S. 347), die Gestalten sind „blutleer, aber geistesvoll." (S. 350) Das Drama, das Diebold als Denkspiel kennzeichnete, tritt in den Hintergrund; der Dramatiker tritt als Denkspieler in den Vordergrund, „die Fabel wird unpersönliche Dienerin vielfiguriger Ideenkomplexe." (S. 348) Die durchsichtige Dialektik des gedanklichen Aufbaus ersetzt den ethischen Willen zur Ganzheit. Das Wort verliert seine Verantwortlichkeit, wo der Autor die Idee dem Wortspiel unterordnet.

Im Hinblick auf Georg Kaiser klagt Diebold daher: „Wir können im ersten Eindruck die Fülle von Formungen nicht vereinen [...] Können die verschiedenen Bekenntnisse nicht zugleich aufnehmen, die er uns predigte." (S. 339) In der Emanzipation der Seele schließlich sieht Diebold die Zerstörung der Begrifflichkeit des Wortes; die Sprache wird zum „bloßen Stimmungsbegleiter" (S. 293), das erklärende Bühnenbild und die Regieanweisungen ersetzen die fehlende Begrifflichkeit. Das Drama konzentriert sich auf den „lyrische[n] Schrei" (S. 25) und wird in letzter Konsequenz zur Pantomime; es hat seine Aufgabe als Denkspiel verloren, ist nicht mehr Wortkunstwerk, sondern nur als „Schau- und Schrei-Spielkunst" (S. 295) zu realisieren.

V

Es ist an dieser Stelle nicht möglich, im einzelnen auf die kritischen Wertungen Diebolds einzugehen und am heutigen Stand der Forschung zu messen, ob oder an welchen Punkten man heute noch seinen Urteilen über die Dramatik zu Beginn des zwanzigsten Jahrhunderts folgen kann. Eine solche Untersuchung könnte der Intention Diebolds nicht gerecht werden; ihr Ansatz wäre falsch, da Diebold keine Analysen – wie in seinen Theaterreferaten –, sondern in einer Überschau eine Kritik des Zeitgeistes als Synthese geben wollte. Seine Sichtweise ist geprägt durch die politische Katastrophe des Ersten Weltkrieges, durch das wirtschaftliche Chaos der Inflation, durch das Bewußtsein des Fehlens „einer religiös oder philosophisch die Allgemeinheit bindenden Weltanschauung".[32] In allen Bereichen, in Politik, Wirtschaft und Kunst, sah er jenen „amoralischen Individualismus", der – ohne Berücksichtigung einer sozialen oder ethischen Bindung – zur Einseitigkeit und Überbetonung von Einzelaspekten führte. Diesen Zustand nannte er Anarchie und suchte nach einem Ausweg, nach einer „Pädagogik für die Umwelt". Die pessimistische Tendenz seines

Romans „Das Reich ohne Mitte", den er bereits in der Emigration schrieb, zeigt, daß er sich der kommenden Katastrophe bewußt war. Er hat die Aufgabe der „ethischen Fürsorge" sehr ernst genommen. Nur in der Dichtung sah er eine Möglichkeit, die „Ganzheit des Menschen" zu gestalten, die Ausformung der Einheit von Körper, Geist und Seele zu einer „Totalität", zu einem „Charakter" zu bringen und den Menschen seiner Zeit durch dieses Vorbild wieder menschlich zu machen.

Die Aufgabe und Verantwortung, die damit dem Wortkunstwerk, und besonders der dramatischen Dichtung, zugewiesen wurde, war zu groß, als daß in Diebolds kritischem Bewußtsein Raum für das Experiment mit der Sprache, die einseitig-überzeichnende satirische Entlarvung, die dramatische Anklage in der naturalistischen Darstellung der Zustände geblieben wäre. Nicht epigonale Geisteshaltung, wie Sternheim ihm vorwarf, sondern das Bewußtsein der großen Aufgabe der dramatischen Literatur ließen ihn häufig zu Urteilen kommen, denen tatsächlich der Enthusiasmus für „das Neue" zu fehlen scheint.

> Doch Wesenheit und Aufgabe der Kunst ist schließlich Ordnung und Gestaltung des Chaos; nicht bloßes Abbild der Verwirrung. Ihre Kraft ist Form; Zusammenballung; Auslese des für unsere Sinne Sinnbildlichen. Aber mit dieser Kraft ward unser Geschlecht nicht aus vollem Maß begnadet. Die leidenschaftlichen Geister fanden die Mitte nicht zwischen dem All und dem Ich; zwischen dem Begriff und dem Ding; zwischen der leeren Ideologie „Menschheit" und dem substanzhaltigen Gebilde des Individuums: des Einzelmenschen. Nur wo sich Stil als das Verhältnis von Schöpfer zu Stoff erweist, nur wo das Sinnbildliche die Sinne mit Geist berührt, waltet der Eros, der Kunstwerke zeugt: Substanz, die durch die Kunst der Formung vom Geiste redet.[33]

Klaus Kilian

Ruhr-Universität Bochum

Kurze Bibliographie

Schriften Bernhard Diebolds

Das Rollenfach im deutschen Theaterbetrieb des 18. Jahrhunderts. (=Theatergeschichtliche Forschungen. Hrsg. von Berthold Litzmann. 25.) Leipzig und Hamburg 1913.

Anarchie im Drama. Kritik und Darstellung der modernen Dramatik. Frankfurt 1921.

Bilanz der jungen Dramatik. *In*: Die Neue Rundschau. 34. Jahrgang der freien Bühne, 1923/2, S. 734–754.

Der Denkspieler Georg Kaiser. Frankfurt 1924.

Spittelers Prometheus. *In*: Die Literatur. Monatsschrift für Literaturfreunde 27, 1924/25, S. 329–331.

Thomas Manns Bemühungen. *In*: Die Literatur. Monatsschrift für Literaturfreunde 28, 1925/26, S. 262–263.

[Begründung der Verleihung des Kleist-Preises] *In*: Die Literatur. Monatsschrift für Literaturfreunde 29, 1926/27, S. 183.

Jeremiade 1927. Zur Kunstkrisis in Deutschland. *In*: Neue Schweizer Rundschau. Wissen und Leben 20, 1927, S. 525–531.

Kritiker Kerr. *In*: Neue Schweizer Rundschau. Wissen und Leben 20, 1927, S. 1117–1126.

Der Fall Wagner. Eine Revision. Frankfurt 1928.

Habima. Hebräisches Theater. 32 Bilder mit einer Einführung von Bernhard Diebold. Berlin 1928.

Kritische Rhapsodie 1928. *In*: Die Neue Rundschau. 39. Jahrgang der freien Bühne, 1928/2, S. 550–561.

Die Vernachlässigten. [Antwort auf eine Rundfrage] *In*: Die Lebenden. Flugblätter. 3. Reihe, Nr.1/2, Februar 1930.

Film und Drama. *In*: Die Neue Rundschau. 43. Jahrgang der freien Bühne, 1932/2, S. 402–410.

Das Buch der guten Werke 1914–1918. Mit einem Vorwort zusammengestellt und herausgegeben von Bernhard Diebold. Frankfurt 1932.

Das Reich ohne Mitte. Roman. Zürich, New York 1938.

Italienische Suite. Nachdenkliche Geschichten von sonderbaren Begegnungen. Zürich 1939.

Der letzte Großvater oder Gegen die Jugend gibt es kein Gesetz. Eine Geschichte. Zürich und Leipzig 1939.

Sekundärliteratur

Seidl, Wolf, Die geistige Haltung der neueren deutschen Theaterkritik, entwickelt an Otto Brahm, Alfred Kerr, Alfred Polgar, Siegfried Jacobsohn, Paul Fechter, Herbert Ihering und Bernhard Diebold. München, Phil.Diss. 1951 [Masch.].

Anmerkungen

1. Carl Sternheim, Gesamtwerk. Hrsg. v. Wilhelm Emrich. Bd 6: Zeitkritik. Neuwied 1966, S. 421.
2. ebd., S. 673.
3. Die Literatur. Monatsschrift für Literaturfreunde. Hrsg. v. Ernst Heilborn. 29, 1926/27, S. 30.
4. Reinhard Goering, Über das neue Theater, S. 82. *In*: R. G., Prosa, Dramen, Verse. München 1961, S. 82–85.
5. Bernhard Diebold, [Begründung der Verleihung des Kleist-Preises], op.cit., S. 183.
6. ——— Der Fall Wagner, op.cit., S. 5.
7. ——— Das Buch der guten Werke, op.cit., S. 16f.
8. ——— ebd., S. 10.

9. ——— ebd., S. 11.
10. ——— ebd., S. 11.
11. ——— Anarchie im Drama, op.cit., S. 1.
12. ——— Der letzte Großvater, op.cit., S. 68.
13. ——— ebd., S. 94.
14. ——— ebd., S. 223.
15. ——— ebd., S. 67.
16. ——— Das Reich ohne Mitte, op.cit., S. 841–843.
17. ——— Kritiker Kerr, op.cit., S. 1119.
18. Otto Brahm, Kritiken und Essays. Ausgew. v. Fritz Martini. Zürich und Stuttgart 1964, S. 318.
19. Otto Brahm ebd., S. 292ff.
20. Bernhard Diebold, Kritiker Kerr, op.cit., S. 1120.
21. ——— ebd., S. 1126.
22. Alfred Kerr, Gesammelte Schriften, 1.Reihe, Bd 1: Das neue Drama (=Die Welt im Drama.1.) Berlin 1917, S.VIf.
23. Bernhard Diebold, Kritiker Kerr, op.cit., S. 1126.
24. ——— ebd. S. 1126.
25. ——— Thomas Manns Bemühungen, op.cit. [Der von Diebold rezensierte Band erschien 1925 bei Fischer in Berlin und enthielt neben den Aufsätzen „Goethe und Tolstoi" und „Von Deutscher Republik" verschiedene kleinere Essays Thomas Manns.]
26. ——— ebd., S. 253.
27. Alfred Kerr, Gesammelte Schriften, 1.Reihe, Bd 2: Der Ewigkeitszug (=Die Welt im Drama.2.) Berlin 1917, S. 143.
28. Bernhard Diebold, Film und Drama, op.cit., S. 402.
29. ——— ebd., S. 405.
30. ——— ebd., S. 406.
31. ——— Bilanz der jungen Dramatik, op.cit., S. 747.
32. ——— Jeremiade 1927, S. 527.
33. ——— Bilanz der jungen Dramatik, op.cit., S. 738f.

Bernhard Diebold
Anarchie im Drama

Kritik und Darstellung
der modernen
Dramatik

Vierte,
neu erweiterte Auflage

1928

Verlag Heinrich Keller
Berlin-Wilmersdorf

Mit 16 Bildbeigaben. Copyright 1928 by
Heinrich Keller / Berlin-Wilmersdorf
Druck der Spamerschen Buchdruckerei in Leipzig

Es ist gefährlich, zu sehr dem Menschen zu zeigen, wie er den Tieren gleicht, ohne seine Größe ihm zu zeigen. Es ist gefährlich, ihn seine Größe zu sehsehen zu lassen, ohne seine Niedrigkeit... Der Mensch darf nicht glauben, er sei den Tieren gleich, er darf nicht glauben, e= sei den Engeln gleich. Er darf nicht das eine und nicht das andere übergehen; sondern er muß beides wissen.

Pascal

Vorwort zur vierten Auflage

Von den bewegenden Stoffen des Krieges, der Revolution und der Inflation nicht mehr berührt, sank das jungdeutsche Drama seit 1925 auf seinen tiefsten Stand. Eine neue tatkräftige Jugend, die auf Sport und Technik baut, will einer Literatur der Literaten kein Interesse schenken. Nur das russisch inspirierte Theater Piscators zeigt auf seiner parteipolitischen Bühne den realistischen Ausdruck der Epoche. Aber das Piscator-Drama bedeutet zugleich die Niederlage der Theaterdichtung und den Triumph des technischen Regisseurs. Als abschließendes Kapitel der „Anarchie im Drama" wurde daher hinzugefügt der Abschnitt: „Sieg der Technik". Spätere Dichter werden sich diesen Sieg zunutze machen.

Frankfurt a. M., Oktober 1928.

Dbd.

Vorwort zur dritten Auflage

Wie im Vorwort zur zweiten Auflage ist heute — rund fünf Jahre nach dem Erscheinen dieses Buches — auszusagen, daß die seitherige Entwicklung des deutschen Dramas nichts grundsätzlich Neues gezeitigt hat. Festzustellen bleibt lediglich eine Entspannung des Ausdrucks und eine allmähliche Abkehr von der symbolischen Typik zu realistischeren Formen, so wie sie etwa Brecht und Bronnen pflegen. Dieser Zug zur Wirklichkeit ist aber mehr als Reaktion denn als ein souveräner Stilwille zu bewerten. Wir befinden uns immer noch in einer Phase der expressionistischen Nachwehen. Der eigentliche Sturm war aber um 1920 bereits zu Ende. Daher bedarf diese Kritik und Darstellung der Dramatik zur Zeit des Expressionismus auch in der neuesten Auflage keiner wesentlichen Ergänzungen. Wichtig bleibt hierbei die Vorrede zur zweiten Auflage.

Neben einem Anhang über die szenische Entwicklung der Bühne zur „expressionistischen" Raumgestaltung schienen mir als größere Einschübe nur erwünscht die ausführlicheren Besprechungen von Werfels „Spiegelmensch", des Georg Kaiserschen Meisterspiels vom „Geretteten Alkibiades" und einer Komödie Kornfelds, die den Monologisten des Ichs auf dem Wege zu größerer Objektivation seiner Figuren zeigt. Dagegen wurden Fritz v. Unruhs letzte Dramen nicht analysiert. Denn wenn sich bei Werfel, Kaiser und Kornfeld neue Stoffe und Probleme anzeigten, so verharrte Unruh in „Stürme" (1922) und in dem wirren „Rosengarten" (1923)

Vorwort zur dritten Auflage

im alten Bezirk seiner Fragen und Unerlöstheiten. Diese Verharrung des Dichters wird in gewissem Sinne symbolisch für diese ganze Sturm- und Drangperiode von 1914 bis 1920, die wir „Expressionismus" nannten: er konnte wohl revoltieren, aber nicht erlösen. Der Abschluß von Unruhs Trilogie ist keine Aufgabe des Expressionismus mehr. Dieses Buch bedarf nicht jenes Schlußsteines. Es ist die Geschichte einer durch ihre Unvollendung und kämpferische Negation charakteristischen Epoche.

So mag es auch einleuchten, daß in der neuen Auflage nur wenig gestrichen wurde, obgleich so manches unreife Opus inzwischen auch die letzten Reize der Aktualität verloren hat. Aber diese Darstellung hat und hatte nicht den Nachweis zu führen: wie wir's in der Dramatik herrlich weit gebracht; sondern sie wollte Kritik am Geist der Epoche üben und die Kämpfe, Entdeckungen und Irrgänge einer unerhört interessanten Zeitseele darstellen. Daher wurden nur einige Ausführlichkeiten verkürzt, die um 1920 zum tieferen Verständnis nötig sein mochten. Trotz einiger Einwände gegen den vielgliedrigen Aufbau der zweiten Hälfte dieses Buches wurde auch an der Komposition nichts verändert. Denn jene Vorwürfe treffen die Wirrnis des chaotischen Stoffes, nicht aber den Darsteller, der die disparaten Gruppen nicht (etwa wie in einem Kunstwerk) zu einer in Wirklichkeit nicht existierenden Einheit zwingen durfte. Wie der Historiker des Dreißigjährigen Krieges sich keine leicht zu übersehende Disposition des komplizierten Stoffes leisten kann, so wird auch dem Kritiker die formlose Wirklichkeit zur Hemmung seines Formwillens. Wer aber eindringlich zu lesen und zu denken vermag, kann die innere Systematik dieser Darstellung so wenig verkennen wie die vereinheitlichenden Begriffsbildungen; und er wird zugeben, daß aus einer für den Betrachter von 1920 scheinbar noch undurchdringlichen Masse nun doch ein eindeutiges Bild entstanden ist; so klar als sich ein Chaos durch Synthesen klären läßt. Aus dieser Überzeugung heraus blieb die wesentliche Form des Werkes unverändert.

Frankfurt a. M. 1925

*

Vorwort zur zweiten Auflage

Seit dem ersten Erscheinen dieses Buches geschah nichts grundsätzlich Neues in der Entwicklung des modernen Dramas. Verfasser und Verleger entschlossen sich daher zu fast völlig unverändertem Abdruck. Die Kritik, die mit großer Übereinstimmung diese Reinigung der expressionistischen Dramaturgie willkommen hieß, fand hin und wieder Einwände gegen eine zu wichtige Behandlung von Dichtern dritten Ranges. Aber man übersah dabei, daß manches talentlose Opus am allerdeutlichsten die prinzipiellen Mängel der Zeitdramatik bloßstellte und damit eben den fruchtbarsten Anlaß zu produktiver Kritik bot. Viel mittelmäßige Kunst mußte erörtert werden, weil für sie künftige Entwicklung mehr Samen in sich barg als weit kunstvollere Werke, die artistisch blieben. Auch war im Schwanken eines unsicheren Zeiturteils so viel Belangloses durch Kliquen und Reklamen berühmt geworden, daß es der kritischen Diskussion schon dessentwegen unter=

Vorwort zur zweiten Auflage

stellt wurde. Hier fand viel weniger das Werk als die Epoche ihre Wertung. Denn es lag dem Verfasser allgemein nicht so sehr am Einzelnen, wofür eine Sammlung seiner Theaterreferate ebenso gedient hätte, als an der Klärung und Kritik des Zeitgeists. Die Mehrzahl der Besprecher dieses Buches haben denn auch seine synthetische Absicht beistimmend erkannt.

Was an bemerkenswerten Dramen seit 1920 erschien, fällt für die guten Leser mühelos unter meine kritischen Kategorien. Georg K a i s e r s „Gas II" vollendete nur konsequent des Dichters kubistische Erstarrung; sein „Kanzlist Krehler" ist ein matter Doppelgänger des Kassierers in „Von Morgens bis Mitternacht". Franz W e r f e l s „Spiegelmensch" untersteht dem Urteil über Passionen und Bilderserien; sein „Bocksgesang" zeigt jene Stilverwirrung von Allegorik und Wirklichkeit, die schon Kaisers „Koralle" schwächte. Des Kleistpreisträgers Hans Henny J a h n n s früher „Pastor Ephraim Magnus" und seine „Krönung Richards III." sind Zeugen einer fanatischen Erlebniskraft; sie leiden aber an der Hysterie der Schreidramatik und an der Fleischbesessenheit Kokoschkas. Arnolt B r o n n e n s merkwürdig überschätzter „Vatermord" krankt ebenfalls an penetranter Psychoanalyse, die sich im Körperlichen selbstbefriedigt und in Naturalismen künstlerisch verkommt. Walter H a s e n c l e v e r hat sich im „Jenseits" noch entschiedener als in den „Menschen" von der Erde losgeträumt und sucht dem Schein nach die Erlösung auf mysteriösen Gebieten, wo Dramatisches überflüssig wird. Seine aus Balzac herausdramatisierte Geschichte vom dämonischen Wucherer „Gobseck" ergab eine erfolglose Bühnenbilderei nach Kaiser-Sternheimischen Rezepten. Carl Sternheim selber macht sich durch seine Goethe-Polemik lächerlich und produziert zu gleicher Zeit mit der pikanten und geistleeren „Manon Lescaut" ein neues „Marquisenstück". Sein „Entfesselter Zeitgenosse" blieb in seiner Belanglosigkeit fast unbeachtet, trotzdem darin der künftige Mensch in der Russenbluse gefeiert wird. Des Festungsgefangenen Ernst Tollers „Masse Mensch" ist als revolutionäres Lyrodram beinahe schon wieder vergessen; in den „Maschinenstürmern" sucht er individuelle Menschen und wird dramatischer, ohne sich wesentlich als Dichter zu erhöhen. V. d. Goltz leistet in seinem Friedrich-Drama „Vater und Sohn" ein männliches Talentstück; weist aber keinen gangbaren Weg über die historische Tradition hinaus, wie etwa Fritz v. Unruhs wundervoll gelöster „Louis Ferdinand". Unruhs „Trilogie" hat ihren dritten Teil noch immer nicht erhalten. Ein Drama „Stürme", dessen Urentwurf vom Jahre 1914 stammt, ringt jetzt um die Endprobleme des „Platz"; sucht sie statt unter Geistern zwischen charakterhaften Menschen auszutragen und wird bei mancher Schönheit doch kein echtes Drama. Der Wunsch ist groß, daß Unruh sich vom Wust der weltanschaulichen Fragestellungen bald erlöse; und daß die Hoffnungen, die auf den Rhythmen seiner genialen Sprache im Sturmwind des ethischen Willens mit ihm fliegen, auch in der Vollendung der **dramatischen Form** uns zur Erfüllung werden.

Frankfurt a. M. 1922

Dbd.

Drama Geist Seele

Ethos — Tragödie

In der Dichtung gipfelt die Kunst als Sinnbildnerin des Menschentums. Nicht wie die große Musik alle Zeitlichkeit aus der Sinnenwelt heraus in erdenfernste Form enthebt; nicht wie Malerei und Plastik schwerer gebunden bleiben an die Augenform der Dinge des Raumes: die Dichtung haftet nicht an stofflicher Eindeutigkeit und flieht nicht völlig in den Himmel der reinen Töne. Sie gibt den Weltblick aus der erhabenen Mitte.

Das Wort ist weltweit. Dreifach ist seine Strahlung: Es klingt, es denkt, es schildert. Es ist wollender Rhythmus und fühlende Melodie. Es ist Begriff und Erkenntnis. Es ist Darstellung von allem Geschehen, von Historischem und Fabulosem, von Möglichem und Unmöglichem. Sein Wesen ist Andeutung der Dinge, nicht Gestaltung nach dem Vorbild. Andeutung schafft die weitesten Symbole. Das Wort reizt die innere Phantasie zur verwegensten Ausschweifung. Die Himmel senken sich dem Dichter auf die Erde, und die Erde fliegt empor auf sein Kommando. Nur der Dichtung gelingt die Ganzheit des Menschen.

*

Die höchste dichterische Schau des Menschen gibt das Drama. Das erzählende Epos steht dem Naturstoff näher. Die Lyrik singt aus der Gedrängtheit ihres Seelen-Ichs. Das Drama — in seiner höchsten Form: der tragischen — zeigt den geistigen Umriß der Welt und füllt ihn aus mit dem Schicksal der Menschen.

Dieses Schicksal ist Kampf. Denn der Mensch, ist er nicht Tier oder Verneiner seines Selbst, steht als Individuum bewußt gegenüber der Menschheit, als Einzelwillen gegen Zufall oder Gottesfügung. Das ist die fragwürdige Beziehung des Einen zu Allen und zum All.

Zweiufrig ist das Meer des Scheins, und der Schwimmer zwischen den brandenden Küsten spielt den Mythus des tragischen Menschen aus Trieb und Willen, aus Gut und Böse. Wird er vom Ich=Pol oder vom Schicksals=Pol verderblich angezogen? Wird er kämpfen oder ermatten zwischen den Strudeln der Gegenströmung? Verharrt er klagend in Lyrik? Wird er nur epischer Chronist seiner Nöte und seines Versagens? Oder erkämpft er sich sein Drama mit Weltenuntergang und Weltenaufgang?

*

Das Drama der Expressionisten schwankt zwischen Tragödie und Göttlicher Komödie. Die den Willen verachtende Seele sucht instinktiv den Schutz eines Überwillens: Gott, Kosmos, All. Tragödie ist der Konflikt des selbstbewußten Luzifer, der vom All sich absprengte: der schönste Engel, aus Gut und Böse zweiheitlich geformt; und daher tragisch im geistigen Bewußtsein.

Die Tragödie ist das Spiel vom menschlichen Willen und den Gegenwillen außer ihm und in ihm; von seinem Hochmut gegen die Mächte. Ich kämpft mit Du und Wir und Allem, weil es zuerst sein Ich liebt. Die Unmöglichkeit der gütlichen Lösung und die Notwendigkeit des Opfers in solch titanischer Bewegung ist das Tragische.

In einer Göttlichen Komödie endet das tragisch anhebende Drama, das die Vermeidbarkeit des luziferischen Sturzes in sich trägt — den Umweg um die Tragödie, die Hingabe des Selbst und damit oft der Selbstverantwortung im Anblick zu Gottes Gebot und Gnade.

Die Göttliche Komödie führt das verzweifelnde Ich des Helden zur Einsicht des Büßers. Die Tragödie verlangt letzte Willenskonsequenz im Tun. Der Büßer tut nicht, er leidet: er wird getan. Seine „dramatische Steigerung" ist:

immer weniger tun — immer mehr dulden. Die Entwicklung des konsequenten Büßers vollzieht sich episch als **Passion**.

Die Selbstverantwortlichkeit des Nur-Ethikers triumphiert im freien **Willen**. Die Gotteskindschaft des Religiosen erwirbt sich durch **Gnade**. Die Hybris des Wollenden weicht hier der Demut des Gläubigen. Irgendwo hilft am Schluß ein deus ex machina und verneint die Tragödie. Und damit das höchste Kunstsymbol des tätigen, lebensbejahenden Menschen, des Wirkers in der Welt.

Wohl hat auch der werdende Büßer der Passion seinen Kampf; auch ihm gilt ein dramatisches Spiel. Aber hier ist die Lösung nicht so unerbittlich dem Ich aufgetragen wie dem Tragöden. Denn es ist kein Kampf ums Da-Sein, sondern schließlich ein Kampf ums **Nicht-Sein**. Das Leben und seine ethischen Kampfbedingungen gelten dann nicht mehr. Der Wille wird an entscheidender Stelle von Gott entlastet. Die Krise endet mit Friedensvertrag ungleicher Kontrahenten. Der vollendete Quietist, Yoghy oder Seelenbrödler streckt die Waffen bei der Herausforderung der Erde, die das leidige Diesseits von Gut und Böse darstellt. Für ihn ist die Kampf- und Kunstform der Tragödie ketzerisch geworden. Denn sein Gott hat die Konsequenz des Zweiseelen-Menschen nicht zu Ende gedacht. Er will endlich seine Ruhe haben im Kosmos.

*

Für den Tragöden gilt ein anderer Gott. Nur im Bewußtsein, daß sich Gott im wollenden und liebenden Menschen sichtbar **verwirklicht**, wird das unbedingte Drama eines Kämpfers in Gott möglich. Ein Gott, der seine Erde und seine mangelhaften Geschöpfe um ihrer selbst willen liebt, nicht bloß im Hinblick auf ihre künftige Engelschaft. Ist aber dem Menschen die Ruhe in einer transzendenten

Ewigkeit erstrebenswerter als die wirkende Tat hier unten, so ist sein Kämpfer-Einsatz im Drama entwertet: nämlich das Leben.

Das frühere Drama hat oft mit einer leichtfertigen Überreizung der Tragik den Einsatz des Lebens in allzu selbstverständliche Versfüße gesetzt, so daß der poetische Heldentod zu einer angenehm erhebenden Selbstbespiegelung des ungefährdeten Publikums wurde, statt zu der furchtbar erhabenen Vision des tragischen Menschen, der für seine geistige Wesenheit ein schwerstes, nicht ein mit Trara triumphierendes Opfer bringt.

Diese selbstverständlichen Verächter des Lebens nach altrömischer Rechnung sind uns bei ihren heroischen Abgängen langweilig geworden; sie können in einem gegenwartsgeborenen Drama so wenig mehr als Diesseits-Bejaher bedeuten wie jene Art von christlichen Märtyrern, die von vornherein kampf- und problemlos vom Scheiterhaufen schwärmen und ihren Heroismus nur einsetzen, um eine Rangstufe näher an Gottes Thron zu gelangen. Heroen-Eitelkeit auf ihre Lebensverachtung ist hier auf beiden Seiten. Vollendete Helden und Heilige sind für das Drama erledigt — denn sie haben es hinter sich. Ihnen gelten Romane, Legenden und Epopöen. Nur in Erkennen, Fühlen und Wollen werdende Menschen haben ein volles Drama.

*

Sowie das Leben nicht mehr als höchster Einsatz gilt für Idee, Wahrheit, Gerechtigkeit, Liebe und Gott, verlieren die lebensgefährlichen Widerstände der Erde ihre tragische Drohung: die Tragödie ist entspannt.

Wahrlich aber müssen wir uns diesseitige Werte wahren, die den Preis des Lebens lohnen. Die Relativierung aller Maßstäbe hat es schwer gemacht, sich absolut für Erdenideale aufzuopfern. Aber das eine muß feststehen: der Mensch ist dazu da, um in immerwährenden Kämpfen gegen das Niedere in sich und in der Welt höchstes Menschentum zu verwirklichen.

Sein Niederes ist nicht allein das Unwürdige, sondern auch das Lieblose. Sein Ethos spiele nicht l'art pour l'artismus aus lauter richterlicher Freude am Gesetz, sondern es wähle die Ziele der tätigen Liebe. Es wirke im Bewußtsein eines Gottes, der sich im immer strebenden Menschen den Logos seiner Lebensschöpfung bestätigt. Weise Denker schütteln hierüber die Inhalte ihrer Häupter, darinnen die Liebe kein System findet: weil sie nur Trieb und Neigung sei; nicht aber der Sinn zum göttlich auswirkenden Menschen. Aus diesem Liebessinn muß eine neue Pflicht erkannt werden. Zur Liebe kann sich keiner zwingen, aber zum Liebeswerk kann er sich innerlich verpflichten. Der gute Wille ist sein Helfer: bona voluntas.

Wo Liebe und Wille sich zum Bündnis finden, schwebt die geheimnisvolle Brücke von Seele zu Geist, zu der kein Wissen führt und die wir doch täglich als Liebende und Sollende zugleich betreten. Hoch über dem Abgrund, der die Erkenntnisbereiche vom Fühlen und vom Wollen zwiespaltet, erfahren wir die Pflicht von Mensch zu Mensch, die aus Gewissen wie aus Herzensdrang in einem Erfüllung gebietet: unausweichlicher Befehl des Ichs an das Ich. Ein anderes ist die aufgezwungene Pflicht um Macht und Herrschaft willen; ein anderes die Tat aus menschheitlichem Ethos, welche die weiteste Umarmung und die ernsteste Liebe ist. Aus solcher Liebespflicht erhält das Leben Wert und Würde. Was weiß der Bourgeois oder der Formelsophist, was wissen die Seelenprivatiers und die Helden aus feudalem Sport: was menschenwürdiges Leben ist? ... Das Leben ist kein Zeitvertreib — das Leben ist eine Aufgabe!

Geist — Seele

Die neue Kunst will neues Leben. Dem neuen Leben ziemt eine neue Aufgabe.

Es ist so grauenhaft gestorben worden in diesem größten Kriege. Nicht die Leiber allein verfielen dem Moloch. Die Seelen sind matt geworden in lebenden Leichnamen, entspannt vom Grauen, stumpf vor dem Überfluß des Schmerzes. Sie versanken in den Tümpeln seichter Resignation, sie ließen sich einschlucken vom fetten Morast der Selbstsucht oder berauschen vom Sinnesteufel der tausend Narkosen. Auch lebt ein Trieb zur Revolution — aber es ist mehr Hungerschrei als dürstende Seele.

Doch zwischen den Entsagern ohne Kampf, den Wucherern am Notgut und den Vulkantänzern aus Roheit, Verzweiflung oder Leichtsinn, wandelt es wie weiße Geisterschatten — zwischen den Mageren der kleinen Wohnungen, den Feisten der Spiegelsäle und den Bacchanten der Eintags-Existenz tauchen Gestalten auf von ungewohnter Bildung. Anderes als bloße Leiblichkeit wirkt aus ihnen. Wohl blicken sie auf das Nahe, aber ihr Auge verwandelt alles in Zukunft. Ihr Ziel steht in ungemessener Weite hinter Körpern und Dingen und ist doch die Mitte ihres Wesenskreises. Sie suchen Gott im Unendlichen und wollen ihn doch finden im eigenen Selbst. Das äußerste Außen und das innerste Innen sollen sich einen. Diese mystische Hochzeit wird im Chaos gefeiert.

*

Expressionismus ist zweierlei: eine Mode und ein Weltgefühl.

Als Mode bedient er sich der Anarchie gegen alles Gewordene, um aus lauter Form-Verneinung einen Stil der Gesetzlosigkeit zu erfinden. Es entstand eine Trümmer=

Kunst mit einer eigenen Sturm= und Drang=Dynamik in symbolischen Worten und Gesten. Dieser negative Stil ist sehr vergänglich.

Als Weltgefühl bedeutet der neue Geist — gleich der Aufklärung oder der Romantik — eine natürliche Aufwallung gegen erstorbene Formeln der Gegenwart. Er ist die S e h n s u c h t nach Vertiefung des Lebens. Hier ist der Expressionismus uralt und ewig jung.

Dieser Kunstwille erstrebt nicht unterhaltende Schönheit, sondern er will Predigt sein gegen die Materialität. Symbole übersinnlicher Gewalten im Innern der Brust und im Außen der Unendlichkeit will er schaffen als Zeugen der Gewißheit unseres höheren Daseins, unserer Über=Körperlichkeit, unserer Über=Vernünftigkeit. Der Ton, der Vers, das ist nicht schöner Klingklang, sondern Stellvertreter der singenden Seele.

Wir haben im Materialreichtum der Friedensjahre dem Körper und dem platten Verstande frevelhafte Opfer gebracht. Heute beweist uns schwere Not die Unzulänglichkeit der Körper, die lächerliche Vermessenheit der Vorkriegs=Vernunft, alles zu Ende denken zu können, und die frivole Einbildung der Leiber, der Mastdärme und Genitalien, ohne Idee und Gefühl auszukommen. Ein Schrei der Enttäuschten und Niedergetretenen geht durch die Welt: nach Auferstehung der seelischen Lebendigkeit. Tod der Materie!

So bieten die Propheten der Zeit uralten Wein in neuen Gefäßen. Propheten? Echte aus Herzensnot, falsche aus Leibes=Hunger oder Großmannssucht — Berufener sind Viele, Auserwählter unendlich Wenige. Aber aller Münder formen den Sehnsuchtsschrei für Millionen von Stummen. Trotz Hungertod und Seelentod: Leben! Leben aus neuem Geist und neuer Seele.

*

Die Worte „Geist" und „Seele" sind in der Umgangssprache unserer Gebildeten beinahe Synonyme geworden.

Der Geist herrschte fast nur in der Unterform der Intellektualität. Und Intellektualität ist der Idee entkleidete Hirnfunktion: entgeisteter Geist.

Die Seele aber war fast ganz verloren; sie galt nichts mehr im Maschinenbetrieb des Alltags, im Erwerbskampf, im Militärstaate. Jeder wird Rad oder Schraube an einem vertrusteten Gewinn-Apparat; die Organisationswut uniformiert die Individualität; die Menschen des Bureaus, der Fabrik, des Heeres, der Staatsbürgerschaft sind Nummern. Nach Gut und Böse wird kaum mehr gefragt, nur nach der Leistungskraft des Gehirn- oder Armmuskels. Das anglo-amerikanische Time is money, der Spekulantengeist der Geschäftstüchtigen regiert die Erziehung. Die antike Ethik der Kalokagathie verlangte vom Kulturmenschen Schönheit und Tugend. Das Mittelalter forderte Gottesfurcht und Menschenmut. Die Klassik Humanität. Der Mensch unserer Tage wird im Gesellschaftsleben nur nach der Intelligenz bewertet, der stärksten Waffe im Erwerbskampf.

Was früher die Seele ihren Lebensbereich nannte: Gott und Liebe, was sie zum Denken nur den Theologen überließ, das umzirkte noch gestern der naturwissenschaftliche Verstand; bewies und verwies, entdeckte im Mikroskop womöglich die Urzelle und nannte sie heimlich Gott; statuierte im Raume den Äther und freute sich jeder Hypothese als einer unumstößlichen Heilswahrheit. Als ob es keine ewige Zeit, als ob es keinen unendlichen Raum gäbe. Ewigkeit und Unendlichkeit als sinnlich und vernunftmäßig unfaßbare Weiten. Doch es genügte den meisten, wenn die Mathematik zum mindesten die Zahlenformulierung für alles Infinitesimale übernahm. Ein x und ein y fand sich immer für das Unsagbare.

Nur wenige Seelen regten sich vor der Allgemeinheit; doch vielleicht in allen klopfte bisweilen heimlich ein weher Muskel am Herzen. Dann ließ man sie denn aus, die Seele, in das Kabinett des von Geschäften, Forschungen und Betriebsamkeiten reservierten Privatlebens. Aber der herrische Verstand, der physikalische und chemische, der Ursache und Wirkung jederzeit unfehlbar berechnende, gab ihr nicht offizielle Würde. Nur die Psychologie war für sie verantwortlich. Sie nahm sie wissenschaftlich, also sehr ernst, und registrierte sie neben dem Wollen und dem Erkennen unter das Fühlen. Diese offizielle Experimental=Psyche war die Mensch=Maschine, die mit Ethik, Logik und auch Ästhetik geheizt wurde. Diesen Komplex aus allen Regungen — das hieß man Seele; und ihr innerster Kern ward im Fühlen von „Lust" oder „Unlust" entdeckt. Damit hatte es ungefähr sein Bewenden. Die Psychologie summierte die Lebensäußerungen des Menschen zum „Charakter"=Bilde, gefärbt vom Stimmungs=Timbre eines Temperaments. Auch die meisten Dramatiker des Gesellschaftslebens taten Laboratoriumsarbeit, addierten die Elemente des Menschen, kombinierten und variierten sie zu gemischten „Charakteren"; setzten negative und positive Atome zu Problematikern zusammen, kranke und gesunde zu Pathologen, zu Zeugen wüster Vererbung, der Trunksucht und sexuellen Verirrung. Hungernde Weber und verzweifelndes Proletariat dienten der dramatischen Naturforschung — mochte ein Dichter wie Gerhart Hauptmann sie noch so sehr aus dem Gefühl betreiben. Das Milieu wurde ebenso wundertechnisch ausgeführt, gleich einem Schachbrett mit vorbestimmten Matador=Partien. Die Seele aber ward über dem corpus delicti der Psychologie vom Publikum vergessen. Der „Charakter" als Ersatzseele genügte völlig, war auch Mensch nur ein Homunkulus nach wissenschaftlichen Rezepten.

So kam in der inneren Bedürfnislosigkeit des mechanistischen Zeitalters die allgemeine Gleichsetzung, unbesonnene Vertauschung, die frivole Stellvertretung von Geist und Seele, zustande. Was die Griechen als Nus von Psyche unterschieden, das ist für uns: der denkende Weltgeist, der Sinn des Zusammenhalts im Universum; was in der Philosophie zur königlichen, apollinischen Erkenntnis wird. Ihm gegenüber die Seele als die dionysische Unheimlichkeit des inneren Dämons, der die Tränen und den Jubel regiert, das Gefühl zum Menschen und die Furcht vor der Gottheit.

Der Geist ist extensiv bis an die Grenzen des Alls, er kritisiert das Erkennbare, formuliert das Metaphysische und gruppiert alles zu Weisheiten. Sein Menschlichstes ist das Ethos und mit ihm sein Triumph: der Wille zur sittlichen Freiheit.

Die Seele ist intensiv bis in das dunkelste Mysterium unseres Herzens; sie ist dem Leibe innig verbunden und bewegt ihn wunderbar. Sie erkennt nicht in der Blindheit der Gefühle, aber sie wittert mit tausend Instinkten die Liebe und den Haß. Sie schaut, sie dichtet — ist innere Seherin über alle Welt hinweg und vernimmt die innerste Stimme des Gewissens wie die höchste Stimme des Herrschers über die Welt. Ihr Edelstes ist die Hingabe in Liebe, und ihre letzte Erlösung heißt Auflösung in Gott und im All.

Der Geist denkt den Kosmos. Er leitet die Organisation des Universums, bewegt die Sternenbahnen und die Erde nach seinem Gesetz. Von ihm empfängt der Wille seine ethischen Gebote. Sein erhabenstes Ziel ist Klarheit und endliche Form des Unendlichen. Die Quadratur des Zirkels ist seine letzte Utopie: das Gerade und das Krumme auf eine Formel reduziert. Die Zeit wird ihm zum Rhythmus, der Raum zum Kubus. Seine Flamme heißt Eros. Idee, Form und Gesetz sind seine Siege.

Die Seele fühlt das Chaos; sie fliegt in rauschender Unbewußtheit durch Wolke, Baum und Himmel; sie liebt das Bild, die Farbe, die Pflanze; sie senkt sich ein in jegliches Geschöpf, sie wandelt sich im Dämmer froh und traurig. Was ist ihr Weite, was ist ihr Dauer — ihr, die überall ist und schaut: im Herzen, im Gotte, in der Welt. Nicht wie der Geist umfaßt sie Dinge und Wesen, sondern sie durchdringt sie und leiht ihnen Wärme. Sie lebt nur in Körpern, in blutenden Herzen, die ja das Gefühl in sich bergen, aus dem sie selber besteht. Sie fürchtet die Idee in ihrer Eisluft aus Klarheit und Blaßheit; verschmäht die feste Form, die ihre Nacktheit sichtbar beschämte.

Die Seele haßt das Gesetz in Moral und Kanon, das ihr Leben beengt. Sie schmäht die Bewußtheit des Willens. Aber sie harrt gefügig der geistigen Form, in die sie der Künstler gießt.

Der Geist formt sich den Idealleib, in den die Seele ihr pulsendes Herz legt.

Kubismus, Architektur und Fuge; Klassik, „Form" und eleatisches Sein; tätiger Glaube, Ethos, Wille — das ist wesentlich vom Geiste.

Expressionismus, lyrischer Schrei, Melodie und verschwimmende Farben; Romantik, „Ausdruck" und heraklitisches Werden; Heiligenkultus, liebende Hingabe — das ist wesentlich von der Seele.

*

Schillers Drama und Goethes Lyrik stehen sich in höchster Symbolik schroff gegenüber: doch zugleich auch als Beweis, daß Geist und Seele immer untrennbar verbunden sind. Denn nur im Vorherrschen des einen prägen sich Geist- oder Seelenausdruck hier gesondert aus. Das Eine kann ohne das Andere nicht leben. Höchste Vernunft und höchstes Gefühl finden sich einig. In Gott ist Geist und Seele, Ethos und Liebe. Er will den Willen des Menschen frei, als Lenker seines Werdens von Geburt zu Tod. Er fordert den Willen zum Guten gerade als Schutz für die sich selbst vergessende Liebe zur Menschheit. Seele ohne Geist verträgt die Erde nicht.

Unsere neuesten Künstler wollen es nicht glauben, wären sie sonst absolute Kubisten? Wären sie sonst unverständliche Ausschreier ihrer Seelen? Ihre chaotische Verfassung unterscheidet nicht mehr Trieb von Wille, nicht mehr die edle Pflicht aus Ethos von der moralischen Konvention, nicht mehr wahre Gerechtigkeit von Paragraphenzwang, nicht mehr Verstandesrechnerei von der großen Vernunft. Wortverwirrung macht kühn: mit dem psychologischen „Charakter" schmäht sie den sittlichen Charakter. Anarchie wütet gegen die alten Begriffe der Pflicht, der Gerechtigkeit und der Vernunft; und will im Endzweck mit der Liebe doch nichts anderes erreichen als eben wieder: die ethische Pflicht, die wahre Gerechtigkeit und die gestaltende Vernunft: Nur in neuen Formen für neue Menschen.

Doch in der Verworrenheit ihres Schlagwörterverzeichnisses leiten sie aus ihrer „Seele" die fürchterlichsten Konsequenzen ab. Wie die niedere Intellektualität mit dem Geist verwechselt wurde, so scheiden sie auch nicht die Seele deutlich nach ihrer tiefen und höheren Wesenheit.

Die Seele sitzt in demselben Herzen, das das Blut nach der Geist- und nach der Geschlechtszentrale treibt. Die Seele ist zwischen Trieb-Empfindungen und höheren Gefühlen die schwankende Vermittlerin von Liebe und Geilheit, die Kupplerin von Gott und Tier, von Eros und dem Erotomanen. Ihr Schwanken macht sie formlos. Ohne Geist-Gesetz kommt sie ins Lallen. Die völlig unbeherrschte Seele der neuen Poeten, Maler und Musiker spricht nur den Lokaljargon des geschlechtlichen oder sentimentalen Augenblicks; nicht das symbolische Wort, das mitgeteilter Geist ist.

Die im neuen Kunstwerk absolut vollzogene Entstellung der verachteten Materie in Wort und Ton macht sie unverständlich — und sie nennen die kampflose Flucht vor dem Naturstoff ihr Mysterium. Die formlose Freiheit ihres Ichs ist Solipsismus und Nabelbeschauung — aber sie nennen sie das gebärende Chaos. Im Widerstand gegen eine verhaßte Weltordnung von gestern vertrauen sie der Welt des Scheins überhaupt nicht mehr, und nennen alles, was mit unbewußter Reizung aus Geschlechtsorgan und Nervenkrise zum Lallen oder Pinseln führt, ob seiner gehirnlosen Unmittelbarkeit schlechtweg: die Offenbarung. Und da diese Seele nicht aus der Scheinwelt zu wirken vorgibt, sondern von innen nach außen drängt, so ist sie „Ausdruck": Expression. Die „Impression" galt als die passive Aufnahme des Natureindrucks; die „Expression" ist die Formung der Natur durch das seelisch=tätige Ich.

Aber diese Seele spricht mit zwei Zungen. Nur ein Gesetz führt ihre Aktivität unzweifelhaft zu geistigem Ziel, zur Lösung der menschlichen Aufgabe. Sie ist aber vitaler Instinkt und göttliche Ahnung zugleich. Dem Gehirn vertraute man zuviel; ihr aber ist das Unbewußte und Unwillkürliche eigen. Die Psychoanalyse betonte zur gegebenen Zeit die Wichtigkeit des Unbewußten.

Bewußtsein und Wille stören der Seele Flug und ihre Vegetation. Sie ist wohl sündlos, — aber wie das Tier. Sie ist wohl rein — doch unverantwortlich wie ein Kind oder wie ein Engel. Erlaubt ist, was man spürt! sagen ihre „Ethiker". Im Kampf des Lebens wird sie bestialisch wild oder flieht sehnsüchtig über sich hinaus — je nach dem Zwang der Natur oder des Geistes, dem sie sich fügen muß. Denn sie selber ist gesetzlos und anarchisch. Aber alles

Kulturwerk des Menschen bedarf der Form und des Gesetzes.

*

Den alten Gesetzeswächtern und Seelentötern kündete die Jugend bald mit Recht, bald auch mit übertriebenem Vorwurf, Götzendämmerung an. Sie schreien Hebbeldämmerung gegen die mechanische Psychologie der Charaktere; sie schreien Wagnerdämmerung trotz Tristans Seelen-Rhythmus, der in Kornfelds und Unruhs Versen nachklingt. Sie schreien Ibsendämmerung, trotzdem der Alte ihnen das Sprungbrett zur Seele schuf. Hebbel kam nicht zu müden „Alterswerken". Wagner flog im „Parsifal" ins Seelisch-Mystische. Ibsen hatte Brands Willenskonflikt durchgerungen im Gerichtstage über die eigene Verantwortung, er hatte „Kaiser und Galiläer" erlebt in den siebzig Jahren, schwebend zwischen Himmel und Erde; und er schloß ab mit „John Gabriel Borkmann" (1896) und „Wenn wir Toten erwachen" (1899). Er hatte alle Prüfungen hinter sich, als er über die Prosa seiner Gesellschaftsstücke wieder nach Symbolen der Seele fahndete. Die Atmosphäre in Borkmanns Hause oder vor Jrenens Sanatorium ist nur im äußeren Schema noch real. Schon geistert es. Der letzte Ibsen ließe sich beinahe schon kubistisch spielen. „Es liegt ein verborgener Sinn in allem, was du sprichst", sagt Jrene. John Gabriel Borkmann und Jrene sind ver-rückten Geistes; es sind Wahnsinnige von des Dichters Willen. Wahnsinnig bis zur Seherschaft. Wahnsinn als Notwehr vor der psychologischen Vergewaltigung. Das Thema aber ist beide Male die Anklage wegen Ertötung des Liebeslebens; enttäuschte Frauen fordern Buße für ein freverisch entleertes Herz. „Ich schenkte dir meine junge lebendige Seele — und stand da mit leerer Brust — seelenlos. Daran bin ich gestorben." Aber der Auferstehungstag, so nannte der Bildhauer Rubek sein Meisterwerk, muß kommen. Und wenn wir Toten erwachen, da sehen wir, „daß wir niemals gelebt haben." Des sind die Töne von Strindbergs letzten Gespensterstücken — aber im Zwange eines geistigen Kontrapunkts.

Die vom Geist geleitete Liebe führt die Menschen zusammen auf den Weg zum Berg der Verheißung. Aber Ibsen starb; er nannte sein Werk den „Epilog" — vorahnend, daß es sein letztes sei. Zum Berg der Verheißung gelangen Rubek und Irene nicht; nicht in das „dritte Reich". Eine Lawine — wie sie den Pflicht= und Willenstypus Brand hinunterknirschte bei der letzten Frage — verschüttet die durch Liebe Geeinten vor dem Gipfel. Pax vobiscum ist das Schlußwort aus dem Mund der geistlichen Diakonissin. Ist dieses Pax vobiscum des greisen Ibsen „Parsifal"? Ist es das Ja des Deus caritatis, den sein Pfarrer Brand nicht erkennen konnte, fürchtend, daß, wer Jehova sieht, erstirb=? Ist es das „Du hast gesiegt Galiläer!" des Apostaten Julian, der zwischen dem Kaiserruhm der Weltmacht und der Christenliebe zu wählen hatte? Ibsen wagte nicht die Antwort. Er selber sagte einmal, eine tüchtige Wahrheit lebe nicht länger als zwanzig Jahre. Darum dies Fragezeichen? Aber Irene heißt der Friede, und Pax heißt der Friede — das ist gewiß. Irene heißt auch die Geliebte in Unruhs „Platz".

Aber aus der willenlosen Sehnsucht der Seele nach Frieden und Liebe allein bildet sich keine Kunstform, kein Stil und keine dramatische Notwendigkeit. Kein Gesetz.

Gesetz — Stil

Es gibt keine Gesetze für das Drama, die der Dramatiker sich nicht selber setzte. Es gibt aber auch keinen echten Dramatiker, der sich nicht innere Gesetze schüfe.

Denn jedes Kunstwerk bildet einen Organismus aus Stoff, Gefühl und Idee — gleich wie im Menschen Körper, Seele und Geist wechselwirkend zu seiner Ganzheit werden.

Künstler ist, wer aus naturgegebenem Stoff die Form schafft. Die Form, durch welche die Seele so unmittelbar zum Mitgefühl verführt, als wäre sie der symbolische Doppelgänger von des Betrachters eigener Seele. Die Form, aus der der Geist so klärend über der Mannigfaltigkeit der Dinge leuchtet, daß alles Vergängliche zum Gleichnis des Ewigen wird. So zeigt das Kunstwerk jedem sein menschliches Ich im Symbol seiner Ewigkeit.

Je nach der Vorherrschaft von Seele, Geist oder Stoff gebietet ein anderes Gesetz im Stilwillen der Künstler.

Der **Stoff** als Hauptregent macht Naturalisten, die mit stets unzureichender Kopie zufälliger Wirklichkeiten der ganzen Wahrheit der Natur zu dienen wähnen, und doch mit ihren Impressionen nur Stückwerk, Ausschnitt oder Warenprobe liefern. Ist der Roman auch noch so lang: ein Teil des Alls ist nicht Symbol des Alls. Erst Seele schüfe hier Ahnung, erst Geist formte ein Gleichnis. Aber die Seele fügt sich hier dem Körper und der Geist schweigt vor der heilig gesprochenen Empirie: So ist das Leben!

Da aber, wo der **Geist** monarchisch herrscht, wird die Natur zu leicht zum Spielzeug der Idee, und tauscht die Form des Lebens ein für die Konstruktion aus Philosophie. Das Individuum wird wohlgeformter Typus, dem immer fast der Blutstoff und oft genug die Seele fehlt.

Die **Seele** endlich als Meisterin des Kunstwerks meidet so angsterfüllt die Nähe der massigen Erde wie die gläsern reinen Formen der Ideenkunst. Wie sie Natur- und Geistesgesetz nicht anerkennt, so will sie nicht Nachahmung der Materie und nicht die Imperative der Vernunft. Die Seele ist unerläßlich als das Herz des Kunstleibes; doch sie verflüchtigt sich ohne Geistbefehl des Kopfes und ohne Stofftrieb aus den Sinnlichkeitsorganen alle Form in stimmungshafter Lyrik. Die Seele proklamiert die Anarchie.

*

Die jüngste Kunst, die man Expressionismus nennt, hat nun die Seele zur Herrscherin über Geist und Leib gesetzt. Sie vernichtet die Naturform und haßt die Gebote des Geistes, um der Ausschließlichkeit der Seele willen, die durch das zwiefache Wesen des Ichs ins Chaos der Unendlichkeit verströmen möchte. Dieses Ich will keine Reibung mehr an der Materie und nicht am Geiste. Wie soll dramatischer Kampf da möglich werden?

Aber wir wissen: neben den fanatischen Expressionisten der Seele regen sich gleichzeitig auch die Zeugen des Geistes und der Natur. Die Malerei, die zuerst die neue Kunst verkündete, spricht davon am deutlichsten. Sie gab mit ihren Programmen die Schlagworte und in ihren Werken beinahe die graphische Darstellung der Dichtkunst.

Der Futurismus empfand die Einzelheit der „coins de la nature" des Impressionismus und addierte die mannigfaltigsten Impressionen regellos in der Gleichzeitigkeit und in der Gleichräumlichkeit eines Bilderrahmens. Was ein Mensch in einem Augenblick empfindet, wird malerisches Tausenderlei. So wähnt der Futurismus durch Häufung von Naturalismen ein Gleichnis der Totalität geschaffen zu haben. Aber das Chaos ist nur psychologisches Schema. Die Raum= und Zeitwirren der Strindbergschen Traumspiele, der Fleisch=Aktionen Kokoschkas, die Kinoblitz=Technik in Hasenclevers „Menschen" ist ja nur ein Stück Naturge= schichte vom ungesetzlichen Seelenablauf eines Ertrinkenden, eines Träumenden, eines Verrückten.

Die neuen Vertreter des unbedingten Geistes nannten sich

Kubisten, denn sie fanden in der Geometrie von Würfel und Kugel die von keiner Sinnlichkeit bedingten Formgesetze zur Bezwingung der verächtlichen Natur=Materie. Den Dichtern dieser Art erstarrte das Wort zur Kurzrede des Telegramms, ihre Menschen wurden namenlose Typen, die als „Vater", als „Milliardär", als „schwarze" oder „gelbe" Herren nur die konstruktive Formel für jedes mögliche Individuum dieses Zeichens abgaben. Sie alle müssen sich nun mathematisch ähnlich sehen wie Zahl zu Zahl. Bei Georg Kaiser wurde Symmetrie das oberste Gesetz seiner dramatischen Architektur aus Glas und Eisen. Nur die Schauspieler stören den „transzendenten" Stil mit widersetzlicher Körperlichkeit; mit Nase, Auge, Ohr und Gliedern am anatomisch richtigen Platz. Gegen sie hilft weder Kubus noch Kugel. Nur die Gebärden machen darstellende Geometrie.

Sie wollen ja im Endziel dasselbe, diese naturalistischen Futuristen und intellektualistischen Kubisten. Ihre Gesetze sind Befehle zur Zerstörung des alten Systems. Da aber, wo sie nach aller Verneinung endlich bejahen wollen, werden auch sie zu Expressionisten. Denn ihre vorläufige Anarchie geschieht nur aus Haß gegen den Charakter und für die Freiheit der Seele, deren oberste Tätigkeit die Liebe ist.

*

Wer war es nun, der über Ibsen und Hebbel hinweg die alten Charaktere zuerst aus ihrem Psychomechanismus ausbrach, ihre Substanz vernichtete und den Astralleib schuf? Wer trieb ihnen die Moral der Heuchelei aus, wer ihre geklügelte Dialektik, wer ihren Stolz aus harter Gerechtigkeit? Und wer zerstörte die behaglich karierten Schachbretter, die einst die reale Welt harmlos bedeuten durften, bevor ihnen beschieden war, sich absolut zu machen?

Strindberg und Wedekind! Im Stimmungston der An=

deutelei auch Maeterlinck. Schufen sie aber gültige Formen für eine neue Welt oder waren auch sie nur Verneiner? Strindberg und Wedekind suchten die Seele im Menschen, im Un=Willkürlichen und Un=Bewußten. Der eine im Erdtrieb, der andere mit der Himmelssehnsucht. Der eine mit Amor, der andere mit Psyche.

Wedekind zerschlug die moralische Struktur, welche die schwankenden Gestalten des Naturalismus notdürftig zu= sammengehalten, und peitschte die falsche Moral des Bür= gertums zum Tempel hinaus: die intellektuell eingetrichterte Rechtlichkeit und Wohlanständigkeit zur Verdeckung heim= licher Laster und der polizeiwidrigen Dämonchen ihres Zwergverbrechertums. Er schlug grinsend den Heuchlern mit der Narrenpeitsche blutige Male ins Gesicht. Wedekind war Angreifer.

Strindberg kümmerte weniger das Maskenkleid der Moralen als die Menschenmumie hinter ihm. Mit von Weh bebender Hand griff er in den vertrockneten Kadavern nach dem Herzen und fand einen Stein oder eine Kröte. Dann schrie er in Paroxismen zu den Himmeln. Strindberg war in Notwehr.

Der Angreifer zerstörte den Moralleib und gab dafür Fleisch. Der Mann in Notwehr floh und wies mit seinem Jammer auf den schwachen Punkt seiner Seelenwelt: wieder das Fleisch. Der Weg zum Fleisch und die Flucht vor dem Fleische wurde zum Zentralproblem einer ideenlosen Gesell= schaft.

*

Ein genialer Narr und ein falscher Heiliger lehrten die Jungen ihr Nein zur Vergangenheit sagen. Tolstoj, Dosto= jewski, Nietzsche und Shaw sangen fremdländische Stimmen im Chorus. Aber sie hatten keine große Idee, kein geistiges Gesetz und keine exemplarische Kunstform für die Dichtung, die von geringeren Talenten, als sie selber waren, aufgenommen werden durfte. Ihre positiven Leistungen an bühnlicher Technik und namentlich die Traumspiel=Szenik Strindbergs wirkte auf die Poeten zweiten Ranges verheerend: denn sie entlastete die tätige Phantasie des Wortdichters auf Kosten des Spielleiters und seiner Stimmungsmittel. Die Muse des genialen Reinhardt wurde die Schutzpatronin der unmündigen Dramatiker; der Verwandlungs=Apparat, die Drehbühne und die Rhythmik des Kinos wurden in Tat und Wahrheit dramaturgische Prinzipien.

So konnte für den Expressionismus wohl ein neuer Theater=Stil entstehen, der äußerlich dem anarchischen Stil der Negationen eine einheitliche Form gab. Aber ein Stil aus innerem Dichter=Gesetz kam so nicht zustande. Erstaunt fragt mancher, was der Expressionismus im Drama denn eigentlich sei, wenn er ein gemeinsames Merkmal nur für die besten Namensträger dieser Richtung sucht.

Wie kommen sie zusammen: der kühle Platoniker Georg Kaiser und der nervös ekstatische Kornfeld; der theater=filmende Hasenclever und der schwer formende Fritz von Unruh; der unfromme Zyniker Sternheim und der katholische gläubige Reinhard Sorge? Das sind etwa die Namen der stärksten heutigen Gestalter. Da zeigt sich nun im Überblick, daß sie alle nur Vorarbeiter des neuen „Stiles" sind. Dieser modisch=anarchistische Ausdruck war zunächst notwendige und willkommene Aktion gegen die Naturalisten und Neu=Romantiker der Nerven und der Genrebildchen mit „Charakteren". Aber die wenigsten der neuen Symbole, diese realitätsfeindlichen Denkgeister, Seelengespenster und Dämonen, besitzen so kräftige Konstitution, um eine längere Zukunft zu erleben; um, ohne den Schauspieler=Körper und die Theaterluft, ohne Scheinwerfer und Stimmungstöne auch nur in der Gegenwart überhaupt existieren zu können. Sie sind so wesenlos, daß außer ihrer Theaterformel nur die programmatischen Schlagwörter von Seele und Liebe ihre weiteste Verwandschaft behaupten.

Expressionismus ist erst eine Kunstmöglichkeit, die Prädisposition für eine künftige Kunst, die dem unmittelbaren Menschgefühl stärkeren Ausdruck zubilligt als er den alten Charakteren gestattet war. Ein Übergang wie der „Sturm und Drang", wie der „Naturalismus" — eine Krise. Denn ein Stil der Negation negiert sich schließlich selber.

Sehen wir Georg Kaisers dramaturgische Architektur und unlyrische Dialektik; dann Kornfelds Nacheinander lavaglühender Szenen, erfüllt mit lyrischer Rhetorik; hören wir Hasenclevers immer noch ästhetisch gekünstelte Sprache mit den Akzenten Stefan Georges oder Hofmannsthals; und endlich die starken Jamben Unruhs — man könnte sie alle leichter trennen als binden: und eher vielleicht vom Neuromantiker Hasenclever, vom Stürmer und Dränger Kornfeld, vom Renaissance-Dramatiker Kaiser und vom Neuklassizisten Unruh reden als von einem Expressionisten-Pandämonium. Sie bilden durchaus keine Clique; da jeder in gewissem Sinne der Führer einer eigenen ungenannten Schule von allerjüngsten Epigönchen ist. Der elegische Kornfeld, der ethisch wollende Unruh und der Denkspieler Kaiser — sie gehen ihre ganz eigenen Wege; glauben sich gegenseitig vielleicht unendlich fern, und werden doch einst den geistigen Sinn ihrer Zeitgenossenschaft erkennen, dem ihre großen Talente dienen.

Was diese Dichter bindet, liegt im Unsagbaren ihres Wesens und kann noch nicht Stilform geworden sein. Dieses Innerste ist noch unser aller große Sehnsucht nach Verinnerlichung — Flamme eines künftigen Expressionismus: einer Kunst, die diesen abgebrauchten Namen verschmähen wird.

Erstaunlich ist es doch, wie organisch in all der un=
ordentlichen Kunstentwicklung gerade die Gegenrichtungen zur
Ergänzung drängen. Wie vor hundert Jahren die Roman=
tik der Schlegel, Tieck und Novalis mit zerfließend maleri=
scher Unendlichkeits=Sehnsucht der architektonischen Geistig=
keit der Klassik sich entzog; wie das männliche Prinzip der
Bewußtheit und ethischen Selbstverantwortung mit der weib=
lichen Hingabe an Gefühl und Stimmung sich zu ergänzen
suchte — so auch heute in aller Kunst. So auch im Drama.

Der kubistische Zug nach Gesetzlichkeit führt einen Georg
Kaiser zur Architektur der Akte und zur Nur=Form des Denk=
mäßigen. Die seelisch=expressionistische Richtung drückt sich
elementar aus etwa in Kornfelds „Verführung": hier chao=
tisches Rasen von Bild zu Bild, Verwehung aller steigernden
und spannenden Technik in gejagte Szenen, immerwährende
Betonung und Wiederholung der Seelennot. Zwischen der
Kaiserschen Art, die mit der knappen Dialektik Wedekinds,
der Bewußtheit Karl Sternheims und der ideellen Gedanklich=
keit Paul Ernsts im weitesten verwandt ist — zwischen
Kaisers „Klassik" und der Kornfeldschen „Romantik",
deren Gefühlsmonomanie direkt auf Strindberg zurückgeht,
gähnt heute noch die Kluft, deren Ränder überbrückt werden
müssen: Geist und Seele.

Nur ihre gegenseitige Anerkennung, nicht ihre Ausschließ=
lichkeit kann neue Formen schaffen, einen Stil der Dichtung.
Die Malerei mag leichter nur mit Seele und Natur sich ab=
finden, die Musik mit seelischem Sichverfliegen oder mit
geistiger Kontrapunktik. Die Dichtung aber, wo sie im
Drama die höchsten Gleichnisse vom ringenden Menschen
bringt, fordert unerbittlich das tragische Zugleich von Geist
und Natur und Seele.

Verinnerlichung heißt nicht allein Verseelung. Kultur
ist wesentlich Vergeistigung. In ihr ermöglicht sich ein neues

Gesetz, das die neue Seele willig anerkennt — als Kampfregel für ihre wahre Freiheit.

Passion — Aktion

Das moderne Drama führt ungewisse Kämpfe mit ungewissen Gegnern. Es weiß noch nicht vollen Bescheid über seine Verantwortung nach oben und unten. Sein Held ist in vielen Fällen ein Monologist, der mit dem Bauch im fetten Schlamm der Erde steckt, während der Oberleib mit Flügeln durch den Kosmos rauscht. Zwischen den beiden Körperhälften aber zittert nur ein dünnes Nabelschnürchen. Alle Unsicherheit im Verhalten zu Gott und Mitmensch würde gewisser und gründiger, wenn der Leib des Monologsten wieder zu einer irdischen Ganzheit erstände, wenn er als begeistetes Individuum oder als beseelter Typus sich an der Materialität, am Gegner seines Geistes reiben würde. Denn den wirklichen Menschen ist es inmitten des Daseinskampfes doch wohl nicht vergönnt: nur Monologist im All zu sein.

Zu diesem Kampfe braucht es Zwei. Im Drama genügt nicht ein unsichtbarer Gegner von Welt und Geschick. Wie sich formal das neue Drama gestalten soll, will ich wahrlich nicht vorausbestimmen. Das Genie wird sein Gesetz immer wieder schaffen. Doch will ich sagen: wer als tragischer Dichter auf die Arena des Theaters tritt und nach innerer Notwendigkeit einer Mehrheit von Schauspielern bedarf, gibt damit seinen Willen kund, die Vielheit (oder mindestens die Zweiheit) der irdischen Welt prinzipiell in ihrem tragischen Gegeneinander zu verkörpern — solange sich seine Dialogsprecher auch wirklich Gegensätzliches zu sagen haben und nicht nur mit einem freundlichen Ja bekomplimentieren.

Sonst könnte ihm ein Rezitator voll genügen oder es befriedigte das bloße Schau=Spiel mit Bilderzauber und Lichtgefackel, womit die billigste Stimmungstheatralik den armen Dichtern mildtätige Ablenkung vom Geiste leistet. „Kampf muß äußerlich nicht sichtbar sein" läßt Sternheim eine Dame sagen, die sich auf ihre undramatische Seele beruft. Denn die Seele darf es sich ja bei den Meisten verbitten, den Reibungen der Materie gleichwie den unangenehmen Gesetzen des Geistes öffentlich ausgesetzt zu sein. Im Vakuum ihrer „Freiheit" singt sie nur noch ekstatische Lyrik; hat nur noch die lyrischen Schicksale der Idylle; aber keine dramatischen, weil kein Stoff als Fabel mehr der Seele würdig scheint, weil kein Ethos ihr Kampf und Opfer gebietet. Weil mit der Ablehnung des psychologisch konstruierten „Charakters" als Kunstform oft auch der sittliche Charakter verloren geht: das Kämpferelement und die Vorbedingung aller höheren Problematik zwischen Trieb und Geist.

*

Die Kritik am modernen Drama setzt ein am Verhältnis der fühlenden Seele zum wollenden Geiste. Darin liegt auch die Kritik an der prinzipiellen F o r m. Denn die künstlerische Aufgabe des Dramas ist die Darstellung des durch die Kunstform total gesehenen Menschen. Die Menschen als symbolische Totalitäten stehen in ihren Verhältnissen immer und notwendig unter dem Aspekt der Liebe und des Ethos. Bei keiner anderen Kunst muß wie hier die Beziehung einer Mehrheit von Menschen im G e f a h r p u n k t ihrer tragischen Zweiheit unbedingt zum Stoffgebiet werden, falls sich das Drama vor seinen letzten Folgerungen nicht in die Bürgerstube, in lyrische Pavillons und ekstatische Beterzellen flüchtet, um daselbst unter ausschließlich guten Menschen oder in romantischer Tröst=Einsamkeit auf das große Los des Schick=

sals zu warten: sei's Geld, sei's Gott, sei's sonstige Seelen=
medizin. Solange aber der Mensch prinzipiell in Situationen
geworfen werden kann, die ihm so unausweichliche Fragen
stellen könnten wie diese: Willst du für deines eigenen Soh=
nes Wohl das Leben von Tausenden deiner Menschengemein=
schaft opfern? Willst du als Richter über geliebte Menschen
einen Falschspruch tun, der allen Glauben an die Wahr=
heit aufhebt? Willst du das Vertrauen der Gesellschaft ver=
nichten, indem du dein Liebesamt an der Menschheit deiner
privaten Seelenliebe unterstellst? — solange bleibt das
Drama vor seiner höchsten Aufgabe: die tragische Kunst.

Sonst macht es die bequemen Umwege um die Konflikte
herum nach dem Jenseits von Gut und Böse: sei es im
Himmel oder in einem Erdenparadiese, wo die Menschen nun
einmal Engel sind und ihre allenfalls noch restierenden
Eigensüchteleien mit Marzipan beschwichtigen. In solchen
Vogelstrauß=Idyllen ist allerdings kein ethischer Wille mehr
erforderlich. Im wahren Drama aber wird in der ethisierten
Handlung schon die Bedingung des monumentalsten Kunst=
formats gegeben. Das Ethos des Dichters ist in der Tra=
gödie schon immanentes Form=Element: künstlerisches Gesetz.

*

In solcher Gesamtschau werden die Maßstäbe des Kriti=
kers strenger als vor dem Einzelwerk mit seinen dichterischen
und artistischen Besonderheiten und Talentversprechungen.
Dieses Buch spricht von der formalen und ethischen Anarchie
im Drama. Es will der Zeit dienen. Wir wollen über alle
Krisen der Relativität und falschen Romantik hinweg zum
tätigen Leben. Sehen wir zu, daß die vom errechneten Cha=
rakter befreite Seele im Drama wieder die ethische Verant=
wortung und damit die dramatische Form aus eigenem
Gesetze finde. Denn sonst ist das Drama als Kampfplatz des

mythischen Kämpfers auf Erden verloren, und alles wird Spiel, Tanz, Panorama, Pantomime, oder bestenfalls noch duldende „Passion" — ein Schau-Spiel der getriebenen Seele. Die Tragödie aber gilt als die „Aktion" eines Dichterwillens.

Oder waltet in alledem ein Grundirrtum? Ist vielleicht der Kampf des Menschen zwischen Halbtier und Halbgott weder notwendig noch tragisch; sondern lächerlich und überflüssig? Sind nämlich die heutigen Menschen des Erdenkampfes müde, wollen sie sich in einem sinnlosen Karussell einfach von Seelentrieben oder schönen Hoffnungen um die Weltachse treiben lassen, oder sich mystisch aus dem wollenden Werden in eines höheren Gottes Sein verflüchtigen — sehnsüchtig des Jüngsten Tages harrend, wo der letzte Mensch als sonderbarer Heiliger den schlechten Globus jauchzend in das Nichts hinunterstößt — dann ist das tragische Drama zur überflüssigen Lustbarkeit geworden.

Dann ist die Passionsweise der fröhliche Trauermarsch vom Untergang des Abendlandes.

Antiphilisterium

Wedekind der Narr

„Das Fleisch hat seinen eigenen Geist"

Wedekind war Ethiker wider Willen — wie alle Amoralisten von Rang. Der Haß gegen die Moral dient hier dem Schutze einer vermeintlich höheren Wahrheit. Wahrheitsdienst aber ist ethischer Wille. Wedekind haßte in denkerischer Verworrenheit den Charakter auch im sittlichen Sinne. Moral war das rote Tuch für den Erotiker. Am Pflichtmenschen verachtete er die Starrheit der sogenannten Grundsätze. Er roch in ihm den Oberlehrer, den Staatsanwalt der keuschen lex Heinze, den Muckermann verstohlener Lust, den Erbfeind aller Lebensfreude; und er wütete so grimmig, weil die Pflichtapostel, denen er zumeist in der Lebenspraxis begegnete, ihren kategorischen Imperativ nur als dekoratives Schamtuch vor die moralische Blöße hielten. Und endlich: weil er, wie viele unserer Jüngsten, die Pflicht irrtümlich nur für etwas Konventionell-Moralisches und für Ausgeburt der Konvention hielt, statt in ihrem Namen vornehmlich das Gesetz der ethischen Kultur zu erkennen, die er ja selbst eifrig vertrat. Diese Widersprüche in ihm werden aber hinfällig: denn ethisches Fühlen braucht nicht vereint zu sein mit der Erkenntnis ethischer Ziele. Methode und Gegenstand sind nicht dasselbe. Der Erleber, der Tatmensch mag über das Leben und die Tat das dümmste Zeug behaupten — er tut die Tat. Der Philosoph jedoch erkennt sie in ihren Motiven und nach ihrem Wesen. Der Dichter mag als Lebensphilosoph versagen — er dichtet doch den Sinn des Lebens. Oder: wer die Malaria hat, braucht nicht so viel von ihr zu wissen wie der Arzt, der sie ihm austreibt. So wußte Wedekind kaum, wie namenlos er selbst an einer Moralia litt, von der er die Anderen kurieren wollte.

Pädagogik

In „Frühlings Erwachen", seinem ersten Dichterstück, voll Jugendlyrik und Innigkeit, blieb die ethische Absicht noch rein von moralischem Sophismus, gesund, ungequält und voll warmer Menschenliebe. Viel klarer war hier Ethos Kunst geworden als in so manchem späteren Spiel, das mit verzwickten überredungen eine fleischliche Moral beweisen wollte, wo sich im Faktum weder Moralisches noch Unmoralisches begab: nämlich Natur. Natur, die aus begehrendem Blute rauschend singt. Das Fleisch war Wedekinds Prüfobjekt an den falschen Moralisten. Dieser Kostverächter spiritus sanctus klang aus dürstender Kehle; ihr carne vale war Verbitterung. Aus Hemmung ihrer Leibestriebe ward ihr Blut vergiftet; sie nannten den Naturtrieb Sünde; sie knechteten die nackte Schönheit; sie unterjochten die Jugend. An ihrer Stellungnahme zur Nacktheit und zur Wollust wollte sie Wedekind am sichersten als Kultur- und Lebenshasser überführen. Denn er setzte Nacktheit mit Schönheit und Wahrheit nun einmal gleich — vergaß O- und X-Beine, Blähhälse, Buckel und Plattfüße seiner unklassisch behaarten Mitbürger, und dachte nur an die Wollustleiber elfenbeinerner Hetären. Und Zeugung, Trieb und Lust — das war Natur. Natur lügt nicht. Natur ist also wahr! Ja: Natur ist auf ihre Art — moralisch. Hier lagen Irrtümer.

In „Frühlings Erwachen" läßt Wedekind die „Philosophie" bis auf geringe Keime noch im Mutterschoße seiner Zukunft schlafen und gießt die ethische Tendenz in die Wirklichkeiten seines Stückes. Gegen die falschen Pädagogen geht er vor, die Kindergehirne zermartern; gegen den Unverstand verschämter Eltern, welche die Regungen erster Reife im Körper ihrer selbstgezeugten Kinder Sünde und Gemeinheit nennen. Gegen die ganze Erziehung der Verlegenheit, mit der die Zivilisation sich der Natur schämt, mit der in Schule, Staat und Gesellschaft die Erotik als offiziell nicht existierend behandelt wird. So daß das Liebesleben nur als Geheimwissenschaft und lüsternes Mysterium Geltung findet und in aufkeimenden Halbkindern als böses Gewissen furchtbare Qual und Bedrängnis schafft. Wedekinds Drama galt der Jugend, die in erster Tragik zwischen Körper und Seele steht; die in Pubertät zum Frühling ihres Leibes aufwacht und fragend vor der Triebgewalt erschauert, doch schweigen muß vor menschvergessenen Lehrern, von Scham geschlagen vor dem Blick der Keuschheitspedanten. Das bäumte den Dichter zum Haß auf; zum Haß aus Liebe.

Mit zartesten Linien zeichnet er die schwellenden Körper der jungen Menschen: die Schüler Melchior und Moritz, die sich das Geheimnis ihres Werdens zuflüstern; stockend, errötend, in verhaltener Angst und glühender Wißbegier des Blutes; die Mädchenknospe Wendla Bergmann, rein hingegeben der Mutter und ihren Blumen. Mit grellstem Pinsel aber wirft er höhnende Farben auf die Verderber und Abtreiber des in Seele und Körper keimenden Lebens; diese Folterknechte der Pädagogik, deren Name schon ihre böse Lächerlichkeit deutet. Sonnenstich, Affenschmalz, Zungenschlag, Fliegentod, Knüppeldick, Hungergurt, Krochenbruch heißen die Professoren; der Pastor Kahlbauch und der Pedell des verruchten Irren-Gymnasiums ist Herr Habebald. Eine häßliche Krüppelhölle das Konferenzzimmer, in dem kein Fenster geöffnet wird, damit die Schwefelluft sich dick und bosheitsschwanger hält.

Hier ging es über den Naturalismus der Illusion und der „Charaktere" hinaus. Wedekind hatte schon früher seine Absage erklärt. Ein leichter Schwank „Die junge Welt" travestiert das naturalistische Zusammensetzspiel der Psychologismen in dem Dichter Maier, der ins Notizbuch jede

Seelenregung seiner Frau verewigt und im Zettelkatalog seiner Gedichte die Stimmung jedes Augenblicks sich registriert. Melodie der Sprache sollte die Seele wieder wecken, nicht die harte Konversation von Verstand zu Verstand; und die Gestalten mußten den Stil einer Typik wiedergewinnen, um mehr zu sein als wissenschaftlich festgestellte Phänomene. Und sei es um den Preis der Karikatur — wenn nur der neue Geist des Dichters deutlich sprach: Weg mit der Schnüffelei und der dedektivischen Steckbrief=Charakterzeichnung. Was sagte der frühe Wedekind? „Wenn sich der Naturalismus überlebt hat, dann werden seine Vertreter ihr Brot als Geheimpolizisten finden."

Ein wundervoller lyrischer Duft weht aus der Sprache Wendlas und der Knaben. Die bühnenungewohnten Themen wurden in halblaut stammelnder Ahnung zu keuschem Geständnis: ein feines Singen des wachsenden Fleisches. Das starre Gehege alter Akt=Schematik wurde eingerissen; eine lose Folge kurzer Szenen fügte Bild an Bild. Wendla im ersten langen Kleid mit der Mutter; die Mädchen im Spiel; die Knaben im Dämmerabend vor der Stadt. Aufblühen in Wort und stummem Verlangen Melchiors und Wendlas im Walde; dann auf dem Heuboden schwül im Gewitter die Vereinigung der brennenden Körper. Sinnloses Weh der Mutter, die ihre Vierzehnjährige, der sie den Storch noch eben eingeredet, selbst schon als Mutter neuen Lebens sieht. Und todahnende Frage aus den unwissenden Augen der kleinen Wendla. Sie stirbt. Mutter Schmidtens Abtreibkünste töten radikal. Wie Schicksal tritt das Gespenst mit der Hebammentasche an das traurige Bett.

Es stirbt auch der schwache Schüler Moritz Stiefel durch Selbstmord wegen Nicht=Versetzung. Redende Regenschirme tropfen um sein Grab und plätschern pastorale und professorale Flüche gegen Selbstmord über den Vater des mißratenen

Zöglings: Trösten Sie sich, er wäre ja doch nicht versetzt worden! Melchior aber, der lebensstärkere, der Primus, erlebt das Karikaturen-Gericht der Konferenz, die den Unsittlichen ausstößt. Doch er entflieht der Korrektionsanstalt; will lieber in den Tod oder in ein volles Leben. Der nächtliche Kirchhof zeigt ihm die Gräber von Wendla und Moritz. Sein toter Kamerad wird Lockgespenst und winkt mit Geisterhand hinab zur Ruhe — da tritt „Der vermummte Herr" zwischen Melchior und den Tod. Er ist das Leben, trägt Mantel, Stock, Zylinder und heißt Frank Wedekind — von ihm selber unzählig oft gespielt und gepredigt.

Bisher war alles fließendes Gedicht, von einiger Eltern- und Lehrer-Didaktik abgesehen, fast wie die Strophen einer Ballade abgesungen; Holunderluft aus Kleistens „Käthchen", Büchners „Wozzek", Lenzens „Soldaten"-Stimmung, Grabbes Überdrang — denn aus diesem Stamme deutscher Dichtung sproß Wedekind. Mit dem vermummten Herrn trat, Vorläufer späterer Tendenz-Verkünder, die letzte Strophe auf — wie im Bänkelsang als Endmoral von der Geschichte. Was soll geschehen in Fällen, wo dumme liebe Jugend Dinge tut, die man nicht schlecht und auch nicht gut zu nennen wagt. Der schwarze Herr rettet zwar Melchiors Leben, aber praktische Rezepte der Erziehung weiß er nicht. Er lehrt Theorie der goldenen Mitte: „Unter Moral verstehe ich das reelle Produkt zweier imaginären Größen. Die imaginären Größen sind Sollen und Wollen." Aha! Das Fleisch ist also Wollen; und der Geist ist immerhin ein Sollen — das Soll der früheren Moral ist also nicht ganz zu ertöten! Und doch schmäht er sie, mischend ihr Ewiges und ihr Geringes.

Moralpauke

Moral... er sah in ihr nur Einengung der menschlichen Freiheit — so wie er sie verstand. Sie war ihm die Feig-

heit vor dem Leben. Denn das nackte Leben ist wild und böse
für den Verächter des Bürgersteigs.

> „Ich liebe nicht den Hundetrab
> Alltäglichen Verkehres.
> Ich liebe das wogende Auf und Ab
> Des tosenden Weltenmeeres."

Das ist die Melodie seiner Helden. Er entzog ihnen die
moralische Methodik der Rede und des Tuns, und entspannte
sie so von der psychologischen Mechanik. Denn willentlich
und bewußt wie die falsche Moral mit ihrer konventionellen
Werttafel der guten und der bösen Eigenschaften war auch
die Psychologie mit den Paragraphen von normal und un=
normal, nützlich und unnützlich. Wedekinds Art mußte die
Belobigung von Rhodopens Keuschheit anwidern, die zum
Korsett ihres Astralleibes dient; ihm mußte die ganze Ideo=
logie der Körperproblematik bei Rosmer und Rebekka um=
ständlich, starr und tot erscheinen. Wenn auch Rebekka vom
Körper und seinen Begierden sprach — zugrunde lag durch
den Dichter Ibsen doch nur ein sprödes Gewissen in ver=
standeskalter Rede. In den Gesichtern der Tugendhelden der
idealistisch=ethischen Literatur las Wedekind die Züge des
Neid=Ressentiments gegen die Sinnengenießer. Die Moral
der Emanzipierten mochte echt sein, die durch Hebbel und
Ibsen sprach, aber ihre wissende Ausdrucksform bannte für
ihn die Gestalten in den Bezirk einer Wohlanständigkeit, die
das Publikum so restlos billigen konnte, daß es kaum merkte,
wenn Revolution in Krähwinkel spukte. Da sah man die
freie Liebe des Salons; den Mut zu einem braven Künstler=
tum bei jener Sudermannschen Dame, die aus gutbürger=
licher „Heimat" aufs Theater floh. Und vor allem die mora=
lische Arroganz des Geistes, der Dünkel des Charakters über
das Fleisch — die ließ Wedekind trotzen. Und indem er nun

E. Wasow, München phot.

Frank Wedekind

seinen Gestalten das moralische Rückgrat ausbrach, verloren sie die Dekorationen der Würde, der Salbung und der Feierlichkeit. Seine falschen Moralisten wurden Karikaturen. Ihre Heuchelei hing nicht mehr nur als ein Charakteristikum ihrem übrigen „Charakter" an, so daß sie im psychophysischen Kaleidoskop fast verschwand und der Biedermann vor dem Publikum beinahe doch mit Ehren bestehen konnte. Wie man Helmer, Tesmann, Pastor Manders noch oft mit wohlwollender Bürgertoleranz verteidigen hörte, die ein Versagen der Seele leicht verzeiht, wenn einer nur nicht vorbestraft ist. Sondern Wedekind höhnte mit borniertester Dichter-Intoleranz ihre Totalerscheinung zur Karikatur um. Er schuf Fratzen. Seine programmatischen Unmoralisten aber, die machte er ganz unzweideutig zu Tierbändigern, Zirkusleuten, Artisten, Mädchenhändlern, Perversen und Dirnen. Hier war eine völlig andere Welt geschaffen, nicht die Halbwelt, wie der Bürger glaubt, sondern die Unterwelt.

Wie Shakespeare absolute Könige als Helden auf waffenumstrotzte Throne setzte, weil sie allein von Konvention, Geldnot und Polizeiangst frei über der Bürgermasse ihr Innensein nach außen projizieren durften, von jeder Hemmung ihrer Animalität gelöst — so tauchte Wedekind in einer unköniglichen Zeit unter das Zivilisationsniveau und holte die Dirnen, Zuhälter und Hochstapler zum Zeugnis menschlicher Tierheit, zur Bewahrheitung der Fleischesüberkraft herauf ins jungfräuliche Rampenlicht der moralischen Anstalt. Das waren nur noch die Animale ohne die gehörigen Kostüme der üblichen Theaterausstattung; nackt ausgezogene Seelen — wie er wohl glaubte. Kobolde mit dem Witz und dem Graus ihrer Triebmission. Böse ohne den Willen der Bosheit, ohne das lügende Wissen: unwillkürlich und unbewußt. Entgeistete, moralinfreie Panoptikumfiguren. Das Gespensterwesen fing an. Dem psychologi=

schen Charakter waren die moralischen Hinterhalte, die ihn so „fabelhaft interessant" gemacht hatten, entzogen. Oder nur noch belassen zum Gelächter der Wahren und Frohen. Der Hochstapler wurde zum Lacher; der Pflichtmensch zum Belachten.

So proklamierte Wedekind nach dem Tempo der Temperamente den „Hopp=hopp"=Menschen gegen den Mann des „Etepetete".

Dem Antimoralisten, dem Marquis von Keith, dem Hochstapler, Wagemütling, en gros-Spekulanten, der sich aber einsetzt und sich den Teufel um sein Renomee schert — dem stellt er den Pflichtapostel Ernst Scholz gegenüber. Den Mann, der es selbst für seine „Pflicht" hält, sich zum „Genußmenschen" auszubilden und sich nach schönen Mädchen umzutun. Alles aus Pflicht. Dem nie lebendiger Impuls ein Tun eingab; der sich der menschlichen Gesellschaft irgendwie als nützliches Aktivmitglied verschuldet fühlt; der aus Eisenbahn=Beamten=Pflichtgefühl den gefährlichen Fahrplan ändert und gerade durch diese Korrektur den Eisenbahnzusammenstoß herbeiführt, ein Dutzend Menschen tötend. Gewissenhaftigkeit, die jeden Lebensrhythmus hemmt. Entweder „er erreicht sein Ziel, oder er verliert den Verstand". Er verliert ihn aufs angenehmste. Da dieser Pflichtkandidat sein Ziel nicht erreicht — nämlich die Liebe der schönen Gräfin Werdenfels — flieht er ins Nervensanatorium. Begeht Verrat an seiner eigenen Person. Läßt sich ruhig verrückt schelten als menschlicher Würdenträger, da ihm die Welt zu kraß wird mit ihrer kämpferischen Vitalität. Geht ab in die Behaglichkeit des Käfigs. „Meine Seele ist unverwüstlich." O ja, er hat keine.

Keith ist anders. Tat, Mut. Keine Überlegung, keine psychologische Kompliziertheit trotz der Mischung aus Philosoph und Pferdedieb; trotz des hinkenden Beines und der ihm ungefälligen Fortuna. „Unglück kann jeder Esel haben — die Kunst besteht darin, daß man es richtig auszubeuten versteht." Das ist Leben. Keith geht nicht in die gemütliche Wärme des Irrenklosters; um keinen Preis — mag alles um ihn krachen: auch der schwindelhaft zur Vergnügung der Bürger gegründete Feenpalast, die letzten Aktiva seiner Kasse. Schwerer trifft ihn der Verlust der mütterlichen Geliebten Molly und der Hetäre Werdenfels, von Tod und Verrat ihm weggeraubt. Einen Augenblick hält er den Revolver an die Schläfe, aber er drückt nicht los. Lohnt es sich um des bürgerlichen Todes willen den leiblichen zu sterben? Ein paar Banknoten auf dem Schreibtisch widerlegen das moralische vis-à-vis de rien. Wie bürgerlich-unbürgerlich! „Das Leben ist eine Rutschbahn!" Auf und ab, ab und auf. Er ist wahrhaftig: „hopp=hopp".

Und hopp=hopp: er, Keith, wird wieder die Philister bekriegen, die mit der Biederkeit ihrer Mienen, mit den peinlich sauber gefälschten Geschäftsbüchern, die mit der guten Fama ihrer Unvorbestraftheit die heilige Moral vertreten — jene, die dem tüchtigen Spekulanten zuruft:

> „Du kannst einzig mit dem Guten
> dauernd gut Geschäfte machen!"

... die so genau wissen, daß Sünde „nur eine mythologische Bezeichnung für schlechte Geschäfte" ist. Moral — das ist in diesem Falle der stärkste Ideen=Träger der bürgerlichen Geschäftigkeit. Ohne sie keine Erfolge, keine Heirat für Töchter, kein Kredit von den Banken. Moral ist ja Kredit. Unbescholtenheit vor den Mitbürgern; Heiligenschein aus der Finsternis heuchlerischer Verheimlichung. Scholz, der war immer noch der subjektiv unschuldige Lebenstöter aus Moral, der Flüchtling aus moralischem Sophismus — diese Bauschieber aber, der Konsul Casimir und die ehrsam schlauen Bierbrauer-Karyatiden des Unternehmens, die sind die eigentlichen Hochstapler. Nicht er, der Marquis von Keith.

Erdgeist

Die Moral des Marquis! — hinter ihr windet sich grinsend ein Fragezeichen. Doch hier galt Komödienrecht, ohne den Mißbrauch, den Sternheims „Snob" später damit trieb. Der verheuchelten Moral setzte er ritterliche Amoral entgegen als Heilmittel gegen Heuchelei. Gift — Gegengift. Mit der Geschäftsbiederkeit wurde er lachend fertig; doch vor der Überhebung des Geistes über das Fleisch — da wurde der Ironiker zum Pathetiker. Da kam er selber zur Predigt und wurde ernst. Die Unmoral mußte seiner eigenen Moral unterliegen.

Wedekind der Erotiker fühlte sich getroffen im eigenen Leibe. Er lökte wider den Stachel. Er ahnte sich irgendwie doch als weggekrümmter Wurm, der Staub fressen mußte trotz aller Menschenwürde, die er im „Nicolo" so pathetisch fordert. Es durfte nicht sein — nicht ganz wahr sein —, daß man in Fleisches-Ketten lag. Man war nicht nur Sklave des Fleisches; man war auch Herr der Welt im Fleische; durch das Fleisch. Nicht Ketten — Flügel am Leibe! Dem überheblichen „Geiste" der Philosophen und Moralisten entgegnete er mit der dogmatischen Gleichsetzung des Fleisches mit dem Geiste. Doch ahnungsvoll, daß diese Neugruppierung vor dem eigenen Dichterethos auf die Dauer nicht bestehen würde, proklamierte er seine Erfindung der Fleisch-Moral. In dem programmatischen Aufsatz „Über Erotik" verkündet er: „Das Fleisch hat seinen eigenen Geist."

Hier ist der Punkt, wo wir aufmerken. Hier meint Wedekind uneingestanden ein Doppelsinniges. Was er als Fleischgeist bezeichnete, das war zunächst die ausstrahlende Schönheit des nackten Weibes. In „Mine-Haha oder über die

Erziehung junger Mädchen" propagiert er schon die Nacktheit und den Tanz als Erzieher; Jaques Dalcrozes Hellerau vorauserfindend. Er will in Anbetung der Schönheit das Griechentum der Aktstatuen verehren. Ja: „Die Wiedervereinigung von Heiligkeit und Schönheit als göttliches Idol gläubiger Andacht, das ist das Ziel, dem ich mein Leben opfere..." („Zensur".) Aber zugleich lehrt er nicht nur die Ästhetik des Leibes; er verkündet auch die Fleischeslust als Geist; und merkt nicht, daß hier ausschließlich nur noch Tier und Trieb ist: die „Moral" des Erdgeists.

> „Was seht ihr in den Lust- und Trauerspielen?
> Haustiere, die so wohlgesittet fühlen...
> Das wahre Tier, das wilde schöne Tier,
> Das — meine Damen! seh'n sie nur bei mir."

Die Welt ist Menagerie geworden. Der Dresseur in rotem Frack mit Peitsche und Pistole zeigt Lulu vor dem Vorhang als die Perle seines Etablissements: die Schlange. Dann beginnt das Spiel. Zwischen Revolver-Roman und Tragödie, zwischen der Trivialität von „Unglücksfällen und Verbrechen" und der Notwendigkeit der Schicksalsmächte hetzen sich die Bestien um die Arena. Wer ist Lulu? Nur Doktor Schön hat Witterung für Raubtiere. Er hat sie entdeckt. Er wird ihr Impresario. Verheiratet sie dem alten Medizinalrat Goll, dann dem Maler Schwarz, und verfällt ihr selbst als Ehesklave. Sein eigener Sohn wird sie heiraten. Das ist nur äußerlich.

Wer ist die Mutter? Tot, aber sie hat kein Grab. Wer ist der Vater? Schigolch! Es klingt wie Molch, es tönt aus dem Ursumpf der ersten Zeugung; vorsintflutlich. Auch Lulu ist nur Deckname einer mythischen Kraft; nom de guerre für den Lebenszirkus. Das Fleisch dieses Weibes ist namenlos und glitzert jedem in anderer Helle. Die Ehe-

männer erfinden Namen als formende Gedichte um ihre
glühende Substanz: dem kinderlosen Medizinalrat wird sie
die kindliche „Nellie". Doch auch „Mignon" könnte man sie
in romantischer Verkennung nennen — wie es die Ironie
dem Doktor Schön einraunt. Dem Dummkopf Schwarz, der
höhere Liebe will und aus Moral und Pietät von Sünde
weiß: ihm ist sie „Eva". Doch diese Namen benennen nur
den wechselnden Schein des unbegreiflichen Urelements, das
immer fluktuiert; immer unbefriedigt, immer Neues gehrend.
Schigolch weiß es: „das Prinzip" ist ja ewig, ewig das
gleiche.

Eine Szene: als Frau Obermedizinalrat, lächerlich behütet von dem eifersüchtigen Apoplektiker, verführt sie den
Maler. Der blöd-gierige Alte stößt die verschlossene Ateliertür ein und stürzt im Herzschlag zusammen. Das Tier Lulu
bleibt kalt; freut sich neuer Freiheit; scheut vor dem Toten.
Ein Grauen über der Szene: Maler und Weib wagen nicht,
die starr glasenden Augen zu schließen. Das Leben ekelt vor
dem Tod und haßt ihn. Katzenhaft umpirscht sie die Leiche.
Lebt er noch? Will er nur lauern auf ihre Untreue? Auf
einmal springt er auf! Wer ruft eine Leiche mit „Bussi"
an als Lockruf aus möglichem Scheintod? Lulu ruft „Bussi"
und stößt ihn prüfend mit der Fußspitze. Lulu spricht ohne
Sentimentalität die üblichen Sentimentalitäten — Mischung
von Kondolenzbesuch und Selbstbedauerung: „Er läßt mich
sitzen... Was fang' ich an?... Und niemand, der ihm den
letzten Dienst erweist. — Ist das trostlos..." KlischeeWorte von gläsernem Klang über Tod und Ewigkeit hinweg.
Papier mit Trauerrand. Der Maler schaudert vor dem Dämon der Erde und stellt die Gretchenfrage: Glaubst du an
Gott? Doch sie: „Ich weiß es nicht." Kannst du die Wahrheit sagen? „Ich weiß es nicht." Hast du schon geliebt? „Ich
weiß es nicht." Hast du keine Seele? „Ich weiß es nicht."

Hier hört die Psychologie wahrhaftig auf — und man bleibt dumm; man gleicht dem Geist, den man begreift. Nicht ihr, der Sphinx.

In dieser Szene lebt der stärkste Wedekind. Schicksal ist gestaltet. Aus Menschenleibern drohen Gewalten. Explosionsgefahr: die Luft ist Gas. Der Weibsteufel spielt darin mit diabolischen Streichhölzern. Keine von Schörherr auf Bauerntheater abgerichtete blonde Bestie. Ein pyromanes Kind in zierlichem Pierrotkostüm — unheimlich nur, weil keiner weiß, wie da ein Leib hineinkommt in die elektrisch knisternden Ärmel. Kind, Erde, Circe — ohne Zauberstab Männer in Schweine und Böcke verzaubernd. Bis auf Odysseus-Schön. Der ist Geist und Wille, der hat die brutale Kraft; und den liebt sie vielleicht. Liebe ist Macht; Liebe ist Schwäche. Bei dem Maler war sie nur Hingabe, Mißtrauen gegen eigenes Glück, Opferung für sie, dummer Glaube an ihre Lügen; vertrauend auf den Drahtstachelzaun der legitimen Ehe. Er wird ihr banal; wird langweilig respektlos; furchtlos, frevelhaft gemütlich vor der geheimnisvollen Bosheit der Erde. Sie anerkennt nur den Mann mit der Peitsche. Der Maler wird sie nie beherrschen; er wird überflüssig im Spiel. Es kommt der Zeitpunkt, wo er es nicht mehr aushalten darf; dann schneidet er sich das Rasiermesser in die Kehle — er hat sich ja immer „zu viel mit sich selbst beschäftigt".

Sie wird Tänzerin. Der Beruf für sie. Fortwährende Verwandlung: Dancing-Girl, Königin der Nacht, Griechin, Ballerina, Ariel und Lascaris — alles Masken und Namen für das eine „Prinzip" Schigolchs. Nach dem Maler wirbt um sie der Ideologe des Weibes, der Prinz Escernay, Afrikareisender und Gelehrter, der ihre Seelenzartheit feststellt und daraus künftiges Glück der Ehe folgert. Komische Naivität als beißende Ironie unmittelbar vor der Szene, in der Lulu selbst ihren Bändiger ruiniert. Denn der alternde Doktor Schön will aus den Gefahren der Natur in das Gehege der Kultur flüchten; will eine brave Dame mit Kinderstube zur Hüterin einer lau wärmenden Vestaflamme im Familienstall der Haustierbedürfnisse. Halt Schön! Philister über dir! Du hast die Haare verloren, Simson! bist geblendet! bist alt und wackelig geworden! So endet keiner in den Sielen, der mit dem Teufel paktiert hat. Die Flamme packt an, der Dresseur wird zum Dressierten. Er hat sie zweimal verheiratet, damit ein anderer den Magnetismus ablenke. Es half nicht; er selber muß dran. Die Schlange Lulu zischelt: du darfst die engelreine Braut nicht freien; sie würde ja unglücklich mit dem ihrer Engelsliebe Unwürdigen. Lulu diktiert den Absagebrief. Der Gewaltmensch weint wie ein Kind. Dann kommt die Heirat als Einkerkerung. Zum Schluß „die Hinrichtung" durch die Gespensterpolizei des Erdgeists.

Was streicht und lauert und pirscht im Hause Schön? Es sind die Häscher. Schigolch der imaginäre Vater Lulus, entstiegen dem Urschlamm der Bestialität, versinkend in der Jauche der Verwesung; Same des Weibteufels, die ewige Geilheit; Erzeuger und Geliebter. Rodrigo, der Athlet, der „stärkste Mann der Welt"; Hohn auf den Geist, nur Muskel und Trikot; Bramarbas des Kraftworts; feig wie ein Tier vor der Schußwaffe. Und dann der Gymnasiast Hugenberg, Pubertäts=geladen; zu allem fähig, was seinen Papa=Polizeidirektor um Amt und Ehren bringen kann. Die unheilige Trinität der Fleischeslust: der noch im Absterben Geilende; der vor Zeugungskraft Zerspringende; und der in ersten Blüten Keimende — dies Kleeblatt gröhlt dämonisch im Liebeskäfig seiner Circe. Der Diener erzittert in Begierden; die lesbische Freundin Geschwitz verzehrt sich vor Lust; und Alwa, der Sohn des Gemahls und Bändigers, liebt sie

Wedekind
Marquis von Keith

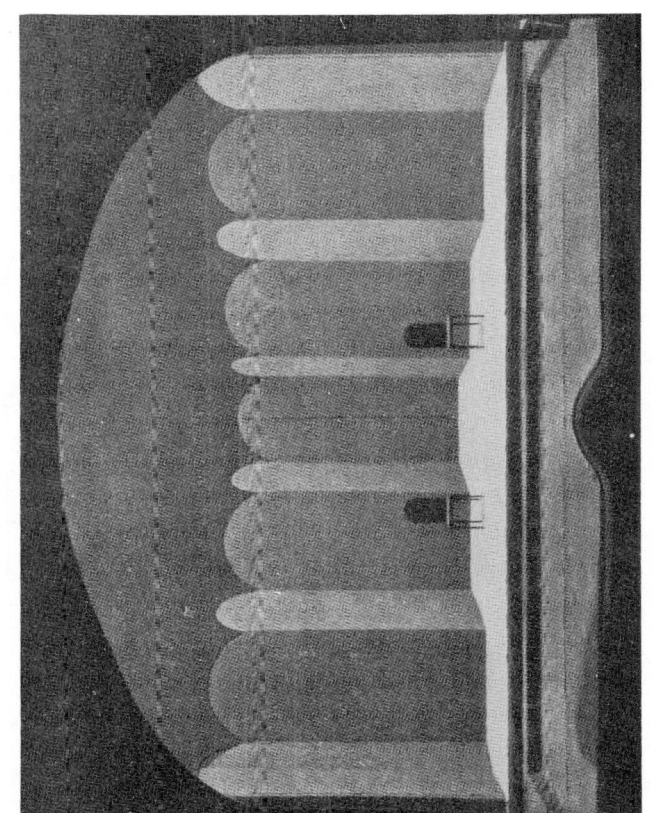

Staatl. Schauspielhaus, Berlin / Bühnenbild C. Pirchan / Regie Jeßner

und verfällt ihr. Im Augiasstall der Wollust versagt der Doktor Schön; schwinden ihm letzter Geist und letzte Kraft; dem einzigen, vor dem sie einst duckte und den sie jetzt aus Notwehr erschießt. Und — das ist erschütternd: „Ich habe keinen Menschen auf der Welt geliebt als ihn." ...

Hier bricht Gefühl aus — wie aus einer Seele. Diese Bestie ist auch Mensch. Ihre Aktivität, die in der Lebenspraxis nur Flirt und Leibesübung wäre, wird im Dialog ihres wissenden Dichters auch intellektuell. Ihr Reden im Drama ergibt den Wedekindschen Geist ihres gedachten Prinzips, den sie in Wirklichkeit nicht haben dürfte, um ganz Fleisch sein zu können. Aus diesem Grunde läßt Georg Kaiser die Animale seiner Fleisch=Komödien fast nur durch Pantomime spielen. Jedes große Wort verriete den geistigen Dichter in der fleischlichen Figur. Kaiser läßt also schweigen. An den Schauspielern Wedekinds wurde die Inkongruenz des Fleischgeists und des Intellekts ihrer Rollen offenbar.

Wedekind verlangt Überwirklichkeit im Spiel. Diese Erd= geister, Triebdämonen und wilden Harlekine sprechen eine allzu bewußte Sprache, die keineswegs nur aus dem Fleische, sondern aus einem scharfen Dichtergehirn kam, das den blonden Bestien Lulu oder Effi nicht schlechtweg aus= geliehen werden konnte. Das Tier mit Philosophie und „höherer" Moral verträgt keinen Naturalismus. Diese Triebweiber sind verflucht gewitzigt, viel zu gescheit, um von den ganz dummen Damen des Personals bewältigt zu wer= den; denselben Damen, die als Mensch und Künstlerin den animalischen Schrei am glaubhaftesten ausgestoßen, die Lenden am pantherhaftesten gewiegt hätten. Man mußte wohl oder übel die Lulus an die „Charakter=Salondame" abgeben, an die Hedda Gablers und Konsorten, an die Überweiber des moralisch infizierten Konversationsstils. Und was dabei herauskam, war großenteils hysterischer Flirt und bestenfalls Neuromantik à la „Salome" und Hofmannsthalsche „Elektra". Die Eysoldt, diese klügste und nervenfeinste Künstlerin, war denn auch die beste Lulu Deutschlands, obgleich der Fleischessünder Wedekind sich zu dem betörenden Femininum Orska als dem Ideal seines „Erdgeists" bekannte. Hier war von Erde viel, von Geist nicht eine Spur. Die geistscharfe Eysoldt und die lüsterne Orska ergäben hier ein Ganzes — das nie möglich wird.

Doch dieser innere Widerspruch zwischen leiblichem Trieb und geistiger Sprache hebt die ironische Stoffleichtigkeit der Komödie. Mit geistreicher Frivolität fegte Wedekind den Salonstil der Konversation und des Heldengesanges von der Bühne weg und auf den mit Moralin gewichsten Brettern seiner Jahrmarktsbude erdröhnte Moritat und Zimbelschlag. Darum spiele man den Wedekind der ironischen Satire nicht im „gepflegten Stil" mit Symboltheater und Kunstgewerbe-Szenerie; so wenig wie mit allzuviel „Natur" — die doch nach dem Jargon der Zeit oft nur als Hysterie natürlich wird. Etwas wie geniale Schmierenluft muß hier gerochen werden. — Schminke, Puder ... ein Stil gleichsam ex improviso. Zirkus mit tragischen Clowns.

Den „Erdgeist" hat Wedekind nicht übertroffen. Er ist seine stärkste dramatische Tat. Es ist die stärkste, weil hier der unzureichende Moralphilosoph sich nicht ins Zeug mischte. Seine Gestaltungskraft blieb ungehemmt durch ungewisse Imperative. Das Schicksal und der Mensch, die ewige Materie und das sterblich beschränkte Individuum, das ihr zum Ende doch verfallen ist — sie bieten die Tragik. Um das Unterliegen des Ethos zu ertragen, verwandelte der Dichter tragische Verzweiflung ins Lachen des Grotesk-Komikers. Denn der Jubel des Fleischfressers bekommt nicht gut in den letzten Verdauungsstadien. Der Sieg der Lust macht bange.

Die Paradoxie der Fleischmoral

Wedekind packt panische Angst, er könnte das Tier zum obersten Gott gemacht haben. Katzenjammer überfällt ihn nach der Orgie. Ethos pocht an seine Gewissenskammer und fordert sühnendes Schicksal für die „fleischgeistigen" Frevler am Geiste. Die „Edelhure" Effi von „Schloß Wetterstein" endet als Opfer eines lustmörderischen Milliardärs; vorher annulliert in ihrer Hetärenherrlichkeit: „Nie ward ich Dirne, hätte mich ein Bändiger wie du gebändigt". Die Dirne Lisiska in „Tod und Teufel" stirbt an sinnlicher Verdurstung. Freudenmädchen werden Leidenmädchen. Der Bajaderen- und Hetärendienst verfällt dem Unsinn des Fleischgeists. Wie ein Sonntagsprediger beteuert Frank als Dichter Buridan dem geistlichen Vertreter der „Zensur": „In keiner meiner Arbeiten habe ich das Gute als schlecht oder das Schlechte als gut hingestellt. Ich habe die Folgen, die dem Menschen aus seinen Handlungen erwachsen, nirgends gefälscht. Ich habe diese Folgen überall immer nur in ihrer unerbittlichen Notwendigkeit zur Anschauung gebracht." Darum folgt auch auf den „Erdgeist", diesen großartigen Aufstieg Lulus, der Abstieg in der „Büchse der Pandora", wo von Akt zu Akt gezeigt wird, wie die göttliche Lulu sinkt und sinkt; und schließlich in Shakespearischer Atmosphäre von Jack dem Aufschlitzer erledigt wird. Jüngstes Gericht! So geh' es jedem, der ...

Wedekind, der tragikomische Moralist des Fleisches!

Auch in „Karl Hetmann der Zwerg-Riese" oder „Hidalla" spukt das schlechte Gewissen des Fleisch-Spiritisten. Zwerg-Riese — das Paradoxon triumphiert. Ein schiefer Zwerg gründet den „Internationalen Verein zur Züchtung von Rassemenschen", der seine Mitglieder zur gegenseitigen Hingabe ihrer Körper verpflichtet. Der Zwerg will Riesen züchten. Er selber darf als Krüppel nicht teilhaben an Leben und Genuß der Schönheit. Die Idee der Fleischmoral steht über seinem eigenen Fleische: er ist ihr Heroe. Er ist ihr Tragiker: denn sein Idealismus scheitert an der völligen Geist= und Seelenlosigkeit der nichts als schönen, nichts als geilen Leiber.

Hetmann ist das verkörperte Fiasko der Moral der Schön= heit. Er, der Zwergriese — Riese an Geist und Zwerg an Körper — Träger des häßlichsten Fleisches und des schön= sten Gedankens von einer veredelten Menschheit, sieht sich voll Irrtum, Mißverstand und Überschätzung der Menschen. Es siegt der andere Zwergriese — umgekehrt: Riese an Leib und Zwerg an Geist: der Großmeister des Rasse=Ordens Pietro Alessandro Morosoni; ein Bombastus an Gemeinheit und Dummheit; Sieger im Geschlechtskampf um die brünstigen Körper. O Fleischmoral! Hetmanns Eugenetiker verstanden nur das Zeugungsgeschäft und nicht das Zeugungsziel; nur den Sexus nicht den Eros. Mutig wollte Hetmann zum Frei= heitskampf gegen den „Feudalismus der Liebe" Fan= fare blasen. Die Menschen sollten belehrt werden, daß das Liebesleben nicht wegen seiner vorgeblichen „Häßlichkeit" verschleiert werde, sondern aus Scham der Menschen, die den Blick nicht mehr in Gottes Auge wagen. „Was bei der Gottheit der Fluch, das ist bei der Liebe die Zote!" Den drei barbarischen Lebensformen sei Krieg erklärt: „die wie ein wildes Tier aus der menschlichen Gemeinschaft hinausgehetzte Dirne; das zu körperlicher und geistiger Krüppelhaftigkeit verurteilte, um sein ganzes Liebesleben betrogene alte Mädchen; und die zum Zweck einer möglichst günstigen Verheiratung gewahrte Unberührtheit des jungen Weibes." Die Überwindung dieses Feudalismus wird dem Reiche der Schönheit den Boden gründen. „Die Rechnung war falsch. Das Weib steht sittlich so tief, daß Schönheit bei ihm immer nur als Mittel zum Zweck in Betracht kommt."

Hetmann, der ästhetische Amoralist, wertete fanatisch mit sittlichen Maßstäben. Die Jugend aber fanatisiert sich nicht einmal gegen die Häßlichkeit. Und wie unnötig die ganze Propaganda! Denn „überall, wo Tatkraft und Gesundheit Lebensziele sind, gedeiht die Schönheit ganz von selbst". Alles Irrtum. Der größte aber ist das Verkennen der wirklichen Liebe des Weibes. Die herrliche Fanny Kettler möchte in Demut ihre Körperschönheit hingeben an die Geistesschönheit des Zwergs. Und sie verflucht, was Hetmann Schönheit nennt, um derentwillen sein Idealismus die tiefste Hingabe ablehnt. So erweist sich endlich die Niederlage des Fleischgeists vor der Sittlichkeit und der Liebe ... Was Wedekind hier schildert, ist die Tragik des Idealisten, der die Materie verkennt. Er selber war Hetmann, er selber Keith, Nicolo, Buridan, Doktor Schön — als der Tragöde des problematischen Fleischgeists im Spiele vom Ewig-Weiblichen, das uns hinan- und hinabzieht.

Der Zirkus

Was hatte nun nach solch verlorenen Schlachten der ganze Kampf für das Fleisch wohl bedeutet? Wo lag das Wahre im Irrtum des Dichters? Es lag im Haß gegen den Intellekt als der niedersten Form der Geistigkeit, gegen das willfährige Gehirn, das sich in Alltag praktisch mißleiten ließ; es war der Feldzug für die Seele — ob Wedekind selbst es auch nicht wußte. Denn, Seele, diese rätselhafte Sphinx, von keinem Weisen, keinem Gottesmanne ganz erklärt in ihrer Abhebung vom hohen Geiste — die Seele, die dem Blut so nahe, die in ihren Wallungen sogleich den Körper fiebern läßt — die Seele wähnte er im Fleischgeist anzutreffen. Er fand den Namen nicht, und nicht das reine

Ding. Gefühl war alles. Aber den Bezirk der Triebe und Instinkte, des Unwillkürlichen und Unbewußten, des Ungehirnlichen und Herzfühlenden — den glaubte er zu treffen, wo Löwen weinen, wo Menschen bellen und brüllen. Der mechanische Mensch sollte seinen Dämon wiederfinden. Wedekind wirbelte ihn im Zirkus seiner Leidenschaften.

Was kümmert es den Dichter, wenn er als Philosoph versagt? Denn was künstlerisch volle Gestalt wurde, wird von seiner ungekonnten Philosophie nicht geschmälert. Dies koboldische Personal der Wedekindschen Manege tat in Deutschland den ersten entschiedenen Schritt vom naturalistischen Theater auf das imaginäre — ohne Jambentakt oder Maeterlinckiche Stimmungsmystik. Man blieb im Milieu der Prosa; ja einer oft als Prosa übertriebenen Prosa; im Stil des Zeitungsreporters, des Gerichtsaktuars, der Geschäftssprache, des Polizeireferenten. Jede Sentimentalität mit falschen Metaphern war damit aufgehoben; die mißbrauchten Worte „Liebe", „Treue", „Gesinnung", „Pflicht" ihrer pathetischen Stimmung kraß beraubt.

Sternheim wurde später der gründliche Spezialarzt an der Phrasitis seiner bürgerlichen Zeitgenossen. Gefühlsscham verbot die Meistersingerei der Schlagworte. Ironie zerstückelte den Wortgesang des Biedermannes. Das Gefühlsleben besteht ja nach Rüdiger im „Schloß Wetterstein" für die meisten nur „aus der Überschätzung menschlicher Beziehungen". Also weg mit der Phrase! Damit hob der Dichter seine Menschen wieder in eine Überwelt, die irgendwie Verdichtung des Gegenständlichen — Dichtung ist. Nicht durch Schönheit des Wortes, sondern durch Atmosphäre aus Lachen und Rasen, Peitschenklapf und Pauken=Bumm. So läuft der Dialog nicht immer die natürliche Kausalitätsbahn von Frage zu Antwort, sondern hier beginnt das Aneinander=vorbei=Reden der Lebensegoisten, von denen jeder —

nur von sich selbst erfüllt — immer nur das eigene Wollen
ausspricht. Andeutungen kreuzen sich hier wie leere Fechter=
hiebe, aber vom Dichter doch an einer Treffstelle vereinigt,
die über dem paradoxen Frag= und Antwortspiel im Geistigen
liegt.

Goll: Ich habe sie in unserem Ehekontrakt Nellie ge=
tauft" ... Schön: „Glauben Sie, daß der Name dabei
soviel ausmacht?" Goll: „Hm, — Sie wissen, ich habe
keine Kinder." Schön: „Sie sind doch aber auch erst ein
paar Monate verheiratet." Goll: „Danke. Ich wünsche mir
keine." Schön: „Rauchen Sie eine Zigarette?" Goll: „Ich
habe an dem einen vollkommen genug." ... So etwa wird
die alte dialektische Struktur erledigt. In verwirrende Auf=
lösung wird die Situation gesetzt durch eine groteske Zu=
sammenstimmung ihrer Beweger. Dialog und Situation ver=
flechten sich, vermeiden sich oft scheinbar, treffen an ge=
wichtiger Stelle prall aufeinander.

Vor der Tür des Selbstmörders wogt es durch die
Gehirne. Die Katastrophe des Malers selber bleibt nur
Hintergrundsmotiv. Schön bedenkt allein den Skandal, der
seine Verlobung vereiteln kann. Sein Sohn Alwa macht
ihm Vorwürfe, er habe an Lulu nicht recht gehandelt. Lulu
fordert von Schön für ihren toten Gatten einen Feuilleton=
Nekrolog und freut sich dabei der neuen Freiheit. Das alles
prasselt als aufgelöster Satzregen durcheinander. Und in
diese Panik der Seelen tönte die Fanfare des großen Lebens
beziehungslos zu allem: „In Paris ist Revolution ausge=
brochen!" Die Welt der Politik scheint mächtig zu kreisen um
das winzige Ereignis des Mordzimmers. Aber die Revolution
kümmert sich ja gar nicht um den vom Weibe in den Tod
getriebenen Maler. Und das Weib bleibt in sich fest und
sicher, wo die Männer von einer Revolutionsbotschaft beinah

aus ihrem Selbst geworfen werden. Der Mann schwächt sich in vielfach zersplitterndem Geist. Der Erdgeist Weib aber will nur Geschlecht, kennt nur die Erde — bleibt stark und herrscht im Unsinn der wirbelnden Männer.

Die Groteske überwand alle Glaubhaftigkeit des Momentanen. Dem ob Lulus Verrat mit dem Revolver tobenden Schön entgegnet das Weib statt mit dem Schrei der Angst: „Du kannst dich scheiden lassen!" Der Affekt entlädt sich grotesk in der Prosa nachträglicher Überlegung. Die Angst „denkt"; denkt mit dem „gesunden Menschenverstand", wo das Entsetzen sonst nur Unvernunft ausschreien müßte. Das Problem für die Wedekind=Schauspielerin: der denkende Schrei.

Dem sehr geschickt durchs Fenster fliehenden Rodrigo wird in derselben Situation von Lulu trocken nachgerühmt: er sei halt Kunstturner! Worauf der rasende Schön schnaubt: „Das war nicht vorauszusehen!" Die Groteske lacht grimmig über vergebliche Leidenschaften. Ein Kunstturner ist vom Geiste unbezwingbar. Auch eine Tragik!

Selten darf eine Stimmung sich noch ihres Schmerzes, ihrer Würde, ihrer Lust erfreuen. Nur keine Posen! Der Hintergrund der pathetischen Welt ist die Prosa der Überlegung und der Geschäftlichkeit. „Das Leben ist eine Rutschbahn!" lautet die Weisheit des mit sich abrechnenden Marquis von Keith, während er den Revolver von der Schläfe nimmt. Gerardo aber, der „Kammersänger" — dessen Einakter mit Meisterschaft drei Lebensschicksale in einem flüchtig durchgewohnten Hotelzimmer abspult — Gerardo springt hopp=hopp über die Leiche der Geliebten, um den Expreßzug zu erreichen: „Ich muß morgen abend in Brüssel den

Tristan singen!" Das ist der Befehl seines Berufs, der die Seele, die Kunst und die Stimmbänder kontraktlich verpflichtet hat. Die Leidenschaftlichen mögen Isoldes Liebestod wirklich sterben; Gerardo aber — Künstler, ehemals Tapezierer — er wird und muß den Tristan s i n g e n.

In „Tod und Teufel" ist der Mädchenhändler Casti Piani der Moralist der Freude; er bekehrt das fromme Mitglied des Vereins zur Bekämpfung des Mädchenhandels Elfriede von Malchus zum Idealberuf des Freudenmädchens. Er weist ihr die höhere Sittlichkeit der Freudenmoral und die Falschheit ihrer eigenen nach, die nur aus verdrängter Sinnlichkeit besteht: Aber „was für Ihre Sinnlichkeit die Bekämpfung des Mädchenhandels, das ist für m e i n e Sinnlichkeit ... der Mädchenhandel selbst ..." Wer hat recht? fragt das verwirrte Parkett für zwei Minuten. Zwei kostbare Minuten einer ungeahnten Überlegung — dann sinkt es in seinen pseudomoralischen Dämmerzustand zurück. Doch hält dieser Lebenskünstler die Konsequenzen seiner Fleischmoral nicht aus, als er die Dirne Lisiska aus Unbefriedigung verzweifeln sieht: „Immer nur war es der höllische Trieb, aus dem an Freude nichts übrig blieb." Im Gedanken an die prinzipielle Möglichkeit eines freudlosen Freudenmädchens erschießt er sich. Eine Jungfrau drückt dem Mädchenhändler die Augen zu mit der keuschen Hand der Novize im Venuskloster: Elfriede von Malchus. Elfriede von Malchus! Der Name ist Klangsymbol aus Hospiz, Malthusianismus, Temperenz und Hofpredigerfamilie. Doch der andere Name: Marquis Casti-Piani — weiche lange Hände, hagere Vornehmheit und schmalzige Heiserkeit. Hofprediger heißen nicht so. Zwei Namen — zwei Welten. Weltenpantomime als Galavorstellung.

Teuflische Clownerie, wenn Herr Kommissionsrat Cotrelly den Ideologen Hetmann für seinen Zirkus gewinnen will: als dummen August und Gegenstück zum singenden Schimpansen der Konkurrenzfirma. Ist das so unerhört? So engagierte Sancho Pansa seit Ewigkeiten den lächerlichen Don Quichotte. Lulu: „Warum schreiben Sie Ihre Stücke denn nicht wenigstens so interessant, wie das Leben ist?" Alwa: „Weil mir das kein Mensch glauben würde." Die Groteske ist Protest gegen den Kothurn der Würde, gegen die Pose der Ethik. Sie verschärft, sie entlarvt oft lieblos; aber sie lügt nicht aus Eitelkeit. Der Kontrast ist ihr Effekt. Sie sieht die Winzigkeit menschlichen Schicksals vor den Gewalten der Erde und zeichnet die Wichtigtuerei der Menschen. Und darum spielt der geniale Komiker mit seinen Marionetten lustig=grausiges Kasperltheater hoch über der Erde.

Romantisches Selbstporträt

Nur der „klassische" Wedekind des Dezenniums der Jahrhundertwende hat voll zu gelten für die Entwicklung des modernen Dramas. „Frühlings Erwachen" wurde 1891 schon vollendet, doch erst im neuen Jahrhundert berühmt. Die Lulu=Tragödie war 1892/93 schon entworfen; das Jahr 1894 brachte die Vollendung des „Erdgeist"; es kam die Kabarettzeit mit der Galgenlyrik und die bissige Tätigkeit als politischer Hieronymus Jobs am „Simplizissimus"; es entstanden neben Gedichten, Pantomimen und Schwänke: „Kammersänger", „Marquis von Keith", „König Nicolo" bis zu „Hidalla" (1904). Dann nimmt die Flamme ab. Wedekind wird philosophisch und verbittert: „Zensur", „Musik", „Oaha". Räsoniert, doziert, wehrt sich seiner Moral gegen die ihn mißkennende Welt. Predigt und schimpft auf Polizei, Publikum und Schauspieler. Und spielt sich nun=

Romantisches Selbstporträt

mehr selber auf der Bühne; gerade wie sein „König Nicolo", der auch zum Mimen wurde.

„Sonst lieb' ich's nicht, mein eigenes Ich zu loben;
Doch hat die Welt mir diesen Stolz geraubt."

Das biographische Drama beginnt für unsere Theaterepoche. Es ist nicht wie im „Tasso", wo ein Dichter gegen seine Erlebnisse Distanz sucht zur Selbstbefreiung im Sang, den ihm ein Gott zu sagen gibt. Es ist gerade die Aufhebung der künstlerischen Distanz zwischen Werk und Schöpfer. Die Selbstbefreiung vollzieht sich weniger als innerliche Entladung vom Selbst ins Werk, wo es in klärender Kunst frei wird, als vom Werk ins Auditorium. Also eher eine Selbstklärung des Ich, als Aufklärung des Publikums über das verkannte Ich. Schaut her, ich bin's! der vermeintliche Possenreißer, den ihr Idioten verlacht — aber „Mein Fach auf der Bühne ist die große ernste Tragödie!"... Lache, Bajazzo!

Wenn der Schauspieler innerhalb seiner Eigenkunst auch Prediger der Dichtung ist, so war Wedekind der bekennerischeste Schauspieler der deutschen Theatergeschichte. Schrieben sich Iffland und Schröder Schauspielerstücke auf den Leib und vergewaltigten für ihn die Dichtkunst — so dichtete Wedekind den Körper in seine Stücke und vergewaltigte ihn für das Drama. Er spielte mit Inbrunst seine Hauptrollen; ohne Talent, mit starrem Gesicht, fast ohne Technik — und wirkte ungeheuer. Hier wurde eben nicht eigentlich gespielt, sondern gebeichtet, gerechtfertigt, gepredigt. Den „Nicolo" hat er gelebt und geliebt — wie man sich selber liebt. Scham der Seele gab ihm noch Würde. Wedekind wehrt sich formal gegen die vollkommene Prostitution des Ichs vor der Menge; er steckte sein Ich ins Kostüm. Er war doch Ironiker genug, um als Dichter nicht ganz Komödiant zu werden.

Strindberg nannte sich in der biographischen Trilogie „Nach Damaskus" nur ganz leicht verhüllt: „Der Unbekannte". Wedekind aber gab sich den Seiltänzernamen „Nicolo" und reist weg aus der Gegenwart der Fräcke in die Renaissance, und aus dem Land des Bieres und des Radi nach dem goldenen Perugia. Er streifte die Scharfrichterrobe ab und ließ sich mit dem Hermelin bekleiden.

Wie im „Erdgeist" der Bändiger, so stellen sich Nicolo und seine Tochter Alma zunächst ganz vorne an die Rampe und erklären dem dummen Publikum den Sinn des Spieles. Es ist die Tragödie des zu seinen Lebzeiten unerkannten Genies, an dessen heimliche Krone keiner glauben will. Wein, Weib, Gesang war sein Herrschergebot im irdischen Reiche. Herrschsucht des künstlerischen Individuums tobt sich aus. Erlaubt ist, was gefällt! Aber das geht eben nicht auf die Dauer.

Der Bürgerkönig Pietro, der Mann der Ordnung und der Lebenspraxis, hat die Gunst der Philister für sich und verbannt den Geisteskönig Nicolo aus dem Lande. Der zieht nun mit seiner Alma — wie Lothario und Mignon — Almosen sammelnd von Stadt zu Stadt und mimt als verkleideter König und königlicher Schauspieler die Rolle des mißachteten Genies. Zweimal erlebt man das Theater auf dem Theater. Balladenpoesie: Gespensterspuk auf dem Galgenberg; Spiel des Königs vor dem König. Pietro selbst anerkennt die Stegreifweisheit des Komödianten. Seine immer wache Vernunft bedenkt die Nützlichkeit des Mannes für den Staat. Doch da es für Könige der lachenden Weisheit im ernsten Staatsgefüge keine ernste Stelle gibt, macht er ihn zu seinem — Hofnarren.

Wedekind fühlt sich wohl in der romantischen Schwermut. Sein Nicolo klagt über Schuld des Herrschers, über Beleidigung der eigenen Majestät; und doch wird es nicht völlig klar: ob die Erkenntnis seiner mangelhaften Lebensführung auf Erden vor seinem Stolz als Geisteskönig noch der Rede wert bleibt. Es geht da viel in stimmungshaftem Sentiment auf. Seine Figur steht zwischen Ironie und Pathos unsicher da; und auch Pietro schwankt zwischen Komik und Würde. Bald scheint er lächerlich banal, bald ernsthaft wie die Weisheit des pater patriae. So verliert das Spiel den entscheidenden Zug der Tragödie. Der Schluß erschüttert: der sterbende Nicolo lüftet die Maske und bekennt in der feindlichen Stadt bei Gefahr des Kopfs seinen Namen. Aber man glaubt ihm nicht; Beweise fehlen, platte Beweise; die Gloriole über dem Haupte sehen Bürgerkönige nicht. Und doch erschauert dieser Pietro vor geheimer Ahnung und begräbt den Toten in der Fürstengruft. Denn die Geschichte soll von ihm nicht melden, daß er einen König zu seinem Hofnarren gemacht habe.

Zum Hofnarren! Das aber tun der Staat, die Zensur, das Publikum und die Theaterdirektoren mit dem Narren=König Frank Wedekind. „So ist das Leben", erklärt der Untertitel; die persönliche Moral dieser romantischen Geschichte. Es ist ein Schauspielerstück mit der ganzen Komödiantenlust an Kulissenzauber, ironischer Selbstbespiegelung, naiver Spiellust, Schwärmerei und Schielen nach dem Publikum. Der ganze Wedekind beichtet sich hier vertrauensvoll aus; bekennt auch als Nicolo im Asyl des Kerkers — gleich dem Kornfeldschen Bitterlich in der „Verführung" — die heimliche Angst des Romantikers vor dem grausamen Leben, das er im Fleischestaumel sonst so mutig anrennt. Doch weitere Romantik hilft über bitterliche Realität hinweg. Es folgen noch Zeugnisse.

Ironische Kulissen

Die letzten Jahre zeigen Kraftanstrengungen: um jeden Preis zur Kunst der schönen Unwahrscheinlichkeit zu kom=

men. Aber „Schloß Wetterstein" ist schon romantische Zersetzung seiner früheren Themen mit besonders bizarrer Bestrahlung von Familie und Ehe. Wie im romantischen Drama, wie später bei Wildgans und Hasenclever, durchbrechen an bedeutsamen Stellen Verse die Prosa. Schon früher, in „Tod und Teufel" etwa, klagt sich die am völligen Ausgenießen verzweifelnde Lisiska in Versen dem ebenfalls gereimt sich äußernden Herrn König aus, so daß die Szene wie zur Vision für die Belauscher wird — wie eine Offenbarung des Fluches auf die versagende Moralweisheit des Mädchenhändlers; und des Segens für die zum Fleisch bekehrte Elfriede. In „Frühlings Erwachen" war echtere Poesie in zarteste Prosa gebunden. Jetzt macht sie sich deutlich, reimt sich immer schwingender in den zersplitterten Dramengehäusen von „Wetterstein" und „Franziska" empor und wird in den Mythen von „Simson" und „Herakles" herrschender Rhythmus. Es ist, als wollte die versagende Gestalterkraft mit Reim und Klang, mit Aphorismenweisheit, Sprüchen und Witzen Gigantenwerke zusammenkitten. Drei frühere Einakter bringt Wedekind hier zusammen unter ein Dach; die früheren Titel sind nur Charakteristika der Helden. „In allen Sätteln gerecht" ist Rüdiger auf Schloß Wetterstein. Das feudale Pseudonym verbirgt den Sohn einer geb. Goldstaub aus Budapest. „Mit allen Hunden gehetzt" ist seine Frau Leonore. „In allen Wassern gewaschen" die Tochter Effie, die „Edelhure", die mit dem edlen Gewerbe die edlen Eltern aushält. Wahrlich, hier friert nicht mehr die Luft von „Rosmersholm", die durch den Geist adelt und tötet. Und Rebekka West galt einmal als Dirne!

Im ersten Bilde gibt es noch einmal stärkste Dialektik: Rüdiger wirbt um die Frau, der er vor kurzem erst den heißgeliebten Mann getötet — wirbt und erringt sie. Seit

Richard III. ist uns das kaum mehr so kraß vorgespielt
worden. Die Logik ist geschraubt und zwingt uns doch.
Naturbrutalität und Überredungskraft heischen Spannung;
bis wir am Schluß aufatmen: nein, es ist doch erklügelt;
mag es wahr sein im Ablauf eines Jahres — in einer kurzen Stunde ist es falsch. Das Drama kann das nicht mit
seiner spitzen Gegenwart. Hier mußte die Zeit den Wahr-
scheinlichkeitsfaktor spielen.

Die folgenden Einakter der Trilogie sind ohne die Geschlossenheit des ersten. Alles lebt von Bonmots und Thea-
tereinfällen. Immer mehr erklärt sich der Dichter außerhalb des Textes. Wie in „Erdgeist" und „Nicolo" Prologe
den Tiefsinn des folgenden vorauskünden, so werden die
Gattungsbezeichnungen seiner Stücke zu Kommentaren:
„Musik" ist ein „Sittengemälde in vier Bildern", von
denen jedes wieder seinen eigenen Untertitel erhält; „Die
Zensur" eine „Theodizee in einem Akt", „Franziska" ein
„modernes Mysterium in fünf Akten". Vom Drama
„Schloß Wetterstein" aber versichert Wedekind im Vorwort:
es „enthält meine Anschauungen über die inneren Notwen-
digkeiten, auf denen Ehe und Familie beruhen. Das Stoff-
liche, die Geschehnisse, der Gang der Handlung sind dabei vollkommen Nebensache... Wichtiger waren mir dramatische Steigerungen und Bühnenwirksamkeit." Bankerott-
erklärung des Dramas: die Doktrin ist der geistige Zweck;
die Handlung ist nicht mehr organischer Kern; die Theater-
wirkung wird Hauptziel.

Es sind zweischneidige Weisheiten, die Frank Wedekind
ohne letzte Überlegung hier vorträgt. Zwar ist der Mann in
der Ehe „immer das Geschäft der Frau". Aber statt wie
Strindberg darüber zu verzweifeln, philosophiert er fröhlich
über das Märchen vor der Folterkammer Ehe. Warum denn
verzweifeln? Man liebt sich oder man trennt sich! Nur für

Geisteskrüppel ist die Ehe eine Fessel — weil sie sie dafür halten. Man vergesse doch nicht, daß die Ehe für den Menschen da ist, nicht der Mensch für die Ehe! So spricht zwar nur der rüde Rüdiger — aber Wedekind sagt zwischen den Zeilen Ja dazu. Die fleischgeistige Freiheit schätzt er über alles: was allenfalls mit Kindern geschehen soll, macht dem Fleisch=Pathetiker keine Sorgen. Untreue streift jede Fessel ab. Wahrhaft Liebende werden sich eben nicht untreu. Aber wenn es schon sein soll, so hat die Frau ebensoviel Recht zur Untreue wie die Geliebte ihres Mannes. „Selbstverständlich" aber hat der Mann ein noch viel größeres Recht auf Untreue als die Frau!... Auf keinen Fall hat er aber ein größeres Recht auf Untreue als der Geliebte seiner Frau. Harlekins=Sophistik! Alles das heißt ja nur; die Ehe ist allein in der erotischen Freiheit sittlich; beruht sie auf Liebe, so hat sie keine Untreue zu fürchten. Auf Liebe baut sich hier alles. Ob die liebende Menschheit solche Liebe sich mit aller Bindekraft bewahren kann, bleibt hier offene Frage. Wedekinds Mischung ist die seines Keith: Philosoph und Pferdedieb.

„Franziska" das Überweib

Das Mysterium „Franziska" ist leider auch kein solider Bau. „Mysterium" ist Entschuldigung. Es zerflattert in neun Bilder von Schlössern, Wäldern, Wiese, Weinstuben, Theatergarderoben... Warum Mysterium? Vielleicht weil Wedekind sich selber mystifizierte? oder weil es immer ein Geheimnis bleibt: daß der große Mensch Unmögliches begehrt. Franziska will ihr Weibtum sprengen. Was für „Faust" die ungenügenden vier Fakultäten, wird ihr die beschränkte Ein=Geschlechtigkeit. Ein körperliches „Faust"=Problem. Der Teufel kommt ihr gerade recht und schließt die Wette auf zwei Jahre: Veit Kunz. Er spielt mephistophe=

Wedekind
Musik

Neues Theater, Frankfurt a. M. / Bühnenbild F. K. Delavilla / Regie Dr. Frank

lische Kraft. „Wenn ich sechs Hengste zahlen kann, sind ihre Kräfte nicht die meinen?" Die Weisheit des Agenten. Er ist Sklavenhalter, Gesangsmagister, Kuppler, Diplomat, Hanswurst, Schriftsteller, Akrobat, Erpresser, Heiratsschwindler, Revolverjournalist, Bänkelsänger, und zum Schluß: Direktor eines Detektivbureaus. Mit einem Wort: das Potpourri aller Hopp-hopp-Genies aus Franks Gesammelten Werken. Keith, Schön, Casti-Piani... nur in einem über ihnen: als „Sternenlenker".

Doch das ist nur ein Wort. Der Ritter vom Hopp-hopp hat niemals Zeit, den Kosmos um die Achse zu drehen. Aber er fühlt sich in seiner Rolle machtvoll genug, Franziska durch die Wonnen der Männlichkeit zu führen in faustischer Phantasmagorie. Der junge hübsche „Franz" mit dem weiblichen Vorzeichen erobert alle Frauen. Mausi wird um seinetwillen vom eifersüchtigen Geliebten totgeschossen; die bürgerliche Sophie verehlicht sich mit ihm und stirbt an der kuriosen Klarstellung: die Ehehälfte eines Weibes gewesen zu sein. Am Herzogshof tritt Franz androgyn auf und fühlt sich jenseits der Geschlechterbrandung. Der Hermaphrodit — sie-er — spricht aus der Wunschlosigkeit des Reiches Seliwanows: „Wer die Menschen mehr liebt als die Wahrheit, muß die Wahrheit hassen. Sich und seinen Brüdern zum Trost ersinnt er zum alten Aberglauben neue Lügen." Es klingt enorm nach deutschem Idealismus. Aber weit gefehlt: diese „Wahrheit" kommt ja immer wieder nur aus der alten Fleischgeisterei, und es handelt sich zum hundertsten Male bei Wedekind „um die Tatsache, daß Nacktheit sittlich und nicht unsittlich ist". Wann lernt der reife Wedekind denn endlich, daß Natur erst durch des Menschen Wille, nicht durch sein Fleisch auch zum Reich der Sitte wird! Die großen Begabungen Franziskas rühmt Veit Kunz immer noch als Wollust, Herrschsucht, Leichtsinn, Spielsucht, Eitelkeit...

Die Wiederholung der Predigt vom Hopp-hopp wird für den Hörer endlich etepetete.

Veit Kunz geht schließlich auf Kothurnen tragisch ab; er hat Franziskas Macht so weit gesteigert, daß ihr Eigenwille Freiheit bekam und die Leibeigenschaft überwand. Das tut sie als Madonna mit Kind im Dachauer Maleridyll. Es endet die Erdgeistlerin mit Baby und Strickstrumpf... Trotz mancher Versschönheit ein Tohuwabohu von Aphorismen und fröhlichem Scharfrichter-Unsinn, der das Mysterium eher ins Kabarett als in den Kulttempel weist. Zwischen ulkigen Bänkelsängerstrophen blühen herrliche lyrische Stellen Franziskas und Kunzens, an die besten seiner Jahreszeiten-Gedichte erinnernd. Doch reiht er unvermittelt alte Perlen in den neuen Kranz: „Das Gebet eines Kindes" wird ohne Not aus früher Jugenddichtung eingeschmuggelt und Franziskas vorletzter Liebhaber spricht in „Simson"-Zitaten. Der Kabarett-Scharfrichter a. D. ulkt noch einmal im „deutschen Schriftstellerlied":

„Der Schriftsteller schafft am Webstuhl der Zeit
Mit ausgefransten Hosen,
So wirkt er der Gottheit lebendiges Kleid
Mit ausgefransten Hosen."

Echter Wedekind: Faustgeste, Unsinn, entzückende Frechheit und die deutsche Schwermut Eulenspiegels. Auch ein Mysterium.

Ausklang in Jamben

Aus diesem Versagen rettet sich Wedekind in die Jambentradition, um Halt für seinen schwachen Rücken zu finden. „Simson" und „Herakles" — sie beide fallen am Weibe. Sei's Dalila, Omphale oder Dejaneira: das Weib ist stärker. Es gibt allerhöchstens einen pompösen Untergang für den Heroen. Eine Potenz wie Wedekind wird auch im Fehlwerk irgendwo noch Kunst schaffen. Doch schlägt er aus diesem Klassizismus kein neues Sprühen mehr, an dem die Jugend Leuchtfeuer für die Zukunftsbahn entflammen könnte. Durch zwölf Szenen spielt das Menschenschicksal Herakles', der den Prometheus befreit, aber an drei Erdenfrauen sich abquält, bis er als Verklärter in Hebe die erste sieht, die ihn im Herzen liebt. In einem prachtvollen Gebet an Zeus gipfelt der Gesang.

„Dank dir, o Zeus,
Der du mich aus dir selbst mit Gewalt beglückt!
Höher begabt,
Muß ich auch früher hinweg,
Wollt ich mit keinem doch tauschen."

Aber die alte Fleischestragik verödet im glatten Kunstgefäß der Verse. Die Würde des Mythos straft sie oft banal; trotz des Vertrauens auf Elysium. Wedekinds erste Scheinwerfer hatten weit über seine zeitliche Vitalität hinausgestrahlt. In „Frühlings Erwachen", in „Erdgeist", „Hidalla", „Keith", da lag der tiefe Wert, der große Anstoß. Da sprühte die Fackel von Wedekinds Kunstsendung. Sein In Philistros gibt ihm Ewigkeit. Mit der Erotik wollte er Befreiung vom Lügengeist; doch zuletzt wurde er ihr Opfer und brüllte nun die Notschreie seiner höheren Moral aus dem Fegefeuer. Seine Tragik war die Ahnung, deren die meisten heutigen Fleischbesinger gar nicht fähig sind: daß der Weisheit letzter Schluß doch über dem Fleische steht — für Menschen. Diese bange Ahnung adelt Wedekind, wenn sie ihn auch künstlerisch schwächte. In Tiertragödien mögen wilde Stiere vor zahmen Hauskühen den Sieg der Natur über schwächende Kultur unter Brüllen verkünden. Im Menschlichen versagt die Idee vom Fleisch gerade eben da, wo das Menschliche anfängt: bei der vom Geist geformten Seele.

Wedekind senkte die Fahne. Sternheim, Georg Kaiser und alle Philisterfresser übernahmen das Banner. Die Erotiker und Ironiker grimassierten ihm nach in Scharen. Die meisten wurden aber fromm, schwuren den alten Adam ab und fielen in die Knie vor dem im Denkbild weiteren, wenn auch nicht weiseren Dichter: August Strindberg.

Sternheim der Grandseigneur

"Kampf muß äußerlich nicht sichtbar sein"
Die Marquise von Arcis

Ein großes Ja und ein großes Nein kam von Wedekind: Bejahung des Fleisches und Verneinung des Spießbürgers. Was als leidenschaftliche Mischung in Wedekinds Herzgefäß brodelte, ergoß sich in getrennten Kanälen in die deutsche Literatur. Stofflich erhielten sich Zusammenhänge von Erotik und Antiphilisterium in Sternheims und Georg Kaisers Komödien. Der vor dem gelästerten Fleisch tanzende Bürgersmann blieb bei beiden stehende Figur; mit Wedekindschen Nerven, doch mit Blut von anderem, besonders blassem Saft.

Sternheim und Kaiser leben ihre Geschöpfe nicht mehr mit. Ihr Blut moussiert, aber es ist kalt. Nichts von Bekennertum. Der autobiographische Puls Wedekinds fehlt. Die marktschreierische Bajazzo-Attitüde: „Schaut her, ich bin's...!" mit der Versicherung des verkannten Tragikers: „... doch nah' ich ganz ernsthaft..." wird jetzt als rührselig empfunden. Man naht mit vollster Absicht als vielsagender Komiker. Man ist so beziehungsvoll, daß jedem Wort vorn und hinten Gänsefüßchen auswachsen. Wedekind wollte die Vorherrschaft des Intellekts stürzen und im Fleisch die neue, freie, schöne Seele suchen. Seelenpathos klagt aus den tragikomischen Helden und ihren ironischen Situationen. Sternheims und Kaisers „Helden" klagen nicht aus Prinzip, kritisieren auch nicht die Mitwelt. Der Marquis von Keith und der Ideologe Hetmann waren Kämpfer und kochende Seelen. Die neuen Figuren aber sind straff ans Schnürchen des Marionettenspielers gebunden und hüpfen und hopsen die Ländler und Cakewalks des bewußten Szenen-

lenkers. Sie sind fast durchwegs der psychologischen Methode
ebenso entrückt wie der Beseelung — Durchblutung! —
durch ihre Erzeuger. Die Nabelschnur ist abgeschnitten.

Diese neuen Prometheuse lieben ihre Geschöpfe nicht.
Wedekind aber liebte seine Kinder von Fleisch zu Fleisch,
von Seele zu Seele. Seine Satire strafte aus liebender
Pädagogik. Kaiser und Sternheim halten ihr Ich und ihre
allfällige „Seele" peinlich sauber von Chaotik. Ihr Stil
ist ja neu; sonst sind sie nur modern als Überwinder ver=
alteter Moralpathetik und der Charaktermechanik. Sie sind
als Komiker kühle Verneiner. Wedekind war heiß, seelisch;
er wollte bessern und bekehren. Seine Stoffe wurden in
anderes Klima gestellt; kamen aus der pädagogischen An=
stalt ins Puppentheater und ins Laboratorium. Phänomeno=
logisch stellen Sternheim und Kaiser die Welt dar und grin=
sen über ihre Lächerlichkeit. Halten sich aber die eigene
Stube sauber. Bauen wie Kaiser ein Glashaus von Philo=
sophie um ihr Postament oder fahren wie Sternheim in der
hochherrschaftlichen Karosse über die Tümpel. Sie danken
Gott, daß sie nicht sind wie diese... Sie wahren Distanz.
Nur keine Aufregung! Kaiser möchte ein Plato an keuscher
Idealität, Sternheim ein Moliere an Weisheit sein. Beide
tauchen in jugendlicher Selbstvergessenheit noch in den
Schaum der Neuromantik ein: Sternheim mit einem „Don
Juan" (1909), Kaiser mit einem König=Marke=Schauspiel
(1910); schwimmen aber bald endgültig an die Küste von
Wedekinds Narrenland.

Nur sind sie selber keine Narren wie jener. Ihnen fehlt
die Hingabe bis zur Lächerlichkeit — das Opfer des Selbst
ans Kunstwerk. Sie halten auf Exterikultur. Es ist nicht
geschmackvoll, als Brettelsänger sich auf dem Jahrmarkt der
Eitelkeit zu produzieren — allenfalls mit der Legitimation
einer mangelhaften humanistischen Gymnasialbildung, mit

geschleckter Griechen-Kalokagathie. Auch die naive Lyrik Franks, die noch das „Gebet eines Kindes", oder „Franziskas Abendlied" aus sentimentalem Gemüt herausdichtet, kompromittierte die neuen Männer, die das Spitzweg-Deutschtum und die Seele der „Fliegenden Blätter" nun einmal endlich austreiben möchten mit Stumpf und Stiel. Sie tauschen ihr Gemüt für Stil und Fasson ein. Sie wissen um die Disziplin des priesterlichen Stefan George und des diskreten Hofmannsthal. Fürchten den ordinären Natur-Mist im Zirkus-Marstall Wedekinds.

Kaiser wühlt erotische Themen auf und entlädt alles, was nicht in „ernsten" Spielen sich zu platonischem Dialog kristallisiert, in fleischlüsterne Komödien, in denen er mit kalter Geschicklichkeit seine Figuren Balancierkünste ausführen läßt und als Psychoanalytiker ihr Seelenleben bei solchen Extratouren kontrolliert. Dabei genießt er im sterilisierten Luftraum seines Theatrums mit Kennermiene das Liebesleben in der Natur — an jüdischen Witwen, an lüsternen Greisen und saftstrotzenden Göttern...

Sternheim ist ihm als Komöde überlegen; hat als solcher mehr Zucht und Form und überwindet sicherer die sexuellen Literaturfreuden. Sein Bürgerhaß ist stärker als Kupido. Von solchen Dingen spricht man im Theater doch wohl nur mit gallischem Esprit, im Jargon der Scharmanten. Mit Hingabe nur in der referierenden Form der Novelle. Sonst aber kokettiert seine Erotik. Und es bleibt pikante Anzüglichkeit selbst in der Bürgerhose einer hübschen Frau, die sonst nur Luise heißt. Er ist nicht brennend lüstern wie Kaiser. Er geht nicht so direkt aufs Animalische wie Wedekind. Er ist weltmännischer. Die amourösen Situatiönchen sind ironisiertes Biedermeier oder Rokoko. Überhaupt die Leidenschaften — sie zerstören die Frisur und verwischen den Puder. Wie konnte man einst den „Don Juan" dichten?

Man muß sich gelegentlich selber darüber ironisieren — in der „Hose". Nur kein Pathos, nur keine Blöße der Seele; keine Proleten=Romantik! Man ist doch ein mit allen Pariser Parfümerien gesalbter, der Bürgerkanaille durch Stand, Besitz und Internationalität zynisch überlegener... ein doch sehr feiner Mann. Mit fabelhaften literarischen Manieren, mit dem Boudoir= und Salonakzent der großen Welt vom ancien regime bis zum dernier cri vertraut. Man sieht alles von oben... Man ist ein Grandseigneur.

Das scheint ein Gegensatz zu dem Verehrer Tolstois und sozial tendierten Aktivisten Sternheim, dessen Aufsätze in Franz Pfemferts Aktions=Verlag erschienen. Aber wie heute reiche Haussöhne Bolschewisten=Programme bejubeln, weil es ihnen die durch Besitz ermöglichte innere Distanz erlaubt, sich für jegliches Moderne schmerzlos zu begeistern, so ist auch Sternheims souveräner Blickpunkt aus der Höhe seelischer und materieller Unabhängigkeit begreifbar: Adel und Proletariat sind als geprägte Extreme ihm immer noch sympathischer als die verschwommene Bourgeoisie, die in einer kapitalistisch gesicherten Lebensromantik denk= und herzensfaul dahindämmert. Da engagiert sie der Grandseigneur für sein amüsantes Affentheater.

Die Demaskierung der Sprache

Radikal muß die gute Bürgerstube ausgelüftet werden; die ganze Atmosphäre von sicherer Gemütlichkeit, die Stickluft der Tugendheuchelei nach außen hin und der romantischen Vorspiegelung von Seelenleben in den dicken Bäuchen. Dem Schlummerkissen auf dem Kanapee wird das letzte Viertelstündchen „gutes Gewissen" herzlos ausgepumpt; der Schaukelstuhl wird böswillig festgenagelt; der Kanarienvogel im trauten Käfig wird erwürgt. Tempel=... Gartenlauben=Schändung.

Carl Sternheim

Die Demaskierung der Sprach=

Das alles ohne Polemik, ohne Aufwallung, ohne ideale Forderung. Zunächst nur einmal ausmisten, gründlich! Wedekind wütete gegen all das als Bohemer, als Mann mit leerem Portemonnaie, als Ausgeschlossener aus den Reihen der Gesättigten. Doch wütete er nur gegen das Geheuchelte. Er schüttete den Kanarienvogel nicht mit dem Käfig aus. Er ließ das Gemüt gerade noch schnaufen. Er unterschied noch Jean Paul und „Gartenlaube".

Sternheim sieht nur aus der Donjon=Perspektive von oben. Wedekind sah von unten aus der Gaukler=Perspektive und sandte als Erlöser seine von der Gesellschaft Gezeichneten — die Hochstapler, Dirnen, Mädchenhändler und verrückten Idealisten — in die Welt der Konvention hinauf. Gegen den Konsul Kasimir, gegen die schlechten Lehrer, gegen Launhart und Morosoni, gegen die Münchener Karyatiden wurde Krieg geführt; eine ethische Lanze vorgestreckt. Erschütterung packt uns bei der Niederlage des Ethos vor der Zeitmoral. Die sich aufopfernden Existenzen einer Geschwitz, einer Fanny Kettler, der kleinen Frau des Marquis von Keith haben tragischen Anhauch. Es sind Seelen. Doktor Schöns, Lulus, Hetmanns und Nicolos Tod sind heroische Untergänge. Der Menschheit Würde fühlt der gefehmte Komödiant in seine Hand gegeben und will sie romantisch=heldisch=ritterlich von seinen Don Quichotes wahren lassen.

Sternheim kann sich beherrschen. Er ist selber Chevalier. Er steht über dem Pack und läßt es zetern. Seele gilt nicht. Er versagt ihm im bürgerlichen Gehege den Anspruch auf Würde, nennt jede Geste verlogen romantisch; jedes Gefühl sentimental. Er läßt die Canaille unter sich; schickt keinen Gregers Werle und keinen Hetmann unter sie; vermeidet zunächst jede Möglichkeit tragischer Anspielung. Sie sind es ja nicht wert. Sie sind ja überhaupt nichts hinter ihren

Masken des Beamten, Oberlehrers, Industriellen, Politikers, Sozialisten ... und so weiter. Ihre Konflikte sind der moralischen Betrachtung gar nicht erkennbar, so sehr sind sie ausschließlich aus standesgemäßen, aus geldlichen, aus eiteln Motiven entstanden. So winzig sind ihre Triebe des Leibes und ihre Leidenschaften der Seele, daß nichts Allzu-Menschliches mehr übrigbleibt. Nur Zivilisatorisches formt hier noch die Gemüter. Seifenverbrauch und Konfirmationsunterricht sind Maßstäbe. Die öffentliche Meinung ist das Schicksal; der glückliche Zufall ist der liebe Gott. „Maske" heißt der Prototyp der Bürger mit Namen. Maske ist ihr Leben, ihre Mimik, ihre Sprache.

Denn diese Sprache ist die größte Lüge ihres Daseins. Wie die verbürgerte Goldschnitt-Lyrik gedankenlos „Liebe" auf „Triebe" und „Schmerz" auf „Herz" reimt, einfach um des schönen Klanges willen, ohne daß beim Trieb wirkliche Liebe benötigt würde, oder daß im Herzen wirkliche Schmerzen rumorten — so reimt der sprechende Bourgeois sein Maskendasein auf nach Sittlichkeit tönende Metaphern, mit Wortklischees aus dem Kriegerverein. Durch alles Seelische hört Sternheim das Weserlied durch. Die ganze Bürgerrede ist ein Vorbeireden am Wirklichen.

Alles „höhere" Leben spielt sich in der unendlichen Schlagwort-Melodie ab mit den Perlen: Tugend ... Jugend; Herz und Hand ... Vaterland; frisch, fromm, fröhlich und frei. Das Volkslied wird mißbraucht mit Ringelein und Jungfräulein; die Mitglieder der Gesangvereine singen vom Jägervergnügen des „Freischütz"-Chors und wähnen sich „frische Bursche". Die unbefriedigten Bürgerstöchter üben die fromme Osterkantate im Cäcilienverein und kokettieren an heiligster Stelle mit dem gelockten Friseur, der das Tenor-A schmalzt. In Gesang, Sprichwort und Bibelvers ist die „ideale" Welt des Bürgertums konserviert. Eine üble Romantik lebt in dieser Reimerei und Sprichwortkultur der Rede. In der Praxis bleibt man schlau und solide, dient bis in die Intimität des — aus Sparsamkeit kinderlosen — Ehebetts dem gesunden Menschenverstand. „Am entscheidenden Ort keine Romantik!" sagt der Gesangsvereinler Hickertier. Aber sonst läßt sich, nach Oberlehrer Krull, „mit der Phantasie des andern ... im Leben viel anfangen." Es gibt auch Schieber in Phantasie. Darum singt man Lieder — böse Menschen haben keine Lieder. Darum „schwört" man Liebe — wie unsere Väter taten. Darum gibt man sich feste Männer-Händedrucke mit teutschem Heldenaugenaufschlag. Man sieht sich auch in gewissen Situationen zum Zweikampf gezwungen. Überhaupt: man führt ein aus Wagners „Lohengrin" und aus „Des Knaben Wunderhorn", aus Zeitungsromanen, Studentenkomment und Untertanenfeudalismus zusammengeflicktes Theaterstück auf. Sternheim teilt die Masse in Komödien, setzt alles in Szene und nennt den Zyklus: „Aus dem bürgerlichen Heldenleben".

Wedekinds Menschen fanden in der pathetischsten Situation den trockensten Ausdruck des Zeitungsreporters. Und in der prosaischsten Szene brachen sie oft in Pathos aus. Die Inkongruenz von Gesamtstimmung und Einzelrede war Protest gegen falsche Feierlichkeit. Bald schämten sich seine Sprecher der „großen Worte", bald fühlten sie ihre Komik in der Lächerlichkeit des kleinen Geschehnisses, auf das sie Bezug nahmen. Sie retteten sich ins Klischeewort der unsentimentalsten Umgangssprache. Sternheim bevorzugt in der seinigen nur noch das auf seinen bürgerlichsten Ausdruckswert reduzierte Wort. Er läßt nicht mehr den wirklichen Oberlehrer Krull von seiner Hochzeitsreise am Rhein sprechen, sondern den Bädeker plus Untersekunda-Schulaufsatz plus Weinkarte plus deutscher Liederkranz: „Kinder, ist Gottes Welt schön am Frühlingsmorgen! Vor stolzen Burgen, die

auf uns niedergrüßen, auf deutschem Strom gleitet man zu
Tal. Germania grüßt und Lurley, bis auf ehernem Roß..."
Das Niederwalddenkmal wird von der jungen Gemahlin
niedergesprochen mit der Angabe: daß man sich in Koblenz
auf Postkarten photographieren ließ. „Ja, Koblenz" —
fährt Krull weiter — „wir waren in seligster Laune, ein
süffiger Walporzheimer hatte die Sinne angeregt. Hundert
Humore schwebten" ... Hundert Humore schwebten ...?
Das ist nicht Bädeker, nicht Weinkarte, nicht Oberlehrer.
Das ist Sternheimsche Teufelei. In ästhetischer Destille pro-
duziert wird ein hochtönender Rhythmus in die verbrauchte
Poesie der Bürgerrede geworfen. Das Pathos der Ironie.
Darauf klingt der Choral der Kucheninschrift: „Friede und
Segen den Liebenden"; und der Oberlehrer findet das „fein-
sinnig".

Diese Menschen, die so im „Volkston" schwärmen, wenden auch die in der Kinderlehre auswendig gelernten Bibelverse für ihre Liebesmonologe an. „Du bist das Licht, die
Wahrheit und das Leben", sagt das junge Mädchen zu dem
in Zitaten lebenden Photographen, der ihr Geld liebt. Unerträglich der Zynismus eines Literaten, welcher der Geliebten zuraunt: „Heute noch sollst du mit mir im Paradiese sein." Alttestamentarisch spricht der Kleinbürger Maske
ohne irgend welchen Zwang zum Pathos: „Mein Leben
währet siebzig Jahre..." und fährt in einem maschinellen
Buchstabendeutsch fort: „Auf dem Boden des mir angeborenen Bewußtseins stehend, kann ich in diesem Zeitraum
manches auf meine Weise genießen..." Vom gedankenlosen
Bibelstil ohne Übergang in das tote Deutsch einer schüler-
haften Lateinübersetzung, bei der die Partizipien unaufgelöst
blieben.

Das gibt der Sprache die vollkommene Entpersönlichung,
die hier die Mumienhaftigkeit der Schema=F=Menschen un=

Die Demaskierung der Sprache

trüglich und wirklich beweist. Zugleich hebt das bei Wedekind gelernte Aneinandervorbeireden der dramatisch ehrlichen Egoisten oft auch die grammatikalische Logik des Dialogs auf. Der Unsinn des bürgerlichen Daseins wird völlig aufgedeckt. Durch den ödesten Kerl hindurch spricht noch ein Schiller oder auch noch ein Wedekind im Hochschwung seines Dichtergeists und aus der gehirnlichen Logik eines Überschauers der Dinge. Früherer Dramatiker Geschöpfe reden aus des Dichters Wortschatz heraus; ist es auch Unsinn, hat es doch Methode. Bei Sternheim löst sich der Esprit von den Zungen der Puppen und schwebt als Witz über ihnen. Der Dichter dirigiert nur noch das Ensemble; den Einzelnen läßt er schwatzen; er lehnt die Verantwortung ab für Krulls geschraubte Zivilisation mit den Worten: „Ich hätte, werter Herr, wäre nicht ein Unwohlsein hindernd dazwischengetreten, Sie gestern zu der mir gütigst angegebenen Zeit gesprochen." Das sagt kein Krull und kein Sternheim im Ernst des Daseins. Das ist nicht Umgangs= und nicht Dichtersprache, das ist nicht mehr „charakteristische Karikatur". Das ist der Kanzleistil der Wesenlosigkeit. Wortsymbol der Entmenschtheit, auf den Charakter dressierte Grammatik zum Zwecke der gründlichsten Demaskierung, die ein Nichts überhaupt erleiden kann. Selbst die Sprache ist nur noch Skelett. Der Rest ist Schweigen.

Ja, die Sprache wird aus Scheu vor romantischem Klang und im Drang nach äußerster Prägung auch in der Syntax zur primitivsten Telegrammatik: „Nie hätte ich gedacht, ich bin so anfällig." Oder statt daß der Bürger Wolke dem Bürger Krey mutig auf den Kopf zusagt: „Du liebst sie!" — nämlich die von ihm selber angebetete Thekla, sagt er auf dem Umweg der Feigheit: „Es liebt sie — Du!" Und er spricht im Ernst mit der aus Romanen angelesenen Redeweise von dem lächerlich zahmen Krey: „Die vehemente

Kraft seiner Leidenschaft ..." Bürger sprechen von „Liebesraserei", von „Kolossen" und „Riesen" — der „Zentaur" Georg Kaisers folgt dieser Hypertrophie der Umgangssprache. Das Verbum wird entbehrlich vor der Deutlichkeit des befehlenden Taktes: „Endlich dein sündhaftes Maul!" Der Artikel fällt wie im zweiten Faust=Stil: „Freundschaft treibt mich ..." „Hier setzt Tragik ein", sagt ein Buchdruckereibesitzer Wolke — wo nur ein Don Carlos so sprechen dürfte. Doch das Geheimnis ist, daß Buchdruckereibesitzer den Don Carlos gelesen haben — oder auch den „Don Juan" des einst noch romantischen Sternheim. Oder der Dichter verleiht dem Haß des lumpigen Emporkömmlings Schippel ein dämonisches Stammeln: „Ich abrechnend vor ihr wachse, balle die Worte im Mund ... stolz in der Brust, einer Hicketier windiger Ehegemahl." Die Carmenaufführung spukt durch des Wirtshausmusikanten Torero=Aufwallung. Es mischt sich mit Sternheimschen Bildungswissen, wenn Schippel den reichen Hicketier mit „Alter Jugger" anbrüllt. Oder wenn ein kleiner Gastwirt in „Perleberg" seinem Widersacher ein „Schluß Clavigo!" falsch zitiert entgegendonnert. Das Individuum des Proletariers Schippel verliert sich in den Sinn seines Gattungswillens, wenn es hoch über dem Ausdrucksvermögen seiner Sprache und über der Schwungkraft seines schüchternen Temperaments plakat=schlagerische Infinitive ausstößt: „Ja Prolet (bin ich) mißduftend. Heiraten die Schwester, das Aas, das stolze. Aufrichten meine rote Standarte über euch!" Grotesker Sturm im Kasperletheater.

Diese Durchbrechung der klischierten Grammatik mit lapidaren Sätzen wirkt wie der Deus ex machina, der die grammatische Situation mit einem Strahl überlegenen Geistes beblitzt. In grellstem Schein ihrer Nichtigkeit stehen die Phrasenhelden, wenn Sternheim ihre Dialoge mit einem kurzen Einwurf in Ironie vereisen läßt. Doch die auf ihre nackte Begrifflichkeit verkünstelte Sprache ist nicht nur komische Skelettierung des Schwulstes; sie ist später zugleich auch Ausdruck einer preziösen Konvention. Denn sowie die Sphäre sich in die soziale Höhe des marquislichen Salons derer von Arcis hebt oder in den Rittersaal des Freiherrn von Buchow — wirkt das Sternheimsche Bonmot nicht mehr spöttelnd und fällt nicht mehr aus dem Rahmen der Bürgerdialektik. Der Grandseigneur spricht unter seinesgleichen. Im ästhetisch gepflegten Raum seines „Don Juan", in der Kostümromantik der „Marquise von Arcis" verliert Sternheim das ironische Objekt aus den Augen. Hier, in den oberen Schichten der Gesellschaft, wird der gelöste Stil zur zierhaften Sprachgeste. Die Reduzierung der Sätze auf ihren Grundkörper mit Infinitiven und Partizipien gleicht der Beschneidung der Bäume im französischen Park. Graziöse Geometrie. Hier ist Romantik gestattet; steht nicht im Verdacht der Heuchelei, wirkt kulturvoll — ihre Biedermeierlichkeit ist auf Rokoko oder Empire frisiert; ja, in „1913" besiegt die grandseigneurale Geste eines ehemaligen Snobs allen Spott, der sich früher über den Emporkömmling ausgoß.

Am kulturlosen Bürger, am bourgeoisierten Sozialisten und am Streber jedoch wurde diese Sprache der Lüge geziehen. Hier lagen ihre Quellen ohne weiteres zutage: das Konversationslexikon für den Bildungsphilister, die Bank-Terminologie für den kapitalistisch Strebenden, das Liederbuch, die Fest- und Agitationsrede für feierliche Angelegenheiten. Sternheim schätzt sein Verdienst nicht gering ein, das „wesentlich durch praktische Erfolge und große Bankguthaben hervorragende Bürgertum als seiner eigenen gehätschelten Ideologie inkommensurabel gezeigt zu haben." (Vergleiche Sternheims Aufsätze: „Prosa".) Und dieses Verdienst ist wahrlich nicht gering. In sieben Komödien im Zeitraum von 1908 bis 1913 — den im Schaffen ermattenden Wedekind eben ablösend — hat Sternheim das bürgerliche Heldenleben prostituiert. Allerdings mit der Unerbittlichkeit des völlig kalten Entlarvers und mit der Schadenfreude eines Karikaturisten von Th. Th. Heines Grausamkeit. Die Übertreibung der Karikatur spricht dem deutschen Michel beinahe auch die letzte Möglichkeit zum Besserwerden ab. Es ist wie bei Wedekind in Sternheim der Stachel gegen das moralische Schlagwort, auch wenn es ungeheuchelter Ausdruck ethischen Wollens ist. Sein modernes Musikgehör verträgt einfach nicht mehr die alten Weisen auf dem Trommelfell. So verallgemeinert er und übertreibt bis ins Herzlose. Dabei glaubt Sternheim: „Vom Dichter gab es nichts, nur noch von Wirklichkeit hinzuzusetzen. Das wäre zu bescheiden.

Und bescheiden ist Sternheim sicher nicht. Sein exklusiver Stil spricht dagegen — der Stil des literarischen Salons. Nur dort würde die geplante „Enzyklopädie zum Abbruch bürgerlicher Ideologie" ganz verstanden werden. Denn so selbstverständlich und aus genialer Naivität heraus ist dieses neue Deutsch — mit seinen artikellosen Satzsubjekten, Partizipien, nebeneinander aufgestellten Sätzen und lapidaren Infinitiven ja nun doch nicht entstanden. In der Zeitschrift „Der Bücherwurm" veröffentlichte Norbert Jacques einmal einige „zeitgemäße Bemerkungen" über den Abscheu Carl Sternheims gegen den Artikel: „Eine seiner Schweizer Tippmamsells war indiskret. Betroffen gab sie einem meiner Bekannten den Blick in den Geheimofen preis und zeigte ein Manuskript her. Dies Manuskript aus dem Jahre 1919 trug altväterlich die Artikel vor dem Hauptwort. Aber dann war die Hand des Schöpfers mit roter Tinte darüber hergegangen und verübte den „carnage", der einmal Bücher-

schnüfflern vielleicht ein Kopfschütteln entlocken wird, jetzt
gleich aber schon zeigt, daß dieser Artist nicht einmal von
vorneherein sicher über seine Hand ist und für Kopf und
Aug' das stützende Gerüst der alten Sprache braucht, um
dem, was ihm zuäppelt, seine Prestidigitationen vorzu=
machen."

Solch ein Blick in die Werkstatt ist unangenehm. Und so
erlaubt es ist, daß ein Poet an seiner Sprache herumbosselt
um des Reimes und der sonstigen Schönheit willen — so
unangenehm berührt solch komplizierte Artistik bei einem
Hasser der Unnatur, soweit sie die Bürgersprache verfälscht.
Vom Haß verblendet gerät Sternheim von der Scylla in die
Charybdis: Er tötet den bourgeoisen Schwulst mit dem
Literatenjargon. Vertreibt den zerzausten Teufel gründlich
mit dem frisierten Beelzebub. Und fühlt sich, wenn die Plebs
der oberen zwanzigtausend Literaten ihn immerhin verwun=
dert anglotzt, in seiner Exklusivität als Aristokrat des Geistes.
(O Wedekind=Nicolo, du wahrer Liebender, der an Verken=
nung durch die Menschheit stirbt!) Freut sich, daß irgendein
kleiner Feind ihn den „am wenigsten dichterischen Dichter
unserer Zeit" nennt. Als bedeutete „dichterisch" nur schwül=
stige, nur verheuchelte Romantik und nicht auch: Seele.
Seele von Hölderlin, Seele von Eichendorff, Seele von
Novalis.

Revolution in Krähwinkel

„Ich lebte so gemütlich."
Krey in „Bürger Schippel"

Die solche Sprache sprechen, wie sie ihnen Carl Stern=
heim gab zu sagen was sie leiden — sie wohnen in einem
Krähwinkel, Seldwyla, Perleberg oder Abdera: nirgends und
überall. Seit der auf französisch produzierenden Komödie

des achtzehnten Jahrhunderts haben die Bon-Bourgeois zum erstenmal wieder im komischen Spiel literarisch ernst zu nehmende Typik gewonnen.

Sternheims Komödien vermeiden das Individuum; wie in der Sprache, so in der Handlung. Seelenerlebnisse und Charakterentwicklung kann es in seiner Welt nicht geben. Eine Anekdote erhält daher mit aller Berechtigung den Auftrag, diese innerlich unbeweglichen Schemen durch äußere Konflikte zu dramatischer Bewegung zu zwingen. Die Fabel wird daher bei Sternheim wichtig: sie stört das sonst in ewiger Gemütlichkeit verharrende Milieu. Diese Figuren sind weniger ein Selbst als nur Reflexe ihrer typischen Umgebung. Sie tun nichts im eigenen Namen; nur als Vertreter der Bildung, Moral oder Unmoral ihres Standes, ihres Berufs; als Erfüller einer spezifischen Bürgereigenschaft. Diese Unpersönlichkeit wirkt oft gespensterhaft. Nur eine drängende Situation pumpt etwas Blut in sie hinein und macht Aktion mit ihnen. Bei Sternheim erkennt man — im Gegensatz zum lyrischen Expressionisten — das Willenswesen seiner Gestalten erst völlig an dem, was mit ihnen fabelmäßig geschieht.

Die Maskenhaftigkeit ergibt ein festes Spielpersonal, das in den Komödien unter eigenem oder anderen Namen immer wiederkehrt. Wie Pantalone, Scaramuccio oder Capitano in der Commedia dell'arte unter veränderten Spielverhältnissen immer wieder als dieselben auftauchen, so aufersteht der Bürger Maske später im Bürger Krull und im Bürger Hicketier und es tritt der Streber Schippel als Snob oder als Kandidat wieder auf. Die Romantischen lösen sich ab von den Herren Mandelstam und Scarron in der „Hose", über den Seidenschnur der „Kassette", bis zum Fürsten im „Schippel". Die romantischen Frauen von Luise Maske, Lydia, Thekla, Komtesse Palen bis zu Ottilie in „1913"

bilden eine Vererbungskette. Ja, Sternheim schildert genea=
logisch ganze Geschlechter im Zyklus. Vornehmlich die
Maskes verfolgt er vom kleinen Beamten bis zum dekaden=
ten Sprößling des freiherrlichen Hauses Christian Maske
von Buchow. Die deutsche Zeitgeschichte von 1870 bis zum
Kriegsvorjahr 1913 wird abgehandelt: vom biedermeier=
lichen Michel=Deutschland bis zum Krupp=Industrialismus
und der Berlin=W=Kultur.

Es muß für jede Komödie nun der äußere Motor für eine
Handlung gefunden werden. Die entstehende Bewegung um=
kreist dann eine als Beamter, Oberlehrer, Prolet oder Snob
typische Hauptfigur. E=bschleicherei, Prüderie, Geldgier, Fa=
milienstolz, Streberei müssen den Anlaß ihres Ausbruchs
finden. Ein Gegenstand wird symbolisches corpus delicti.
Sternheim erfindet zunächst die Geschichte von der „Hose".

„Die Hose"

Durch die „Hose" der Frau Luise Maske geb. Seiffert
ergibt sich der Einblick in die bürgerliche Ehe des Beamten
Theobald Maske, zu dessen Erläuterung alles weitere ge=
schieht. Luise verliert auf offener Straße und unweit den
Augen des Königs ihre Hose. Theobald rast: man kann um
Amt und Ehren kommen. Aber vor ihrer entzückenden
Schämigkeit verlieben sich zwei Männer sofort in ihren An=
blick und melden sich kurz nacheinander als Aftermieter für
die von Maskes zu vermietenden Zimmer: links und rechts
von Theobalds argloser Wohnstube. Es sind im Kontrast
zu seiner staatsbürgerlichen Normalität zwei minderwertige
Männlichkeiten: der Friseur Benjamin Mandelstam durch
seinen lungenschwachen Leib; der Literat Frank Scarron
durch seine nichtsnutzige Geistreichelei. Das wichtigste: beide
sind Romantiker; aber nicht die Normal=Romantiker aus
Volkslied und Gesinnungsspruch, sondern Romantiker ästhe=

tischen Gepräges. Für den Staatsbürger unannehmbar: unsolide, borniert, überspannt, romanhaft. Mandelstam ist Wagnerschwärmer, seine Romantik ist aus zweiter Hand; seine Triebe zur Erde sind aber immer noch kräftiger als die nach oben. Scarron aber wurzelt in keinem Erdreich, er ist nach Theobald „eine Pustblume"; einer, der „sich nie ganz hat", und daher „einen andern nie ganz besitzen" kann. Er zitiert nicht nur aus fremdem Geist; er ist romantischer Selbstversorger, flötet grausamen Schwulst zur Kirremachung des verliebten Weibchens.

Luise liebt natürlich nicht den Friseur, sondern den „besseren Herrn" mit Eleganz, Geld und Literatur. Selbst romantische Natur, sehnt sie sich aus Theobalds verständiger Prosa in Scarrons Sphäre des süßen Wortunsinns. Schwüle und witzige Situatiönchen huschen vorbei. Bald Mandelstam, bald Scarron schwärmen um sie her; sie belauschen sich, begaunern sich. Es ist wie Vorabend zu Walpurgis. Scarron gewinnt sie endlich allein, sie haucht: Ich bin dein ... Da entflieht er zum — Schreibtisch. Das ist der Literat, der sein Leben nur zu literarischen Zwecken lebt. Scarron enteilt vor dem Höhepunkt, um seine Brunst noch warm in Tinte umzusetzen. Erst dann hat er Zeit für Luisens ganze Gnade. Aber Mandelstam erscheint und Theobald erscheint — und Luise steht allein mit einer großen Frage an das Schicksal, die ihr nie einer beantwortet. Aber Theobald sagt nach der romantischsten Szene ihres Lebens etwas sehr Reales: sein durch die liebenden Aftermieter gesteigertes Einkommen gestattet ihm die Zeugung eines jungen Maske.

Theobald ist der Sieger; der Riese, der Zyklop. Das von Sternheim dumm gemachte Parkett weiß nicht, ob Ja oder Nein. Sein Schwanken ist Komödie wie das Spiel selber. Für Theobald geschieht alles. Genährt von den festen Prin=

Die Hose

zipien, die seine Nichtigkeit zusammenhalten; gesichert in seiner Beschränktheit, die ihm Scarron vorwirft. Doch: „bringe ich's mit Schranke zusammen, ist's gar nicht so übel." So meint er. Oh, er faßt nur die ihm erreichbare Wirklichkeit ins Auge. Die Sterne, die begehrt man nicht; und man liebt nicht, wer Unmögliches begehrt. Er ist keineswegs so beschränkt: „Ich weiß, es gibt Dinge hinter den Tapeten des Lebens gewissermaßen und unter dem Boden." Wehe, wer auf sie zu hören versucht. Hebbels Kandaules war dümmer, als er den Schlaf der Welt störte. Vor Theobald steigen die Erinnyen nicht auf. Nichts kann ihn von seinem gedankenlosen Dasein und dem unbeirrbaren Wege über so und so viele Gehaltsstufen in die Pension ablenken. Vergebens sucht der „Geist" seine Seele zu fangen. Mandelstam renommiert als Vertreter der Zivilisation mit Wagner, Darwin, Zeppelin, Berthold Schwarz und rühmt das Zeitalter, in dem „wir fliegen" und vom Affen abstammen dürfen. Was kümmert es Theobald! Scarron seinerseits vertritt die Kultur; nennt Goethe und Kant; schimpft zum Erschauern des schwindsüchtigen Mandelstam auf die Mitleidstheorie und wird zum Nietzsche, wenn er die Herrenmoral und den Übermenschen verkündet. Aber Theobald genügt die Zeitung, aus der man sich hinter die Tapeten des Lebens hineinliest: etwa, wenn weit, weit in den indischen Gewässern die Seeschlange wieder aufgetaucht sein soll. Im übrigen bleibt er stark unter dem Schutze seiner Unscheinbarkeit; der Tarnkappe, unter der seine innerste Natur ausschweift nach Herzenslust.

Es ist eine famose Szene, in der Sternheim hier im dritten Akt das ganze Bildungsphilisterium mit Neuromantik und falscher Schopenhauerei ad absurdum führt. Nur ist Theobalds äußerer Sieg in der Fabel zufällig und daher verdrießlich. Man hätte ihm die Hörner gegönnt, wenn auch nicht gleich von den Romantischen. Aber hier gibt Sternheim dem gänzlich Unromantischen von vornherein gerne die Macht über die poetischen Schwindler. Lieber Unseele als falsche Seele; denkt er.

Der „Hose" fehlt die Geschlossenheit einer Theaterkomödie; die Fabel des Geschehens ist nicht kompakt. Es treibt nicht durch die Szenen; das Tempo lahmt. Sie ist Dialog; geistreiche, zugespitzte Erörterung über ein Kulturthema mit verteilten Rollen. Scharlatanerien voll Bosheit und Esprit. Einzelnes ist auch theaterlich gesehen. Luise in Hangen und Bangen zwischen Mandelstams und Scarrons Anstand — zwischen Schopenhauer=Mitleid und Nietzsches Herrentum. Im Hintergrund aber drohend und von keines Gedankens Blässe angekränkelt: der Riese Bureaukratius. In Theobalds Nüchternheit ist ein starker Kern, der später harte Frucht trägt: den Snob.

„Die Kassette"

Gruppiert Sternheim Ehe= und Liebesmoral um eine kokette Hose, so findet er zum Spielrequisit der bürgerlichen Leidenschaften als zweites „Die Kassette". An ihr wird der kleinbürgerliche Kapitalismus, wird das unsterbliche Motiv der Erbschaft demonstriert. Denn die Kassette enthält die 140 000 Mark der Erbtante Elsbeth Treu, um welche die Familie Krull den Veitstanz vollführt: Oberlehrer Heinrich Krull; Fanny, seine zweite Frau; Lydia, seine Tochter erster Ehe; und deren Verlobter Alfons Seidenschnur. Eine widerliche Heuchelei liebgeifert um die scheußliche Rentiere, die in der ersten Hälfte des Stückes sich mit den furchtbarlichsten Arroganzen und Schikanen in Szene setzt und das Interesse prächtig auf sich konzentriert; dann aber matt und matter in Passivität versinkt, weil sie ihren Hauptcoup schon im dritten Akt ausspielt: nämlich die Enterbung. Damit ist den beiden

Schlußbildern der Spannungszug genommen und sie verfallen ins Episodische. Daß die Enterbung heimlich bleibt und die Schleicher weiter hoffen, hilft szenisch nichts: denn das Publikum ist zu frühzeitig informiert. Nur noch der Hauptanwärter an dem verlorenen Schatz, Herr Krull und der auf Lydias Mitgift rechnende Photograph Seidenschnur, amüsieren durch ihre possierlichen Leidenschaften. Elsbeth kauft sich mit ihrer Kassette das Zirkusspiel der sie Beneidenden, der sie höflich Umgaunernden, der vor ihr Bereuenden, wenn sich Haß und Empörung einmal gegen sie vergaßen. Hexisch=boshaft öffnet sie vor Krull die Kassette, läßt durch seine bebenden Hände die Wertpapiere gleiten, verspricht ihm augenzwinkernd den ganzen Schatz für seine Liebe: sie will ja den „Genuß aus ihrem Reichtum". Sie gibt ihm sogar die Kassette zur Verwahrung. Das leidenschaftliche Sinnenweibchen Fanny wird aus dem ehelichen Bett verjagt und die Kassette nimmt den Platz der Liebe ein; gekost und gehätschelt. Krull ist nun Drehfigur der Handlung.

Der Vergleich mit Molières „Geizigem" liegt nicht fern, wenn Krull — der deutsch bramarbasierende Mann, sonst voller Sparsamkeit und Hüter aller Tugendphrasen, die einer Jägerhembdenbrust entklingen — mit seiner Kassette nächtliche Gänge tut; weib= und ehrvergessen; berauscht vom Gold. Schon Theobald Maske war ein guter Rechner und redete seitenlang wie eine Beamten=Besoldungsordnung. Doch war er nicht Romantiker wie Krull. Jenes Phrase entstammte dem Reich der Bureauwirklichkeit. Krull aber setzt der Bürgerphantasie Propeller an und fühlt sich Rothschild. Die Reihe seiner Geldmonologe sind der eigentliche Fonds dieses wenig strafferen und in der Handlung geknickten Stückes. Kapitalistischer Zäsarenwahn ist hier in der Komödie gestaltet. Der ganze Geldmarkt kommt unter seinen ego=

zentrischen Blickpunkt. Bayerische Staatspapiere mit Zinsgarantien in Forstbeständen! „Hallodriholdrio! ... Gewissermaßen hat also Bayern jahrhundertelang aufgeforstet, um m i r eine Garantie für mein Geld zu leisten ..." (Sein Geld, das noch in Tante Elsbeths Kassette auf einen andern Erben wartet!) Er will bis ins Blut Herr seiner Schätze werden. Er will das Wesen des Wertpapiers durch und durch erkennen lernen. Perspektiven öffnen sich. Faust zweiter Teil — die Geldaffäre Mephistos mit dem Kaiser — muß wieder repetiert werden. Die Judenfrage gewinnt für ihn ganz unerwartet neue Aktualität. Statistiken, Kursvariabilitäten müssen studiert werden. Kopeken, Pesetas und Sous schleudert sein kapitalistischer Sprachschatz in die Alltagsrede. Aus künstlicher Demut von dreißig Schullehrerjahren wächst nun sein Wille zur Unterdrückung der andern. Der Dämon des Geldes hebt Krull während der einsamen Mysterien mit der Kassette beinahe in die Tragikomik. Dieses Getriebensein vom Wahn ist überbürgerlich — ein moderner Alberich, der der Liebe Macht entsagt; komisch eigentlich nur noch in der Ausdrucksweise und durch die Tatsache, daß all das triumphierende Geld ihm nie und nimmer gehören wird.

Den Clown des Stückes macht Seidenschnur, der Don Juan und Photograph; Meisterschüler von Reutlinger=Paris (sprich: Rötlengsché=Bari). Er macht Fanny den Hof und heiratet Lydia. Er ist poetisch und heißt Alfons. Er schwingt sich an Stricken am Balkon hinauf wie Romeo. Er kauderwelscht französisch als Weltmann und italienisch als Kunstkenner. Er will Maler werden; wird aber von Krulls geheimnisvollem Wahn zur Anbetung der Kassette suggeriert. Im Kapital: unbegrenzte Möglichkeiten. Shakespeare= und Wagner=Zitate begleiten ihn zu allen Liebesgängen. Er ist der schönere Bruder des Friseurs Benjamin Mandelstam;

nur gerissener, spekulativer — sein Leitmotiv und Schlagwort höherer Stimmungen heißt Nirwana.

Nirwana als das Phrasenwort altbackener Snobs.

„Bürger Schippel"

„Hose" und „Kassette" blieben zuständlich. Hier war die Fabel zu dünn und verlor sich konversationell; da zerbrach sie in der Mittelkurve des Stückes. „Bürger Schippel" aber stellt Dialog und szenische Genrekunst unter den Zwang einer tüchtigen Anekdote, an deren Tatsächlichkeiten die Puppen sich aufregen können. Zeigte sich in Theobald der Bürger als sichere pièce de résistance, unbekehrbar von den Götterboten der Kultur und der Zivilisation; wurde Krull Verräter an der Beschränktheit seiner Klasse und ein kapitalistischer Himmelsstürmer — so erscheint nun in dem verlumpten Proletarier und Stadtmusikanten Schippel der Unterwelts-Titan, der aus der Armseligkeit des siebenten Standes emporklimmt in die walhalla-hohe Luft- und Ehrensphäre der besitzenden Bourgeoisie.

Eine ganze Reihe besser situierter Theobalds repräsentiert sich in den Bürgern Tilmann Hicketier, Krey und Wolke. Aus ihrem Gesangverein, der dem jungen Fürsten am Sängerfest in national-romantischer Byzanterie meistersingerliche Gabe darbringen will, ist eben der Tenor hinweggestorben. Ersatz muß her. Das leuchtendste A hat der Bastard Schippel in der Kehle. Aber Bastard im Bürgerhause! — das geht nicht ohne unheiligen Kompromiß. Aber da es gehen muß, wenn nicht der Sängerkranz verloren sein soll, wird Schippel — gegen Wahrung der Distanz und zwanzig Mark frisch aus der Ladenkasse — zum Edelquartett hinzugezogen; betritt zunächst bescheiden die geheiligte Zone der guten Stube, und läßt sich kuranzen — bis er merkt, daß man ihn wirklich ganz dringend benötigt.

7 Diebold, Anarchie im Drama

Da fährt in ihn brennende Sehnsucht nach oben; er muckt auf, stellt Ansprüche, will zu den echteren Göttern hinauf; lodert wie Loge, will Bürger werden! Rache und Haß der Unterklasse bäumt sich; er bombardiert die dicken Bäuche mit plumpen Vertraulichkeiten; er schnuppert die Parfüms der Schwester Hicketier; derselben Thekla Hicketier, die ihm als Kind ins Gesicht spuckte. Ha! ihr hartherzig gesottenen Hicketiere und ihr feinen Wortedrechsler Krey und Wolke, die ihr um die blonde Thekla freiend herumpirscht — er, Schippel, wird sie euch wegschnappen. Der Prolet führt euch das Schnutchen in sein Bett und wird Bürger! Edelbürger wie Hicketier und Krey und Wolke.

Der Komödiengedanke ist bestechend. Der Bürger, an sich schon komisches Objekt des Dichters, wird zum erstrebten Ideal des unterbürgerlichen Proleten. Unser Lachen durchdringt zwei Sphären der Lächerlichkeit. Es ist eine verdoppelte Komik in Schippel; und die Lösung ist blendend. Thekla, die sich von Natur aus unter der Bürger „Geradheit ... krümmte", tritt aus dem Kreis der gemeinen Hicketiere und läßt ein romantisches Gefühl ausschweifen — gleich dem Luisens zu ihrem Helden Scarron. Wie ein Naturgesetz rächt sich das in Pedanterie entmenschte Bürgerblut durch romantische Vermessenheit. Sie verliert nicht nur die Hose, sondern den Flor ihrer Jungfrauschaft an den Fürsten, der genau so romantisch wie sie das Volkslied-Erlebnis vom Prinzen und dem Bürgermädchen erleben möchte. Mit Shakespeareton, Mantel, Dolch und Entführung treffen sie sich im nächtlichen Hausgarten, während aus offenem Fenster der Schippel-Hicketiersche „Freischütz"-Chor erschallt. Beinahe gelang hier Sternheim so etwas wie idyllische Satire: Spitzweg-Paraphrase.

Der Bürger Hicketier erlebt nun im Zwang der Geschehnisse seinen Konflikt. Er, dessen Bürger-Gezirke gleich

Bürger Schippel

denen Theobalds nach oben und unten streng abgesteckt sind: herabdonnernd auf Schippel, hochachtungsvoll ersterbend vor dem Fürsten — er entdeckt die folgenschwangere uneheliche Mesalliance. Seine Verlegenheit wird aber nicht tragisch, sondern bleibt im Augen Bereiche seiner bourgeoisen Geheimsittlichkeit. Das Mädchen muß rasch einen Mann haben! Wer sagte eher „Ja" als Schippel? Der muß zum Bürger geadelt werden. Doch — das ist köstlich — Schippel will nicht! Seine frisch erworbene Bürger=Ethik ist zu sehr schon in ihm aufgegangen, als daß er ein Mädchen, „höchsten Glanzes verlustig", noch würdig bürgerlicher Ehe erachtete. Der Prolet schlägt hunderttausend Mark Mitgift großzügig aus; übertrumpft den Bürgerkomment; riskiert ein Duell mit Krey, der die Geliebte auch ohne die erste Frische sich im Ehebett gefallen läßt. Der Zweikampf wird Posse. Krey stirbt fast vor Angst: er „lebte so gemütlich". Auch Schippel erblaßt vor den herrischen Konsequenzen der bürgerlichen Ehre: möchte davonlaufen in die ungefährliche Gemütlichkeit seines Proletendunkels. Aber in aller Angst knallen die ungezielten Schüsse über den Häuptern und verkünden Heldentum. Hicketier gibt sich vor Schippel in seinen Vorurteilen besiegt; verspricht ihm die höheren Segnungen der Bourgeoisie; zieht „mit Anstand" den Hut und sagt: „Auf Wiedersehen, lieber Herr Schippel."

Das ist die bisher rundeste Komödie Sternheims: Spannung wirkt von Bild zu Bild und vertreibt den stagnierenden Zustand, der „Die Hose" dem Theater entfremdet. Eine originale Idee wird höheres Exempel. Das dumm liebende Paar, der Fürst und Thekla, stellt den Kontrast zur Widerlichkeit der andern. Die Episoden herrschen nicht selbstherrlich, sondern gliedern sich ein. Schon spürt man stärkeren Willen, den Dialog der Fabel zu verpflichten. Hier gelang ein bewegliches Spiel.

Politik und Religion

Schippel ist ganz und gar Bürger geworden in heroischem Aufstieg. Sternheim läßt ihn nicht aus den Augen und führt ihn in der schwachen Sozialisten-Komödie „Tabula rasa" als Fabrikdirektor wieder vor, wo er zur Beschwichtigung erregter Arbeiter vom „Zeitalter herrlicher allgemeiner Aufklärung" schwärmt; mit Sozialismus und internationalem Proletariat kokettiert und mit Hicketierscher Jovialität den üblen Heuchel-Sozialisten Ständer zu seiner Bürgerlichkeit emporhebt. Diese Komödie ist stilistisch und dramatisch ganz ohne Kunst geblieben. Sie bringt programmartig radikale und evolutionistische Vertreter der Arbeiterpolitik in Gegenbewegung und zeichnet namentlich den politischen Schieber Ständer, dessen Mutter eine geborene Seidenschnur war. Man weiß Bescheid.

Auch in die andere politische Komödie, „Der Kandidat", gehen alte Bekannte über: der Notar Dettmichel, der schon Tante Elsbeth Treus Teufelstestament mit „Aber, aber..." in Empfang nahm, leiht sein „Aber, aber..." nun den Hitzen der Wahlpolitik. Vor allem aber ist es Photograph Seidenschnur, dessen politische Wetterfahne sich nach seinem Geldbeutel drehen muß. Mittelpunkt ist der Rentier Russek, dem ärztliche Vorschrift eine Beschäftigung empfiehlt. Also wird er Abgeordneter. Ob konservativ oder liberal?... das muß die Fortuna der laufenden Wahlereignisse entscheiden.

Der liberale Seidenschnur ist ihm verschuldet. Als Vater einer gut bemitgifteten Tochter lockt er den konservativen Grafen mit der Heiratchance für dessen Sohn. Ebenso hält er sich mit der kleinen Luise den nationalliberalen Grübel warm; ebenso duldet er des Herrn Bach von der „Volksstimme" Techtelmechtel mit seiner Gattin. Alles für die

Politik. Widersprüche im Gesinnungsausdruck sind von Partei zu Partei bald entschuldigt: „In der Erregung übertreibt man Grundsätze." Und ein geschickter Pressemann wie Bach weiß sehr wohl die vielen möglichen „Wahrheiten", die in der Zeitung verkündet werden, von der öden, eindeutigen „Wirklichkeit" zu unterscheiden. So macht man etwa aus der Realität einer völlig verunglückten Wahlrede die journalistische „Wahrheit" eines Sieges, die in den Köpfen der Zeitungsleser nun neue, andere „Wirklichkeit" gewinnt. Die Zeitung war schon bei Theobald wesentlicher Charakterbestandteil des Bürgers.

Der vielseitige Kandidat Russek pendelt durch die nach einem Flaubertschen Motiv gebildete Situationskomik des etwas fadenscheinig gewebten Stückes; an theatralischer Bewegung zwar belebter als die matte „Tabula rasa", an Witz aber weit hinter den früheren Bürger-Grotesken zurückstehend. Nur eine Szene zeigt das Original, das Sternheim ist: wenn Russeks Angst vor letzter Wahlentscheidung zur Frage nach Gottes Allmacht in solcher Sache sich verdichtet und im Monolog heroisiert: „... mit jedem geforderten Opfer zu dem System sich zu bekennen, das Erfolg verbürgt. Mit jedem Opfer! Hört mich einer? Menschen, Götter, hört mich an!" Das ist wieder bürgerliches Heldenleben unreinster Herkunft. Gott wird seinem „demütigen Knecht" die reellen Chancen nicht entgehen lassen. „Ich glaube an dich, Gott" (erhebt den Schwurfinger und brüllt:) „Ehrenwort!!" Nach einer kurzen Pause verkündet Volksgemurmel: „Hoch Russek, unser Abgeordneter."

Das ist Sternheims Farce von des Bürgers politischer Moral. Doch fehlt die Wucht, weil hinter all dem beißenden Spott keine leidenschaftliche Seele geistpolitischen Atem aushaucht. Damit, und mit der brustkranken Komödie „Perleberg" verläßt der Dichter den Bezirk der Klein-

und Mittelbürger und erfüllt die Krullsche Sehnsucht nach kapitalistischer Macht im Werdegang des „Snobs"; Theobalds und Luisens Sohn: Christian Maske.

„Der Snob"

Ganz wie bei Goethe: vom Vater hat er „des Lebens ernstes Führen", vom Mütterlein die „Lust zum Fabulieren". Die „Frohnatur" fehlt bei Sternheim. Von Theobald die Rechenkunst, die Politik des Duckens vor den Höheren, den Willen zur Arbeit; von Luisen die romantische Sehnsucht nach etwas Heldischem, Scarron-Ähnlichem. Im „Snob" vereinigen sich in übertriebenstem Ausmaß die stärkste Energie eines genialen Strebers und die geckenhafteste Affenkunst in der Nachahmung von Mode und aristokratischem Gehaben. Dieser Zwiespalt ist unüberbrückt; das nimmt dem „Snob" die Überzeugungskraft. Er wird theoretisches Phantom; man muß zu vieles gutwillig glauben. Christian hat sich vom verhungerten Philologie-Studentchen bis unmittelbar vor den Generaldirektorposten eines Riesenkonzerns aufgeschwungen. Die Aktionäre verlangen nur noch letzte Garantien für persönliche Zuverlässigkeit. Der verarmte Graf Palen forscht ihn auf Vergangenheit und innere Wesensart aus. Komtesse Palen würde eventuell Frau Generaldirektor Maske. Das sind Ausblicke. Es gliedert sich in wohlbedachter Steigerung der Aufbau dieser stufenfest gezimmerten Akte.

Der „Snob" beginnt sich von seiner kleinlichen und peinlichen Vergangenheit gründlich zu reinigen. Die fesche Sybill Hull, von unsicherer Herkunft, hat ihn geliebt, unterstützt; hat den stud. phil. mit den ausgefransten Ärmeln zum latest fashion-Gentleman erzogen — sie wird mit der wohlberechneten Summe von vierundzwanzigtausend Mark für seinerzeitige Auslagen, einschließlich fünfprozentiger Verzinsung abgelohnt. Sie muß mit eisernem Besen ausgekehrt werden aus dem neuen Leben; Sentimentalitäten wären Fehler im Kalkül. Kalkül ist alles. Mit der genannten Summe und einer monatlichen Apanage sei die Distanz gesetzt zwischen die Erzieherin und ihr Produkt. Der Anstandsunterricht bei der Halbweltlerin zum Eintritt in die Ganzwelt ist bezahlt. Das war der erste Streich.

Schwieriger die Abrechnung mit den Eltern. Theobald und Christian feilschen um die Erziehungskosten vom ersten Bad bis zum sechzehnten Lebensjahr. Kein Posten wird vergessen; nicht Apotheker für Masern und Stockschnupfen; nicht „einmalige Zuwendungen". Mit Zinsen elftausendsechshundert Mark. Dazu kommt eine feste Pension — falls Theobald mit der Faltenhose und Luise mit der Strohkapotte nach Brüssel oder nach Zürich verschwinden — so daß Christian auf die Frage des Grafen nach den Eltern redlich und mit Flor über den Stimmbändern sagen darf: „Tot, alles tot."... Das war der zweite Streich.

Der dritte ist das Examen des Grafen Palen. Snob bekomplimentiert den Adel. Sternheim weiß darüber Goethisches wie aus dem „Wilhelm Meister" zu sagen; zugleich sich Haltung und Überlegenheit zu wahren; geistreich, scharmant und schließlich siegend im Symbol des fabelhaft sitzenden Selbstbinders, mit dessen raffinierter Bewältigung ihm die Halbweltdame Sybil den Weg zum Adel ebnete.

Diese drei Etappen des ersten Aktes — zweimalig unterbrochen durch die monologische Aufsetzung eines snobistisch stilisierten Briefes an den Grafen — sind verblüffend komponiert. Die Dialogtechnik läuft wie die mathematische Generalabrechnung im Spiel. Ein Expositionsakt, der seinesgleichen sucht.

Der zweite Akt treibt weiter. Die Eltern werden zum zweitenmal Konfliktstoff. Aus weiterer Unterredung mit dem Grafen erhellt sich dem „Snob", daß „das ärmlich, aber reinlich gekleidete Elternpaar allenthalben aufzukommen" beginnt. Es wird schick, solche Eltern zu haben. Der allerhöchste Herr sprach sich diesbezüglich aus. „Der Fall unseres Postministers..." Also: der Snob braucht Eltern. Sie sollen herkommen. Der erste Luxus des reichen Mannes ist seine Familie. So geistreich hat noch keiner mit der selbstverständlichsten Pietät jongliert wie Sternheim. Snob schauspielert sich auch innerlich mit letzten Atavismen in Kindesliebe hinein. Sternheim bangt ein wenig vor Verantwortung. Auf keinen Fall Mißverständnisse! Er läßt also Sybil nochmals auftreten als — Moralsprecherin: Vater und Mutter sind nicht Luxusgegenstände! Snob hört nicht auf sie, empfängt den eben hergereisten Vater, ist erschüttert, die Kunde von Mutters Tode zu erfahren — von Mutter, die er jetzt so nötig braucht; der er auch die gewohnte Schlummerrolle in Schloß Buchow aufs Kanapee gelegt hätte.

Aber Theobald ist nicht entzückt. Er bleibt Theobald. Das gefällt. Hätte Sternheim ihn nur bis zum Schluß stark erhalten. Die erste Brutalität — Verbannung nach Zürich — das begriff er aus der kühlen Vernunft des bureaukratischen Strebers heraus. Die zweite aber: ihn als Ahnen zu mißbrauchen, will ihm nicht ein. Er war immer fürs Normale. Wie ihm die Giraffe im zoologischen Garten von jeher unsympathisch war als „Knalleffekt der Natur", so jetzt ihre Paarung mit der Maus. Diese Grafenheirat reißt jene gepriesene Beschränktheit des Bürgers ein. Das ist Vermessenheit! Hybris! Sein eigenes Standesgefühl will er sich wahren: der „Riese" ist er geblieben. Erlaubt ist, was sich ziemt. Überhebung ist Unsittlichkeit — der bürgerliche Kosmos stürzt ein. Er will verschwinden über die Hintertreppe... Schade, daß der Bürger dem Streber nicht ein Schnippchen schlägt. Die Komödie wäre Komödie geblieben und nicht — Glorifikation des Unglorifizierbaren geworden.

Da kommt der Graf — unvorhergesehenes, urvorbereitetes, peinliches Zusammentreffen der Schwiegerväter; die Pole der Standeswelten, zwischen denen der Snob sich dreht. Der von des Grafen adeligem Instinkt geahnte, unvermeidliche, schwache Moment des Snobs ist da: Christian ist zum erstenmal verlegen. Die humorige Jovialität des Grafen für Theobalds Schmierstiefel-Erscheinung straft seine Unsicherheit. Die alten Herren tuscheln vertraulich. Scherzen sie über den Sohn und Schwiegersohn? Jetzt nur eine Rettung: Hervorkehrung des dankbaren Kindes! Dem alten Papa höchste Repräsentationsgelegenheiten und soignierteste Bedienung. Doch wie bänglich machte ihn der freundlich ironische Tonfall des Grafen; und er heult auf: „Statt meinem schlichten Kindesinstinkt zu folgen!" Er könnte sich ohrfeigen... Aber sein Dichter sorgt väterlich für des Snobs Wohlergehen: Theobald und der Graf nehmen ihn wie er ist, statt daß sie ihm die Streberei ein bißchen schwerer machen. Da ist dichterische Unwahrheit. Theobald sollte mit „Halten zu Gnaden" vor dem Grafen gegen die Bastardierung ungleichen Blutes protestieren; und der Graf hätte konsequenterweise bei der Auferstehung des totgesagten Vaters den Lügner entlarvt und als Schwiegersohn abgelehnt.

Aber Sternheim verhätschelt das Schoßkind seiner Phantasie. Der dritte Akt krönt die Gemeinheit. Der Dichter läßt den Grafen wohlweislich weg. Die Konsequenzen aus der entdeckten Elternverleugnung hätten das Stück voreilig zerstört. Der Snob muß sich austoben bis zum Über-Snob; der dadurch kein Snob mehr ist, sondern ein künstlich emporposierter Napoleon. Der Amoralist Sternheim retuschiert: der Graf muß schweigen, Sybil muß schweigen, Theobald muß einverstanden sein. Nun soll das Scheusal an Komtesse Marianne sein Unterklassen-Ressentiment großartiger als Schippel sich ausfreuen lassen. Snob benimmt sich bei der

adeligen Hochzeitstafel so tadellos, daß er seinen eigenen
Erzeugern imponiert: dem Autor und dem Vater. Theobald
ist überwältigt. Was Scarron ihm einst beibringen wollte:
den Sinn für Herrenmoral, die Verachtung des Mitleids,
mit einem Wort den Übermenschen — das sieht er nun Erfüllung werden in seinem Sprößling. Er bewundert; der
„Riese" fällt vor dem Halbgott. Es nietzschelt: „Morgenröte" ist sein Gefühl. Er fühlt sich nun überflüssig. „Meine
Beziehung zur Welt, der höhere Sinn von mir — bist du."
Er erfüllt sich im Übermenschen. „Maske for ever" läßt
ihn der Gentilhomme Sternheim rufen mit blitzender Aufhebung aller Realität. Zwei Faune lauern auf die Nymphe.
Es wird gemein.

Im Brautgemach spielt Christian höchstes Spiel. Stern-
heims Gehirn tanzt. Die letzte leise Bürgerverachtung der
Komtesse muß ausgetrieben werden. Christian stellt den
Kampf auf Gleiches mit Gleichem: dem stolzen Blaublut
lügt er sein eigenes — adeliges Blut entgegen. Denn jene
Geschichte mit der Hose ... wie war es denn eigentlich mit
Luisens Hose? Fiel sie nicht entzückend nieder an einem
blauen Mittag im Pariser Bois de Boulogne? War jener
Mandelstam nicht der große Maler Renoir? Und jener
Scarron nicht ein richtiger französischer Vicomte? — der
sich in Mutter verliebte ... „es mag ein Jahr vor meiner
Geburt gewesen sein?" ... Da fällt die letzte Scheidewand
zwischen Adel und Bürger. Leichenschändung heißt der letzte
Schritt auf den Thron der Weltmacht. „Süße Mutter Ehe-
brecherin", stammelt Marianne. Christian hat es erreicht.

Jenseits von Gut und Böse

Man ist bei Sternheim aufs geistvollste amüsiert und verläßt doch sein Theater oft mit dem Gefühl des Schwindels.
Die Karikatur scheint plötzlich zu behaupten: sie sei rund und

wirklich; sie sei ohne allen Vorbehalt: das Leben. Solche Triumphe wie die des „Snob" verträgt man nicht. Gewiß, die stilistische Ironie des Dichters und Sybil Hulls Verdammung strafen Christian mit Lächerlichkeit. Die poetische Themis der Komödie pönt mit Gelächter. Und doch: die innere Wahrheit ist verletzt.

Innere Wahrheit ist aber auch ästhetisches Prinzip. Es tut wohl, wenn ein Richard einem Richmond unterliegt. Aber wenn ein Shakespearisches Ungetüm an seiner Schandtaten auch nicht unterginge, es wäre wenigstens unerbittlich wahres Leben, das den Sieg der materiellen über die geistige Kraft davontrüge, und man wäre doch erschüttert vor der ödipeischen Sinnlosigkeit des Schicksals. Böte sich auch keine echte Tragödie, so doch ein Trauerspiel von vitaler Kraft. Sternheim aber zeigt nicht N a t u r in ihrer leuchtenden Amoralität oder in der stumpfen Unempfindlichkeit gegen Ansprüche der Gerechtigkeit oder der Liebe; sondern er baut sich in schlagend erzählter Anekdote einen Kosmos der Gemeinheit g e g e n Leben und Wahrheit zurecht. Nicht nur, daß die gefällige Welt (der betrogene Graf, die gedemütigte Sybil, der vergewaltigte Theobald) ihm keineswegs das Konzept verdirbt: er konstruiert für die Möglichkeit seiner absurden Situationen einen in seiner Mischung von Genialität, Überkraft, weichlicher Schauspielerei und affenhaftem Geckentum ganz unmöglichen Konglomerat-Menschen. Um diesen Snob als Übermenschen zu ermöglichen, muß seine Mitwelt übermäßig dumm gemacht werden. Wieviel tiefer erfunden ist Wedekinds Hochstapler von Keith, dessen genialische Antimoral mit großartiger Selbstverständlichkeit der platten Philisterraison unterliegt. Nur mit unnatürlicher Vergewaltigung der Charaktere und Situationen gelingt dem lächelnden Sternheim der frevlerische Sieg seines Schützlings. Verstimmt schon die lehrhafte Aufdringlichkeit moralischer Tendenzen in der Kunst — die Absicht, das Amoralische zu forcieren, ist unter höchster Sicht nicht weniger unkünstlerisch. Wohl schilt Sternheim seinen Halunken „Snob" und spöttelt hinter den Kulissen — aber nicht minder über alle andern. Denn Sybil Hull verfliegt als Episode und erhält etwa nicht das letzte Wort, wie es hier der Rhythmus der siegenden Wahrheit als harmonische Konsonanz zum Vorhangfall verlangte. Die Lächerlichkeit weicht der Bewunderung. Der Tadel „Snob" hat mit dem dritten Aufzug seine Berechtigung verloren. Hier siegt ein grandios gewollter Gewaltmensch, dem nichts fehlt als das Wichtigste: die innere Existenzmöglichkeit.

Gegen den äußerlichen Sieg des Snobs ist an sich gar nichts einzuwenden: Sancho Pansa ist nun einmal stärker als Don Quichotte. Aber der Protest des Dichters im Namen des Geistes muß fühlbar sein. Sternheim darf sich nicht als platonischer Beobachter der comédie humaine neutral erklären. Seine Verlächerlichung des Menschen hat doch auch irgendwo ihre un-neutrale Ursache; sonst gäbe es eben keine lachende Demonstration beim Lacher Sternheim. Diese Ursache des Spottes muß doch wohl in der lächerlichen Abweichung seiner Karikaturen von einem menschlichen Idealbild liegen. Denn im Kontrast der ethischen Verzerrung seiner Figuren zu ihrer möglichen ethischen Idealität in Sternheims Phantasie, liegt der Entstehungsgrund seiner Komik. Ohne ein unkomisches (d. h. hier ein nicht-lächerliches) Urbild wäre logisch ein komisches gar nicht möglich. Die Ausbeutung der unkomischen (d. h. hier nicht-lächerlichen) Idee vom Menschen in der Mahnrede Sybils genügt nicht an einer schwach betonten Stelle, sondern muß im ethischen Gefahrpunkt des Stückes geschehen, das sonst der Totalität einer Menschheitsdarstellung verlustig geht.

Jedes Drama aber ist Symbol einer geistigen Totalität,

die zunächst nur im Ethischen begriffen werden kann. Denn sowie der Mensch nicht nur als Animal gewertet wird, tritt er automatisch in den Bezirk ethischer Ansprüche von Menschen zu Mensch; und je nach seinem Verhalten gegenüber dem Ethos — als Liebender oder Hassender, als Wahrhaftiger oder als Lügner — steht er unter der schützenden Sympathie des Dichters, die an entscheidender Stelle zur Kundgebung für das Ethos werden muß. Sonst bleibt sein Stück eine Varieténummer und sein dramatisches Personal gleicht einem Orchester, das sich ohne Dirigent produziert und mit Mühe und Not gerade durchkommt. Gewiß: die Musiker spielen dieselben Noten mit oder ohne Meister, aber der Menschheitszug klingt nur, wenn menschlicher Geist den Rhythmus angibt. Die Noten mögen gut oder übel klingen, die Bösewichter mögen triumphieren und die Helden untergehen — auf die bösen oder guten Gesinnungen der Charaktere kommt es wahrlich nicht an, sobald der Dirigent den richtigen Takt schlägt. So wäre sogar die moralisierende Sybil Hull überhaupt nicht nötig, wenn der Snob infolge seiner eigenen Lügerei sich notwendig (und nach allem Äußerlichen höchstwahrscheinlich) mit seinem eigenen Selbstbinder die Galgenschlinge knüpfen müßte — unter dem ernsthaften Imperativ seines wahrhaft menschlich fühlenden Dichters.

Was war es wohl, das den unbezweifelbar moralinfreien Shakespeare verführte, die Ungetüme Jago oder Richard von der Nemesis doch schließlich packen zu lassen? Die vom Anti-Ethos — heiße es Niedertracht, Teufel oder Ahriman — beleidigte Welt muß wieder versöhnt werden, wenn man es unter Menschen überhaupt aushalten soll. Sternheim sagt vielleicht: das ist Tragödiengesetz. Aber Moliere? auf den er sich so gern beruft. Ist die Entlarvung des „Tartüffe" durch den Polizeimann nur Konvention? nur

110 Sternheim der Grandseigneur

Verbeugung vor Louis Quatorze, dem Gerechtesten der Könige? O nein.

Dans ce sac ridicule où — Sternheim s'enveloppe,
On ne reconnaît plus l'auteur du Misanthrope!

Mit diesem Sprüchlein, in dem für Sternheims Name „Scapin" stand, wurde Moliere von Boileau wegen der leichten „Fourberies du Scapin" scherzend kritisiert. Wir wenden es auf den in Wahlverwandtschaft mit jenem sich Wähnenden an. Was Moliere und Sternheim trennt, ist wesentlich: die Beteiligtheit, die ethische Leidenschaft, die Liebe. Nicht der Moralist Moliere empfand in seinen ernsthaften Komödien poetisches Gerechtigkeitsbedürfnis; sondern der ethische Künstler, der im Rhythmus der Welt das Ja und das Nein des Gewissens in hämmerndem Auf- und Abklang tosen hört. Arsis und Thesis nicht nur als Klang, sondern als seelische Spannung und Lösung sind jedem Kunstwerk der Bewegung höchste Aufgabe. Auch das Ethische hat seinen Rhythmus. Es ist in negativer Form auch im „Snob" Gegenstand; Christians Anti-Ethik ist der Sinn und die Kraft seines Aufstieges. Doch es bleibt nur Aufstieg — wie eine steigende Satzmelodie: f r a g e n d. Die Antwort bleibt aus. Wo ist da weitester Rhythmus? Die Natur mag ihn versagen — die Kunst darf es nicht. Antike Orakelsprüche sind sinnlos verhängtes Schicksal, an dem der Mensch zugrunde geht — aber der glaubhaft lebendige, leidende Mensch. Wo aber ist hier Seele, Leben oder Schicksal? Der Unsinn siegt hier nicht aus der unethischen Natur heraus, sondern aus dem sich unethisch gebärdenden Autor.

An seiner Unwahrheit verliert das Stück den Namen eines symbolischen Kunstwerks und wird zur Farce eines Artisten, der seine Puppen (wie er es für „der deutschen Schaubühne Zukunft" allgemein erhofft) „J e n s e i t s v o n G u t u n d

Böse" stellen möchte — während er doch in der ethischen Mausefalle sitzt. Ob er will oder nicht. Denn der Mensch — soweit er als Mensch und nicht lediglich als Tierchen interessieren soll — ist nun einmal nicht wegzudenken aus der Welt des Wahren und Falschen, des Guten und Bösen. Um Wertungen nach einer Zeitmoral handelt es sich hier nicht. Jedenfalls stehen Sternheims Gestalten jenseits des möglichen Erkenntnisbezirks der Liebe und der Ethik ihres Dichters. Durch sein Nicht-ethisch-sein-Wollen versagt er sich den Rang eines Satirikers. Seine Entlarvungen bleiben leidenschaftslose Wissenschaft. Der Wille zum geistigen Symbol fehlt dem Schriftsteller zum Dichter. Er bleibt nur der Agent solcher Bürgervorstellungen; Impresario, Conférencier, Drahtzieher und Souffleur. Erstaunlich als Artist, Beobachter und Komiker. Ein wahrer Entlarver hat Eifer und Bekennermut; ein echter Satiriker tobt und straft aus Liebe und ist heimlicher Tragikomöde. Wedekind war es.

Aber es gibt auch einen offiziell ethischen Sternheim! Nach diesem hat Goethe „in seinem Gewissen eine klaffende Lücke"; in Feldzügen zwischen Sterbende, Tote und verzweifelt Lebende gestellt, „wich er ... allen Gefühlen aus, die jetzt den niedrigsten erschüttern ... Dieser ganze Goethe stand im Menschenbereich nur auf einem Bein und entzog sich zur Hälfte der Verantwortung, die sein Schöpfer fast unentrinnbar auf ihn gesenkt hatte: den Menschen im Kriege mit zu fühlen, an ihm schrecklich zu leiden, ihn zu enträtseln..." (Sternheims „Prosa".) Diesem Goethe stellt der fühlende Sternheim Tolstoi entgegen. Wie kommt Sternheim zu Tolstoi? Ach, die fast lautlose Kühle seines Gelächters läßt vermuten, daß ihm die Tolstoische Liebeswarte nur ein ästhetischer Aussichtsturm für einige Beschauliche sei. Für Erkenner — nicht für Kämpfer und Liebende. Viel später erst — der Romantik selber wiederum verschrieben —

taucht etwas auf wie ethische Aktivität: der Dichter Ernst Stadler in „1913" und das Schlußbekenntnis des vom Grandseigneur zum Citoyen bekehrten Marquis von Arcis.

Es sind aber nicht gewisse moralisch gefärbte Worte oder die Prediger in der Wüste, die ich vermisse, oder gar auf die Szene wünsche. Es ist immer nur der dichterische Gegenwille, der im Drama gegen das Wüste und Gemeine sich aufrecken und des Dichters eigenen Willen zeigen soll. In seinen Grotesk-Komödien jedoch wirft er die Geschöpfe seiner Phantasie ohne Schwimmgürtel und Rettungsstange in das Bassin der Wasserpantomime und läßt sie schwimmen wie sie mögen; setzt in die Mitte des Reservoirs bald diese und bald jene Attraktion, auf die sie lossteuern und komisch hinaufklettern, sich gegenseitig wieder herunterziehen, bis der Gewiegteste oben bleibt in Tierbändigerattitüde. Sie sollen „unter allen Umständen mehr die Lust an sich selbst als am Nächsten" haben. Tolstoi?! Dieser Mut zur Brutalität durchbricht allerdings entschieden die altruistische Schönfärberei der Byzantiner, Kapitalsgierigen, der Lüsternen und der Romantischen. Sternheim vergnügt sich ob ihrer Miserabilität und setzt sie so völlig „in eine künstlerische Freiheit... jenseits von Gut und Böse", daß sie an menschlichem Interesse genau soviel verlieren als sie an Lächerlichkeit gewinnen mögen. Siehe den „Snob". Das geht drei oder vier Komödien lang — dann wird es langweilig. Denn der Mensch ist als Mensch (geschweige gar als Maske) auf die Dauer nur interessant in seinen Willenseigenschaften, in seinem Zurechtkommen mit dem Gewissen, in seinen inneren Niederlagen oder Siegen. Der völlig gewissenlose Snob entmenscht sich zum Kuriosum. Das amüsiert, das reizt durch Situation, durch dialogischen Ulk und Überraschung, bis immer wieder Ermüdung folgt und die ethische Frage gähnt. Jenseits von Gut und Böse hört alles menschlich wertbare

Jenseits von Gut und Böse

Leben auf; da beginnt die Menagerie, da dämmern Nietzsches Wahnsinn oder die Resignation des vis-à-vis de rien, die sich ohne tragische Rötigung nach Nirwana träumt. Jenseits von Gut und Böse gibt es nur den Zustand; nimmer ein Werden — ein Drama.

Ich blase nicht die Moraltrompete von Säckingen — denn Ethos und Moral sind nicht dasselbe. Moral ist Inbegriff von mehr oder weniger albern gewordenen „Sitten und Gebräuchen" oder Moral ist starr dogmatisierte Ethik, deren aufdringlicher Pomp und Selbstgefälligkeit an unnötiger Stelle und im Kanzelton der Tod der lebendigen, Körper gewordenen Kunst wird. Ethos aber ist Inbegriff höchster Erdenmenschlichkeit: ist Freundschaft, Wahrheit, Opfer, Gerechtigkeit — bedarf an sich nicht des Begriffs der Worte, nicht der vom Zeitgeist diktierten Strafzensuren von Gut und Böse. Es liegt im Klang, in der Pause; es verrät rhythmisch und melodisch des Dichters Mensch-Sein.

Wohl gibt es noch eine Sphäre des Menschentums, das über dem Gut und Böse der Taten schwebt und nur noch die Guten und Bösen nach ihrer Glaubenskraft im Geiste kennt, sie begnadet oder schmerzvoll abfallen läßt: das ist den Gläubigen die göttliche Liebe. Sie gießt sich aus über die Demütigen, die Heiligen. Hier ist Tolstoi! Aber die, welche die Welt überwunden haben, sind der Bewegtheit der Tragödie und der Komödie enthoben. Drama höchsten Stils gibt es nur für den ethisch ringenden oder — sein Widerspiel — den anti-ethischen Kämpfer. Für das jenseits aller selbstverantwortlichen Ethik vegetierende Animal bleibt nur die Anekdote, der Einakter, der Sketsch: Situationen ohne treibende Entwicklung und ohne inneres Schicksal. Für den programmatischen Dulder bleibt nur die lyrische Hymne oder die Passion. Animal, Maschinenmensch und Heiliger sind problemlos, entwicklungslos: undramatisch. Auch Wedekinds

Lulu ist dramatisch nur möglich in Gegnerschaft zu Doktor Schöns Tragik; in der „Büchse der Pandora" wird sie unwesentlich. Die vor dem Dichter triumphierende Dirne, der im Zustand verharrende Bürger und Christus versagen sich dem Drama. Untermenschliches, Neutrales und Übermenschliches ist dem Kampfkreis der ethischen Welt verloren.

Romantische Rückfälle

„1913"

Sternheim stutzt vor sich selber. Er ahnt von Ferne, daß er die rein darstellende, die amoralisch gewollte Komik auf die Dauer nicht aushält. Er führt Christian Maske aus der „Komödie" ins — trotz aller komischen Intermezzi — durchaus seriöse „Schauspiel". Denn in „1913" spielt nicht mehr ausschließlich ein possierliches, der Anekdote überlassenes Figurinenpersonal, sondern es vollzieht sich ein Schicksal. Es geht nicht um ein komödienhaftes Streberziel — reiche Heirat, Geld, Pension —, wo alles Menschliche völlig belanglos wird vor den strategischen Künsten des Dramatikers. Nein, das Bürgertum erfährt seine tragische Konsequenz: „Ist eines Systems Höhe erreicht, steht die Möglichkeit eines Wechsels stets vor der Tür", sagt Freiherr Christian Maske von Buchow, Exzellenz. Das hört sich ernst an wie ein delphisches Orakel. Sternheim hat die Notwendigkeit begriffen, daß Personen von der selbständigen Kontur seines Snob sich nolens volens ein vom Dichter unkorrigierbares Schicksal herausfordern müssen, um von ihm dann einen problematischen Knacks zu erhalten. Dieser Knacks ist ihr ethisches Verhalten zur Welt — er heißt Gewissen oder menschliches Gefühl, oder innerer Zwang. Er ist das Signal für die Spielperson, daß sie ihre im Bürgermilieu gepflegte Indifferenz aufgeben muß, daß ihr bloßes Handlungs=

phänomen ein ethisches Agens geworden ist. Wäre Sternheim ein Komiker von Molieres Instinkt, so hätte er auch hier dem Stil der Komödie Treue gehalten; hätte es vermocht, den Konflikt zwischen Willen und Schicksal — dem er im „Snob" so leichthin auswich — komisch zu bewältigen. Dazu gehörte aber nicht die Überlegenheit des distanzierten Grandseigneurs, sondern die des gewaltigen Geistes, der sich nach furchtbarem Ringen über Liebe und Haß zur Satire und Ironie emporgekämpft hat. Wedekind war gewiß kein Moliere und blieb, solange er Kraft besaß, Tragikomöde. Sternheim aber, wo er ethisch wird, verliert die grandseigneurale Contenance, wird pathetisch und dämonisch, und baut ernstlich den Christian Maske vollends zum Übermenschen aus — so wie ihn im Schlußakt des „Snob" der gute Theobald aus seiner Froschperspektive sah.

Das soll kein prinzipieller Vorwurf sein. Er trifft nur den Komiker Sternheim, der in den Farcen jenseits von Gut und Böse zu schwelgen glaubte und nicht ahnte, wie bald ihm der entmoralisierten „Deutschen Schaubühne Zukunft" ein moralisches Schnippchen schlägt. Denn nicht wahr: Friedrich Stadler, der Menschheitsbeglücker ist doch der Gute? und der Ideen-Verräter Wilhelm Krey ist doch der Böse? Deutlich gewertet! Eine „große trennende Gebärde" befiehlt die Bühnenanweisung zwischen dem Schaf und dem Bocke. Was bedeutet nun das gepriesene Jenseits von Gut und Böse?

Auch zwischen dem Snob-Christian und dem Freiherrn-Christian macht Sternheim selber den großen Schnitt. Warum er beiden denselben Namen gab? Alles was in des Snobs unnatürlicher Mischung das Snobistische ausmachte, ist hier als Charakteristikum ausgemerzt — es hätte das Pathos von „1913" verunmöglicht. Hier steht ein siebzigjähriger wirklicher „Riese", der in vierzehn Werken fünfzehntausend Arbeiter unterjocht. Immer noch „Flamme" und will noch dreißig Jahre leben — ein Napoleon. Das einzige Zeichen seiner Verwandtschaft mit dem Snob ist seine größenwahnsinnige Phraseologie. Aber die ist ihm von Sternheim ganz unironisch auf die Zunge geklebt. Gallizismen wie „Imbeciles" oder „letzter Schrei" kommen ganz harmlos aus Sternheims Diktionär. Der Autor nimmt den Heros verteufelt ernst: der „vierzig Jahre... am Webstuhl der Zeit" gesessen, der „mit Bismarck... um Fetzen gerauft" hat, „daß Funken stoben"; der mit großer Selbstverständlichkeit von der Dynastie Maske und von Palastrevolution im Hause spricht; der noch sein „Austerlitz schlagen oder krepieren" will. Donnerwetter! Aber immerhin, Sternheims Theatralik und Dialoggewalt bringt es fertig, daß wir dem Manne doch ernstlich folgen und auf bedeutendes Geschehnis gespannt sind. „Noch ist des Planes Umriß dunkel; doch schwant mir etwas von schauerlicher Großartigkeit." Hier ist etwas zu viel versprochen; Sternheim übernimmt sich. Was der Komiker in ihm nicht konnte, vermag auch der Tragöde nicht. Nur der Dialektiker formt ein gigantisches Skelett, das sich über die Anrede „Sire" höchlichst erfreuen würde.

Das Schicksal, das hier im entbürgerlichten Heldenleben sichtbar wird, ist schon angemeldet: die Überspannung des Prinzips der Macht. Die Herrschaft des siegreichen Industrialismus mit Seelenlosigkeit und Geistesleere, der Gegenpol des sozialistischen Gedankens — das ist die überreife Frucht des Deutschlands, das sich von 1870 bis 1913 entwickelt hat; und das zusammenbrechen mußte. Hat Sternheim den Krieg prophezeit? Er erwähnt ihn im Stück, das er nach eigener Angabe im Winter 1913 auf 1914 niederschrieb. Erstaunliche Witterung.

Das Schicksal nimmt tragische Gestalt in Christians

eigenen Kindern an. Der Cäsar sieht in den Epigonen seine
früheren Schwächen weiterleben; über ihn hinaus. Der Sohn
ist ein Modetrottel, ein Snob ohne Verve; weiß die Klub=
geheimnisse der Jeunesse dorée Europas; anerkennt als
höchste Lebensinstanz den Schneiderkönig Easton aus London;
sein degeneriertes Nervensystem verträgt kein Hühnergeflat=
ter, keine Abrechnung mit Brutto, Netto, Saldo; und na=
mentlich keine „Zwischenfälle", die seine noble Gelassenheit
stören. Er heißt mit adeligem Doppelnamen Philipp=Ernst.

Ottilie, an die schöne Seele der „Wahlverwandschaften"
schwärmerisch anklingend, ist die zweite Tochter Christians.
Romantisch von Großmutter Luise her. Problematisch kokett=
tierend zwischen Geschlecht und Charakter; bei Weininger
vorbereitet und im Kopf schwindlich geworden. Sie singt
Schumann=Lieder! Ohne vitale Selbständigkeit, ohne den
Willen zur Macht spielt sie mit der Machtpose; und ebenso
trieblos mit einem sozialistischen Idealismus, den der von
ihr geliebte Sekretär Krey vertritt. Eine Verführung gar im
Werk. Also keine Wirklichkeit um sie, sondern eine Wunsch=
welt. Romantik aus Großmutters Scarron=Erlebnis; Ro=
mantik aus dem Blute des Akzessisten Krey, des Sängers
im Hicketierschen Meisterchor, des Gemahls der fürstlich deflo=
rierten Thekla. Verdächtige Ahnen des Geschlechts von 1913.
Hoffnungslose Träger des Maskeschen Dynastiegedankens.

Aber Theobalds Beamtenbeharrlichkeit und Christians
geniale Kraft sind festgewurzelt in der älteren Tochter
Sofie, Gräfin von Beeskow. Verzweifelt Christian an der
Schwäche Philipp=Ernsts und Ottiliens, so graut ihm vor
der Machtgier Sofiens, in der er den eigenen Dämon er=
kennen muß: das Schreckbild der Übersteigerung seines kapi=
talistischen Systems. In Sofie zeugte und erzog er sich die
Teufelin. Da stachelt er die weicheren Kinder an gegen die
Schwester, die ihnen die Erbschaft ablauern wird da wehrt

er sich als kranker Löwe gegen das Überweib, das ihm noch zu Lebzeiten mit geschäftlicher Machination seine Stellung untergräbt und auf seinen Tod harrt.

Hier ist ein tragischer Vorwurf ersten Ranges aufgerollt. Nach zwei Seiten zersplittert sich Christians Energie. Er gelangt zur Höhe des philosophischen Überblicks; wittert, noch selber wahnwitzig strebend, schon die Götterdämmerung. Nach uns Zusammenbruch! Erhält einen Zug von Größe, wenn er Krey geradezu ermutigt, ein neuer Beaumarchais zu werden. Falls nur Genie und Gewissen führen, so will er selber von der Pike auf dem neuen System dienen. Aus früheren Tagen „gerettete Sentiments" (die dem Schauspieler Snob zwar niemand ehrlich glauben will), ermöglichen auch ihm den gefühlsweichen Genuß von Schumann=Eichendorffscher Lyrik und bereiten die Aussage vor: daß den Nörglern an den alten Willens=Weltsystemen „nichts als ein reines Herz" entgegenzusetzen sei. Erinnerung führt zu Vater Theobald zurück, der Scarrons herrenmoralische Behauptung, das Herz sei bloß ein Muskel, absolut nicht glauben wollte.

Aber das alles verhilft hier nicht zu einem wuchtigen Tragöden, weil dieser uomo universale gleich dem früheren Snob ein willkürliches Zusammensetzspiel ist — weil er eben doch nur Maske ist, hinter der Sternheim ein gescheites Grammophon aufgestellt hat. Die Konflikte, an denen sich die Tragödie entzünden sollte, sind nicht gewichtig durchgeführt. Es ist, als redete Christian an Ottilie, an Krey und selbst an Sofie vorbei. Aber es hätten der beinahe weise gewordene Maske und sein in Sofie übertriebenes Prinzip den Entscheidungskampf zweier Zeitalter dialektisch großartig auskämpfen müssen. Doch so wird das versprochene Geschehnis „von schauerlicher Großartigkeit" nicht viel mehr als ein tragisierendes Bonmot. Ein Geschäftstrick Sofies war es, die stockprotestantische holländische Regierung durch demonstrative Zuwendungen an die Kirche zur Bestellung von Gewehren zu bestimmen. Christian will die Lieferung verhindern, indem er im letzten Augenblick seines Lebens — katholisch wird. Das ist sein Endsieg — und er wirkt nicht napoleonisch.

Eine theatralische Großartigkeit spielt allerdings um den Tod des in triumphierendem Wahnsinn Zusammenstürzenden. Um seine Leiche schlottern in den verrücktesten Robes de chambre avec le col Robespierre et des manches pagodes die Modepuppen des degenerierten jungen Deutschlands von der älteren Linie. Auch der „Idealist" Krey ist der weichlichen Atmosphäre zum Opfer gefallen, morbid geworden an der romantischen Bequemlichkeit des genießerischen Kapitalismus: „Ich lebte so gemütlich", sagte Vater Krey. Aber anders als ein Bürger Schippel, der jenem mit bebender Hand die Duellpistole vor das gemütliche Herz hinhalten mußte, erscheint Friedrich Stadler — der wahre Sozialist — wie der Engel mit dem Schwert und einem Pathos, der einen völlig ent-ironisierten Sternheim zeigt. Der Sucher nach neuem Licht und der Strafer Kreys. Mit gewaltigem Gestus zieht er den Trennungsstrich zwischen den Kreys von 1913 und der ungewissen Zukunft.

Im Mittelpunkt der wenig dramatischen Handlung steht als gelungenster Theatercoup eine Probierszene der Elegants vor dem Londoner Schneider mit anschließendem Tango. Was Sternheim versäumte: den Kampf zwischen Sofie und Christian statt diesen Kostümulk zur scène à faire zu machen — das bleibt ihm nachzuholen in einer letzten Komödie oder Tragödie vom bürgerlichen Heldenleben des Weltkrieges: Sofie als Vaterlandspartei, Kanonenkönigin und blonde Bestie — Stadler in der Romain Rolland- oder Eisner-Maske. Sternheim, der Grandseigneur, mag dort sein persönliches Ethos bekennen: Nietzsche oder Tolstoi? Vorerst aber verbindet er grandseigneurale Herrenmenschen=Stimmung mit der Liebesbotschaft in der romantischen Geschichte von der Marquise von Arcis.

„Don Juan" und die „Marquise von Arcis"

Der Kreislauf Sternheims rundet sich. Mit einem romantischen „Don Juan" (1909) fing es an, mit der romantischen „Marquise" (1919) findet er sich zurück zur Liebesgeschichte. In „Don Juan", einem Kind der Neuromantik Hofmannsthalscher Tönung, ist schon jenes zweifelhafte Hexenküchen=Präparat aus Herrenmoral und Humanität, aus Sexualität und metaphysischem Bedürfnis zusammengetiftelt; ein Geschöpf, das nur von „Stimmung" lebt und bei näherer Betrachtung sich als Schatten verflüchtigt. Zwischen Antichrist und Katholizismus, Renaissance=Heroik und Byronschem Weltschmerztum lebt und liebt dieser feudale Bastard Karls des Fünften, und sucht auf dem Wege über dreißig bis vierzig kurzen Szenen sein Verhältnis zur Welt zu finden; drückt sich in fein kultivierter Sprache aus und wird doch niemals deutlich. Bald ist er lieber ein „Scheusal, ... als daß ein anderer Wille" ihn „besitzt"; fühlt sich aber durchaus nicht „als Bösewicht"; nur als „ein armer, armer Geplagter und unselig Verfolgter". Er spielt das jugendlich romantische Theater, das jede phantasievolle Jugend mitspielte; er verkleidet sich, um die eigene Wirklichkeit in einer freieren Scheinwelt verdämmern zu lassen: „Du scheinst dir gänzlich Maske und fremd ... Einbildung kann jetzt müheloser schweifen ..." So bleibt sein Erdlauf mehr ein Wanken als ein Gehen. Weiche melancholische Gespräche singen romantisch, spanisch, katholisch. „Des Weibes Ehre ist ein Sakrament in alle Ewigkeit." Weib,

Don Juan und die Marquise von Arcis 121

Ehre, Kirche! Der Grandseigneur Sternheim war in seiner Jugend ein nicht unsympathischer Hidalgo.

Fast wäre danach zu vermuten: der Haß gegen die Bürgerromantik sei in Sternheims tiefstem Gemüte Wut auf die eigene Schwärmerei. Auch Selbstironie ist eine sehr romantische Anlage. Oder sind die Maskes, Hicketiers und Krulls aus Tieckscher Perspektive gesehen? einfach spielerisch hingeworfen in völliger Freiheit der Phantasie? Doch nein: die rein spielende Phantasie haßt nicht wie Sternheim haßt. Wohl spielt er auch, doch mit beengter Seele; und schafft ihr schließlich Luft und Pathos in neuem schwermutsfernen romantischen Land, das nicht mehr in Spanien liegt. Die heroische Geste des Helden von „1913" brachte das Erwachen, die „Marquise von Arcis" die volle Auferstehung der sternheimschen Romantik — in Paris um 1750.

Sternheim reizte eine Anekdote, die Schiller aus Diderots „Jacques le Fataliste" übersetzt hat, und die mit andern Dramatikern vor Sternheim auch dem theatersicheren Sardou in seiner „Fernande" zum Vorwurf diente. Der wirklich kluge Sternheim weiß im Gegensatz zu vielen seiner jüngeren Zeitgenossen den hohen Wert einer Fabel einzuschätzen, an der geistiges und seelisches Geschehen erst symbolisches Exempel wird. So übernahm er früher schon für seinen „Kandidaten" ein Flaubertsches Thema; so reizte ihn eine Bearbeitung von Molieres „Geizigen"; so schrieb er „Das leidende Weib" nach Friedrich Maximilian Klingers Drama; und die schnitzlerisch spielende Ehekomödie „Der Scharmante" „mit Benutzung einer fremden Idee". Mag die künstlerische Behandlung noch so sehr an der Originalgeschichte umgestalten — dieser feine Instinkt für Szene, Bild und Konfliktstoff riecht gleich das brauchbare Bühnenelement. Wenn Sternheim dennoch kein populärer Theatraliker geworden ist, so liegt das an der ästhetisierenden Dialektik und an der unsinnlichen Gedachtheit seiner Menschen. Sternheim ist preziös. Und das sei ihm zur Ehre gesagt: seiner Theatralik kommt es nur auf den engeren Zirkel an; sie buhlt nicht um die Gunst des Theaters der Fünftausend.

Frau von Pommeraye, die sich nach den Anschauungen der Zeit Louis Quinze' erstaunlich tugendhaft hält, rächt sich in teuflischer Weise für den Abfall ihres Liebhabers. Mit raffinierter Intrigue bringt sie es dazu, daß der Marquis von Arcis, Pair de France königlicher Kammerherr, ein „ohne Vergleich" als Spruch im Wappen, dandyhaft geputzt mit modischer Bildung und Kostüm ..., daß dieses Ideal Sternheimischer Dekorationskunst eine — Dirne heiratet. Mesalliance, die ihm seine ganze feudale Welt zerstören muß. „Ohne Vergleich" aber vollziehen sich Rache, Liebeshandlung und Lösung.

Dem Plan der Pommeraye kommt allerdings der Erfinder der Geschichte als wohlwollender Helfershelfer entgegen. Denn die Verkuppelung des Marquis mit der für hohe Summen gekauften Henriette Duquenoy wäre unmöglich ohne die spontan einsetzende Leidenschaft des Marquis zu der blendenden Schönheit, deren gespielte Tugend ihn zum fruchtlosen Angebot von Millionen reizt. Doch nur die Heirat zwingt ihm die Ersehnte in die liebenden Arme. Dann erst wirft die Pommeraye ihr schlangenböses Geheimnis dem ungetreuen Marquis ins Gesicht.

Soweit geht die Geschichte getreulich bis zu wortwörtlichen Anlehnungen in Diderots Bahnen. Sternheim aber will — wie es der Titel behauptet — die Dirne Henriette als Hauptperson seines Schauspiels. Die Psychologie dieses Mädchens, die bei Diderot und in Schillers Redaktion nicht völlig befriedigte, versprach dem Dramatiker den schönsten Kampf zwischen Pflicht und Neigung. Denn dieses Mädchen war nur durch seine Mutter zu seinem unanständigen

Beruf verführt und hätte ohne deren Zwang ihr Schweigen gegen den zu betrügenden Edelmann gern gebrochen. Sternheim stellt sie mit technischer Meisterschaft in die Mitte der Handlung. Er verwandelt sie zu einer verarmten Dame von Stand, schon, um sie für feinere Konversation geeigneter zu machen; er vermindert ihre zehn Freudenmädchenjahre zu zwei Monaten unwilliger und von Not erzwungener Hingabe; er vermag es, in fast immer nur andeutenden Worten, ihr die Würde einer leidenden Heroine aufzustempeln.

Man beachte eine kleine Szene: Die Konversation betrifft Musik. Der Marquis von Arcis rühmt Lulys Sinfonien: Orchesterklang, Kontraste türmende Kontrapunktik. Henriette findet hier Überladenheit, die der Seele keine Zeit zur Einkehr läßt; und gegen die dramatische Architektonik nennt sie Intervall und Harmonie den Sinn der Kunst. Der Marquis: „Harmonie, hat gegen Widerstand sie sich nicht erst behauptet, überzeugt nicht." Henriette: „Kampf muß äußerlich nicht sichtbar sein." Marquis: „... so könnte jeder auftreten und vorgeben, es sei hinter seiner äußeren Ruhe schon Schicksal überwunden." Henriette: „Vorgeben? Vielleicht. Doch fehlte um ihn Atmosphäre. Kennen Sie den deutschen Gluck? Hören Sie (sie spielt): Wo ist da eigener Qual und Enttäuschung arrogante Erzählung? Aber großen Schicksals Hauch."

Diese versteckte Symbolik wird selbst dem Publikum von „Kammerspielen", ja, kaum dem Leser in ihrer Bedeutung für das Schauspiel klar. Henriettens Worte enthalten zwei Verteidigungen zu gleicher Zeit: die eine dafür, daß sie ihre Seelenkämpfe, von denen der Marquis nicht das geringste ahnen kann, nicht öffentlich zur Schau stellen will und darf, obwohl innere Not sie dazu drängte. Die zweite Rechtfertigung spricht sie — gewollt oder ungewollt — für den

Dichter, der ihre vom ganzen Publikum dringlichst erwarteten Seelenbedrängnisse nicht gestaltete: trotzdem ihn niemand gehindert hätte, die schweigende Schönheit in einem Streit mit ihrer famosen Mutter oder in Monologen ihr problematisches Herz austönen zu lassen. Aber das ging über Sternheims Kraft. Wohl gelang ihm die glänzendste mise en scène, so daß das Interesse sofort von der in der Diderotschen Fabel weitaus bevorzugten Pommeraye auf die kleine Duquenoy hinüberspringt. Aber die Ausgestaltung der vom Gewissen und unausgesprochener Liebe gemarterten Seele — das war ihm zu viel. Allerdings entschuldigt sich Henriette: „... Seele floh längst nach allen Seiten." Ja dann — dann war sie als Mumie nicht geeignet, dem Stück ihren Namen zu geben. Und tatsächlich müßte es nach dem Löser der Konflikte heißen: „Der Marquis von Arcis."

Denn als nach der Pommeraye' Eröffnung Henriette verzweifelt in die Knie sinkt und sich seiner Waffe preisgibt; ihn nicht um Leben, nur um Verzeihung und um den Glauben bittet, daß ihr Körper allein befleckt und ihr Gewissen jammervoll gefoltert, doch ihre Seele rein geblieben sei — da überläuft dem Marquis das Herz von Liebesströmen, die den ganzen Stolz des feudalen Zeitalters hinwegschwemmen. Sternheim weiß: es ist um 1750; es dämmerten da die Ideale von Gleichheit und Freiheit. „Gerade bricht der neue Tag an ..." Der Beleuchter macht tiefsinnige Morgenröte. Voltaire weicht Rousseau. Das heißt heute etwa: Nietzsche weicht Tolstoi. An der bürgerlichen Henriette erkennt der Marquis in der Liebe eine höhere Macht als allen Herren-Feudalismus. Es ist sehr rührend, wenn Jean Gaspard von Arcis sagt: „Stehen Sie auf, Gemahlin, stehen Sie auf, Frau Marquise. Sie sind, wo Sie sind, an Ihrem natürlichsten Ort."

Liest man das im stillen Buche, so denkt man leicht an den edlen „Hüttenbesitzer". Wird aber sprachlich oft genug erinnert, daß man bei dem Konfiseur Sternheim, nicht bei dem Pastetenbäcker Ohnet sitzt. „Bildung Leibes und der Seele" ... oder: „Auf ihn der Eindruck ist also groß?" oder: „Ich gebe Ihnen unbedingt als Ihre Mutter bessere und entschiedenere Auskunft" — das ist die „kubistische" Sprache, die Georg Kaiser ins Extrem führt. Kaum mehr lesbar; nur noch im Ohre aufzufangen. Der letzte Sternheim und Georg Kaiser sind Theatermänner. Ihre Sprache und ihre Szene schreit um Bühnenhilfe. Und wirklich: in einer guten Aufführung mit packenden Spielern für das adelige Paar mag man vergessen, daß die Liebe Henriettens und die Verwandlung Jean Gaspards etwas gar unvermittelt vorgetragen wurde. Zumal hier eine Dialogtechnik, eine architektonisch ausgewogene Fünfaktigkeit und einzelne Stimmungsbilder wirken, die nicht leicht einem andern gelingen möchten. Der Einfall beweist geradezu die Möglichkeit rein theatralischer Poesie: wenn der von der Pommeraye' Verleumdung Getroffene nach jähem Aufschrei den geschändeten Adelsleib mit der Standarte derer von Arcis deckt. Doch all das schützt nicht gegen den Verdacht: „So könnte jeder auftreten und vergeben, es sei hinter seiner äußeren Ruhe schon Schicksal überwunden ..." Das ist die Selbstverteidigung des kühlen Autors, der wohl weiß, daß es im Drama nicht gilt: „Kampf muß äußerlich nicht sichtbar sein." O doch! Wenn nicht vor den Partnern, so vor dem Publikum. Nur muß man ihn gestalten können!

So ist Carl Sternheim wieder diesseits von Gut und Böse angelangt. In einer Dirne — wie das seit Dostojewski nun modern ist, — entdeckt auch er die Seele und läßt sie durch einen zum Bürger verwandelten Grandseigneur mit „gut" zensurieren. So befiehlt ihm sein Ethos. Wie sagte

Theobald Maske? Das Herz ist eben doch nicht nur ein Muskel, sondern es ist sonst etwas, das sich mit Gewissen und andern „bürgerlichen" Vorurteilen herumschlägt. Am Schluß des bürgerlichen Heldenlebens bringt ein Deutscher und ein französischer Adeliger — Christian, der hinaufklomm, und Arcis, der hinunterfiel — den Bürger wieder zu Ehren. Und was der radikale Sozialist Sturm in „Tabula rasa" von dem Bourgeois Schiller sagt: „Da gibt's nichts als Herrschaften, die aus Mangel an wirklicher Arbeit und Sorge fürs tägliche Brot Zeit haben, ihre nächsten Verwandten zu morden. Das ist sinnlos für unsere Welt. Großbürgerliche Vorstellungsreihen in Spiritus ..." — das gilt nun beinahe auch von dem romantischen Tragöden Sternheim.

Mit einer Art Moliere fing es bei Sternheim an. Wird es mit Friedrich von Schiller enden? Diese Frage hat nur rhetorische Bedeutung, seit Sternheim in einem seriös gemeinten aber nichts destoweniger vielbelachten Essay die deutschen Klassiker zum Juste milieu verdammte. Er, der nur in Extremen denkt und schriftstellert, bald als Grandseigneur und bald als Bolschewik sich außerhalb der Bourgeoisie zu halten sucht, verachtet die klassische Mitte, verhöhnt die geistige Synthese der Gegensätze. Mitte ist für ihn nur Mittelmaß; nur neutraler Kompromiß und niemals Weisheit. Er weiß nicht, daß die Sonne am hellsten im Zenith strahlt. Sein Los ist geistige Desorientierung. Seine neuesten Werke (wie das saloppe Drama über Oscar Wilde) sind nur mißglückte essayistische Versuche. Er hat die Substanz verloren. Er gehört nirgends mehr hin.

Georg Kaisers Fleisch=Komödien

Wedekinds Erotik wollte moralisch sein. Der Stachel des Fleisches sollte falsche Erziehermoral und bürgerliche Scheinheiligkeit treffen. Die nackte Schönheit, die Lust und die Kraft der Zeugung waren die Aktiva seiner Rechnung — wenn auch die Buchführung nicht recht stimmte. Diese Inkonsequenz vermieden viele seiner Nachfahren im erotischen Geleise. Sie erkühnten sich zu einer absoluten Bejahung des Fleisches, die Wedekind nur seinem Geist des Fleisches zuerkennen wollte. Die „Heiligsprechung der Hetäre" lag nun nahe. Die von ihm verteidigten Opfer der Gesellschaft erwachten und produzierten selber Dramatik. Der Anwalt hatte ihre Zunge gelöst. Die Geister Moritzens und Melchiors in „Frühlings Erwachen" standen auf im jungen Deutschland und machten ihre Pubertätsnot zur Tragik der Menschheit. Hasenclevers „Sohn", Johsts „Junger Mensch", Wildgans' Opfer von „Dies irae" und viele noch haben sich Mut aus Wedekind geholt zum Bekenntnis ihrer Drangsale.

Aber weiter: Die Zersplitterung des Geistes unserer Zeit ergab die Relativierung aller Werte. Sternheim hatte sich schon mit großer Mühe jenseits von Gut und Böse gestellt. Skepsis ertötete den absoluten Willen zum Ideal. Nur im erotischen Sein sahen viele noch die einzige Wirklichkeit, eine tätige Potenz, die niemals täuschte. Fleisch wurde mit „Leben" übersetzt. Brocken aus Bergsons Lehre — wie früher aus Nietzsches — wurden schlecht verdaut. Leben — das hieß die sexuelle Triebgewalt, die Zeugen, Gebären und Motor des Werdens ist. Im Sexus verehrte man den wahren élan vital.

Doch man genoß nicht ohne Alpdruck diese Weisheit. Wie Wedekind gern den bösen Taten seiner Tiere die Schicksalsstrafe folgen ließ, und seinen Eros wieder zum Sünder stempelte, so glaubt der heutige Fleischbekenner den allzu irdischen Stoff mit Metaphysik umnebeln zu müssen. Die Gleichung Tier und Gott wurde unausgesprochen anerkannt: ägyptische und exotische Tiergötter boten Illustrationen. Der Phallus wurde neben dem Kreuze erhöht. Die Dirne und der Büßer murmelten am selben Rosenkranz.

Ganz frei von religiösem Weihrauch in der Brunstluft seiner Fleischkomödien blieb Georg Kaiser, der Komöde. Er hat Distanz zur Welt, Distanz zur Kunst; er ist der souveränste Spieler der Worte und Materien. Mit unerhörter Leichtigkeit und Eleganz warf er in wenigen Kriegsjahren über ein Dutzend Stücke auf den Theatermarkt: Seelenstücke, soziale Stücke, romantische Stücke, Ethos-Stücke und erotische Komödien. Mit diesen fing er an. Sie zeigen den Konflikt von schwacher Kultur und sinnlicher Natur, von Begehren und Versagen. Mit raffinierter Dialektik treibt er an problematischen Körpern seine Psychoanalyse. Sternheim paraphrasiert nur den Charakter mit der Sprache. Kaiser zerlegt den K ö r p e r in Worte. Doch haben sie beide ähnlich temperiertes Blut. Sie lösen sich periodisch ab: des einen Komödien sind eben 1913 vollendet, als der andere um 1914 entdeckt wird. Kannten sie sich?

Jedenfalls spielt Kaiser in Ruhe seine eigene Flöte; er vergißt sich nicht; wird als Komöde nie aus Fassungslosigkeit und Bekennerwut priesterlich wie der moralische Frank. Kühl lächelnd wie Sternheim läßt er die Figuren tanzen. Ein paarmal nur macht er den Pädagogen — wie alle Erotiker. Doch zuerst ist er Artist und freut sich dessen grausam und süß. Wedekind wird vor ihm ein naiver Gymnasiast, der von der nackten Griechenschönheit schwärmt. Georg Kaiser aber reizt die Körperschwäche, das Alter, die Impotenz, die Mißgestalt. Wedekinds Mut zur schönen Nacktheit ergänzt Georg Kaisers Scham der Häßlichkeit und

N. und C. Heß, Frankfurt a. M. phot.

Georg Kaiser

Mannesschwäche. Dort ist Anziehung, hier Abstoßung. Bei Wedekind sind die Starken die Hauptsprecher, bei Kaiser die Schwächlinge. Seine Fleischhelden sprechen wenig — ihr Trieb handelt überzeugender.

Rektor Kleist

„Frühlings Erwachen" hatte die Schulatmosphäre der Steißtrommler und griechisch=lateinischen Pedanten geschaffen, zu denen „Rektor Kleist" (1905) gehört. In dieser Luft erwuchs ihm der Höcker des Stubenhockers und das „Gesäßgetriebe" am Hinterleib: die Hämorrhoide. Symbol von ungesundem Jähzorn, von „Afterleidenschaft", Blutvergiftung, dumpfer Geistigkeit. Und daher die verhaltene Wut gegen die normale Schönheit seiner Primaner; des Prachtkerls *. Strauß und der andern prahlenden Herkulesse. Was ist es leicht mit geradem Rücken ein gerader Mensch zu sein! Der Geist ist mächtigerer Zeuger und Bezwinger als der Leib. Es gibt höhere Gesichtspunkte als die Zeugung eines Kindes — wenn einem die Trauben zu sauer sind. Aber vor der Welt muß man als teutscher Rektor auch von Manneskraft erbrausen können, und man rühmt Sparta. Mit dem Sternheimschen Klischee=Pathos eines Krull spricht der Oberlehrer seine Renommagen. Zwischen Geistes= und Körperposen schwankt sein Charakterbild.

Dieser ehrenwerte Pedant mit der in jeglicher Hinsicht doppelten Moralbasis steht vis-à-vis den kolossalischen Körperformen des Turnlehrers Kornmüller. Mit seiner Elefantenkraft sind selbstgezeugte Zwillinge, symbolisch=frische Luft, Volkslied, Gesundheit und das Ethos unbedingter Wahrhaftigkeit verbunden. Kaiser konstruiert sich seine Typen mit aller Auffälligkeit und preßt sie ins vorbestimmte Schicksalsgehege einer Intrigue. Der Rektor wirft in der Wut das Tintenfaß an die Wand an die vom schönen Schüler Strauß

9 Diebold, Anarchie im Drama

gezeichneten Karikaturen seiner Häßlichkeit. Der verwachsene Schüler Fehse war Zeuge der Tat seines Rektors, die dieser vertuschen möchte, während der Moralturner auf unbedingte Eruierung des Tintenkleckfers bringt — einzig und allein um der Wahrheit willen. Kleist suggeriert dem armen Fehse, die Schuld auf sich zu nehmen; und Fehse wird nun von Kaiser so pathologisch gemacht, daß er sich aufhängt und in einem letzten Briefe seine Schuld bekennt. Geht's nicht normal im Laufe von vier Akten Welt- und Schulhistorie, so findet man im pathologischen Kinde die Lösung eines tragisierenden Abschlusses.

Schlimmer als dieses unwahrscheinlich mißbrauchte Kind ist die Tragikomik der Schuldfrage. Wer war der Mörder Fehses? Der heuchlerische Rektor mit der Lüge vom Tintenklecks oder der unerbittliche Moralist, der tödliche Wahrheit aus Schulkonferenzen pressen wollte? Ein Turnlehrer ist aber für Kaiser ungebildet genug, sich das letztere einreden zu lassen und sich mit mea maxima culpa faustdick auf die verzweifelte Brust zu trommeln. Das kann den grausamen Autor humorig lächern lassen wie über den Triumph von Sternheims „Snob"; und er sagt sich, die Ironie des Stils stelle die poetische Gerechtigkeit her. Doch Ironie ist zweischneidig. Sie lacht nicht nur aus, sie belächert sich selbst. Uns schaudert doch vor der eisigen Begutachtung von überlegter Schlechtigkeit und Ehrlichkeit. Etwas Literatenhaftes zuckt aus Kaisers überlegenem Lachen, aus seinem Sieg über beide Gewalten: die Gifthämorrhoide und die tumb-tragische Rechtschaffenheit.

„Die jüdische Witwe"

Gesünder als diese Jonglierkunst wirkt die Antimoralin-Kur in der „Biblischen Komödie" von der „Jüdischen Witwe". Die Ironie nickt bejahend dem gesunden Fleischtrieb der zwölfjährigen Judith zu; verspottet keinen kräftigen Idealturner, sondern die Lüsternheit und Heuchelei der abgestorbenen Greise im belagerten Bethulien. Allen voran Judiths uralten Eheherrn Manasse, ebenso gewaltig an Schriftgelehrsamkeit wie an männlicher Impotenz. Hier ist der Erotismus als Kampfgeist gegen die Lügenmoral voll gerechtfertigt; hier ist er nicht sexualpathologisch erklärend, sondern wird strafende Satire. Will auch nicht Wedekindisch Fleischgeist predigen, Moral verkünden; nur Natur gegen Lüge stellen. Judith hat keine Pose, weder die heroische noch die moralische: sie will einfach den Mann erleben.

Doch alles redet nur um sie herum; Geschwätz statt Erfüllung; sie selbst, das Tierchen, schweigt fast zwei Akte lang. Pantomime spielt mit ihr beredsamer. Auch in Holofernes' Zelt ist sie mehr Tat als Rede. Sie schlägt dem betrunkenen Bramarbas den Kopf ab — keine altestamentarische Jungfrau von Orleans, nicht die hebbelsche Tragödin, die aus der sittlichen Vaterlandsheroin zur Rächerin ihres Weibtums wird. Nein, sie schlägt dem Großmaul den Kopf nur ab, weil ihr der Schönling Nebukadnezar lieber wäre. Aber der kneift aus nach der Katastrophe und Judith bleibt unselige Jungfrau. Und die Ironie will es, daß sie zum Lohn für ihre Heldentat das Allerheiligste des Tempels betreten und ewig keusche Vestalin bleiben darf.

Das geht sehr unwahrscheinlich zu; wie vieles in dieser Komödie unklar, unmöglich, geistreich überspitzt und überflüssig ist. Zu häufige Wiederholung der Senilitätskomik, zu viel Greisenmummelei, zu viel Gemauschel, zu viel Susanna=im=Bade=Stimmung. Zu wenig aber Holofernes. Kurz: fünf Akte sind für solchen geistreichelnden Pointillismus zu lang. Doch kündet sich der Szenenarchitekt Kaiser in der Rundung von Beginn und Schluß schon deutlich an. Beide Male der Tempelbau; beide Male die hocherregte

Judith-Familie, die das widerspenstige, trotzig stumme Kind zum Tempeleingang zerrt gleich einem Schlachtvieh — doch immer nach andern Moralen. Das erstemal zur Hochzeit mit dem Urgreis Manasse, zur Heiligung eines liebelosen Zeugungsaktes: „um das Gesetz zu erfüllen... Denn das sieht Gott nicht gern, so sich eine zur Vermehrung Israels nicht hingibt dem Manne. Das andere Mal aber will die Unnatur der Konvention die Dreizehnjährige als Tempeljungfrau ehren; und die vormaligen Mahner zu ehelicher Fleischlichkeit zerren das Opfer nunmehr ad majorem gloriam Philisterii in die unfreiwillige Keuschheit. Die poetische Gerechtigkeit erfüllt zum Schluß jedoch ihre Jungfrauensehnsucht durch den gutgewachsenen Hohepriester hinter dem Vorhang des Allerheiligsten.

Federnde Symmetrie im härtesten Kontrast! Das ist Kaisers großes Talent. Sie schlüge hier mit aller Komik ein, entspannte sie nicht die breit fließende Geilheit dreier verwitzelter Mittelakte — nicht würdig mehr dem Ernst des Nietzschewortes als Motto vor dem Stück: „Oh, meine Brüder, zerbrecht, zerbrecht mir die alten Tafeln!" In der Ironisierung des Philisters im mythisch-historischen Milieu löst sich Kaiser stilistisch von Wedekind los. „Simson" und „Herakles" waren Versdramen alter Signatur. Der Sternheimsche Haß gegen die Metapher der Bürgerrede wird hier zur Satire der vom Bildungsphilister pietätvoll angebeteten Heldenfabeln. Der Judith-Stoff wird aus dem sittlichen Laboratorium Hebbels herausgerissen; aus der tatsächlich mehr in ihrer frauen-emanzipierten Manneswürde als in der Weiblichkeit verletzten Heroin wird zum Hohne aller Sittlichkeitsvereine ein ganz kleines Weibchen.

„König Hahnrei"

In „König Hahnrei" (1910), dem Marke Tristans und Isoldens, ersteht es wie ein Protest gegen die Nirvanitas nirvanitatum des Pathetikers Richard Wagner. Bei ihm war alles Seele und Sehnen hin zur heiligen Nacht. Schuldvolles Dasein läßt nicht mehr leben. Das Sterben soll lösen. Die Ewigkeit trumpft beträchtlich über den Wahn des Tages. Hier Flucht aus der ideelosen Welt ins ewige Leben statt ins Fleisch. Zwar ist Wagners König Marke der liebwilligste Edelmut, der höchstens unter scheinbarem Freundesverrat Tristans leidet, kaum aber als betrogener Gatte. Seine Toleranz hebt beinahe die Tragik auf.

Bei Kaiser strömt die Sage aus andern Quellen; alles wird Fleisch. Das junge Paar vergnügt sich in den Winkeln von Schloß und Park zu Tintajol. König Marke aber mit dem Schneeberg-Haarhaupt huscht als Gespenst irrsinnigster Eifersucht hinter den Liebesaventüren her, gehetzt von den Höflingen zur Aufdeckung des unabläffigen Ehebruchs. Aber er will keine Beweise wissen, er will „der glücklichste König von der Welt" bleiben. Er kann nicht leben, ohne daß das Liebesgeschehen zwischen Tristan und Jsolde sein Geschlechtsfieber aus dem eigenen Körper ableitet, der in begehrlichsten Hitzen lodert. Der alte Mann hat früher nie ein Weib berührt; die Königin selber hat er nie besessen; Brangäne vertrat zur Nacht die Leibesehe. Das weiß er und leidet furchtbar, tierisch, grausig: um das von Tristan ihm entzogene Fleisch, das doch als Fleisch nur unter Tristans Körper in voller Herrlichkeit aufglühen kann. Sein Körper braucht Betrug als Selbstbefriedigung lüsterner Phantasie; seine Seele aber will ihn nicht wahr haben, nicht vor andern und nicht vor sich selber.

Sehr normal ist dieser Marke nicht. Der mari cocu ist so unbürgerlich geraten, daß er die übliche Komik des Lustgreises durchaus verliert. Es ist Tragik: wenn einer die von ihm erkannte Wirklichkeit aus Seelennot unwirklich haben will. Nicht: Das Leben ein Traum! sondern Tragik des

Romantikers: Traum soll Leben sein! Das Auge, das Ohr, der Verstand dürfen nicht recht behalten. Er redet sich vor: der blühende Akazienbaum, von dem herab er verbotenes Gespräch belauschte, hat ihm die Sinne verwirrt. Die Beweise der Höflinge werden mit unwahrscheinlichster Sophistik zur Unwahrscheinlichkeit umgeredet. Ja, er pervertiert sich seine Seelenangst in den Kuppeltrieb: er zwingt die Liebenden zusammen im Boot, im Park, im Bett; befiehlt Tristan, im Schlafgemach neben dem königlichen Ehebett sein eigenes Lager aufzuschlagen. Er überschüttet den Frevler mit Gnaden; tauscht mit ihm das Freundschaftsschwert. Als ob er nicht wüßte ...! Psychoanalytiker vor! Er will die Unschuld seines Weibes gegenüber Tristan als innere Gewißheit und leitet in unnatürlicher Selbstberedung den ganzen Glutstrom seiner Eifersucht auf ein sechsjähriges Kind: Isoldens Bruder, den er sie einmal herzen und küssen sah. Das war und ist für ihn einzig anerkannte Tatsache. Und nun betäubt sein Wahnsinn die gegenwärtige Qual mit der Ergründung: ob ein sechsjähriges Kind sich schon geschlechtlich sehnen könne.

Drei Akte fast nur ein einziger Monolog der Selbstbetörung; ein Selbstgespräch von grauenhafter Spannung und einer verblüffenden Psychologie des Feiglings vor sich selbst; in seiner Intensität an Strindbergs stärkste Monomanie reichend; an logischer Evidenz sie übertreffend. Ein Gespenst von geistiger Wollust ausgehöhlt; eine sich verzehrende Fackel; eine Flagellantengeißel. „Jeder Sinn wird Wahn." Die endliche Explosion der mit Spannung überfüllten Seele bringt der Ausbruch im Rosenhof des Schlosses: Ausstoßung der immer schweigenden Isolde; Verbannung Tristans. Und schauerliches Gefühl der Leere im Schloß, im Park, im Bett. Der Greis hält die Ferne ihrer Glut nicht aus; schreit Rache, befiehlt sie einzuholen nach Tintajol — in seine

Kammer. Doch als Tristan und Isolde sich das Ende ihrer Liebe bekennen — die geschändet ist durch die frevle Duldung des Königs, entwertet in ihrer Erlaubtheit, gestorben an Entspannung des Verbrechens — da sieht sich Marke auch in seiner Lust betrogen und tötet beide. Der Tod löst seine Pein in neuem Selbstbetrug auf: alle Zeugen sind aus der Burg, alle Frevler, alle Liebe ist tot. Kein Verdacht, kein Beweis. Nur der ungültige Zwerg Melot: plappernde Vergangenheit. Nichts ist gewesen... Also: „Ich bin der glücklichste König der Welt"...

Ist es nun doch Komödie? Kaiser sagt nichts unter dem Titel. Was will er? Triumph der Lächerlichkeit oder eine in Ironie erkaltete Tragödie? Schuld ward hier begangen: Gedanken, „die unkeusch machen — was keusch ist". Die Manier des Selbstbetrugs verwandelt in allzu langer Entwicklung des Zuschauers Mitleid in ein gezwungenes Lachen der Notwehr vor solcher vorgespielten Wirklichkeit. Man sträubt sich, diesen Höllenwahnsinn mitzumachen. Man verweigert der moralischen Anstalt, pathologisches Praktikum zu spielen. Hier gelang eine quälende Karikatur, doch eingespannt in zu weiten Rahmen. Der ewige Selbststreit erschöpft sich.

Kein Gegner mit starker Aktion, nur szenische Kunst mit Schatten- und Gaukelspiel. Wie Judith schweigen auch Tristan und Isolde bis auf wenige karge Gegenreden zum Anfang und zum Schluß. Etwas vom „tönenden Schweigen" Wagners und Maeterlincks. Die subtilen Spielanweisungen des Szenikers machen das stumme Paar zu pantomimischen Hauptfiguren, über die Marke das Lügennetzwerk seiner schwatzenden Angst wirft. Doch kein ebenbürtiger Jago diesem Othello der Senilität. Es kann kein Spieldrama werden aus einem Reflexionshelden, der die Intrige übersehen will statt sie zu lösen sucht. Daher darf auch der „Jago" nur in Markes eigener Seele verleumden. Jago ist die gesunde Einsicht, und Othello ist der Verleumder eines sechsjährigen Ehebrechers. Ein Glück für das Publikum, daß nicht ein Shakespeare diesen Lear-Körper mit Othellos Lavaglut und Jagos Stimulanz zugleich anfüllte. Wer hielte es aus? Bei Kaiser keine Angst. Ihn führt seine sophistische Schulung immer über die bequemsten Umwege seiner Denkassoziationen. Dieses enorme Talent schützt sich selbst mit sprödem Lachen vor dem Wahnwitz seiner psycho-analytischen Maskerade.

Es ist die Neuromantik, in der Kaiser im „König Hahnrei" und auch in der „Jüdischen Witwe" schwelgte. Jene Richtung unserer Literatur, die die Details des Nervennaturalismus in mythischen Kostümen spielen läßt und die man auch Neuro-Mantik nennen hörte. Hofmannsthalsche Pseudo-Antike, in „Ödipus und die Sphinx", in der „Alkestis" nach Euripides, in der „Elektra". Aus Mystik und Mythik kamen Nebelkönige Maeterlincks und die grünbleichen spinngewebten Prinzessinnen Maleen, Aglavaine, Selysette, Melisande. Von hier auch die Schweigemanier der Hauptpersonen. Dann Eulenbergs „Blaubart", Ernst Hardts „Tantris der Narr", die „Griseldis" und „Kaiser Karls Geißel" von Gerhart Hauptmann; auch Sternheims „Don Juan" und Wedekinds „Franziska". Tobende Geschlechtlichkeit und Originalitätswut im Ritterkostüm. Neu aber und jenen geistig überlegen, die im eigenen Theaterdusel selbst versanken, ist die souveräne Ironie und Tränendrüsenscheu in Kaisers Spielen, die eigentlich dadurch zur Karikatur des neuromantischen Dramas wurden — wie Wedekinds Grotesken und der „Rektor Kleist" die Farce der Naturalistik. Denn wie drastisch und ohne den Anspruch strengster Ernstgemeintheit stellt sich der gute König Hahnrei vor: „Mein Name ist Marke...!" Und: „Wer denkt beim Aussprechen von meinem Namen nicht an den andern, der so eng mit ihm... verbunden ist: Isolde?..." Tiecksche Ironie zur Desillusion des guten Parkettgründlings, der die Träne zücken möchte und sie dann doch nicht aus der Drüse kriegt. Wahrlich, Georg Kaiser hat wohl mit bestem Willen dies Stück anfangs als ridiküle Preziose angefaßt, aber es wurde ihm unter der Hand unmerklich zur Tragödie eines unfreiwilligen Komikers. Es ging ihm wohl wider Willen so nah ans eigene Nervensystem. Darum wird seine Komik endgültig doch nicht frei. Gibt sie sich heiter wie in der unbedeutsamen „Sorina", so wird sie gar zu harmlos wie eine von Flers und Caillavet frisierte Konfirmandin. Wird sie zynisch, so mag ein naiv schweigendes und bei Kaiser nur durch Schweigen naives Judithchen erstehen, das aber unter dem Geschwätz der Sexualpathologen beinahe erstickt. Oder er wird grausamer Possenreißer wie im „Zentaur"; oder ein erdentflogener Ballettkünstler wie in „Europa".

„Zentaur" aus Pflicht und Neigung

Wurde die Mythe verbürgerlicht in der „Jüdischen Witwe", so ironisiert Kaiser mit dem mythischen Namen „Zentaur" den Bürger — wie Sternheim seinen alten Maske als „Riesen" und „Zyklopen" demonstrierte. Zentaurenhaft gewaltig — zentaurenhaft zweigeschöpfig wirkt der Bureaukrat, wenn er hinten Geschlechtstier ist und ihm vorne vor seiner Gottähnlichkeit bange wird. Hätte Schiller geahnt, daß der Kampf zwischen Pflicht und Neigung je in so körperlicher Deutlichkeit tragikomisches Symbol werden könnte! Der Halbmensch mit dem Pflichtbewußtsein und das Halbtier mit dem Erdentrieb unzertrennbar zum tragischen Konflikt verwachsen? Leider hat Kaiser das köstliche Motiv als solches nicht deutlich durchgeführt. Doch ist es ja nur ironisches Sinnbild für den Ersatzmenschen Konstantin Strobel, dem auch im Unterleib noch der kategorische Imperativ dringlicher

gebietet als die Stimme der Natur. Denn dieses „Lustspiel"
will ja den Beweis ergründen zu dem Satz: „Pflicht in er=
schöpfender Durchführung — grenzt wohl immer an Komik!"

Das wohl verstanden cum grano salis. Der Dichter der
„Bürger von Calais" weiß in seinem denkgescheidten Kopfe
ganz genau, was die tragische Konsequenz ethischer Impe=
rative heißt. Hier aber ist das Pflichtgefühl entwertet durch
die Unvernunft und Unnatur seiner Motore. Der Gegensatz
vom Ernst einer überspitzten Moral zur Unnatur ihres Ver=
treters erzeugt hier unbändige Komik. Wedekinds Ernst
Scholz, der sich aus Pflicht zum Genußmenschen ausbildet,
enthält schon das Vorgelächter zum „Zentaur". Sternheims
Theobald Maske, der sich erst nach zuverlässiger Konstatie=
rung erhöhter Einnahmen einen Sprößling leisten will, spielt
hier den Stammvater.

Der Lehrer Strobel, angefüllt mit dem obligaten Idealis=
mus seiner Schulbücher, soll die mannsreife Judith Vier=
kant heiraten — Judith wie die kleine Witwe von Bethulien.
Er rechnet dem Schwiegervater gewissenhaft die Entwick=
lungsmöglichkeiten seines Einkommens vor, entwirft den
Schlachtplan künftiger Haushaltung, vergißt auch nicht das
Tüpfelchen. Nur die Möglichkeit des Kinderkriegens ist
keineswegs veranschlagt. Gerade darauf aber spitzt Familie
Vierkant, weil das diabolische Testament der seligen Groß=
mama Helene — beinahe Sternheims „Kassette" entsprun=
gen — ihr Vermögen nur dann zur weiteren Nutznießung
den Erben überläßt, wenn Judith in ihrem neunzehnten Jahr
verheiratet ist und mit dem zwanzigsten ein Kindchen wiegt.
Konstantin Strobel muß sich verpflichten, auf Termin hin
einen Sprößling in die Welt zu pflanzen.

Verpflichten! Drum prüfe, wer sich ewig bindet... Er
soll Erzeuger werden! Existenzen hängen davon ab. Kann er
das! Hat er es schon erprobt! Nein! „Warum bin ich nicht

einmal leichtsinnig gewesen!" Die problemlose Natur wird zum Problem der Unnatur. Es ereignet sich nun eine Komik und eine Tragik.

Die Komik besteht darin, daß Strobel sich unter dem Zwange seiner beamtlichen Gewissenhaftigkeit mit der absurd häßlichen Dienstmagd Alma vereinigt, um jenseits alles „interessevollen Wohlgefallens" die Probe seiner Zeugungskraft zu leisten. Doppelironie häuft Lachen zu Lachen. Einmal: daß das Versuchskaninchen schon eine Frucht von anderem Stamme in sich schwellen läßt und daher zum Examen Konstantins untauglich ist. Und zweitens: daß er aus bürgerlich-moralischer Gewissenhaftigkeit eine bürgerlich-unmoralische Tat begeht. Ein unentrinnbarer Konflikt, der leider nicht vollendete Gestaltung fand.

In dem Gesagten liegt schon die Tragik beschlossen. Denn das von Alma Schieke zur Welt gebrachte Schandkind mit Namen Alibaba bringt den Bureaukraten — gerade durch die idealste Erfüllung des absoluten Bureaukratismus — um Amt, Beamtenehre und seine Partie. Was er als Pflichtopfer für die schwiegerväterliche Familie unternommen, macht ihm Braut und Schwiegereltern zu den Erinnyen verletzter Bürgerehre. Der seelenkeusche Schullehrer wird Satanas, Luzifer und Don Juan gescholten. Das ist in der Idee sublimste Tragikomik. Aber „keine ruhmlose Niederlage — das Opfer fällt, damit die Idee triumphiert. Das entscheidet zuletzt".

Damit es aber denn doch nicht nach Schiller oder Hebbel schließt, hebt sich die szenische Woge noch einmal ins Komische und vergeudet sich in der Posse. Strobel hat in seiner Lehrerpraxis den Sohn der millionenschweren Witwe Siebeneicher durch pedantische Genauigkeit zu Tode gequält. Die gemütvolle Mama fordert aber nicht etwa Rache, sondern Wiedergutmachung: Ersatz für Harald. Eine neue P f l i c h t dämmert in Konstantins Moralmaschine. Sie muß und wird freudig erfüllt werden. Sophistik ist Trumpf.

Mit diesem geistreich fundierten, aber wie alle Komödien Kaisers zu breit getretenen Spiel vom Bürger, trat Kaiser stilistisch aus dem Bezirk des noch Wedekindschen „Rektor Kleist" und der geschwätzigen Neuromantik in die Atmosphäre Sternheimscher Kurzrede, verdeckten Zeitungsstils und bewußter Stilisierung des scheinbar unstilisierbaren Bürgers. Kubistische Gesetzlichkeit in Gebärde und Rede gilt auf der Szene. Aber wie gesagt: der glänzende Ideengang wurde zu flach in den Denk=Hintergrund gesetzt und fand nicht starke Gestaltung in der Vorderhandlung. Es fehlt die Schlagkraft der Entwicklung und die Deutlichkeit. Was hätte da werden können! Die Komödie von Pflicht und Neigung. Der Unsinn: daß der Geschlechtstrieb zum sittlichen Gebot wird; das sittliche Gebot zum Erwecker heroischer Tragik; die Tragik aber wieder Komik unter dem Aspekt der Unnatur bürgerlicher Moralparagraphen. Das Motiv des „Zentaur" wird wieder behandelt werden, sei es von Kaiser selber oder einem andern. Es kann der literarischen Menagerie nicht verlorengehen.

Das Tanzspiel „Europa"

Die letzte von Kaisers Komödien, „Europa", ist die normalste. Sinnlich ohne Lüsternheiten, komisch ohne Schwankexzesse. Nicht den Bürger trifft die Niederlage im dramatischen Kampf der Gegensätze, sondern seinen extremsten Gegenmann: den Ästheten. Sternheim hat mit seinen Snobs noch kokettiert. Kaiser aber ist in der Unterstimmung nicht Grandseigneur, sondern Philosoph und gibt sich klassizistisch. Das Tanzspiel „Europa" (1915) entweiht den Mythus nicht seiner Ernsthaftigkeit. Kaiser verehrt seine in Wielandsches Arkadien hineingemalte Europa.

Es geht also gegen die Ästheten. Das sind Beinahe-Männer, die die Materie der Natur für so gemein erachten, daß alles, alles sich in Form auflösen soll. Das eigene Leben muß zum Kunstwerk umgebildet werden, um vor der Anschauung des höheren Selbst bestehen zu dürfen. Dem eigenen Leibe wird Nahrungshunger und Verdauungsfunktion peinlich verübelt; denn das ist nicht rein. Ein ethisches Wollen, ein natürliches Begehren wird Störung reinen Formtriebs. Kultur heißt hier Parfüm, Ohnmacht heißt Keuschheit, Feigheit heißt Humanität. Untätig, unfruchtbar und komisch in der Verkennung der chaotisch strotzenden Welt — so leben die Ästheten.

Bei Kaiser ist es so: In König Agenors Friedensreich der Schönheit sind die Männer zu Wachsgebilden zarter Mädchenhaftigkeit geworden. In himmelblauen Röcken und honiggelben Unterröcken tanzt es herum. Denn Tanz ist die höchste Betätigung der galanten Schönlinge; wer den graziösesten Sprung tut über die Materie, wer sich gar verflüchtigt im blauen Äther, befreit von jeglicher Substanz und Körperschwere: der leichteste Tänzer ist der vollendetste Mann. Und damit wohl der würdigste Freier der spröden, spöttisch kühlen Prinzessin Europa. Sie wähnen sie aus Duft ohne Form, Hauch ohne Gestalt: „Europa ist kein Leib." So denken die Galants, so denkt ihr eigener Vater, besorgt um würdige Freierschaft. Ein Polonius aus väterlichem Unverstand; Verkenner jugendlicher Natur, Tanzarrangeur und Clownerzieher.

Da kommt, schweifend mit Hermes nach Erdenabenteuern, der junge Zeus, begierig nach Europen. Er soll ihren Besitz ertanzen. Und Zeus — nur ihren falschen Ruf, nicht ihre wahre Weibheit kennend — tanzt wirklich wie ein Gott; hängt in der Luft als Schwinger seines Leibes; weitaus das Wunder aller Tänzer in Agenors Land; tanzt nicht mehr

Körper, tanzt die Seele — und wird von der Jungfrau Europa ausgelacht.

Sie will ja gar nicht Seele, sondern Leib. Sie kennt ihre „Seele" ohne Wedekinds Aufklärung. Da sinnt Zeus über dem Zentaurenproblem von Gott und Tier. Er wird zum Stier; dickschädelig, mit krauser Stirnwolle, mit Hörnern, Wampen, Schweif und schäumendem Maul; ohn' alle Delikatesse vor der verzimperlten Jungfräulichkeit seine Fladen auf die Wiese plätschernd. Natur, Natur! — sie siegt. Die tanzenden Mädchen fliehen zwar, wie schwachgebaute Kunstgewerblerinnen. Doch Europa in jungfräulicher Verwirrung — „ich weiß nicht, was ich will" — sie bleibt; halb Gier, halb Angst vor dem Tanzgetüm, das sie zu Hermes Flötenton bekränzt und krault — bis zur Entführung über die blauen Meere der Erfüllung... Aus der ersten Nacht, die sie zu Vaters Schrecken außer Haus geblieben, bringt sie die neue Weisheit in das alte Reich. Und das Neue, das auf Kraft und Mannheit sich begründet, heißt nach ihr: Europa. Wir wissen diesen Erdteil nunmehr reichlich erotisiert. Jean Jacques Rousseau! hieß die Losung vor hundertfünfzig Jahren. Und heute: Hoch Wedekind! Nieder mit den Georginen aus Stefans Geschlechte! Es lebe Zeus, der Stier, der Stier, der Stier.

Das ist das „Tanzspiel" von der Emanzipation vom Geiste, voll der zündendsten Theaterraketen, dekorativen Chancen, fröhlichster Komik, und alles Harte und Groteske angeheitert vom Himmelblau einer Idylle, in der die Schäfer spielen. Der Ästhetizismus wird ad absurdum geführt mit demagogischen Mitteln. Dickbäuche, Hagergestelle und Jungmädchen-Männer erweisen den Konkurs der Ästheten-Weltanschauung vor der Materie. Gott und Tier ist eines; das ist dieser Weisheit letzter Schluß. Nicht der Gott; nur der Stier ist schließlich doch das eigentliche Wunsch-Idol der erotischen Philosophie. Aber ist denn die Welt in- und außerhalb der Literaten-Kaffees wirklich so ästhetisiert, daß die Aufforderung zum Naturtrieb höchste Sorge unserer geistigen Führer werden müßte? Der Stier bleibt auch ohne Kaiser immer und immer stärker als alle Ästhetik.

Doch werden wir nicht allzu ernsthaft vor diesem Tanzspiel, das doch wohl nicht mehr als eine entzückende Ballett-Pantomime sein will. Denn es lebt nicht vom Wort, das spröde bleibt. Es lebt vom Schein, farbiges Geschehen, Gruppenmimik, Tanz und Parodie werden zu eigener Theaterpoesie, die nach Musikbegleitung schreit. Eine dringende Textgelegenheit für den Schöpfer der „Ariadne auf Naxos": Richard Strauß. Weg dann mit aller Ahnung von Ernsthaftigkeit in Arkadien. Oper, fein-köstliches Musikspiel mit Arrangements. Der einzige Ausweg, auch das Tanzspiel seiner unfreiwilligen Ironie zu entkleiden.

Denn hier passiert es einem sophistischen Kunstdenker, daß die Tanzkultur — als die vom Dichter verlächerlichte Schwäche — wieder durch die Ausdrucksmittel der Tanzkultur zur Satire werden will: also Satire des Tänzers gegen die Tänzer. Der Ästhet verspottet hier ästhetisch die Ästheten!... Denn man glaube doch nicht an die Naivität dieses Stieres. Die alle Welt beleckende Kultur macht auch vor Georg Kaisers Stier nicht halt. Das gute Tier schnaubt doch Parfüms und seine Exkremente sind Moschus; die Hörner sind poliert, seine Stirnlocken gesalbt und frisiert. Nicht Kraft des Eros strömt aus Zeusens Mund; nicht zeugender Same aus des Stieres Fleisch: annehmliche Sodomiterei ist Hautgout dieser Natur-mimik — die zugleich noch ein bißchen Pädagogik sein will.

Pädagogik? Ja! Denn der Erotismus sucht sich aus schlechtem Gewissen oft gern mit erzieherischen Absichten zu rechtfertigen. Wedekinds Fleisch mußte sich in Fleischgeist veredeln, der die falschen Erzieher in „Frühlings Erwachen" verflucht und die gute Erziehung der jungen Mädchen in der tanzpädagogischen Provinz von „Mine=Haha" mit Note Eins belobigt. Wedekinds Abhandlung über „Erotik" ist eine Erziehungsschrift. „Rektor Kleist" ist noch Wedekind= scher Protest. Reiner Kampf gegen heuchlerische Naturver= larvung ist löblich. Aber allzu häufig wird in der jungen erotischen Literatur diese Moral nur zum Heuchelschild einer „höheren" Moral; oder zum Deckmäntelchen unbefriedigter Begierden. Wedekind blieb trotz aller Fleischklügelei ehrlich und naiv. Georg Kaiser sucht sich nach Kräften frei zu hal= ten von wortgewordener Tendenz. Doch auch in ihm spricht der Erzieher mit den Abschreckungsbeispielen gegen die fal= schen Pädagogen. Die Rektorkomödie ist schon gegebener Stoff; Manasse, Judiths Ehegreis, ist der Schriftgelehrte mit der Fleischsophistik: König Hahnrei bemerkt, er wolle die Knaben und Mädchen nimmermehr zusammen erziehen lassen; der „Zentaur" ist als Lehrer in den Konfliktkreis eingezogen; König Agenor ist der unvernünftigste Erzieher seiner Kinder wie Herr Gabor senior. Das ist kein Zufall — so wenig als die immer wieder auftretende erotische Pathologie der Körper Zufall ist. Rektor Kleist ist anormal aus körperlicher Eitelkeit; Manasse aus Impotenz; König Marke aus sadisti= scher Eifersucht; der „Zentaur" aus lächerlichster Unnatur; die Ästheten um Europa aus Androgynentum. Dem Extrem der ungesunden Moralheuchelei wird mit dem ebenso un= gesunden Extrem der Naturheuchelei vom reinen Tier im Menschen begegnet.

Reines Tier? Es gibt nur ein naturreines Tier. Diese Naturreinheit genügt nicht zur ethischen Qualifikation des Menschen. Immerhin — wenn diese Reinheit auch etwas Seelisches bedeutet — dreht Kaiser möglichst unbefangen seine Kurbel und hat die Weisheit, seine reinen Tierchen

Das Tanzspiel Europa

nicht viel Kaiserſches reden zu laſſen. Was Wedekinds Brunſtheldinnen beeinträchtigte, war ihre allzu geſcheite Redekunſt. Kaiſer iſt klüger, philoſophiſch gewandter, daher weniger aufgeregt und weniger lehrhaft. Sophismus hält friſch, kühl und unbeteiligt: ſeine gedachten Fleiſcheskinder wahren ihre Beſtialität in ſpieleriſch prachtvoll ermöglichter Stummheit. Triſtan und Jſolde, Judith und Europa ſparen ſich vom Satz das Wort. Der junge Naturheld Kadmos in „Europa" ſpielt überhaupt nur unſichtbar. Und gar der Stier, der Haupthelt der erotiſchen Dramatik — der Stier macht Muh und läßt den Fladen klatſchen, als proklamierte er damit den Sinn der Welt.

Strindberg

Elis: „So elend bin ich!"
Christine: „Soviel Mensch bist du!"

Strindberg — fin de siècle

Der Psycholog

Noch hörte man das Schellengerassel und die klatschende Zirkuspeitsche Wedekinds auf dem Jahrmarkt vor der Kathedrale lauter als das Schreien des verzweifelnden Büßers Strindberg, der im heiligen Raume um einen Gott rang — da kam der große Krieg. Die Strindberg-Ekstase — die Strindberg-Mode überschwemmte das deutsche Theater. Man kannte zwar den Schweden schon längst: die Skandinavier hatten im literarischen Deutschland Oberwasser. Aber man rühmte den Naturalisten, nicht den Symboliker. Man spielte seine psychologischen Gesellschaftsstücke gleich denen von Ibsen und Hauptmann. „Fräulein Julie" war die angestaunte psychologische Studie; Dekadence-Charakter gleich Hedda Gabler. Eine Komtesse, die sich mit dem Jean des Hauses in der Schwüle der Mittsommernacht vergißt, die sexuelle Frage an die Sphinx des Leibes stellt und die Antwort mit dem Leben bezahlt. Die Angst vor dem Kinde, das Grauen vor der Ehe mit dem Domestiken; und dann die adelige Ehre. Hier gab es alle Register der „Psyche" zu ziehen. Der von der Herrin verführte Bediente repräsentiert die Ressentiments des Nietzscheschen Sklavenmenschen. Sein Blut möchte Erfüllung; aber ihn hemmt die Angst vor dem Grafen, den er verehrt, fürchtet und darum haßt. Seine Brutalität ist Vitalität. Er läßt den Konfliktsknoten der Standesunterschiede mit dem Rasiermesser zerschneiden, das er der nach dem Sündenfall verzweifelnden Julie in die Hand drückt. Die degenerierte Oberklasse fällt. Stirbt an einer „Ehre", welche die neue Zeit nicht mehr anerkennt. „Die Ersten werden die Letzten sein", lautet der Bibelspruch mit sozialistischer Betonung.

Mit aller Umständlichkeit des psychologischen Apparats motiviert Strindberg die Komtesse. In einer Abhandlung über das Stück zählt er alle Motive auf, die das Phänomen Julie ausmachen und „begründen": Instinkte der Mutter, die falsche Erziehung des Vaters, die eigene Naturanlage, die Suggestion des Bräutigams auf das degenerierte Gehirn; der Festwirrwarr der Mittsommernacht, die Abwesenheit des Vaters, die Monatskrankheit, der Umgang mit den Tieren, die Aufregung des Tanzes, die Dämmerung der Nacht, die aphrodisische Betäubung durch die Blumen; „und schließlich der Zufall, der die beiden in einem geheimen Zimmer zusammentreibt plus der aufregenden Zudringlichkeit des Mannes". (Alle Zitate stammen aus der Scheringschen Übersetzung von Strindbergs Werken.) Milieu und Vererbung: Taine und Darwin. Mit solchem Katalog und dem deus ex machina des Zufalls wird um 1888 vom Führer der jetzigen antipsychologischen Dramatiker der psychologische „Charakter" verteidigt. Es interessiert weiter zu hören: „Ich bin also nicht einseitig psychologisch verfahren, nicht monoman psychologisch, habe nicht nur die Vererbung von der Mutter beschuldigt, nicht nur die Schuld auf die Monatskrankheit oder ausschließlich auf die Unsittlichkeit geschoben und nicht nur Moral gepredigt. Dieser Mannigfaltigkeit der Motive will ich mich rühmen als einer zeitgemäßen."

Diese Rühmung klingt wie die Verteidigung Eines, der ahnt, daß der aus Einzelheiten experimentell zusammenkonstruierte „Charakter" im Grunde ein Unding sei: ein Automat. Denn er begründet und behauptet, daß er seine Figuren „charakterlos" gemacht habe, und meint damit zunächst allerdings nur die Freiheit vom alten Typencharakter wie etwa Molières Harpagon, wo der herrschende Grundzug im Komplex einer Seele alle andern Eigenschaften negiert und dann die französische Komödienfigur entsteht: der Geizige, der Verschwender, der Lügner — die nichts zu tun haben als zu knausern oder zu prassen oder die Wahrheit ins Gegenteil zu verkehren. Das ging gegen die Sardou= und Scribe=Figuren.

Aber auch jene „Unbeweglichkeit der Seele" meint hier Strindberg, die vom Bürger als starker und widerstands= fähiger Charakter gepriesen wird, weil dieser die Gewähr für den ordnungsmäßigen Ablauf seiner staatsbürgerlichen Ma= schine leiste und doch eigentlich nur ein Versagen der seeli= schen Entwicklung bedeute. Gegen jene moralische Handhabe, mit der sich ein dramatisch=sittlicher Konflikt in so überaus klarer Weise durch einige pflichtkundige Damen und Herren erledigen ließ; sei die Pflicht erheuchelt oder echt, ganz gleich, sie wurde des Dramatikers Motor für die Gliedermännchen. Bei Wildenbruch und Sudermann, da fanden sich diese künstlich gestützten Charaktere, deren Konstruktion auch Wede= kind verachtet und in seinen Figuren zerstört hatte. Aber trotz aller Ahnung, die in Strindberg dämmern mochte — auch er war hier Tendenzler der Naturwissenschaft und Er= klärer der psychologischen Wahrheit über den Menschen. „Ich habe das Symmetrische, Mathematische im französischen konstruierten Dialog vermieden und die Gehirne unregel= mäßig arbeiten lassen, wie sie in der Wirklichkeit tun..." Die Gehirne! Später suchte er die Seele.

Das war der frühe Strindberg, der das romantische Drama der Heroen und das zivile der Augier und Dumas ablehnte; in Zolas „Therese Raquin" den ersten drama= tischen Naturalismus spürte und ihn im Einakter erst gipfeln sieht. Denn der flüchtige Einakter, das ist doch erst, wie Zola formulierte: ein Stück Natur, gesehen durch ein Tempera= ment. Das Intrigenstück braucht oft drei oder fünf Akte, die nur um eine einzige Szene herum geschrieben sind. Diese scène à faire mußte zur Abendfüllung aufgeblasen und

verbrämt werden. Die Proverbes Mussets sind klassische
Vorläufer des Einakters. Wedekinds „Kammersänger" wurde
später zum Vorbild der dramatischen Konzentration vieler
Schicksale in eine Hauptsituation. Im Strindberg der „Kam=
merspiele" wurde mit stimmungshafteren Mitteln ein Kon=
fliktstoff zusammengefaßt. In den frühen Dramoletten aber
gab es nun ohne statierende Ritter und gestikulierende Bür=
ger, ohne Waffenkampf und politische Rednerei, nur die
eigentliche Auseinandersetzung der Temperamente; alles auf
primitiver Bühne. „... und in dieser Kunstart konnten erst
alle Entdeckungen der modernen Psychologie in populärer
Verdünnung angewandt werden." So rechtfertigt sich der
Strindberg der Einakter: oft wenig durchgeistigte Stim=
mungsbilder wie „Samum", eine Szene gleichsam aus dem
Pariser Grand=Guignol, wo ein verdurstender Kolonialoffi=
zier vom Weibe in den Tod mißhandelt wird; oder der
Monolog „Die Stärkere" mit der weiblichen Selbstentlar=
vung; oder „Mutterliebe": die Sünde des Weibes als Mut=
ter, die ihr Kind verkümmern läßt.

Haßliebe: Totentanz

Das Weib! — das ist der Angelpunkt der irdischen Welt
Strindbergs. Der Weiberhaß war seine Kennmarke in der
Vorkriegszeit. In den weiter ausgebauten Einaktern der
Zeit von 1888—92 gibt er nicht nur mehr Stimmungs=
bild und flüchtige Impression. Noch gilt „Fräulein Julie"
nur minderwertig als das dekadente Weib, das es dem
Manne gleichtun möchte und an der gesunderen Kraft der
Proletariernatur zugrunde geht. Aber in der Thekla der
„Gläubiger" grault die Tigerkatze, die den Dichter nie mehr
aus den Tatzen läßt. Nicht die geoffenbarten Dirnen Wede=
kinds, der Triumph des Fleisches, der Dämon der Erde als
zur Zeugung verlockende Kraft und als nackte Schönheit.

Sondern das listige, schlaue, harmlos betuliche, bürgerlich oder hohem befiederte Weibchen, das Versorgung vom Manne heischt und dafür mit den gemeinsten Waffen des Geschlechterkampfes sein Leben zerstört. Die das Geistige aus ihm preßt und es in sich zu Gift verdaut: die intellektuelle Wiederkäuerin des männlichen Gehirns. Die ihm alle Gedanken aussaugt, um sie als Verleumdung und Sophistik wieder gegen ihn zu spritzen: dem ewig unbezahlten „Gläubiger" — wie der Titel eines Einakters den entmächtigten Mann nennt. Die Verruchte, die in den „Kameraden" auftritt als „gleichberechtigte" Mannesfreundin mit der trügerischesten Solidarität; die ausnützt, betrügt, herunterzieht; mit Dirnenkoketterie den Ehegenossen in nie erlauender Othellostimmung hält und verrückt macht. Die, um dies Werk zu krönen, wie die Laura im „Vater", ihr Opfer an der ehelichen Echtheit seines eigenen Kindes verzweifeln läßt; mit Andeutungen und spielender Lüge den Vater des Kindes beraubt. Endlich „Das Band", der festgefügteste der naturalistischen Einakter, Meisterstück bühnentechnischer Verquickung zweier Hauptmotive: ein Scheidungsprozeß zwischen dem Baron und der Freifrau, die im Kinde das letzte Band ihrer Liebe und ihres Hasses sehen; und wo ein junger Richter verzweifeln will, daß zwei lügenhafte Zeugen mehr gelten als ein Wahrhaftiger. Im Toben des Streites schlagen auch hier der Haß und die Geschlechtsbosheit der Frau die höchsten Wellen. Das Kind wird als Gegenstand der Mutterliebe für Augenblicke vergessen und zum Objekt der nackten Rache: sie kann kein anderes Weib als künftige Mutter ihres Kindes sehen; der Gedanke könnte sie zur Mörderin machen. Medea in Duodez.

In diesen Dramen des Vierzigers Strindberg entwickeln fast alle künftigen Motive ihre Giftkeime. „Das Böse stirbt nie!" Jeder ist Schuldner und Gläubiger des andern; keine

Freundschaft zwischen M und W. Die Liebe der Geschlechter ist Höllenliebe, der Haß bindet genau so, wie der Geschlechtstrieb; das Weib ist die Schlange der Erbsünde. Kein Gatte ist seines Weibes, kein Vater mehr seiner Kinder sicher; kein Kind der Liebe seiner Mutter, die sich widersinnig als Pelikan empfindet, wenn sie das Blut aus ihren Kindern hackt. Die Ehe ist ein „Totentanz" von Vampyren: das Haßduett des Kapitäns und Alicens ist vorbereitet. Und doch: „Es ist schade um uns" — heißt es schon im „Band" als Vorklang des Leitmotives im späteren „Traumspiel": „Es ist schade um die Menschen!"

Zum letztenmal vor Eintritt in die Spukwelt seiner symbolischen Stücke gibt Strindberg eine Psychologie der Ehe im „Totentanz", dem stärksten seiner Ehedramen. Dieses Stück liegt hinter des Dichters seelischem Zusammenbruch in den neunziger Jahren, der ihn zum Okkultismus und zum Gottsuchen brachte. Aus den Stuben, wo die „Gläubiger", die „Kameraden" und der „Vater" noch ein ziviles Leben führten, begibt er sich auf eine Festungsinsel, die man die „kleine Hölle" heißt. Für den Kapitän und seine Frau Alice, die hier seit fünfundzwanzig Jahren wohnen, ist es die große Hölle. Mit Haßfesseln sind sie aneinander gebunden. Der Telegraph klopft in diese Einsamkeit Schicksalsworte und streckt seine papierene Schlange in den Raum. Es riecht noch giftigen Tapeten. Man wittert eine Leiche unter dem Fußboden, und der Haß schwängert die Luft, daß der Atem versagt. „Bist du noch so kindlich und glaubst an die Hölle?" wird gefragt. „Glaubst du nicht daran, wo du mitten in ihr bist?" heißt die Antwort. Kein Ibsenstück mehr. Dieser Inferno-Gluthauch sengt alle Zivilisation hinweg. Es geht nicht mehr um Spielereien im Affenkäfig, um Schikanen und Peinigungen für den Augenblick: hier geht's um Tod und Leben. Alle Psychologismen des Alltags dienen nur der beabsichtigten Wahrscheinlichkeitswirkung solch überteuflischen Hasses.

Was aber der Zuschauer im Theater als wahr empfindet: das sind die Einzelheiten — nicht ihre Summe. Die stechenden Bosheiten des Weibes, die Gegenstiche des Mannes. Da bewundert jeder aus seiner eigenen ehelichen Gemütlichkeit heraus, und selbst der Psychiater ruft sein Bravo des Sachverständigen. Der Blick durchs Mikroskop überzeugt; das ganze Gemälde aber weist die krassen Verzerrungen und diskreditiert die Allgemeingültigkeit seiner Wahrheit. So ist es mit Strindbergs biographischen Schilderungen wie mit seiner ganzen Ehedramatik. Die Personen als Gesamterscheinungen sind diabolische Karikaturen, aber das Gift schmeckt in der Einzeldosis nach penetrantester Wahrheit. Und es wird als Medizin von den Geschlechtsvertretern im Publikum gegenseitig gern zur Stimulanz verschrieben: Die Frauen schelten Alicens Bosheit übertrieben und finden den Kapitän überaus gut getroffen; die Männer kritisieren die Gemeinheit des Mannes als unwahrscheinlich und nennen die Teufelei des Weibes untrügliche Photographie der Wirklichkeit.

„Der Totentanz enthält psychologische Entdeckungen ohne sogenannten Frauenhaß", schrieb Strindberg an seinen Übersetzer Schering. Das Resultat ist, daß die Wage der Bosheitsverteilung hier beinahe im Gleichgewicht schwebt und diesmal die Frau etwas mehr Mitleid erlangt als jene früheren Katzen, die so harmlose arme Teufel zu Tode kratzten, wie sich Strindberg selber einer dünkte. Diese Gerechtigkeit täuscht jetzt noch trügerischer über die Unglaubhaftigkeit der Gesamttypen hinweg. Gewiß soll sich der poetische Typus in den Formen des Dämons zur Riesengröße aufrecken; doch darf er mit all der naturalistischen Einzelprosa nicht den Eindruck einer bürgerlichen Tagtäglichkeit vortäuschen. Und ferner liegt die Rechtfertigung des Gigantenmaßes in der dichterischen Gesamtgestaltung und der aus dem Verhältnis des Helden zur Welt gewordenen Zielrichtung seines Willens. Aber in den beiden Teilen des „Totentanzes" geht alles in dem langsamen Trauermarschtempo der späteren Reise „Nach Damaskus" ohne sichtliche Fortbewegung. Dichterische Höhepunkte ersetzen nicht die mangelnde Willenskraft des Dramatikers, so unheimlich er dann auch packt: mit dem bei Bojarenmusik trunken herumtobenden Vampyr, den die Frau am Klavier tottanzen lassen möchte; mit der Furie am Flüche klappernden Telegraphen; mit ihrem triumphierenden Schwingen vergilbter Lorbeerkränze, jubelnd über die baldige Entkettung von dem Leichnam.

Aber wo ist die große Gegenbewegung? wo das Motiv, das die sich ewig Hassenden so wunderbar zusammenhält? Von der Haß-Liebe der beiden ist nur der Haß geschildert und in seiner Verharrung dargestellt. Daß Alice aber trotz ihrer Leiden fünfundzwanzig Jahre von dem Scheusal nicht loskam, erforderte eine dem Haß gleichwertige Liebesdynamik! Wo wäre sonst ein Endsinn in all der Quälerei? Das erkannte Strindberg kurz vor Torschluß seiner Hölle. Nach eigenen Worten soll sein „Totentanz" „fest in der Form, überlegen in der Resignation und groß im Verzeihen" sein. Der Schluß des „Vampyrs" (wie ursprünglich der zweite Teil heißt) erklärt dies. Scheußliches geschieht: Der endlich sterbende und nur noch Laute lallende Kapitän spuckt statt letzter Schmähung seinem Weibe ins Gesicht, worauf ihn Alice zum Lebensabschied ohrfeigt. Und nun, nachdem sie nur noch Abfuhrleute und Anatomiediener für unwürdig genug hält, um diese „Karre Unrat" zu bestatten — da geschieht es plötzlich, daß Alice eine „sonderbare Lust" ankommt, von ihm gut zu sprechen. Zumal er kurz vor seinem Tode noch gesagt haben soll: „Verzeih' ihnen, denn sie wissen nicht, was sie tun" — der Vampyr! Sie aber schwingt sich

Haßliebe: Totentanz

auf mit Engelsfittichen: „Mein Mann, mein Jugendgeliebter — ja lache nur! — er war ein guter und ein edler Mann — gleichwohl... ich muß diesen Mann geliebt haben!"... Friede sei mit ihm.

Dämonen ist das nicht gestattet! Keine Gartenlaubenkränze auf den Mumiensarg der Vampyre! Oder wenn schon Bekehrungswunder geschehen sollen, dann bitte einige Vorbereitung und nicht ein kühner Sprung von Seite 143 auf Seite 144. Das ist Vergewaltigung der Hölle und des Himmels ... Trotz allem aber ist der Vampyr das erste große Gespenst der Strindbergschen Schreckensgalerie; hier wurde mit den Mitteln der Psychologie die Wahrscheinlichkeit der lebenden Leichname erwiesen, das Absterben des Menschen in seinem Tierleibe. Nicht stelltten sich einfach Gespenster als Tatsachen hin, sondern die Vergespensterung selber wurde Erscheinung.

Eines aber fordert deutlichste Aussage: die Strindbergschen Konflikte aus Haßliebe sind nicht elementar. Sie zeigen nicht „den Mann" und „das Weib" in einer notwendig gegensätzlichen Geschlechtstypik. Denn die Frau nähert sich zu sehr der Emanzipation und der Mann wehrt sich weniger mit den Waffen seiner ureigenen Brutalität als in der weibischen Taktik des dialektischen Guerillakriegs. Literaten-Ehen reichen nicht aus zu einem Mythus vom Kampf der Geschlechter.

„Totentanz" ist schon ein Drama des Fünfzigers, der seine Stoffe über das spezielle Geschlechterthema hinaus in Faustischen Bereich allgemeiner Erkenntnis brachte. Aber auch der Sechziger der Kammerspiele setzte immer wieder einmal die Ehetragik in den Verlauf des Spiels: in „Wetterleuchten", „Scheiterhaufen" und „Gespenstersonate", wo die Atmosphäre in Geisterschauern zittert; wo drohendes Schicksal sich in Blitz und Wind verkleidet und die ganz wirklichen Menschen schreckt. Doch es sind nur Nachspiele. In den Dramoletten des alten Strindberg liegt es wie Witterung von Versöhnungsluft. Die beim Himmel in Ungnade Gefallenen dürfen sterben im Wahn, daß die großen „Sommerferien" der Seele beginnen. Und um die bösen Menschen ist es sogar „schade". Mitleid umgibt sie, die nicht anders sein konnten. Denn der Sechziger Strindberg wußte um die Erbsünde und sah im Weibe nicht mehr allein die böse Willkür der Schlange. Doch bis zu solcher Metaphysik war für den in dreimaliger Ehe Gepeinigten ein langer Weg zu schreiten. Er mußte in Krankheit verfallen mit Tod oder Auferstehung zu einem neuen Leben. Die Krise kam zum Ende des gehirnlichen Jahrhunderts. Er beschrieb sie im vierten Bande seiner Selbstbiographie. Sie hieß nach Dantes Hölle: „Inferno".

Das Weib

Eine Zeit ohne den Mythus der Antike, ohne eine allgeglaubte Kirchenlegende, ohne Tradition und Religion konnte für ihre dramatischen Stoffe nicht auf das Problem von Mann und Weib verzichten, das allein außer dem Erwerbskampf eine allgemein-menschlich interessierende Kampfform im Drama ermöglichte. Der Sozialismus und die Nervenpsychologie beherrschten das Theater der Väterzeit als Thema; häufigster Konfliktstoff zur Anwendung der Zeitideen ward die Liebe. Wie die Modernen mußten auch Hebbel, Wagner und Ibsen das Geschlechtliche als die Zentrale der Triebwelt erkennen; aber ihr Idealismus betonte die Liebe des Madonnenweibes, des Ewig-Weiblichen, das hinanzieht. Senta-, Genofeva- oder Solveig-haft steht die Frau erhaben über dem Mann, ohne wie Gretchen und Dantes Beatrice himmlischer Kanonisierung zu bedürfen.

Das Weib

Die Liebe allein schon macht sie rein, heilig und wenig körperhaft trotz ihrer Triebe. Strindberg und Wedekind aber sahen das Weib im andern Extrem als die Schwerkraft, die vom Himmel herunterzieht. Sie schützte keine Philosophie vor dem ungeistigen Dasein der nackten Venus im Mittelpunkt des Lebens.

Doch wie anders als bei dem verängstigten Weiberhasser Strindberg lag das Problem des unbedenklichen Fleischmoralisten Wedekind. Für ihn war das Weib im Grunde eigentlich überhaupt kein Problem, sondern eine großartige, sein Leben erfüllende Tatsache. Am Weibe orientierte er seinen Kosmos und damit das Schicksal und seine Moral vom Fleischgeist. Daß es den reinen Fleischgeist aber nicht gab, daß die Moral sich vor dem Fleische fürchtete, das war eine von Strindbergs entsetzlichen Entdeckungen. Wedekind hatte es bequemer. Das Weib war auch ihm die Eva der Griechen — wie in Strindbergs „Nach Damaskus" die Pandora heißt —: „von Zeus aus Bosheit geschaffen, um die Männer zu quälen und sie zu beherrschen! Als Hochzeitsgeschenk erhielt sie eine Büchse, die alles Unglück der Welt einschloß. Vielleicht wird das Rätsel dieser Sphinx besser gelöst, wenn man es vom Olymp aus sieht statt vom Lustgarten des Paradieses!" Der Künstler Wedekind saß in seinen besten Stunden auf dem Olymp.

Strindberg aber sah sich verstoßen aus dem Eden des Friedens; was Wedekind rote Götterspeise war, das wurde ihm zum Zankapfel der Erkenntnis. Was kümmerte ihn die Verachtung des Fleisches durch die Mucker, was die Moral des Fleisches der Sybariten, was die Schönheit der Bajadere, die ihn nur in Qual, Erniedrigung und Sünde zog. Denn irgendwie als Sünde empfand der im Pietismus erzogene Strindberg wohl die Lust. Er, der in Sehnsucht nach Erlösung seiner ahasverischen Seele doch im unvermeidlichen

Weibe das Gretchen, die Senta, die Solveig, die Rhodope suchte, ja bis zur Banalität eines Puppenheims die gemütlich häkelnde Gattin als Henne ihrer Küchlein — und doch von seiner Sexualität immer zu den intellektuell benervten Weibchen hingezogen wurde. Zu Frauen, die Dirne sein konnten und zugleich verständnisvolle „Kameradin"; die ihn zum „Gläubiger" ihrer Geistigkeit und zum selig-unseligen „Vater" machten. So verfluchte er, was Wedekind pries. Ganz zu Unrecht nennt man oft die beiden als Weibeskritiker und Erotiker zusammen. Wenn diese beiden die Ehe schmähen, ist es wahrhaftig nicht dasselbe. Für Wedekind ist sie die Verhinderung der freien Liebe durch die Staatsmoral. Für Strindberg aber das theoretisch mögliche Ideal von Häuslichkeit und monogamer Harmonie; eine Institution, die Gatten und Kinder glücklich machen könnte. Aber das Weib macht aus ihr ein zum Bordell verwunschenes Paradies der Liebe, mit dreieckigen Separés und Hausfreunden, die die Partei der Frau ergreifen: dieser entweibten Männin und Gehirn gewordenen Dirne, nach deren Launen das sensible Opfer sie bald schwarz und selten rosa sieht. Da singt er im Häuschen des Klosterberges von „Nach Damaskus" in einer seiner ungetrübtesten Liebesvisionen: „Häuslichkeit! liebliches Wort! liebliches Ding, das ich noch nie besessen. Häuslichkeit und Gattin!"; und sieht in derselben Stimmung den Lichtstrahl der Versöhnung mit der Menschheit und dem Weib — durch das Weib? Und er preist die Dame ob ihrer Erlösungskraft, und „gesegnet sei sie unter den Frauen!" Doch schon die nächste Szene schlägt wieder zu anderer Erkenntnis um; die „Totentanz"-Melodie, nur im weichen Moll der Resignation: „Also wir hassen einander — Und lieben einander ... Und hassen einander, weil wir einander lieben; wir hassen einander, weil wir aneinander gebunden sind; wir hassen das Band, wir

August Strindberg

haffen die Liebe; wir haffen das Lieblichste, das das Bitterste ist; das Beste, das dieses Leben gibt. Wir sind fertig!"

Gejagt, gepeitscht, verwandelt, verteufelt, verengelt. Was spielt alles in Strindbergs flammendem Schwedenkopf? Die mächtige Stirne, zum Grübeln mehr als zum Denken; die Augen bald klar und forschend, bald tief beschattet, ängstlich und leidend. Die Zeichen des Willens, Nase und Kinn, klein und unbedeutend. Und dann: infernalisch, vampyrisch, häßlich saugend und immerfort küssend der süßliche Mund. Diese Stirne mußte hassen, was dieser Mund begehrte. Dieser Mund mußte küssen, was ihm die Augen schmerzlich enthüllten. Denn ob auch das Gehirn wohl heftig widersprach, der Wille dieses Kinns war zu klein, die Nase zu unmännlich, um nicht von solchem Mund beherrscht zu werden. So wurde sein weibliches Ideal ein Kompromiß der Wünsche von Hirn und Mund Madonna und Dirne. Das Unlösbare dieser Wunsch-Verbindung durchlitt aber seine Seele im irdischen Purgatorium, das seinem Inferno folgte. Da war es nicht mehr die Qual am Weibe allein, sondern die der Erkenntnis des großen Zwiespalts und die Sehnsucht nach Liebe und Frieden; die Frage nach der letzten Gerechtigkeit des Himmels.

Anders als die Pandora sieht er im „Traumspiel" das Weib: nicht aus Bosheit eines Gottes geschaffen, sondern aus einer notwendigen Urtragik, aus dem „Sündenfall des Himmels", wo die göttliche Urkraft Brahmas sich vom Erdstoff Majas zur Weltenzeugung versuchen läßt. Um aus dem Traum-Schein der Materie erlöst zu werden, sucht der Mensch Leiden und Entsagung. Doch dieser Wille zum Leiden kommt in Streit mit der Genußgier oder mit der Liebe. „Verstehst du nun, was die Liebe ist, mit ihren höchsten Freuden in den größten Leiden, dem Lieblichsten im Bittersten! Verstehst du nun, was das Weib ist? Des Weib, durch das die Sünde und der Tod ins Leben eintrat?" Das Ende ist der „Kampf zwischen dem Schmerz des Genusses und dem Genuß des Leidens — der Qual des Büßers und den Freuden des Lüstlings ..." Wo aber ist der Friede? Die Ruhe? Das verrät Indras Tochter nicht und dazu reicht der menschliche Gedanke nicht.

Bekehrung in der Hölle

Die Seele litt schon im Kinde, im „Sohn einer Magd", im Bastard aus Unterklasse und Oberklasse, im Zweiseelenmenschen, der zwischen Ästhetik und ethisch-religiöser Pflichtgetriebenheit schwankte. „Du siehst wie ein Dämon aus, wenn du das Wort Pflicht nennst!" sagt Indras Tochter zum Erdenbürger. Pflicht und Gerechtigkeit gehen durch das denkende Gehirn. „Welche Umwege, welche Schleichwege" offenbart allein schon die anatomische Gestaltung der Gehirnwindungen! „Darum denken alle Rechtdenkenden in Umwegen!" („Traumspiel"). Der blutende Herzquell denkt nicht; er strömt in geradem Strahl wild oder sanft, Liebe oder Haß. Moral kam für Strindberg nur als die Menschenglück ertötende Pflicht und als harte Gerechtigkeit in Frage, nicht aber in höchster Form als Freiheit des Geistes. In „Damaskus", in „Advent", im „Traumspiel" sieht er in den „Rechtdenkenden" wie Wedekind immer nur die Pharisäer. Verstandesmoral erzeugt den Fluch Mose'. Aus der Liebe muß der Segen fließen. Ihre Trägerin ist die Seele: erst sie erlöst von Welt und Weib.

Diese Erkenntnis kam ihm damals nach der Inferno-Krise um 1900 in Paris. Der Wahnsinnige hofft nun auf die Kirche. Nach „Damaskus" verläßt der Dichter die Fabel der Gesellschaftstragödie, löst die technische Architektur seiner früheren Gestaltungen auf, läßt sich breit aus und schildert in quälenden Bilderfolgen, kaum verhüllt durch das ver-

räterische Pseudonym „Der Unbekannte", die Entwicklung
seiner Seele vom Skeptiker zum Gläubigen. Er, der im
„Band" Gott anklagte, daß er die geschlechtliche Höllen=
liebe zur Peinigung der Menschen in die Welt gesetzt habe;
er, der zu Beginn des Weges wie der Böse vor dem Kreuze
scheute; er, der Gott kritisiert um der schlechtesten aller
Welten willen — er sucht Gott. Er wittert übernatürliche
Absicht, wo früher nur Zufall war, und sieht plötzlich tiefen
Sinn im Bösen und im Weibe. Er, der vor unbezahlten
Rechnungen zittert, will es wagen, auf dem Sinai das Ant=
litz Jehovas zu schauen. Denn er hält es nicht mehr aus in
der Wirrnis und Angst vor den Teufeln. „Ich leite, als ob
ich das ganze Menschengeschlecht wäre. Ich leide und habe
kein Recht zu klagen." Den Sinn seines Unglücks erforscht
er nimmer im Diesseits. Aus dem Psychologen wird ein
Mystizist. In seine Sprache mischt sich die kirchliche Ter=
minologie: er fühlt sich in Ungnade geboren; er bekennt, daß
Demut und Gehorsam nie seine Tugenden gewesen seien;
daß ihm der Sinn für Freude nicht geschenkt wurde; er
spricht vom Glauben, als der verzweifelten Ablösung des
Wissens. Er erkennt seine Pflichten gegen die unsterbliche
Seele; und sieht, daß alle Peinigungen nur Prüfungen sind.
Dabei aber bezweifelt der neue Gläubige immer wieder einen
guten und verzeihenden Gott, weil er ihm nur eine schwarze
Welt vor Augen stellte.

„Ewige Mächte, rettet seinen Verstand, da er glaubt,
alles Böse sei wahr und alles Gute sei Lüge!" spricht der
Bettler in „Damaskus" zum Unbekannten. Das erste Wort
der Selbsterkenntnis; der erste Schritt aus der Tretmühle.
Noch aber quält er sich hin. Wir sind in diesem Leben zur
Hölle verdammt, und die Verbrechen, die wir begehen, jeder
an seinem Nächsten, sind die Strafen für unsere Selbstsucht
und das ewige Fragen nach verbotenen Dingen. Wer die

Schlange in die Welt gesetzt hat, mußte seinen Grund haben. So martert sich Strindberg um Weib, Gott, Bosheit und Gnade; doch ohne Geist; nur seelisch flatternd, nur fühlend und dabei keine Fragen lösend, und keine Befreiung aus der Dumpfheit findend. Er ist ein Faust des Gefühls allein und daher ohne geistigen Körper, ohne Weltkritik. „Du hast mit dem Blitz gespielt und zu tief in die Sonne gesehen", wird dem Unbekannten entgegnet. „Ich wollte den innersten Sinn des Lebens wissen! ... Aber das darf man nicht." Solches tönt wohl faustisch; aber der Büßer von „Damaskus" ist kein Zu-Ende-Denker und kein Titan, dessen Wille eine neue Welt türmt; weder Goethischer Faust noch Prometheus. Seine Tat ist der Schrei des Verdammten einer entseelten Zeit; ein zum Krüppel Geschlagener, ein Genie des Leidens, ein schamloser Erspürer der peinlichsten seelischen Bedürfnisse; als Bekenner der Seele vom Stamme Rousseaus und Augustins. Nicht aber ist er ein Geist wie Jene, die der neu entdeckten Seele Form geben konnten. Kein Bezwinger des Chaos. Die resignierte Schlußweisheit von „Damaskus", nachdem der „Faust" in den Himmel seines Klosters eingegangen, wird es zeigen.

Strindberg war zum Mönch verdorben. Er gelangte innerlich nie nach Damaskus. Es geschah kein innerer Abschluß, sondern nur ein Programm, das in dem fast gleichzeitigen „Rausch" seine Parodie fand. Und es mußte im Hexenkessel der „Kammerspiele" noch um 1910 sich ein furchtbares Martyrium vollenden. Der glaubhafte Schluß der Trilogie „Nach Damaskus" steht nicht am Ende des dritten, sondern des ersten Teils, wo der Unbekannte seiner Dame, die ihn zur Kirche führen will, entgegnet: „Nun ja, ich kann ja immer hindurch gehen; aber bleiben tue ich nicht!" Gründliche Skepsis vom fin de siècle! Neues Jahrhundert aber war: die Auflösung des psychologischen Charakters; die konsequente Einführung des symbolischen Spielers und der Gestalt gewordenen Reflexe der Seele.

„Nach Damaskus" wird so zur Mutterzelle des expressionistischen Dramas. In ihm sind die Stoffe des frühen Strindberg gesammelt, doch aus ihrer psychologischen und naturalistischen Einpanzerung herausgeholt. Die Entwicklung der einzelnen Themen geschieht in dem infernalischen Jahrfünft, das mit dem ersten Teil von „Nach Damaskus" beginnt: 1897—1902. Damals, nach fünfjähriger künstlerischer Pause, die mit naturwissenschaftlichen Problemen erfüllt war, entstanden (nach des Übersetzers Emil Schering Anmerkung im elften Band der Müllerschen Gesamtausgabe) nicht weniger als achtzehn Dramen: „Nach Damaskus" I und II, „Advent", „Rausch", „Folkungersage", „Gustav Wasa", „Erich XIV.", „Gustav Adolf", „Mittsommer", „Ostern", „Totentanz", „Carl XII.", „Engelbrecht", „Königin Christine", „Gustav III.", „Die Kronbraut", „Schwanenweiß", „Ein Traumspiel". Dazu ein dritter Teil von „Nach Damaskus". In Märchenspielen und historischen Dramen sucht Strindberg Stoffe außerhalb seiner persönlichen Qual, die sich nur noch im „Rausch" und in „Totentanz" wesentlich mit psychologischen Motiven rädert und das Weib als bürgerlich gewandete Bestie im Mittelpunkt beläßt. In den übrigen Stücken schreitet er zur symbolischen Verdichtung der materiellen Erlebnisse und an die unerbittliche Entlarvung der Menschheit überhaupt.

Der Monologist von Damaskus

In „Nach Damaskus" steht mit dem „Unbekannten" zum erstenmal der Monologist des expressionistischen Dramas auf dem Theater. Jener im Kerne eher lyrische als dramatische Ankläger der Menschheit und Ausschreier seiner Schmerzen, wie Sorges „Bettler", Hasenclevers „Sohn" und Kornfelds Bitterlich, deren meiste Gegenspieler weniger Vertreter von wirklichen Gegenwillen sind als Materialisation ihrer eigenen Seelen. Der heutige Mensch scheint mit dem Zweiseelen= System Faustens nicht mehr auszukommen. Die von Goethe durch den Geist geformte Zweiwelt des mephistophelischen Materialismus und des faustischen Idealismus war typisch erkennbar in den Dualitäten: Franz und Karl Moor, Weis= lingen und Götz, Wallenstein und Max, Tasso und Antonio. Für den neuen Seelentypus, der vom Vernunftidealismus ebenso hinwegstrebt wie vom Mechanismus der Materie, galt diese großartig kontrastierende Systematik nicht mehr. Der Mensch ist zerspalten in ein enzyklopädisches Vielerlei aus Bildungswissen, aus ästhetisch gerechtfertigter Vergnügungs= lust, aus dekadenter Müdigkeit und pflichtmäßiger Maschinen= korrektheit — alles ohne Seele, ohne Gott; nur eine durch Kausalität und Psychologie künstlich geschaffene Persönlich= keit, die mit den gegenseitig relativierten Werten schaltet und waltet. Die Totalität eines Individuums muß nun erst aus den Trümmern jenes „Charakters" neu geschaffen werden. Doch da das einigende Band weder von Strindberg noch von den Neuesten unserer Tage gefunden worden ist, zeigte man die Elemente des Menschendämons statt im organischen In= einander im seelischen und szenischen Nebeneinander. Für die Zersplitterung und den gleichzeitigen Willen zum Ganzen zeugt der Futurismus.

Die moderne Lyrik gab die Partikel eines aktivistischen, eines ethischen, eines religiösen, eines politischen und eines erotischen Wollens geteilt in einzelnen Gedichtbänden aus, die als Gesamtes das unorganische Konglomerat des neuen Menschen darstellten. Unfaßbar schwebt er als unbegreiflicher Proteus über dieser Schrei=Bibliothek. Der Bühnendichter aber überwand das Nebeneinander dieser Strebungen, indem er eine intellektuelle Einheit in einem — oft weniger der Sprache als dem Ausdruckswesen nach lyrischen — Hauptsprecher herstellt, der im Nacheinander des Bühnenverlaufs den Visionen seiner Seele begegnet. Es sind die Geister und Gespenster als Spiegelreflexe des Einen, der ohne eigentliche Handlung seine Selbstgespräche predigt, während die Gegenspieler von sich aus fast immer nur zu erwidern haben: Mein Ich bist Du. Der Held wird zum Raisonneur seiner Vielfältigkeit. Zum Conférencier seines Ich-Personals: nicht mehr ein individueller Mensch, sondern ein Sprecher, ein Agent seiner werdenden Ganzheit. Sein ist die Welt, die er erklärt und denkt; in seiner Seele wohnt Gott; Mystik einigt alle Schicksale und Gewalten in seinem Ich, das das All bedeutet. Seine Selbstbiographie wird zur Kosmographie — seine unglückliche Liebe und sein leeres Portemonnaie zum Leid der ganzen Menschheit.

Es vollzieht sich wohl bei allen Dichtern die Konzeption des Kunstwerks so, daß sich ihr Ich auf die Fläche der Welt projiziert. Jedoch nur der Lyriker verharrt konsequent im psycho-biographischen Ausdruck und kennt nur eine Hauptperson; der Dramatiker aber stellt Individuen als Gegenmächte auf den Plan, objektiviert sie zur ewigen Zweiheit vom Menschen und seinem Schicksalsgegner; läßt den Draht der Marionette fahren, ja, kommt wie Hebbel zur völligen Entpersönlichung der Standpunkte, so daß in seinem Drama alle Recht haben müssen: Freund und Feind. So galt das Drama einst als die objektivste Dichtung. Der durchschnittliche Modedramatiker macht es aber zur subjektivsten: zum aphoristischen Tagebuch. Er kennt nur sich und sieht im Gegenmenschen nur die Hemmung, den Vorwurf, die Drohung oder auch das Vorbild seines eigenen Seins, das gierig ist, sich selber zu verschlingen: sei's zur Nahrung, sei's zur Vernichtung.

Dramatisch bewegte Individuen aber kommen auf lyrischem Wege allein niemals zustande. Lyrik ergibt kein Handeln und Werden; Lyrik ist Zustand. Sie läßt Seelen frei ohne bestimmten Raum und gewisse Zeit, die alle zu dem einen Körper des Protagonisten gehören. Ein Körper aber selber ohne Fleisch und Blut und die Seelen als Schreie dieses Einen können die Individualisierung nicht ertragen; ihre Sprache haßt die Grammatik und die Logik, mit der das geistig geformte Individuum sich auswirkt; ihre Substanz ist nur ein in Gefühlsluft schwebendes Herz. Der Schrei, das geistig unartikulierte Lallen, die begriffsfeindliche Musik: das ist ihr gemäßer Ausdruck. Ekstatische Gebärde und Gesang stehen am Ziel expressionistischer Schauspielkunst. Diese Phänomene sind nackt wie das Tier und die singende Seele. Keine Geisteskultur, kein Klima, keine Rasse, keine Zivilisation prägt ihre Uniform. Als formlose, übermenschliche, entfleischte Seelenerscheinung steht die expressionistische Gestalt der Allgemeinmenschlichkeit, der primitiven Brüderschaft der Erde näher als alle individuelle Form mit den Arabesken ihrer historischen Spezialkultur. Das scheint ein Vorzug. Aber die wehende Seele ohne die Spannkraft des Willens — ist sie als Totalbild des Menschen im Drama möglich? Wir werden es erfahren.

*

Der Unbekannte von Damaskus als die erste monologische Seele des neuen Dramas ist zwar noch nicht lyrisch im sprachlichen Wollen, aber im Ausfluß eines Temperaments, das mehr zur Anklage als zur Tat sich anfeuert. Die Monologe von Hebbels Golo entsprangen einem Denken, das auf Tat unter Menschen zielte, die soviel Gegengewalt ausgaben, daß ein Kampf von Individuen wenigstens möglich wurde: eine typische Fabel mit Symbolsinn. Was aber ist der Inhalt der Geschichte des „Unbekannten"? Die Antwort muß lauten: führerlose Seelen erleben keinen konsequenten Ablauf ihrer Erlebnisse.

„Nach Damaskus" hat keine Fabel. Es geschieht nichts, was als Haupthandlung symbolische Tat des Unbekannten würde; und was sich in Einzelszenen entwickelt, ist für die lange Strecke blutwenig bis zu dem unglaubhaften Resultat. Oder dürfte man für den ersten Teil die Banalität zitieren: daß der Unbekannte zu Anfang seiner Passion einen bitter nötigen Geldbrief erwartet, ihn aber aus Furcht vor dem mißgünstigen Schicksal nicht abzuholen wagt; den er dann aber in der letzten Szene richtig und wirklich erhält, so daß die stets ihn begleitende Dame klagend ausrufen darf: „... Und alle diese Leiden, und alle diese Tränen — umsonst ..." Das ist pure Lächerlichkeit, und man sieht: es sind nicht die „großen Gegenstände", die den Dramatiker Strindberg reizen. Nie kommt er völlig vom Kleinkram los; keine Symbolik überweltlicher Sphäre schützt ihn vor naturalistischen Rückfällen in die Welt des Gerichtsvollziehers und des Pantoffelhelden, wo mehr Zufall als Notwendigkeit das Schicksal steuert.

Im ersten Teil von „Nach Damaskus" rahmen die Zufälle des Geldbriefes einen Bußgang von siebzehn Stationen ein! Eine innerhalb der sonst oft erschütternden Schilderung geringe Unwesentlichkeit steht an den wesentlichen Stellen des Anfangs und des Endes: der Geldbrief. Diese Prosa schwächt das A und das O. Und in der dichterisch starken Szene am Meer, wo der Unbekannte die ganze Kraft des Schöpfers in sich fühlt und die Weltenmasse in seiner Faust zu größerer Vollkommenheit umkneten möchte, sich in freylerischer Hybris gottgleich glaubt — da muß er in einem Verlegerbrief das erwartete Honorar vermissen; und das bestätigt ihm: „Daß ich verdammt bin!" Es geht da nicht mit rechten Dingen zu. Die Leitung der Welt hat wieder einmal versagt und ihre Bosheit losgelassen. Aber er nimmt den Fehdehandschuh des Gottes auf und fordert seinen Blitz und seinen Sturm heraus — während die Dame das Schicksalsgewebe mit einer Handarbeit zum Symbol häkelt.

Der ewig geldbedürftige Wedekind hätte hier in seinen guten Jahren eine Groteske gemimt mit peitschenden Humoren; er hätte der Ungleichwürdigkeit der beiden Gegner — Gott und Schriftsteller — die künstlerisch gemäße Stilform gegeben, in die auch der Tragikomöde von La Mancha paßte. Strindberg aber bleibt ernst; findet hier sogar die beschwingtesten Worte seiner ganzen Tragödie; ist in der Anklage der obersten Instanz mehr Dichter als je — und bleibt doch, in der Situation des Ganzen gesehen, von bemitleidenswerter Komik, weil er nicht selbst die Komik und ihren stofflichen Irrsinn durchschaute. An solchen Stellen erstickte Strindbergs autobiographische Masse jeden Forminstinkt; lähmte die geistigen Flügel. Der Wahn des Monomanen überflutete das Kunstwerk.

Doch gerade in der Tragödie erstem Teil hatte sich Strindberg starke Formung vorgenommen. Selten war er so konstruktiv und vorbedacht im Aufbau. Die ganze Passion des Unbekannten und der Dame geht in acht Stationen von der Straßenecke — wo als kuriose Trinität Kirche, Postamt und Kaffeehaus stehen — zum Asyl der Irren; und von hier läuft in den gleichen Bildern mit umgekehrter Folge der Weg zurück zur Straßenecke. Vom Postamt mit dem Geldbrief, vom Café mit seinen alkoholischen Betäubungsmitteln ging die Straße aus und endet zwischen den beiden irdischen Gewalten mit dem Transit durch die Kirche. Ohne notwendige Folge reihen sich die Stationen. „Beim Arzt", der ersten, wird das peinigende Gewissen an alte Jugendschuld aufgewühlt; im „Hotelzimmer" die soziale Schmach der Mittellosen erfahren; „Am Meere" die ungerechte Gott=

heit herausgefordert; „Auf der Landstraße" die grimmige
Not heimatloser Bettler erduldet; im „Hohlwege" wird
heimlicher Dämonenspuk gewittert. „In der Küche" der bi=
gotten Schwiegermutter empfängt die Zerlumpten die Ver=
achtung der Bourgeoisie; das Mißtrauen gegen den Freigeist
des Schriftstellers; Rache für das von ihm gescholtene Weib=
geschlecht. In der „Rosenkammer" vergiftet die Mutter der
Tochter Liebe zu ihm. Im „Asyl der Irren", wo unter
Nichtachtung des Liebesevangeliums vom Konfessor der Fluch
des Deuteronomions gegen ihn gedonnert wird, sieht der Un=
bekannte die Opfer seiner Daseinsschuld als Vision: die ver=
lassene erste Frau mit den zwei unversorgten Kindern; die
Dame mit der Schicksalshäkelei; dann Vater und Mutter,
die sich um den verlorenen Sohn grämen; den Bruder, die
Schwester; endlich erschütternd: die materialisierten Expres=
sionen seiner eigenen ursteten Seelen: den Arzt, den Bettler
und Cäsar. Denn diese sind nur als Erscheinung außer ihm,
als Wesen aber in ihm. Sie haben physiognomische Gemein=
samkeiten, sind fleischgewordene Gewissensgespenster, die
seine Monologe leiblich illustrieren.

Gewissens=Gespenster

Wohl ist der Arzt zugleich der frühere Gatte seiner Dame,
der er als Werwolf galt. Doch ist er dem Unbekannten auch
der Gläubiger an seiner Jugendsünde, da jener um seinet=
willen ungerechte Strafe leiden mußte. Er wird ihm ein
immer furchtbareres Gespenst als Besitzer der Vergangen=
heit seiner Geliebten, als Feind seiner Nachfolgerschaft beim
Weibe, als Vampyr seines Liebesglückes. Am schlimmsten
aber als der Entdecker seines Irrsinns. In seinem Pfleg=
ling, dem Idioten, der sich im Größenwahn für Julius
Cäsar hält, zeigt er dem Unbekannten seinen Ich=Wahn,
seine monomanische Tragik.

Ein anderes Gewissen spricht der Bettler. Die innere Stimme des christlichen Zynikers: erniedre dich; entbehre und verachte das Gut; verzichte auf den Ring des Polykrates, auf Würde und Eitelkeit; dann findest du die Straße nach Damaskus. Bald Spötter und bald Mahner ruft er ihn an, an der bedeutendsten Stelle des Rückweges vom Asyl, mit dem: „Warum verfolgst du mich!" Nicht Christus spricht, aber sein Memento.

Der schärfste innere Richter ist der Konfessor und Fluchschleuderer als das Bewußtsein der Gnadenlosigkeit, als die nagende Reue über verletzte Moral= und Liebesgebote. Auch die Mutter der Frau wird zum Reflex des religiösen Ringens mit dem Bösen, der Aufstachelung zur Buße und Erniedrigung. Die Auflehnung gegen die fürchterliche Frau, das Zucken gegen die Strafhiebe Gottes wird beim Rückweg in der „Rosenkammer" und der „Küche" zu einem Widerstreit von dunkler Gewalt; dem einzigen wirklich dramatischen Tonfall im ganzen Werk, das episch aufsteigt und episch sinkt; oder eigentlich: verläuft.

Keine ideelle Konsequenz erträgt die Seele, die nicht kämpft, sondern nur sich sehnt und leidet. Das Ergebnis der Pilgerschaft ist bekannt: der Ungeläuterte betritt die Kirche zur Anhörung der „neuen Lieder". Aber sein Weg heißt hier nicht Passion, sondern Passage. Der zweite Teil der Reise „Nach Damaskus" führt in ewigen Umwegen über bekannte Szenen und Dialoge mit den ebenso bekannten Mächten; und schließt mit den verdächtigen Worten des nunmehr Glaubenswilligen zum Konfessor: „Komm, Priester, ehe ich meinen Sinn ändere".

Die expressionistische Gespensterei der Seele entwickelt sich weiter: der Bettler, der Konfessor und ein Dominikaner gewinnen dieselbe Gestalt; Strafwilligkeit, Armut und Demut vereinigen sich auch leiblich im Büßer. Dazu tritt ein

"Versucher" von Mephistos Art, ein unablässiger Bemäkler alles Glaubens. Der Arzt wird immer deutlicher zum Fluch der Vergangenheit; seine Seele wird sich wie Spinnweb über die des Unbekannten spannen; er wird der Dorn an seiner Rose sein; er wird ihn durch das ihm geraubte Weib beherrschen wie ein Tier und aus den Augen der eigenen Kinder werden die des Werwolfs blicken. Schauderhafte Reminiszenz aus dem „Vater".

Endlich, nachdem sich des Unbekannten irdische Verbrechen als Strafen für die Treulosigkeit der Dame und die Bosheit des Werwolfs ausgewiesen, und er eigene Schuld mit dem Erleiden fremder Schuld gesühnt; nachdem er für sein Mißtrauen an göttlicher Wahrheit mit dem Glauben an die Lüge der Welt gepeinigt worden — schreitet er mit dem Priester zur Himmelswanderung des dritten Teils, des schwächsten der Trilogie. Er wiederholt die immer gleichen Gedanken ohne genauere Klärung der Heilmethode. Der Abschied von Leben, von Jugend, erster Frau, vom Kinde, von der Dame, exponiert den Weg zum Kreuze. Starke Stimmungen umspielen längstgekannte Themen. Auf Kreuzweg, Terrasse, Felsen und Häuschen des Klosterberges erscheint die Dame als Mutter, als Madonna, als Eva mit dem Refrain des „Totentanzes" vom Haß und der Liebe. Herausfallend eine Gerichtsszene, die nach dem Ursünder sucht und bis zur Paradiesesschlange fahndet. Die Frage nach dem Verführer der Schlange selber wird wie mit einer Ibsenschen Lawine unter Donnerschlag von oben refüsiert. Schließlich das Kloster mit Rückblicken und allgemeiner Philosophie über die Zwiespältigkeit Schillers, Goethes, Bismarcks, Napoleons, Hegels, Boccaccios... Alle diese Großen haben zwei Köpfe: der eine trug einmal eine frühere, der andere eine spätere Weltanschauung. Strindberg verteidigt seine eigenen Wandlungen. Zwischen den beiden Häup=

tern lag die Entwicklung ihrer Geistigkeit und der Fortschritt des Zeitgeists. Aber die Interpretation, die Pater Melcher daraus ableitet, ist nicht bezwingend: Das Leben fing an mit Bejahung, dann fuhr es fort mit grundsätzlicher Verneinung. Und jetzt, nach Hegel, vereinige sich These und Antithese, und es beende sich das Leben mit Synthese. „Also: sei nicht mehr exklusiv! Sag' nicht: Entweder — Oder, sondern: Sowohl — Als auch! Mit einem Wort oder zweien: Humanität und Resignation!"

Diese matte Logik war für einen Strindberg ein primitivster Kompromiß mit dem Leben, von schülerhafter Unoriginalität des Geistes und Unbeteiligtheit der Seele. Die Ersatzweisheit Eines, der sich nicht zu helfen weiß, und zudem bei seinem Mißtrauen weder an die Humanität glaubt noch bei seiner Sinnlichkeit der Resignation fähig ist. Wedekind der Narr hätte sich ausgelacht und wieder eine seiner Grotesken hier gefunden. Aber selbst Strindberg hat sich hier belächelt. Wurde er denn nicht vor Boccaccios Doppelköpfigkeit im Gemälde der Klostergalerie doch einmal von Ironie gekitzelt, als er — der traurige Mann in der Kutte — vom lustigen Herrn Decamerone meint: „Aber es fehlt ein Zug von Humor, den man bei einem Manne von solcher Selbsterkenntnis, wie es unser Freund Boccaccio war, erwartet hätte..." So August Strindberg, bevor er lebendigen Leibes ins Bahrtuch gewickelt wird und der Konfessor meint: „Er ruhe in Frieden."

Nach all dem die Doktrin der Klosterpatres dramatische Krönung durch die Idee zu nennen, wäre unangebracht. Humanität und Resignation — das war ein Teil der Philosophie des Lebensgenius' Goethe, der aber auch die Tat forderte. Der Büßer und Sünder Strindberg hätte sein Drama konsequenter formen müssen, damit man ihm diese Schlagworte als die Errungenschaft seiner Weltanschauung glaube. Aber er hatte selber weder Weltanschauung noch Gottanschauung und mußte daher seine Gestalten in der bürgerlichen ideen- und glaubenslosen Stubenhöhle der biographischen Kleinlichkeit verkommen lassen.

Dieses Werk ist wahrlich kein „Faust", wie hin und wieder gerühmt wurde, sondern Intimes Theater im Unmaß einer Trilogie. Das Resultat der Unterredung der einen Szene wird durch die nächste wieder vernichtet. Dichterisch aufffallende Szenen — wie im Laboratium des Goldsuchers und beim Ehrenbankett im „Kruge" — könnten aus der saloppen Architektur fast unbemerkt ausgebrochen werden. Die Schicksalsboten kommen zwanglos nach Belieben. Der Charakter der Frau ist ohne tiefere als psychologische Begründung bald gut, bald häßlich. Kein Wallfahrtsberg, der geistig hoch und höher führt, der eine Seele frei und freier leitet.

„Nach Damaskus" ist ein Selbstgespräch ad infinitum; ohne Anfang und Ende; ein skizzierter Erlösungsversuch; eine Anregung. Dem Drama fehlte sowohl die Kraft des Willens als auch der Glaube seines Dichters, dem es nicht gegeben war, „im Frieden zu ruhen" wie dem erlösten Unbekannten. Wie es Strindberg selber, dem uns und sich gar wohl Bekannten, tatsächlich ergehen mußte, das weiß der Abbé aus der Komödie „Rausch". Trotz bitter ernstem Inhalt und kaum viel später entstanden als die ersten Teile der Damaskus-Pilgerfahrt: eine Komödie. Doch als Komödie wahrer als das Requiem vom ekstatischen Klosterberge.

„Rausch" und Ernüchterung

Ekstase — Rausch — Ekstase! Irgendwie verwandte Stimmungen. Ein Komödiant könnt einen Pfarrer lehren...

In „Rausch" gibt Strindberg zum letztenmal eine eigentliche Handlung. Er bleibt in der reellen Welt der Indivi-

buen. Hier ist Pariser Montmartreluft mit ganz wirklichen
Bohemiens, Künstlern, Polizisten, mit dem Arbeiter, dem
Abbé, der kleinen Geliebten, der Kokette. Diese nicht
nur seelische Realität ermöglicht ein Geschehen, eine orga=
nisch aus den Figuren herauswachsende Fabel. Dazu ein
ähnlicher konstruktiver Aufbau wie im ersten Teil von
„Damaskus", der in die sonst leicht sich verlangsamende
Epik einen Rhythmus bringt. Es folgen sich immer wieder=
kehrende Schauplätze, ausgehend, gipfelnd und beschließend
in der Crêmerie der räsonnierenden mère Cathérine. In
einer Art Vorspiel auf dem Friedhof Montparnasse wird das
Komödienmotiv des Stückes angeschlagen; auf den Gräbern
steht: O Crux! Ave spes Unica! Die Offenbarung von
Damaskus als Komödienmotiv? Am Schluß wird alles
wirklich offenbar. Das „Kreuz" als „unsere einzige
Hoffnung" wird der Geliebten des jungen Dramatikers
Maurice zur Stütze ihrer bedrängten Seele, als dieser
Maurice sie und ihrer beider Kinder verläßt. Denn sein
Stück wurde aufgeführt und der Ruhm und die Liebe der
reiz= und geistvollen Henriette jagen ihn in den Rausch un=
bändigen Auslebens. Das neue Weib gewinnt gleich magi=
sche Gewalt und wird zur Astarte, deren Triumphwagen
alles überfährt: die Freundin Jeanne, den Freund Adolphe,
Henriettes früherer Geliebter, und endlich das Kind. Dies
Kind bindet Maurice an die Vergangenheit; es wird die
neue Liebe töten. Dafür wird die neue Liebe es selber aus
der Welt schaffen. Denn Gedanken können morden.

Da liegt ein Hauptmotiv Strindbergs: der telepathische
Mord, das Verbrechen ohne Tat, das keine Gesetzesahndung
findet; nur die Höllenstrafe des Gewissens. Dieser Wunsch=
mord war in Jbsens „Rosmersholm" schon Thema mit
psychologisch=dialektischen Variationen. Rebekka wünscht die
kranke Frau des geliebten Rosmer in den Mühlbach und

Rausch und Ernüchterung

Rosmer trägt die Leiche immer auf dem Rücken. Es folgte auch später bei Ibsen Ähnliches. Doch ohne die geheimnisvolle Ahnung göttlichen Kriminalverfahrens. Bei Strindberg aber wird die Ermordung der Seele aus frevlerischen Gedanken Tagesordnung. „Vampyre" heißen bei ihm solche Mörder. Mörder sind Mann und Frau des „Totentanzes". Lebendigen Leibes, zweimal vom Unbekannten ermordet, läuft der Werwolf durch seine Bußbahn. Ermordet durch den Willen seines bösen Weibes sollte auch der Herr in „Wetterleuchten" sein. Getötet von der eigenen Sünde auch die Gespenster der letzten Dramen.

Wurde getötet oder wurde nicht getötet? Maurice und Henriette geben — finden keine klare Antwort. Ein furchtbarer Kreislauf von Verdächtigungen erfaßt die beiden. Wer hat den Staatsanwalt auf sie gehetzt? Vielleicht die verlassene Jeanne, oder ihr Bruder Emile, oder der verlassene Adolphe, oder der sein Beichtgeheimnis mißbrauchende Abbé? Ist das Gewissen oder die Bosheit Einbläserin solcher Verleumdung? Wer aber so schlecht von andern denken kann, muß selbst ein Schurke sein. So reißt das Mißtrauen sie selber in den Wirbel: und jedes beschuldigt das andere des wirklichen Mordes — obgleich das Kind nur an den Masern starb. Und nun (Strindberg!) sollen sich die Mörder noch heiraten — und das wäre die Hölle ... Des Dichters Dialektik leistet hier ein Teufelsstück. Selten fand er die logische Konzentration, um die Verbohrtheit zweier Verfolgungswahnsinnigen fast zur Notwendigkeit eines Schicksals zu erheben. Denn — wie der Abbé es sagte — dieser Trieb zur Hölle war nicht „Menschenwerk".

Es wurde aber eine Komödie versprochen. Die letzte Szene bringt sie: ein Stückeschreiber alter Schule hätte die beiden Unhelden irgendwie doch heldisch in den Tod gehen lassen, um so seine Tragödie zu retten — wie auch Maurice einen

Augenblick an solchen Abgang dachte. Da er sich vis-à-vis de rien sieht, ist er aber den Einwirkungen des Abbé leicht zugänglich und beschließt, auf den eiteln Rausch des Lebens in anderer Weise zu verzichten. O Crux! Ave spes unica! Bei den Pönitentiariern von Saint-Lazare wird er den ersten Schritt auf dem harten Wege des Büßers tun. Daß es dort Vigilien gibt, nachts zwischen zwölf und zwei — das ist sein Hauptspaß. Und er verspricht dem Abbé, nicht mehr hinter sich zu sehen. „O Kreuz! unsere einzige Hoffnung..."

Die Welt aber will es anders. Sie hat den Mörder rehabilitiert, das Theater hat sein Stück wieder angesetzt; Huldigungen warten und hunderttausend Franken winken. Glauben und Reue sind zwar Gnadengeschenke von oben, wie von dem sehr zuverlässigen Adolphe im Stück gesagt wird — aber „keiner wird religiös, der nicht ein böses Gewissen hat". Dieses böse Gewissen hört auf, allzu peinigende Strafe zu sein, wenn die hunderttausend Franken und die Räusche und Weiber dieser Erde wieder reelle Möglichkeiten werden. Und man ist weise geworden: um acht Uhr geht man ins Theater — um neun Uhr in die Kirche. Hier das Metier, dort die Beichte. Das war die Lösung! applaudiert die bonne raison der Madame Cathérine — und ihr stimmen bei der humane Adolphe und der heilige Geist des Abbé.

Strindberg lächelt! und er läßt Mutter Cathérine laut und herzhaft in ihr Taschentuch lachen. Das soll ihm hoch angerechnet werden, daß er das „Crux, ave spes unica" hier mit der gebührenden Rücksicht auf seine eigene Konstitution behandelte und wahr blieb. Denn die Komödie „Rausch" — das ist der letzte Trumpf des „Unbekannten"; das ist der wahre Schluß von „Nach Damaskus". Was Resignation und Mönchseinmauerung! Welch Schauspiel für den Theatraliker! Aber, ach, ein Schauspiel nur!... Also um acht Uhr ins Theater — um neun Uhr in die Kirche.

Das Geister-Milieu

In „Rausch" weht fast kein Gespensterhauch, trotz aller Nähe von „Damaskus". Nur die Detektive tauchen unheimlich auf wie die Vertreiber aus dem Paradiese. Doch die Menschen haben ihr Zivilkostüm bewahrt. Nur noch einmal in der Hochproduktion des Fünfzigers Strindberg nutzte er die psychologische Analytik, um Wirklichkeiten zu schaffen. Es war im „Totentanz", in dem die Haßliebe schaurig ausgetobt wurde bis zur Entfleischung des sterbenken Vampyrs, bis zur Entseelung der Frau. Das waren werdende Gespenster, noch ohne die Mumienmasken späteren Groteskstils; und vor allem noch ohne die magische Luft, die auch die Umgebung dämonisierte und sich zu phantastischen Spukgestalten verdichtete. In „Damaskus" — ausgenommen etwa das Asyl der Irren — dominierte der ringende Unbekannte mit seiner Dame noch über dem Reigen der Scheinmenschen. Gleichzeitig aber entstand in „Advent" das erste „Geister-Milieu", um die Unwirklichen auch in ganz unwirkliche Umgebung zu stellen.

Damit wird dieses Spiel entwicklungsgeschichtlich wichtig. Jene Sphäre wird in „Advent" schon zum Teil getroffen, in der zuletzt die „Gespenstersonate" als ganzes spielt. Je ernster Strindberg mit den überwirklichen Gewalten rang, je mehr er religio — das heißt Bindung — suchte mit dem Übergeiste, um so koboldischer und trügerischer zeigte sich ihm die Welt der Erscheinung. Zwischen den Menschen bewegen sich Engel und Teufel, würgen die Gewissen und lindern den Schmerz der Guten. Das geht über die Schulweisheit des Naturalismus.

In „Advent" geht jener Teufel um, dessen Name Legion ist: das ist ein böser Mensch, der zur Strafe dem Guten dienen muß. Sein Name ist furchtbar; er heißt: „Der andere". Wer ist der Eine? Jeder kann es sein. Hier peinigt „der andere" in wandelnder Gestalt den Richter und die Richterin. Die „Gerechten" des Buchstabens und des Paragraphen. Die unbarmherzigen Gläubiger kleiner Schuldner; die Sklavenhalter von Kindern und Enkeln. Die kein weltliches Gericht ereilt trotz ungerechter Pfändungen und gestohlenem Witwen- und Mündelgeld. Die aber in ungewisser Ahnung des jüngsten Gerichtstages sich mit einem Mausoleum den ewigen Frieden in der Erde sichern wollen. Aber die pompöse Ruhestätte ist ahnungslos auf den Galgenberg gebaut. Philemon und Baucis wollen sie spielen an ihrem Lebensabend. „Streng, aber gerecht" ist ihre Rechtfertigung nach außen und innen. Da klopft „der andere" an ihre harte Tür, knickt ihre knöchernen Herzen, rührt darin an den innersten Kern von Gewissen und Jenseits-Angst und peitscht sie auf: Wer nicht an das Gute glaubt, der muß an das Böse glauben!

Und nun öffnet Strindberg zum ersten Male in ganzer Breite das Tor zur Unterwelt und läßt die Meute seiner Rachegeister los: moderne Erinnyen des Gewissens. Sie künden sich an mit gespenstischer Mahnzeichen. Kaffeekessel und Penduluhr geben Zeichen; es klopft im Schrank; ein Sonnenkringel schreckt den sonnenscheuen Richter. Dann wirft das Mausoleum furchtbare Schatten aus: der Tod, der Narr, der Auktionator, der Seemann ohne Kopf und — er selber, der Richter, den Strick um den Hals: Ankündigung des Gerichtes für die Richter. Nicht leicht wird hier ein Urteilsspruch gefällt. Selbst die Verdammung peinigt durch Verzögerung. Die Instanzen des Verfahrens müssen von Pein zu Pein durchlaufen werden: „Streng, aber gerecht."

Was sich nun abspielt, ist nicht Drama und nicht Dichtung mehr. Ist Szenenbild gewordener Edgar Allan Poe mit Höllen-Breughel und Swedenborg. Phantasie mischt alle erdenkbare Gespenster-Romantik, heiß angehaucht aus einem hassenden Dämon. Geisterball der eitlen Krüppel, tonlos spielende Musikanten, die sieben Todsünden, der bucklige Prinz und die auf jung geschminkte Richterin; alles umtanzt den geilen Pan. „Der andere" ist hier Zeremonienmeister. Solcher Leitung muß das Fest gelingen Bis der prinzliche Buckel und des Weibes Perücke von blinder Höflichkeit nicht mehr geschont werden und grausame Demaskierung an Seelenkrüppeln, Scheintoten und Mumien vollzogen wird... Vom Hexensabbat zum Spuk im Gerichtssaal. Ein Doppelgänger-Gespenst des Richters. Handschellen rasseln an der Wand; die Schranktür schlägt; die Klingel schwingt; die Bibel schlägt sich selber auf. Dann folgt die Auktion, wo „der andere" aus der richterlichen Gerechtigkeit die Konsequenzen zieht. Da gelten nicht Gnade und Barmherzigkeit beim strengen, doch gerechten Richter. Das Gesetz Mose läßt ihn steinigen; die Richterin treibt Wahnsinn in den Sumpf.

Aber noch kein Ende — so sehr ein Ende wünschbar wäre, weil nur danteske Phantasie noch Steigerung des Grauens ersänne. Doch Strindberg will den letzten Kreis im Höllentrichter malen, im sargschwarzen „Wartesaal" der Felsschlucht. Es war bisher nur ein Vor-Tod, ein Sterben ohne Ende, was die gerechten Sünder erlitten. Jetzt sind sie reif, um Gnade und Liebe zu erwimmern. Gerechtigkeit — das ist nur die herbste Prosa der Menschlichkeit! Aber falsche Gerechtigkeit ist bösseste Herzverhärtung. Hier kann zur Reue nur die heißeste Höllenglut erweichen, damit der Gnade Einlaß werden kann. Gnade ist göttlich. Liebe ist ihr Abglanz auf den Menschen — Liebe, das ist nicht: „zwei Katzen auf einem Abtrittdach". Liebe ist der Heiland, der zu Advent sich ankündigt.

Doch der Dichter, der alle Register der Hölle zog und alle Visionen der romantischen Literatur zu einer formlosen Phantasmagorie aneinanderreihte, deren Verworrenheit und quälerische Überreiztheit dem Wahnsinn und dem Höllenchaos dienen mochten — der Dichter des „Inferno" versagt hier vor der paradiesischen Aufgabe der Erlösung. Die Verzerrung des Wirklichen ist nicht so schwer, geschweige die Übertreibung des Gräßlichen im Reiche hemmungsloser Phantastik, wo aus allen möglichen Folterkammern der Gespensterliteratur die Einfälle auch für mindere Dichter herbeifliegen. Aber der Himmel, die Hymne, der Erlöser — hier zeige sich der Dichter. Er zeigt sich nicht.

Die Guten sind zu matt geraten. Als engelhafter „Spielkamerad" geht das Christuskind durch einige Szenen dieses Spiels und tröstet die im Keller von der bösen Richterin eingesperrten Enkelkinder. Die Situation ist wohl poetisch im Anklang an bekannte Märchenweisen, nicht aber durch die Worte des Engels und noch weniger durch das Ergebnis seiner dramatischen Funktion. Und auch der Bettlerjunge, der als Bote des Jesuskindes den guten Kindern und Enkeln des Richterpaares zum Schluß erscheint, leistet nicht mehr, als daß er höflich „Fröhliche Weihnachten" wünscht. Die Kindervorstellungen zur Weihnacht bieten nichts Geringeres. Doch mag man dieses kindlichen Gemüts verzeihen. Schlimm aber, kinohaft und ganz und gar verwerflich sind die Tableaus, durch die der Autor die Botschaft des Heiles demonstriert. Noch im Kessel der Verdammnis wird den Richtern ein lebendes Lichtbild an die Höllenwand projiziert: die guten Enkel unterm Weihnachtsbaum, nach dem sie nun gleich Tantaliden lechzen. Doch Strindberg lechzt noch durstiger nach weiterem Bühnenzauber und leistet sich unter Engelstimmen ein Krippenbild mit heiligen Königen und dem Stern von Bethlehem. Das alles ohne innere Not, nur aus

Vergnügen am „Visionären". Zum Schluß aber sitzen in gemütlichem Familienzirkel Kinder und Enkel um den mit Lichtern und Gaben geschmückten Weihnachtstisch, der diesmal keine Fata Morgana ist, sondern echtestes Theatermobiliar. Die bösen Ahnen aber, Richter und Richterin, die man nach allen Strapazen doch erledigt glaubte, treten als Büßer in die gute Stube und reden mit der beteuernden Scheinheiligkeit angstgesottener Sünder von einer Wallfahrt zum Heiligen Grabe. Auch das ist ein kühner Theatersprung des menschenfreundlich gewordenen Seelendarstellers Strindberg. Leben und leben lassen. Ich glaube, es ist das sogenannte türkische Bad, das einen ganz unmittelbar von der heißen Dusche unter die kalte stellt. So muß es diesen armen Sündern zumute sein, wenn sie nach dem immerhin eingewöhnten „Inferno" dem Kitsch dieser Gemütlichkeit ausgesetzt werden. Der Schluß aber bringt stilgemäß noch ein Tableau: Anbetung der Hirten, Gloria, Harmonium...

Es ist furchtbar. Der kindlichen Weihnachtsstimmung des Dichters sei hier weniger verübelt als den blinden Anbetern solchen Bühnenzaubers, der fortzeugend Böses muß gebären. Unsere junge Dramatik ist infiziert von solchem falschen Theater, wo der Stimmungsdusel mit Beleuchtung und Musik über die völlige Hilflosigkeit des Worte-Dichters hinweghilft. Strindberg ist gefährlich als Theatermann; ihn verführt der Stückschluß leicht zu Effekten. Wie die Schlußklänge von „Damaskus" und „Totentanz" in schäbiger Philosophie oder unwahr sentimentaler Anwandlung ersticken — so hier im Tableau aus dichterischem Unvermögen zum Ja, zum Anruf des Guten im Himmel und auf Erden. Diesem Dichter fehlte bisher eine ganze Hälfte der Welt: die des Frühlings und des Sommers. Diesem Dramatiker fehlte das Wort für die Guten.

*

Aber die kleine Eleonore aus „Ostern". Da gelang ihm ein wirklicher Engel; nicht nur der Bedeutung nach in Spiel und Aussage, sondern als wortgewordene Seele. Ohne Flügel, ohne die Maske des heiligen Erlösers, ohne falsche Zutat aus dem Requisitorium des Märchenbuches bringt das Kind in ein von Gram erfülltes Haus die Botschaft von der Auferstehung. Gleichwie die Heiligen ihr Attribut trägt sie in frommen Händen eine Osterlilie; die Blume, die in reineren Klimaten helle Sonne einsog. Mutter und Bruder, der kleine Schüler Benjamin und des Bruders Braut stehen unter dem Druck furchtbarer Sorge. Der Vater unterschlug Mündelgelder und sitzt im Gefängnis. Wie das Gespenst der bürgerlichen Schande geht er unsichtbar unter ihnen. Pfändung droht durch den alten Lindquist, den furchtbaren Gläubiger, den Riesen, dessen Schatten schon an den Vorhängen schreckt, und dessen Galoschen boshaft auf der Straße höhnen. Die Polizeipfeife schrillt von außen. Telephondrähte und Zeitungen drohen wie böse Geister Verleumdung. Das Thermometer sinkt, wenn der Liebeshaß des Strindbergschen Brautpaars ins Zimmer haucht.

Doch die kleine Osterheilige hebt über alles Leid durch Hoffnung und durch Liebe. Sie fühlt sich mitschuldig an aller Schuld des Hauses, überträgt alle Last der andern auf sich. Ist außer Raum und Zeit entrückte Seele geworden und wohnt doch in aller Beladenen Herzen. Ihr Kindergespräch mit Benjamin ist Evangelium. Leider leitet Strindberg die Kraft seiner Heiligen nicht in die dramatische Bewegung über: sie erscheint, aber sie agiert nicht eigentlich. Auch die Schicksale der Mutter, des Vaters und des Bruders bleiben Skizze. Der böse Gläubiger wird nicht etwa von Eleonore bezwungen, sondern er spielt unvermittelt Märchenonkel und Sankt Nikolaus. Er ist der brave Mann mit der rauhen Schale und dem milden Kern. Er kommt aus einem Andersen-Märchen und benimmt sich in Strindbergs Bereich durch seinen ungeheuren Edelmut geradezu desillusionierend. Wozu nur all die Angst vor diesem Gläubiger-Gespenst. Auch die kleine Eleonore muß fragen, warum der „Riese" denn die Kinder so peinlich schrecken müsse. „Damit die Kinder artig werden", brummt der Gute. Die Lösung ist zu einfach. Danke, guter Riese.

Es gibt also doch hin und wieder einen halbwegs Guten in der Welt. Strindberg sei es gedankt. Der Märchenton entlastet ihn; die Dinge treten nicht zu nah. Er sehnt sich weiter nach Ferne und wird Romantiker für eine Zeit. Er steigt in die historischen Massen der schwedischen Geschichte und läßt die Großen dieser Welt für ihn einmal das Schicksal tragen: Gustav Wasa, Gustav Adolf, Karl XII, Königin Christine. Könige werden zum Atlas seines Schmerzensglobus. Er schreibt Märchen und Sagen, wo die Menschen luftigere Form gewinnen: „Folkungersage", „Kronbraut", „Schwanenweiß" — besinnt sich in Wolken schwebend auf die Erde, verwandelt sich in des Gottes Indra Tochter, fährt hernieder und wahrträumt das „Traumspiel", sein phantasiereichstes und allen Martyrien trotzend, doch sein freiestes Spiel. Denn was in ihm nicht Wort werden konnte, wurde in einer neuen Bild-Kunst hier gesprochen: in der Poesie durch die Szene.

Der Theatraliker Strindberg

„Traumspiel"

„... Der Herr des Himmels sei dir gnädig auf deiner Fahrt..." Das Zimmer verschwindet; Böcklins Toteninsel wird Hintergrund... Leise Musik, angenehm traurige, ist von der Toteninsel zu hören.
„Gespenstersonate."

Einen „Wahrtraum" nennt die vom Himmel gestiegene Tochter Indras das Leben der Erde. Die Welt ist Schein und Phantom und wir träumen sie. Sie eröffnet dieses Wissen einem Dichter, der in dem Spiele Strindberg vertritt als den Menschen, der aus dieser Welt von Lehm und Schmutz zu höherem Erkennen aufstreben möchte; der am Ohre Indras auf die Fluten der Wogen und Winde lauscht, die vom Elendsmeere der diesseitigen Küste zum jenseitigen Thron des Gottes aufrauschen. Ein Dichter muß es sein, der diese Stimmen versteht, und ihre Klagen und Fragen nach dem Warum der menschlichen Tragik zur Form des Gebets, des Gottesanrufs bildet. Ein Traum ist alles für den Dichter; nicht völlig faßbar in der Bestimmtheit der Worte, die Strindberg nicht ein einzigesmal ganz hinreichen für den Ausdruck der Seele. Wort ist ihm Verstand. Und das Gehirn hat viele Windungen für jeglichen Begriff; das Denken geht Schleichwege. Träumen und Dichten ist ein Stammeln der Seele. So etwa zeigt sich Strindbergs Dichter, dem durch ein Gotteskind Erkenntnis werden soll. Nicht der letzten Dinge, aber der vorletzten.

Ein Traumspiel also müßte jede Dichtung sein — mit Richard Wagners Wort wohl: Wahrtraumdeuterei. Nie hat

Strindberg den Sinn seiner Kunst deutlicher gefaßt, nie hat ihm diese Erhellung reichlichere Poesie eingetragen wie hier und vielleicht in seinen Märchen, wo er freier wird und inniger. Es ist wie eine Selbstrechtfertigung des Naturalisten und ausgezeichneten dramaturgischen Technikers früherer Jahre, wenn er in einer „Vor-Erinnerung" zum Drama die unlogische Methode des Traumes mit seinen Unmöglichkeiten erklärt. Zeit und Raum sind nicht mehr zwingendes Nacheinander und Nebeneinander für den Träumer. Die für den Wachen eherne Kausalität wird zu einer defekten Maschine, die nur noch rumpelt, oder auch rückwärts zeht. Erinnerungen und Visionen vermischen, Personen teilen und verdoppeln sich; Körper lösen sich in Astralleiber auf und gehen lautlos durch die Wand. Die Materie ist ein Spielzeug der Phantasie.

Und Strindberg spielt und fabuliert — entgegen jenem früheren Traumspiel „Nach Damaskus", wo nur der Albdruck lastete, kaum aber frei geträumt wurde. Beinahe freut sich hier der düstere Mann Strindberg seiner Kunst. Oh, alles nur nach dem Maßstab seines Wesens. Noch bleibt das Thema traurig: Es ist schade um die Menschen! Noch gibt es entsetzte Gesichter und Schreie aus durchbohrten Herzen, noch ist auch hier kein souveräner Former am Werke. Es bleibt August Strindberg in jedem Wort — weil das Bewußtsein des Träumenden die flüchtigen Wahne der Unmöglichkeiten in der Sphäre einer wachen Möglichkeit sammelt und eint. Doch er richtet nicht soviel wie sonst, blickt mild und hofft. Und alles Biographische — das auch in diesem Spiel mit peinlichen Einzelheiten aus dem Erdengang des Dichters spukt und quälerisch rumort — ist durch den Abstand des traumschweren Schläfers von der wachen Wirklichkeit mit silbernen Schleiern beflort. Ein bunter, wehender Wechsel von Bildern verbietet das schlimmste monomane Vergrübeln in das Unheil; jenes ewige Wiederholen ein und derselben Totentanzweise durch unzählige Variationen. Der Traum als Technik zwingt die Monomanie mindestens zur Polymanie. Hier gilt am ehesten, was der Dichter in einem Briefe an den Übersetzer Schering schrieb: „Die höhere Phantasie hat größere Realität als diese Wirklichkeit. Diese banalen Zufälligkeiten des Daseins sind nicht das eigentliche Leben. Mein ganzes Leben ist ein Traum." Eine Strindberg-Enzyklopädie mit fast allen Schlagworten wurde dieses Traumspiel; nicht aber in der verzweifelten und vergrübelten Litanei der biographischen Konfessionen von „Nach Damaskus", sondern der kleinlichen Unmittelbarkeit enthoben, der breiten Klage entrissen, die Naturalismen zur Form verdichtet — gedichtet.

Ein Prolog wie im „Faust" hebt an zwischen dem Gotte Indra und seiner Tochter. Gott nennt die Erde undankbar mit ihrem ewigen Stöhnen und sendet nun das Himmelskind hinab, um mitzufühlen Freud und Qual der Menschen; es soll ihm Kunde bringen, ob ihre Klage auch begründet sei. So sinkt sie in die Stickluft von Strindbergs irdischem Inferno und nichts bleibt ihrem Blick erspart; nichts ihrem Schicksal als Erdenweib. Zuerst noch spielt sie die heilbringende Göttin. Sie befreit den Offizier aus der Enge eines Seelenkerkers. Nun sucht er nur noch die eine: Viktoria. Viktoria ist die Diva des Lebenstheaters, dessen Bretter immer nur die Wirklichkeit bedeuten. Sie ist das Glück, das Ideal, sie ist der Sieg des Daseins. Aber sie erscheint nie. Der Offizier wartet am Bühneneingang ein Leben lang. Die Bühnentür speit unglückliche Mimen aus — aber eine andere Tür am Komödienhaus des Kosmos' ist verschlossen. Die Polizei verbietet ihre Öffnung; denn hinter ihr wohnt die Antwort auf die Frage des Daseins. Die Göttin aber, die bisher nur als Schauende die Ironie des Glücks am

Offizier erfuhr, wird nun selber Opfer. Die Ehehölle tut sich ihr auf, als sie des Armenadvokaten Weib wird. Grauenhafte Armut umschließt die beiden; und die Haßliebe schleicht um. Auch diese Guten können oft die „kurzen Torfälle" der erregten Rede nicht vermeiden; selbst Indras Tochter glaubt bald mehr zu hassen als zu lieben. Totentanz der Liebe. Der pflichtmäßige Ordnungssinn des Bürgers rechnet, spart und schilt die Nachlässigkeiten im Haushalt. Kindergeschrei, Hunger, immer nur Kohl, ja Kohl als Dauerspeise. Ersticken, verzweifeln? Oder fliehen? Aber das Kind klammert seine Opfer zusammen. Da spukt der Traum: der Offizier entführt sie. Sie erlebt durch ihn die Befreiung, die sie einst ihm leistete, die Befreiung zu neuen Kerkern.

Bis dahin hielt sich die Handlung an die Hauptfiguren und blieb dichterisch und theatralisch geformte Einheit. Von jetzt an zersplittern sich die Schicksale. Die Traumspieltechnik beansprucht ihr phantastisches Privilegium. Strindbergs Weltanschauungs-Impressionen folgen sich in selbständigen Bildern: Stationen des Leides. Der Offizier bringt das Gotteskind in die Hölle von Schmachsund, wo die Fresser und Säufer ihre Straftortur im Leben abbüßen; wo Choleragefahr die Liebenden — Er und Sie — unter den schwarzen Quarantänemeister stellt; wo der Dichter Schlammbäder nimmt; wo jeder „seine" Viktoria sieht — nicht aber die Viktoria. Der Offizier sieht sie in Ihr. Keine Erfüllung; er leidet weiter. Schwefeldämpfe von der Quarantänestation. Strafe als Prüfung. Die gelbe Flagge. Ein Schrei aller. Es ist schade um die Menschen!... Dann Heiterbucht. Spielende Kinder, Sommerfeste. Und doch: Liebende, die sich mit Eram vergiften; ein Millionär, der blind ist; eitle Mütter wie die greise Kokette in „Advent"; ein häßliches Mädchen in Qualen am Klavier. Der Offizier überzeugt sich in des Magisters Schule, daß 2×2 vielleicht doch nicht 4 ist. Umlernen! Was ist die Zahl; was ist die Logik; was ist die Zeit? Dämmert das Relativitätsgesetz? Man muß reisen bis vielleicht jene verschlossene Theatertür sich öffnet? Vorher aber noch weitere sinnlose Wiederholung des Gestrigen. Pflichten des Alltags! Es gibt keine angenehmen Pflichten. Das Angenehme ist Sünde. Und Sterben — das darf man nicht.

Das Elend schreit zum Himmel aus dem Staub der Erde. Halbnackte, geschwärzte Kohlenträger am Strande bei achtundvierzig Grad im Schatten. Von schlechten Eltern geboren; auch etliche Male vorbestraft. Die Unbestraften sitzen im Kasino beim Mahle oder baden sich kühl im Mittelmeer. Ist das gerecht... kann es denn allen gleich gut gehen? Aber daß die Lose so ungleich verteilt sind, wer versteht es? Soziale Frage! Liegt's wirklich an der Schlechtigkeit der Menschen oder gar an der alleroberften „Verwaltung"...? Da öffnet die Fingalsgrotte der Gottestochter und dem Dichter Indras Ohr. Die Erde ist nicht rein; böse ist der Mensch nicht, doch auch nicht gut. Ist's Menschenschuld? Ist's Gottes Schuld? Indra schweigt. Wer klärt das Rätsel? Die Tür am Theaterplatz — jetzt muß sie geöffnet werden: aber sie birgt — Nichts! Bankerott der Wissenschaft.

Die Religion weiß wohl eher Rat. Indras Tochter spricht vom Sündenfall des Himmels, von der Verführung von Brahmas Schöpferkraft durch den Erdstoff Majas. Von der Materie befreit der Mensch sich nur durch Leiden. Dem Leiden aber wirken entgegen Liebe und Begierde. Das Weib, das Geschlecht ist Träger von Sünde und Tod. Der Widerstreit der Gegensätze ergibt aber die Kraft zu großen Dingen, den Kampf. Aber die Ruhe? Der Friede? Man darf nicht fragen. So spricht die Tochter zum Dichter... Dann schwebt sie in den Flammen des brennenden Schlosses zum Vater, um ungeheure Klage zu erheben.

Verzweifelnde und fragende Menschengesichter blicken ihr nach. So will es die Bühnenanweisung... Das ist ein böser Schluß, August Strindberg. Du sagtest es froher einige Szenen vorher. Da fragt der Dichter, ob nicht Indra einmal seinen Sohn zu den Menschen gesandt habe, um alle Erdenklagen anzuhören? Die Göttin bejaht und stellt die Gegenfrage, ob es den Menschen daraufhin nicht besser gegangen sei. Da besinnt sich der Dichter lange. Er denkt wohl an Christi Weltkunft und Mission. Dann sagt er: „Ja, ein wenig." Und endlich: „Sehr wenig"... Immerhin ist soviel Bejahung viel, ungeheuer viel für den Verneiner Strindberg.

Nicht alle Poesie ist Kunst durch Sprache! sagt ungefähr Scherers Poetik. Auch bei diesem Werke kann (wenigstens nach der Übersetzung Scherings zu schließen) der Zauber nicht allein durch das schildernde und klingende Wort vermittelt sein. Auch von einer denkbar idealsten Übertragung ist bei den Prosastellen, die weitaus das Spiel erfüllen, keine besondere Wortphantasie mit starken Metaphern oder geistreichen Umschreibungen zu erhoffen. Strindberg traute dem Worte nicht höchste Wahrheit zu; sein Sprachschatz ist arm, ohne geprägten Geist, ohne Bilderfülle. Hätte er das Wort gekannt wie Hölderlin oder Goethe, dessen Klangleib Atmosphären überirdischer Weiten ausstrahlt, er hätte im Kloster von „Damaskus" vielleicht nicht sagen lassen, daß die Sprache ein zu materielles Kleid für die Subtilität der Gefühle und der Gedanken sei. Strindberg vermittelt keine Lyrik durch Worte. Sein Märchen wirkt durch eine Poesie der Überwirklichkeit des Stofflichen, durch den wirren Geistertanz der Elemente, durch die Symbolik des Bildes, durch das Leben des Requisits, durch Phantasieausstrahlung von Örtlichkeit und Allegorie. Strindberg, der Theatraliker, erreichte hier seinen Zenith. Von hier aus strahlt der Reflektor seines szenischen Genius mit aller Lichtkraft auf das moderne Theater.

Der Theatraliker war weitaus größer als der Dramatiker. Denn wo wirkt im „Traumspiel" eigentliches Drama? Wo ist eine organische Entwicklung der Handlung und der Heldin? Sie leidet immer gleich; wie in einem Strophenlied schallt von Akt zu Akt der Refrain: es sei schade um die Menschen. Die ersten beiden Aufzüge geben noch Fabel und Zusammenhang. Dann verlieren sich der Offizier und die Indratochter in den Gruppen. Der Dichter tritt auf je nach Bedarf, wenn's gerade Not tut: die Traumtechnik ist psychologischer Entschuldigungsgrund für alle Mängel. Wo ist ein wirklicher Herzenskampf? Diese Göttin hat keine Tat, sie hat nur Leiden. Sie schafft nicht, sie erträgt nur. Und erträgt nicht einmal Kohl und Kindsgeschrei. Göttlich ist nichts an ihr als ihre theatralische Herkunft. Welche Göttin! die sich — viel bälder als ein armes Erdenweib — zurückzieht aus Gesundheitsrücksichten! Denn es sind im Grunde fast immer nur die kleinlichen Dinge des Alltags, die ihre persönliche Tragödie ausmachen. Was sie erleidet, ist ein Kleinbürger-Fatum; was um sie spielt, sind fast alles nur Schicksale von Schwachen und Unweisen. Die menschliche Vollkraft wird nicht symbolisch ausgespielt. Der Offizier — er wartet und sucht plan- und ziellos. Der Dichter redet — ziel- und planlos. In Schmachsund ist's nicht schlechter als in Heiterbucht — in Heiterbucht nicht besser als am Mittelmeer. Von dramatischem Werden ist nichts zu spüren; kaum ein Dialog spricht sich organisch in den folgenden hinein. Die zweite Stückhälfte ist aus Mangel an gestalteter Fabel ohne jede Spannung; noch Dutzende von Szenen könnten folgen bis zu der Tochter Himmelflucht.

Dann Indra als Versager — der Gott, der unten nicht atmen kann; der Gott, der nicht Bescheid weiß; der eigentlich doch selber nur Theater spielt... als unsichtbarer Statist. Den Vergleich mit dem Faustprolog hält diese „Stimme des Herrn" nimmer aus. Dort tönt die Sonne zu mächtig als daß Indras Fistelton noch vernehmbar bliebe. Der Trotz Mephistos schafft im Himmel schon Tragödie und endet mit dem Sieg des Herrn in symbolisch-göttlicher Komödie. Hier aber trägt Indra des fragenden Strindberg Züge, die zum Kostüm des obersten Herrn nicht passen. Gott als Hamlet. Sein oder Nichtsein ist für ihn die Frage. Aber ein Gott, der solches fragen könnte — ein solcher Gott ist **nicht**. Lebt nur als Phantom der Sehnsucht in seinem Ersehner, Träumer, Dichter.

Was ergab die Analyse? Die alten Klagen über Ehe, Geldnot, soziales Elend, Versagen unserer Erkenntnis vor den letzten Dingen — wie wir sie bei Strindberg an vielen Proben gewöhnt sind. Nun aber geschieht hier das Ungewohnte, daß der dramaturgische Betrachter die eigentliche Phantasieschöpfung als Form außerhalb der ideellen und sprachlichen Bedingungen des Dramas suchen muß: in der von Strindberg unserer Zeit geschaffenen „Theaterpoesie".

Die Traumspiel-Poesie

Es folge nun also des Traumspiels Bild- und Klanggeschichte.

Wolkenmassen wie Schieferberge mit Schlössern und zerstörten Burgen sind Hintergrund von Indras Weltenraum. Sternbilder, Löwe, Wage, Jungfrau kreisen um den blendenden Jupiter. Indras Tochter sieht die fliegenden Himmelskugeln; und wie sie vom Morgensterne Cucra hinab zur dritten Welt stieg, so sinkt sie in den Dunstkreis des Gestirns, das in der Zeit der Tag- und Nachtgleichheit im siebenten Haus der Sonne steht, im Wagen: das ist die Erde. Wort und Bild geben kosmische Weite.

Da unten steht in einem Wald von Riesenrosen, in gelben, weißen, roten, violetten Tönen, das aus dem Kot der Erde auf zum Äther wachsende Schloß; mit goldenem Dach, gekrönt von einer knospenden Chrysantheme, die ihres Aufgangs harrt. Doch vor dem Schloß liegt ödes Stroh, den Stallmist zu bedecken. Hier sitzt der Offizier gefangen. Die Tochter Indras verschwindet durch den Hintergrund in sein Gefängnis und lockt ihn zur Freiheit. Ein Wandschirm schiebt sich weg und zeigt Mutter und Vater des Offiziers in Melancholie und Ehezwist. Sorge vertreibt ihn. Die Mutter löscht die Kerze; der Schirm verdeckt das alte Paar. Die Jungen fliehen durch die Wand.

Dann zeigt der Traum den Mauerhof vor dem Theater. Im Hintergrund ein Gittertor mit Blick auf grüne Freiheit. Ein riesiger blauer Sturmhut wächst da draußen, dem Offizier von Jugend auf vertraut. Rechts steht die Anschlagtafel des Theaters; dahinter wird die Geheimnistür des Schicksals sichtbar. Links aber blüht die junge, stolzsteife, schlanke Linde in hellgrünem Laub. Grün ist die Farbe des Strindbergschen Glückes; eines Glückes, das fast immer nur von Hoffnung lebt. Grün ist das Kleid der Dame von „Damaskus". Grün ist das Zimmer der Häuslichkeit. Grün ist der Fischkasten des hoffenden Zettelklebers.

Dies Grün der Linde des Traumspiels wird, wie der blaue Sturmhut draußen, sich bald entfärben. Der Herbst, viele Herbste werden den Baum entlauben und die Blume dörren. Denn sein Leben lang harrt hier der Offizier seiner Viktoria. Wie bewältigt der Dichter die lange, lange Zeit in kurzen Szenen? Das Haar des ewigen Bräutigams wird grau; sein Kleid zerfetzt, sein Blumenstrauß vertrocknet, bis er ihm noch die letzten toten Blüten an der grausamen Mauer abschlägt, die ihm Viktoria verwehrt. Aber was bedeutet solche Wandlung im Rasen der unendlichen Zeit

Die Traumspiel=Poesie

vor unsern Augen. Es wird hell und gleich wieder dunkel um den Wartenden: hell — dunkel — hell — dunkel in unerbittlichem Rhythmus. Das bedeutet, nein, das sind Tag und Nacht — Tag — Nacht. Denn die Gnade des Himmels verkürzt dem Armen die Tag= und Nachtzeit zu Sekunden. Hell — dunkel... so gleiten Jahrzehnte eines Lebensalters in Stunden dahin... Das ist Poesie durch das spielende Bühnenbild. Eine szenische Tragik der Zeit= lichkeit, im Kunstsymbol bewältigt. Wie zum Schluß von „Ostern", wo sich die kleine Eleonore die Wartezeit bis zu den Ferien verkürzt: den Abreißkalender monatsweise wie fröhliche Blütenblätter umherstreut und in Unzeitlichkeit zer= flattern läßt. Dort Idylle, hier Tragödie — vom Wort begeistert, doch im Auge lebend.

Und wie die Zeit des Offiziers sich jagt und wandelt, so träumt sich der ganze Warteplatz vor dem Theater um. Im Advokatenbureau wird alles zu schmutzigem Inventar; in der Kirche, wo die Promotion gefeiert wird, ersteht es auf zu hieratischer Feierlichkeit. Alles bleibt still an einem Platz. Doch die grüne Linde wird bald ein fahler Stock; wird zum Kleiderhalter für schmutzige Klienten; dann zum Kande= laber festlicher Kerzen. Die Grundform, Stamm und stili= sierte Äste, erhält sich immer wieder erkennbar... Die An= schlagtafel zeigte fröhliche Theaterzettel, bald aber Gerichts= gebote; sie endet als Nummerntafel für Gesangbuchlieder... Die verschlossene Tür fungiert als Aktenschrank und Sa= kristeiportal... Das Gitter, das im Tor des Theaterhofs einst die Enge von der Weite trennte, spielt Kontorschranke und Kirchenbalustrade... Der Logenkasten der Türhüterin muß Schreibpult werden nach dem Traumgesetz; dann Katheder für den promovierenden Dekan... Der Schal der Pförtnerin, den schon des Offiziers Mutter trug, saugt später die Tränen der Indratochter auf... Wie sie sich wandelt, so ändert sich die Welt, die Dinge und die Menschen.

Und nachdem das Gotteskind, von Schmerz über die „Rechtdenkenden" bewältigt, die den Advokaten nicht des akademischen Lorbeers würdig hielten, dem Dulder eine Dornenkrone um das arme Haupt gelegt hat, setzt sie sich an die Orgel tief im Hintergrund und spielt die Klage aller Mitmenschen. Aber da sind es nicht sicher schwebende Orgeltöne, die aus den mächtigen Pfeifen dringen, sondern zitternde Menschenstimmen, Kinder im Diskant, Frauen im Alt, Tenöre und Bässe rufen: Ewiger — Erbarmung — Erlösung! Singen um Gnade. Das ist die Menschenorgel mit dem Choral der Lebensopfer. Ist das Herz des Gottes Stein? Sein Ohr ist sicher steinern. Indras Ohr ist die Fingalsgrotte; ihre Basaltsäulen stehen auf einmal in der Pfeifengalerie der Orgel. Das Rauschen der weinenden Musik wird zum Ton von Wind und Meeressturm. Doch hört man Tropfen fallen von der Grotte: die Tränen der Menschen.

Von hier an verflüchtigt sich die Strenge des Verwandlungsstils zu freieren Folgen wie auch die Dichtung ihre Führung verliert. Schmachsund zeigt die Marterinstrumente der Hölle: gymnastische Maschinen für die Völler; Rohre und Essen der Quarantäneanstalt; infernalische Schwefelluft. In Heiterbucht steht ein schwarzer Flügel in der Schneelandschaft, daran das schönheitsbare Mädchen Edith seine Klage hämmert. Die Schulstube öffnet ihre Mauern. Freudenschiffe kommen und ziehen in Verhängnisse. Tanzen und Weinen mischen sich. Die Riviera zeigt neben dem Promenadenweg mit Orangenbäumen und Kasino das Erdloch der Kohlenträger. Dann öffnet sich Indras Ohr zum zweiten Male; der Dichter übergibt die Bittschrift der Menschheit an die Gottestochter, da ihre Stimme wohl weiter hinaufbringe; sie nimmt das Papier, aber spricht die Verse auswendig — sie kennt nun die Qual aus eigener Seele. Wieder Symbol des Spiels: Musik tönt aus Wind und Woge; die Boje heult. Christus erscheint den Versinkenden des Schiffes, die Kyrietöne singen, die im Sturmgeheul glaubenlos verwehen. Wache Träume.

Der Lordkanzler und die Dekane aller Fakultäten in feierlichen Amtsornaten stehen vor der mysteriösen Theaterpforte. Was ist dahinter? Der Theologe „glaubt" ..., der Philosoph „nimmt an" ..., der Mediziner „weiß", der Jurist „bezweifelt" bis er Beweise und Zeugen hat. Die Fakultäten geraten tätlich aneinander über Wahrheit und echte Wissenschaft, bis die Tür offen steht und ihr Nichts gähnen läßt.

Dann drängt der Traum zum Ende; ballt Anfang und Schluß aller Fahrt und Wandlungen in die Revue der Opfernden vor dem Feueraltar. Alle entlasten sich hier. Alle opfern: die Türhüterin den beträntem Schal; der Offizier die Rosen, die nur noch Dornen sind; der Glasermeister den Diamanten, der die Schicksalstür öffnete; der Advokat die Akten der Sinnlosigkeit; der Quarantänemeister die schwarze Maske seines Berufszwangs. Dann die göttliche Viktoria ihre Schönheit. Und der Theologe wirft in Verzweiflung sein Martyrologium ins heilige Feuer. Nur das Fleisch — das pure, geile Fleisch Don Juans, des Weibes und des Hausfreunds — opfert nichts: man hat ja keine Zeit, das Dasein ist zu kurz ...

So eilt das Defilee des Lebens vorbei an der sterbenden Indratochter. Die Schuhe mit dem Staub der schlechten Erde wirft nun die Göttin in die Flammen. Dem Dichter gibt sie das letzte Wort vom Tod als Befreier. Dann verschwindet sie im wachsenden Schloß. Musik hebt an. Das Schloß brennt. Verzerrte Menschengesichter erfüllen den

Hintergrund. Doch auf dem goldenen Dache geht statt erlösendem Wort die Riesenchrysantheme mächtig auf — als ob sie Erfüllung und Verheißung sagen wollte... als ob?

Theaterpoesie — wir schätzten sie in ihrer hohen Form. Aber das „als ob" der Chrysantheme bedeutet eindringlichste Warnung vor falschem Zauber. Geist-Ersatz — Dichternot — Mystizismus und Mimik.

Szenische Mimik

Theaterpoesie ist eine neue Szenenkunst, die unsere Dramatik eifrig übt und mißbraucht. Poesie nicht durch Worte, durch ergreifende Darstellung eines Willenkampfes, durch Glorifikation einer Idee, sondern durch bisher nebensächlich bewertete Mittel des Theaters. Man denke nicht an Ausstattungsstück und Opernprunk. Am ehesten an Calderons dramatische Sinnbildnerei. Strindberg erfindet in seinen besten Einfällen nicht nur Dekorationen zur Ornamentierung seiner Stimmung. Er strebt in den Kammer- und Traumspielen zur primitiven Szene mit Symbolen. „Nach Damaskus" spielte man nach seinem Willen in einem die Bühne verkleinernden Rahmen, fast ohne Requisit, nur mit rasch abrollenden Hintergründen. Dem „Traumspiel" dachte er zunächst bemalte Seitendekorationen zu, die zugleich Zimmer, Architektur oder Landschaft bedeuten konnten. Dann aber suchte er die visionäre Szene mit bloßer Farbe und Lichtwirkung auf Plüschvorhängen zu schaffen. Schönheit gilt hier vor „Wahrheit". Auf einer Balustrade sollen Allegorien aufgestellt werden: Muscheln deuten auf das nahe Meer; Flaggen auf die Quarantänestation; Zypressen an den Strand des Mittelmeeres.

Theaterprunk geht immer auf die Illusion der schönsten Wirklichkeit. Strindbergs Theaterpoesie erstrebt die Entwirklichung der Natur zum Traum, zum Märchen, zur

Geisterwelt. Die Bühnenanweisungen sind nicht mehr nur technischer Behelf des Regisseurs. Sie sind so wichtig wie der Text und innig mit der Handlung eins geworden. Sie sind mitgedichtet. Sie müßten im Buche als Bestandteil auch der Dichtung deutlich gemacht werden. Nicht nur das Requisit — der Schal der Türhüterin, das Telephon mit drohender Unheilspost in „Ostern" oder „Wetterleuchten" — die ganze sichtbare Bühne spielt mit. Bei Wedekind schufen der zerrissene Dialog, die Sprungkraft der Pointe, der Geist des Wortes in ungeistigem Milieu die Atmosphäre der poetischen Übermöglichkeit. Bei Strindberg wirkt die Augenkunst eines genialen Phantasten Bilderschleier vor die oft spröde Wörtlichkeit der Reden. Hier ist die alte Dramaturgenfrage, ob das Drama erst in der Aufführung zum vollen Kunstwerk werde, keine Frage mehr. Erst das Theater gibt hier Fülle, und mit der äußeren die innere Figur.

Bei welchem früheren Dramatiker würde es sich wesentlich wie hier erweisen, der Analyse seines Wortdramas noch die des eigentlichen Spielstücks folgen zu lassen? Vergleich gibt nur das Musikdrama, wo der Erklärer nach dem Handlungstext der Worte erst zur wichtigsten Interpretation gelangt, zu der des Tons, der Motive, der Musik. So spielt um Strindbergs Traumspieltext ein melodramatisches Wogen von farbigen und tönenden Rhythmen. Kein Drama nach „Damaskus", in dem nicht Musik erklänge. In Gewissensangst vor dem „andern" raunt der Richter in „Advent" der Richterin zu: unreine Geister könnten die Musik nicht leiden. Mit Harfenklängen soll der Teufel ausgetrieben werden. Doch dieser arme Teufel steht gerührt und weicht nicht.

Die szenische Verwertung der Musik als Stimmungsfaktor wird wohl überlegt. Dafür zeugt die genaue Bestimmung der

Sätze von Haydns „Sieben Worte am Kreuz" als Verheißungstöne für die Zwischenakte von „Ostern". Ähnlich verband die Akte bei Ibsens „John Gabriel Borkmann" der Saint-Saënssche „Totentanz" mit der Mahnung des unerbittlichen Todes. Eine Suite von Sibelius ist für „Schwanenweiß" angeordnet. Musik in „Kronbraut" in Verbindung mit Hochzeit, und dann vom warnenden Wassermann gesungen und auf der Gewissensgeige gestrichen. Grauenhaft die Bojarenrhythmen, die Alice zum Totentanz des halbverwesten Kapitäns hämmert. Dann in „Rausch" ein unablässig rasendes Rondo zur Gewissensreizung Mauricens. In „Nach Damaskus": der Schrei der singenden Stimmen aus dem Dom — wie das Entsetzen des Himmels vor der sündigen Widersetzlichkeit des Unbekannten. Dann im Drama mitwirkend als Ton des Schicksals: die Trauermarsch-Fanfaren, an bedeutsamen Stellen immer wiederkehrend; zu tragischer Ironie erhoben als Tusch beim Ehrenbankett für den vermeintlichen Goldmacher. Am höchsten aber steht die Menschenorgel des „Traumspiels" an Einigung von Klang und Bild zu dramatischer Sinnfälligkeit.

Ähnlich in optischer Formung die Stimmungskraft durch Farben: von Hoffnungsgrün zur Schwefelfarbe der Hölle Schmachsunds. Immer wieder benutzt der Dichter Blumen als allegorische Deuter der Örtlichkeit und ihres Genius. Etwas Vegetatives dämmert in den kampflos leidenden guten Menschen Strindbergs. In „Ostern" spielt die Osterlilie als Emblem der kleinen Heiligen mit. In „Advent" wächst im Garten der bösen Richterin unter Zypressen in Obelisken- und Kandelaberformen eine riesige Fuchsie, die „Christi Blutstropfen" heißt und hier bedeutet. Der blaue Sturmhut im „Traumspiel" blüht und verwelkt mit Jugend und Alter des Offiziers und fixiert die verwehende Zeit.

Die Statue des Pan auf dem Gespensterball von „Advent" ist von Disteln und Zwiebeln und Bilsenkraut in Töpfen umstellt: der Allzeuger Pan von Unfruchtbarkeit bedrängt. In „Gespensterfonate" werden die blaßfarbenen Hyazinthen des Fräuleins zum Zeichen des Kosmos: ihre Wurzel bedeutet die Erde, aus welcher der Stengel emporwächst wie die Achse des Himmels, den die Baumkrone zeichnet. Das ist der Strindberg, der in „Sylva Sylvarum" der Pflanzenwelt einen Mhythus gedichtet hat.

Auch Ibsen war Allegoriker. Doch sind seine Zeichen mehr Worträtsel, die mit dramatischer Methode zu lesen sind. Die Wildente bleibt szenisch immer unsichtbar und ist doch herrschendes Vergleichsobjekt für alle Lebens= und Seelensituationen im Drama der Familie Ekdal. Rubeks Plastik der „Auferstehung" spielt hinter den Kulissen des Stück des Vordergrundes. Ganz anderer Art sind die Verlegenheitslawinen in „Brand" und im „Epilog"; am Anfang und am Ende seiner großen Dramenepoche das Unbegreifliche donnernd. Ein Deus ohne Gotteskraft rollt herunter — ein Fragezeichen! Bei Calderon spielt die Allegorie selbsttätig mit Kreuz und Meßtisch als wunderwirkende Materialisation des Geistes. Denn die Zeichensprache des Spaniers findet ihren Kommentar im orthodoxen Glauben seiner Hörer.

Strindbergs Theater geht über das Requisit der Szene weit hinaus. Schon kompositionell ist seine Symmetrie der Szenenfolge in „Damaskus I", in „Rausch" und in zwei sich ergänzenden Historien („Der letzte Ritter". „Der Reichsverweser") mehr als Technik: nämlich Symbolik des Hin= und Rückwegs. Die Geheimnistür, die Tränengrotte mit Indras Ohr, der Wartesaal der Seelen im „Advent", Schmachfund, Asyl und Rosenkammer sind keine Dekorationen, sondern symbolische Örtlichkeit und damit Gegen=

stand der Dichtung. Der Schatten des Gläubigers Lindquist
am Vorhang ist das Schicksal in Märchenweise. Die nächt=
liche Totenprozession aus dem Mausoleum in „Advent"
spielt die Gewissenstragödie wie in Richard III. die Geister
der Geköpften. Dagegen Gespenster, Teufel, Christkind,
sieben Todsünden, Buckliger, Gemordeter, die Zeichen der
Sonnenkatze an der Wand und die Spuktaten der Uhr, des
Schranks, des Beils — sind nur die kleinen Heinzelmänn=
chen der Stimmung.

Teil der Bewegung des Spiels jedoch ist wieder die
allmähliche Verwandlung des Festlokals („Damaskus") zu
Ehren des Golderfinders in eine Spelunke: die Tische wer=
den abgedeckt, die Tapetenwände weggerückt, die feinen
Speisen abgetragen — der Goldmacher kann die Zeche
nicht bezahlen! Dann poltert ein Dekorationswirrwarr bei
offener Verwandlung über die Bühne — die Traumszene
in der Wirklichkeit des Theaters deutend.

Die theaterpoetische Phantasieschöpfung zeigt eine Klang=
folge, die im zweiten Teil von „Damaskus" ganze Ver=
gangenheitskomplexe in des Unbekannten Seele sammelt.
Ihn locken Weib, Kind, Heim, friedlicher Wald, Gebet: ein
Waldhorn tönt in der Ferne, ein Rosenkranz murmelt, ein
Wiegenlied summt. Dann: das Schicksalsmotiv des Trauer=
marsches und dazu des Bettlers: Beuge dich, oder brich!

Schlimm aber jene Szenomimik, die nicht aus dem dra=
maturgischen Zwang des Dramensinnes ihre Gebärden macht
und auch nicht nur als Stimmungsdekorum oder allegori=
sches Ornament wirken soll, sondern selbstherrlich in den
Vordergrund tritt. Die lebenden Bilder in „Advent" —
Weihnachtsstimmung mit Christbaum und Stern von Beth=
lehem — sind schon unerlaubt bequeme Helfer und Löser.
Doch Strindberg liebt das Tableau bis in die Realistik der
„Königin Christine", wo es symbolisch die Not des Landes

Kammerspiele — Stimmungsspiele

im lebenden Bild markiert. Er liebt auch den Deus ex machina als Dekoration: gern läßt er den Buddha, den Christus, den Indra irgendeine gottartig wirkende Oberinstanz als Statue, Bild oder auch nur als „Stimme" geistigen Lückenbüßer spielen, wenn die Handlung zum Trieb nach oben angestachelt ist.

Den fatalsten Zauber leistet er sich mit der Chrysanthemenmystik des Traumspiels. Wortlos mimt die sich öffnende Blume die Heilsformel, die eines Gottes Mund und einer Gottestochter Seele nicht findet. Ihre Gebärde ist zweifelhaft im Anblick verzweifelter Menschen und einer total verbankerottierten Göttin. Drama ist es nicht, was hier gefällt. Die Poesie des lyrischen Gewoges von Schmerzensschrei und melancholischer Weise, von Farbenwehen und rhythmischem Getose. Narkotika zu Rausch und Traum. Verschwimmung der Linien, der Menschen. Trübung der allfälligen Idee zwischen dem Grau der Resignation und dem Gold der Erlösung. Malerische Dramatik. Sublime Panoramakunst hinter Traumnebeln. Märchenstimmung als romantische Verschleierung der Kleinbürgerlichkeit ihrer Themen und Götter. Theatralische Einlullung und Scheinerlösung durch die Blume. Stimmungskunst.

Aus dieser Oase stillen die Kunstgewerbler der modernen Bühne ihren Phantasiedurst.

Kammerspiele — Stimmungsspiele

Durch Stimmung erhalten sich Strindbergs letzte Schemen. Aus dem architektonischen Drama ist das malerische geworden. Sein eigentümlicher Reiz besteht darin, daß es trotz allem Gespensterwesen naturalistische Details bewahrt. Die Sprache der Figuren ist Prosa; ihr Reden ist Alltag — aber die Stimmung, die Gesamtfarbe gibt ihnen geheimnisvolle Transparenz. Die Scheinwirklichkeit der Schatten lebt auf dem schwarzen Hintergrund ihrer Erdenhöhle. Eine großartige Szenenphantasie, schöpfend aus Edgar Allan Poe und E. Th. A. Hoffmann (die Strindberg beide liebte), belebt durch des Mystikers Swedenborg Höllenelemente, erzeugt den Geruch von „Brandstätte", „Scheiterhaufen" und dem Leichenkeller der „Gespenstersonate": Gase der Vernichtung, glühend im Scheinwerfer der Bühne; dumpf qualmend in der Düsternis des Todes; blitzend in der Gewitterschwüle von „Wetterleuchten". Stimmungsgasel

„Wetterleuchten" wäre ohne sie ein naturalistisches Dramolet geworden. Ein unheimliches Haus sammelt vergangene Schicksale in seinen Etagen. Strindberg stellt eine moderne Hausfassade parallel zur Rampe auf. Im offenen Fenster der Parterrewohnung sitzt der von seinem Weibe geschiedene Mann wie ein Toter. Die verhängten Fenster des ersten Stocks sind mit anzüglichem Rot beleuchtet: der Bostonklub empfängt hier kuriose Gäste. Eine Phönixpalme droht wie mit eisernen Ruten als Schatten am Rouleau. Der Herr der Beletage ahnt nicht, daß seine ehemalige Frau da oben als Dame des Hauses waltet. Es blitzt und droht; die Atmosphäre mischt sich ein. Gemeine Walzerklänge tönen von oben in die Nacht. Schwül drückt der Himmel. Schicksale rollen heran ohne Donner. Man hört Schreie. Die Frau stürzt mit offenem Haar aus dem Haus; flieht vor dem Herrn des Bostonklubs. Sie sieht im erleuchteten Fenster den einstigen Mann, den von ihr seelisch Gemordeten. Er sieht sie nicht von innen, aber wittert sie. Die Luft ist geladen mit Telepathie. Da plötzlich Helle — es wetterleuchtet — da erblickt er sie, schrickt auf. Dann folgt die eheliche Unterredung, die Anklage und die gewitterlose Lösung. Der Herr befreit sich zum zweiten Male von der Feindin seines Geschlechts. Es blieb beim Wetterleuchten...
Hier herrscht eine Verdichtung von Szenik und Wort, wie

sie selten ohne die Inanspruchnahme eines begabten Regisseurs vom Dichter ausgedacht war. Verschiedene Leben werden durch Meteorologie zu einem Schicksal verbunden.

In Strindbergs letzten Dramen gibt es nicht mehr den Monologisten seiner Einzigkeit. Eine ganze Familie wie im „Scheiterhaufen", ganze Häuser wie in „Wetterleuchten" und „Gespenstersonate" spielen mit; ein ganzes Stadtquartier tummelt sich böse und schuldig auf der „Brandstätte". Hier ist alles in Rauch aufgegangen: das falsche Schmugglerhaus des Färbers mit den doppelten Wänden und dem unechten Mobiliar; unechter Ehrbarkeit, unechten Bewohnern und Nachbarn. Alles war gefärbt im Hause des Färbers. Ehebruch, Brandstiftung, uneheliche Vaterschaft, Zuchthäuslerei, Scheintod — hochangesehene Schmugglerfamilie! Doch daneben beim Gärtner: Osterlilien, Narzissen, Tulpen und Seidelbast — ein Frühling für die Jungen. Und wieder nebenan: das Wirtshaus „Zum letzten Nagel" für die Leichenkutscher. Bildkontraste. Eine Gestalt hebt sich aus der Masse von Färber, Färberin, Student, Gärtner, Maurer... die alle irgendwie in Schuld verbunden sind: der totgeglaubte Bruder des Färbers. Als unheimlicher Fremdling steigt er auf den Schutt des Hauses: Gespenster gedeihen auf Ruinen. Wühlt aus dem Unrat, der da liegt, die Lügen und die Hasse auf und richtet eindringlich, aber ohne Größe, neidisch, hämisch. Der „Sohn einer Magd" erzählt seine eigene Jugend zum dutzendsten Male, doch in neuer Stimmungsszenerie.

Weit besser gefügt als dieses Impromptu und in spannende Einheit gebracht ist „Scheiterhaufen", wo der Sohn die Entlarverrolle des Fremdlings spielt; des eben verstorbenen Vaters Brief entdeckt und dann danach die Mutter zur Rechenschaft zieht: den falschen „Pelikan". (So hieß mit furchtbarer Ironie zuerst das Stück.) Hier kom=

men weder Geister noch Gespenster: ohne die theatralische Zutat hätten wir hier beinahe ein Drama des Naturalisten der neunziger Jahre mit bester Technik und raschen Dialogen. Doch wie das Wetterleuchten und dann der Brandgeruch ein überwirkliches Fluidum erzeugten, so weht ein infernalischer Wind in dieses Zimmer. Die Spiegel sind schauerlich verhängt. Nebenan liegt der Tote. Kälte, Karbol und Fichtenduft der Grabeskränze sterilisieren den letzten Liebeshauch. Vor jedem der drei Miniaturakte Musik; naturalistisch begründet durch den sich durch Klavierspiel wärmenden Sohn — drei ganz auf die Stimmung berechnete Stücke von Chopin, Godard und Wolf-Ferrari. Wiegenlied der Kinder, zum Schluß der Mutter geiler Hochzeitswalzer. Der Wind des Unheils stürzt den Blumentopf, läßt die Papiere vom Schreibtisch flattern. Es heult wie Samum. Die Mutter, von der eignen Furie am Gewissen gepackt, entzündet die elektrischen Lichter, schließt immer wieder die von rasendem Zug gesprengte Tür — flieht grausend vor dem wiegenden leeren Schaukelstuhl: denn auf ihm saß immer der betrogene Mann, der Tote im Nebenzimmer. Sein Rollstuhl winkt. Er geht um. Dieser Wind ist der Wecker und Peiniger — er wird den Ofen nicht löschen, er wird ihn entfachen zur Glut des Scheiterhaufens. Furchtbar als Sühner und erbarmungslos in der Reinigung ... Dieser Wind ist Teil der szenischen Dichtung und Symbol ihrer Idee.

Es sind Entlarver-Stücke, diese letzten. Am edelsten noch der Herr im Wetterleuchten; am kleinlichsten der Fremdling auf der Brandstätte; am ergreifendsten der in Unterernährung und Alkohol verkommene Sohn vor dem Pseudo-Pelikan; am grausigsten und monumentalsten aber: der Alte der „Gespenstersonate". Hier sind die Schicksale der Büßer und Verdammten alle vereint. Das Gespen=

sterhaus birgt die Gläubiger ihrer Schuldner und die Schuldner ihrer Gläubiger. Wie ein antiker Geschlechterfluch lastet Unheil auf allen. Zusammengezwungen durch Verdacht, gegenseitige Zeugenschaft und Gemeinsamkeit der Übeltat sind sie in einen Panzerturm gepreßt: bis ihr Jüngstes Gericht donnert. Die Hand soll Strindberg geblutet haben, als er die Vision niederschrieb.

Hier wurde er ein letztesmal wirklich Gestalter. Nicht eines ganzen Stückes — da überträfe der weit phantasielosere „Scheiterhaufen" dieses Spukspiel — aber des zweiten Akts im runden Salon: das Gespenstersouper. Wie alle diese kurzen Kammerspiele trotz ihrer Szeneneinteilungen nur um eines großen Hauptbildes willen da sind, so ist um diesen zweiten Akt alles übrige mit Strindbergs dramaturgischem Leichtsinn vorgehängt und nachgehängt. Die Hauptspieler — Ankläger und Gegenkläger — überraschen sich, statt daß sie sich aufeinander hin entwickeln. Willkürlich ist das Nebenpersonal als Statisterie zur kriminellen Stimmungsmache engagiert. Man rühme nicht etwa die Kürze dieses Stücks als Konzentriertheit. Bei dieser Skizzentechnik ist Kürze Kinderspiel. Jede Unwahrscheinlichkeit der realen Vorgänge ist von vornherein mit Gespensterspuk entschuldigt — wie in „Advent" der Wahnsinn der Richter und im „Traumspiel" der Traum alle Zerfahrenheit rechtfertigen durften. Es endet endlich mit der billigsten Erlösungssymbolik. Eine katastrophale Bühnenanweisung spricht überdeutlich für die dichterische Nachlässigkeit: „Johanson erscheint in der Tür zum Flur und betrachtet den Auftritt mit großem Interesse, da er jetzt aus der Knechtschaft befreit wird." Was Wort werden sollte, ist in Schauspielerpantomime aufgegangen.

Vor dem Gespensterhaus. In der Ferne Glockenläuten, Dampferpfeife, Orgelbässe. Das Gespenst eines Mädchens

geht um. Der verkrüppelte Alte sitzt im Rollstuhl seiner
Leiden wie ein Kobold auf der Haßmaschine; wie die Spinne
im Netz; wie ein Verdammter in der Höllenfolter. Er spricht
mit dem Studenten Archenholz — der Teufel mit dem
Sonntagskind. Der Teufel will den Engel reich und glück=
lich machen. Aus Güte? Aus schlechtem Gewissen? Strind=
berg läßt uns in Spannung. Dieser Direktor Hummel
ist nur Phänomen; er spielt nicht bewußte Intrige; er will
überraschen.

Durch des Alten Mund exponiert der erste Akt die ins
Gespensterhaus Gebannten. Sie müssen vom Dichter direkt
geschildert werden, denn aus sich allein wirken sie nicht;
sind bis auf Hummel und die Oberstin nur Stellfiguren.
Da oben am Fenster sitzt die neunundsiebzigjährige Verlobte,
ein vergilbtes Gewesen. Die Fahne auf Halbmast im ersten
Stock deutet auf den toten Konsul, den Wohltäter aus
Heuchelei, den ehrsüchtigen Betrüger, dessen eitler Leichnam
noch aufersteht, um Kränze und Kondolenzkarten zu zählen.
Da ist auch die Tochter des Toten, die er von der Haus=
meisterin hat. Diese Tochter trägt vom Juwelendieb, des
Konsuls Eidam, ein Kind im Leib. Die Schuldkette schmiedet
Glied an Glied. Im Parterre lebt der Oberst mit seiner Frau
im Totentanz der Haßliebe. Seit vielen Jahren sitzt sie irr=
sinnig in der dunklen Garderobenkammer; wie ein Papagei
in Antlitz und Stimme, so vertrocknet sind ihr Seele und
Körper. Der einstige Jugendleib steht am Fenster als Mar=
morstatue ihrer Schönheit, die sie verehrend bekrächzt. Die
Tochter aber — krank vom Druck der schwarzen Luft —
ist so rein und schön wie die Bildsäule der Mutter ...
Hummel erklärt die Verbrechen Aller; aber den Haupt=
spieler verschweigt er: sich selbst! Spannung des Romans,
nicht des Dramas.

Beim Gespenstersouper maßt sich der Alte die Richter=

Kammerspiele — Stimmungsspiele

rolle über die versammelten Sünder des Hauses an; er entkleidet sie ihrer Falschheit: von falschem Adel, falschem Haar und falschen Zähnen. Auch die Oberstertochter ist Fälschung aus unechtem Ehebett. Dieser Dämon fühlt sich geheimnisvoll berufen, das Unkraut auszujäten in dem Totenhaus, damit die Jugend neu in ihm gedeihen könne. Wie kommt er zu dieser Güte? Die Rolle ist unklar. Innere Motivierung fehlt. Die Handlung klärt nur Äußerliches. Doch des Alten Stunde schlägt. Das Gegenspiel rührt sich unangemeldet und wieder überraschend.

Die Mumie krächzt dem Staatsanwalt entgegen, hält den Zeiger der Uhr, die nicht die Stunde schlagen soll, die jener ihr als Stunde des Gerichts angab. Ihre Seele erwacht nach vierzigjähriger Buße. Durch Leiden und Reue kann sie das Vergangene ungeschehen machen: die Zeit im Laufe halten. Dann steigt ihre Stimme immer menschlicher aus dem vertierten Körper auf und tönt Anklage. Er, der auf falschem Richterstuhle sitzt, er hat des Studenten Vater um sein Vermögen betrogen; er hat den Konsul mit Schuldscheinen in den Tod getrieben; er hat die Verlobte sitzen lassen; er hat den Obersten mit der Mumie betrogen, und die Tochter ist seiner Sünde Frucht — oh, der Diener des Obersten weiß noch mehr von ihm, dem Vampyr, der wucherte, verführte, aussog und tötete. Das Gespenst des Milchmädchens erscheint wie am Anfang; das ist eine, die er in Hamburg ertränkte. Da fängt die Uhr, die vor dem bereuenden und büßenden Weh die Vergangenheit aufhören ließ, wieder zu schlagen an. Der Alte schrumpft ein in seiner Schuld; er selber wird auch zum Vogel wie die einstige Geliebte und ruft den Uhrenschlag mit wahnsinnigem Kuckuck — Kuckuck. Seine Stunde! In der schwarzen Garderobe erhängt er sich. Doch aus dem Hyazinthenzimmer, wo die vom Todesatem angepestete Tochter in Schönheit hinsieht, tönt des Studenten Hymne unter Harfenklängen: "Gut ist schuldlos leben."

Mit dieser Melodie schließt auch der dritte Akt. Er ist in seiner Formung unnötig und schadet der Wirkung dieser in ihrer Intensität von Verdammung und Zerknirschtheit monumentalen Groteske. Was kommt noch? Das Hyazinthenzimmer, wo die Treibhausluft rein, aber tödlich ist. Ein Stück unfreiwilliger Wedekind: die Vampyr=Köchin, die gleich der Mutter=Pelikan die Soßen und alle Nahrung aus den Speisen saugt; die Hexe aller Kleinteufeleien. Und nun noch die nach solch starkem Vorakt erbärmlich kleinliche Szene, wo — durch Siriusfernen jeglichem Humor entfremdet — F. Th. Vischers "Tücke des Objekts" zur Nemesis, zur Schicksalsrute wird. Der Schornstein raucht; drum heizt man nicht! Ihn fegen lassen? Es hilft nicht. Der Schreibtisch hinkt; die unterlegte Korkscheibe wird täglich durch das "ordnende" Hausmädchen entfernt — er hinkt diabolisch weiter. Der Teufel reitet ihn. Der Federhalter ist täglich voll Tinte... immer wieder. Die Fensterladen rütteln in der Nacht; man hat aus warmem Bett heraus den obersten — gerade den obersten! — Riegel einzuhaken. Aber das schlimmste — unmittelbar nach der Köchin — das abscheulichste ist: Wäsche zu zählen! "Ist das Leben soviel Mühe wert?"

Nein, für den, der dieses klagt und an dieser Stelle, wo eben nackte Seelen ihre Höllenqual ausschrieen — nein! Wozu die ganze Tragödie von Dämonen, wenn die Wichtelmännchen der Komödie schon Todesurteile sprechen dürfen. Das ist kein Satyrspiel, das ist leider auch nicht Satire — das ist August Strindbergs banalster Ernst. Und es ist schauspielerhaft, aus der Wirkung des Kontrasts, aus femininer Kleinlichkeit heraus gehaßt, geliebt und gemimt.

Das Fräulein stirbt schließlich an den skeptischen Lebens=

einsichten des jungen Studenten. Der Totenschirm wird vorgerückt. Und dann wird unter Harfenklang und in ihrer Schönheit hier verschwendeter Schlußlyrik über Christus und Buddha einiges von geringem Wert gesprochen. Jedenfalls wartet der Buddha im dekorativen Hintergrunde bis aus der Erde ein Himmel zu ihm emporwächst — wie aus der Wurzel in seinem Schoße die Sternblume. Er wartet, der Gott; ein Warten, genau so ungöttlich wie Indras Schweigen; und wie der hier ebenfalls zitierte Christus, der in dem Irren=, Zucht und Narrenhaus der Erde nur eine Hölle sah, und selber im Räderwerk des teuflischen Betriebs umkam. Wo ist Erlösung? Denn wer solche Höllen auf Erden über=treibt, muß unbedingt auch einen Himmel zeigen.

Ha! Hinter dem Totenschirm ein letztes Wimmern der Tochter! Wohin mit ihrer armen Seele? Zu Buddha, Indra oder Christus? Ist keine Traumspiel=Chrysantheme da zum symbolischen Notbehelf des versagenden Religiosen. Da winkt ein wehmütiger Heidentempel zur Einkehr. Tableau! Eine Dramaturgie für ein Tableau!! Das Zimmer schwindet — und Böcklins „Toteninsel" wird vom Theatermeister als Hintergrund herabgerollt. Ein Bibelvers aus des Studenten Mund gibt Stimmung. Bibelverse sind bühnensicher. Musik, „angenehm traurige" tönt von der Toteninsel her ...

„Ich wußte selbst kaum, was ich geschrieben hatte, ahnte aber etwas Erhabenes, das mich erschauern ließ" ... bekannte Strindberg von der „Gespenstersonate".

Der Komplex Strindberg

> „Ich kann nicht leugnen, daß maniakalische Personen immer eine starke Anziehungskraft auf mich ausgeübt haben, und die Originalität ist wenigstens nicht banal." („Nach Damaskus".)

Die Schwäche

„Leise Musik, angenehm traurige..." tönt von der Toteninsel her. Darin liegt ein peinlicher Kommentar zu Strindbergs Weltschmerz. Das ist schlimmer als das wienerische „Schmerzlich=süß" Hofmannsthals oder die übliche „süße Qual" der romantisch Liebenden — weil diese angenehme Traurigkeit mit dem Anspruch der Erlösung auftritt.

Das Sich=Fühlen in Qual ist bei Strindberg elementar. Ein sadistisches Schmerzbehagen bei der Aufdeckung der Übel und in der wollüstigen Verkennung des Guten. Ein rechthaberisches Frohlocken über den Nachweis der schlechtesten aller Welten. Ein genialischer Dämon haßt sich hier aus; ohne Abstand zu den Dingen; unweise aus Mangel an geistiger Verarbeitung des Lebens. Ein dem bürgerlichen Alltag Unterliegender aus Nerven=, Willens= und Geistesschwäche. Was bedeutet es anderes, das diesen an extensivem Verstande und intensiver Leidenschaft bedeutenden Mann am Alltag und an seinen Ehefrauen derart verzweifeln ließ, daß die Bürgergötter der kleinen Zufälle ihm zu den bestimmenden Schicksalsmächten wurden? Was anderes als die krankhafte Unbeständigkeit labiler Nerven, die eine schrankenlose Seele torturierten; und daraus entspringend: die Willensschwäche, die Abhängigkeit vom Augenblick, die Trübung des wertenden Geistes.

Die Schwäche

Strindbergs Geist ist von der absolut erklärten Seele unterjocht. Die volle Seelenfreiheit wurde bei ihm zur Seelen-Unbändigkeit, die an ihrer Freiheit umkommt. Strindberg ist als Künstler daher unformal, durch und durch ungesetzlich, unarchitektorisch — er ist malerisch, stimmungshaft romantisch. Die „Form"-Kraft wird vom „Inhalts"-Drang überwältigt, die Vernunft vom Trieb und der Laune seines Ichs. Dieses Ich lebt ohne starke Idee; es haßt daher auch die Pflicht zu jeglicher Überwindung seines materielleren Teils. Strindberg will nur das Gefühls-Gute ohne Selbstopfer und schmäht das Moralisch-Gute, weil es aus Selbstpflicht kommt. Er haßt nicht nur das „Gesetz" der „Rechtdenkenden". Er will Liebe ohne geistige Form, Religion ohne Glaubenskraft. Strindbergs Ich ist passiv, weiblich; will empfangen ohne zu geben. Kein aktiver Geist ist hier auf der Suche nach Gottes Liebe. Strindberg sieht nicht mehr die gangbaren Pfade durch das Herz der mitliebenden Menschen — denn fast alle bei ihm können nur hassen. Die Wenigen aber, die bei ihm nicht hassen, sind schwache Kinder wie Erich und Thyra in „Advent" oder Benjamin und Eleonore in „Ostern"; sind gute Poltermänner wie Lindquist, unfähige Göttinnen wie die Indratochter, tendenziös gereinigte Ehemänner wie der Herr in „Wetterleuchten"; sind harmlose Jugend ohne Saft und Kraft wie das brave Paar Amalie und Adolf in „Advent", wie Sohn und Tochter der Pelikansmutter in „Scheiterhaufen"; unglaublich demütige Geschöpfe wie der Student und die Hyazinthendame in der „Gespenstersonate".

Hätte diese Seele tief um Begnadung gerungen, um den wirklichen Glauben, daß Gott die Liebe ist, und damit um das Vertrauen zum Guten in den Menschen — dann wäre sie auch ohne geistigen Selbstzwang und Pflichtformung vertrauenswilliger und bejahender geworden. Der

Märchenerzähler Strindberg vergißt sich manchmal in kindlicher Spielfreude und seine humorlose Naivität hat oft die ernsthafte Gewichtigkeit des Kindes. Denn Kinder sind froh und glücklich, ohne den Humor zu kennen, der die Form des weisesten Frohsinns ist; Humor ist die Weltsicht Eines, der Abstand gewonnen hat zum Kleinkram des Werktages. Dem Dichter Strindberg aber fehlte nicht nur der Humor fast gänzlich, sondern jegliche Sophrosyne.

Ein böser Wahn unterjocht seine Geistigkeit bis zur Ohnmacht. Sein Verstand unterliegt Assoziationen von gesuchter Lächerlichkeit. Er unterscheidet nicht mehr das Große und das Kleine; so hört für ihn die komische Bewertung übertriebener Kontraste auf. Was eines Witzes würdig wäre, gilt ihm Tragödie. Seine Selbstbiographie verzeichnet etwa folgendes:

„Sie (die Schwiegermutter) tut ihr Möglichstes und mehr, um mich zufriedenzustellen, aber die Geister der Zwietracht mengen sich ein, und nichts hilft. Sie erinnert sich meiner kleinen Liebhabereien, aber immer geht es verkehrt. So gibt es wenige Gerichte, die mir so zuwider sind, wie Bregen in brauner Butter. — Heute habe ich etwas Gutes, besonders für dich, sagt sie. Und sie legt mir Bregen in brauner Butter vor. Ich verstehe, daß es ein Mißverständnis ist, und ich esse, aber mit einem schlecht verborgenen Widerwillen und einem erkünstelten Appetit. — Du ißt ja nichts! Und sie füllt meinen Teller noch einmal… Das ist zu viel! Früher schrieb ich alle diese Plagen der weiblichen Bosheit zu; jetzt erkenne ich ihre Unschuld an und sage mir: es ist der Teufel!"   („Inferno".)

Oder man höre: „Gegen ein Uhr bringt der Diener das Frühstück, und da ich meinen Arbeitstisch nicht in Unordnung bringen will, stellt er das Tablett auf den Nachttisch, in dem das Nachtgeschirr steht. Ich machte ihn darauf aufmerksam, und der Diener entschuldigte sich damit, daß er keinen

andern Tisch zur Verfügung habe. Er sah ehrlich und nicht
boshaft aus, so daß ich ihm verzieh; und das Nachtgeschirr
wurde fortgenommen. Wenn ich zu dieser Zeit schon Swedenborg gekannt hätte, würde ich begriffen haben, daß ich
von den Mächten zur Kothölle verurteilt sei ... Ich erbaute
mich, indem ich das Buch Hiob las, überzeugt, der Ewige
habe mich dem Satan überliefert, um mich zu prüfen.
Dieser Gedanke tröstete mich, und das Leiden erfreute mich
als ein Zeichen des Vertrauens von seiten des Allmächtigen."   („Inferno".)

Solche Dinge hält August Strindberg der Aufzeichnung
würdig. Warum? Seine reizbare Seele hat sich in solchen
Momenten, wohl im Zusammenhang mit irgendwelchen psy-
chischen oder physischen Begleitumständen hochgradig erregt;
und da sein Geist nicht sofort die kleine Ursache und die
große Wirkung nach ihren Quantitäten humoristisch-weise
abschätzt und die lächerliche Beziehung des minimalen Reiz-
motivs zum rasenden Höllenteufel nicht in ihrer Komik erkennt, glaubt er in Schwiegermutter und Nachtgeschirr die
Boten großen Schicksals zu sehen. Solche Weltanschauung ist
auf die beschmierte Seite des fallenden Butterbrots gestrichen.

So die widerliche Kleinbürger-Pathetik im Hyazinthenzimmer, die einer der stärksten Szenen Strindbergscher
Vision folgt. Doch wie der Dichter für einen kurzen Akt
von fünfzehn Druckseiten die Konzentration fand, in den
Alltagsverbrechen das große Schicksal — wenn auch verzerrt — zu erschauen, so versagt er gleich darauf kritiklos
im dritten Akt: die Willensanspannung ist entkräftet und das
Fatum erhält gleich wieder winzige Gestalt in der Köchin
und in verhexten Gegenständen. So wertete er die Weiber-
launen, so die Geschäftsusancen der Übervorteiler, so jeden
Fehl am Mitmenschen sofort prinzipiell und weltanschau-
lich — ohne eigentlich große Prinzipien oder eine Welt-

anschauung sein eigen zu nennen. Er verlangte das Absolute eines Ideals und war der Fassung einer lebensbeherrschenden Idee doch niemals fähig. Kein Weib konnte für ihn vollendet sein, weil sein Anspruch an die Frau romantisch übertrieben, seine Liebe aber nicht stark genug zur Nachsicht und Verzeihung weiblicher Schwächen war.

Ohne Idee, die die verwirrende Mannigfaltigkeit der Dinge aus der Qual der Zerstreuung vor die Klarheit des geistigen Überblicks bringt, mußte die Kleinlichkeit der Einzeldinge Herr werden über eine solch reizbare Seele.

Ohne opferwillige und verzeihende Liebe konnte dieses von jeglicher Unvollkommenheit der Realität beleidigte Temperament nichts Menschliches vorbehaltlos anerkennen.

Ohne den Willen zur moralischen Freiheit, ohne ethisches Ziel, blieb dieser Nervenkomplex ein Spielzeug der Stimmungen und zufälligen Außenreize. Sklave der Weibkatzen und der Tücken des Objekts.

Ohne den Glauben endlich an einen als Lebensschöpfer guten Gott mußte dieser im Kern religionsbedürftige Mensch das übermächtige Schicksal in einem Pantheon von Dämonen und Kobolden finden, im magischen Gespensterkreis von Mephistos „Kleinen von den Meinen". Primitiv wie beim Wilden ergab sich hier ein Götzentum der Quälgeister. In Schreibtisch, Fensterladen und Federhalter, in der gefräßigen Köchin rumorten die böswilligen Penaten; im Zufall des Geldbriefs, im Warnungszeichen einer Unglückszahl zeigte sich ein Gott an — ein Bürgergöttchen oder ein Buddha, oder ein Indra oder ein Christus. Polytheismus! Mit Christentum und Indertum verschleierte Vielgötterei. Kein glaubhafter Übergeist und Gott über die Seelen in diesem armen Polydämon. Keine Gesamtschau. So viele Dinge — so viele Götter...

An den Präsidenten der Alchimistischen Gesellschaft Frank=

reichs, Jolivet Castelot, schrieb Strindberg: „Nicht das viele Wissen brauche ich. Die Wissenschaft bereitet hochstehenden Geistern Zerstreuung; ich brauche aber **eine Art Religion**... Ich bitte, mich nicht ‚Meister' nennen zu wollen; meine **quasi=religiösen** Gefühle sind einer derartigen nicht verdienten Ehrung zuwider. Ich bin bloß Adept, der einen Augenblick die große Harmonie der Schöpfung hat schauen dürfen, später aber wegen seines Hochmuts mit Blindheit bestraft worden ist."

Indem der Geist Strindbergs keine Herrschaft über sich besaß und so an der Mannigfaltigkeit im Sinnlichen verzweifelte, fand er keine Stütze an seinem ungeheuren Wissen; und der Gelehrte Strindberg ergrübelte sich darum immer nur Ungenügendes aus den Wissenschaften und suchte lieber die okkulten Wege zur Goldmacherei und zur Swedenborgschen Höllentheorie, ohne eine lebenskräftige Idee von der Welt sich bilden zu können.

Die Seele Strindbergs aber strahlte keine Güte aus. Sie war als liebende Seelenkraft so matt wie die guten Menschen seiner Dramen. Sie blieb bei allem Leben im Bezirk seines einzigen Ichs. Fand trotz aller religiösen Mystik nicht die Vereinigung mit den Menschenherzen, nicht mit Gott. Und daher war der Weg „Nach Damaskus" vergebens. „Rausch" bot die wahre Lösung: das Schwanken zwischen dem ästhetischen Schein der Bühne und der Ich=Versenkung in der katholischen Kathedrale. Strindbergs Wesen war theatralisch, rollenhaft, wandelbar. Es schloß den dramatisch=tragischen Gestalter aus. Seine weibliche Sensibilität und seine dem Zufall preisgegebene Willensschwäche konnte weder eine ethische noch eine religiöse Notwendigkeit anerkennen. Das Wesen der Tragik des Kulturhelden ist aber die Unerbittlichkeit der von ihm anerkannten sittlichen oder göttlichen Gebote. Die Zufallsnöte und Zu=

fallslaunen des bürgerlichen Daseins aber sind niemals
unerbittlich und unvermeidlich; nur einer passiven und im
Grunde schwächlichen Figur bereiten sie eine ihrer würdige
Katastrophe. Das große Los, der Geldbrief, der Erfolg kön=
nen den bösen Zufall jeden Augenblick ebenso zufällig zum
Glücke wandeln. Die kleinen Stiche werden gewiß in dauern=
der Wiederholung achtbare Mächte; aber nur in der Dauer
eines Lebens! Dieser Dauer dient der breite Roman, nicht aber
ein dreistündiger Theaterabend. Dauer ist der Tod des Dramas.

Es fehlte Strindbergs Dramatik ein dem Schicksal ener=
gisch widerstrebender Wille und der Glaube an ein Ziel.
Daher blieb ein wirkliches Ringen aus: ein „Ich lasse dich
nicht, du segnetest mich denn!" In welchem Werke hebt sich
die Sehnsucht über ein ewig sich gleich abmühendes Quälen
und einen Guerillakrieg der Nerven hinaus? Ja, in „Da=
maskus" wird Gott am Meere herausgefordert; mit dem
Bettler und der Mutter wird gerungen — aber nicht mit
den Kräften des Geistes und einer starken Seele, sondern
nur auf Anreiz der Erdtriebe, der Verkanntheit und der
Eitelkeit. Der Kulturheld bewegt sich in einer ihm nicht
mehr würdigen Sphäre. Er ist nicht reiner Wille um Er=
kenntnis, nicht reine Sehnsucht nach der Liebe. Er ist ein
armes Sündengeschöpf, das im Staube kriecht und von spitzen
Steinen gereizt manchmal sich zuckend aufbäumt — aber tier=
haft unbeholfen, unselig, unerlösbar; tiefsten Mitleids würdig.

Diese Schwäche in Logos und Liebe, Ethos und Glauben
umreißen die Persönlichkeit mit kleinlichen Konturen. Hätte
irgendeine dieser Kräfte dominiert und das Steuer seines
Lebens fest angepackt — Strindberg wäre nicht zur Aner=
kennung der zufälligen Alltagspein als Schicksal gelangt.
Das ist Philistertragik. Denn diese Art von Schicksälchen
— die fünf Bände Lebensgeschichte Strindbergs wimmeln
davon — werden nur in Liliput zu tragischen Dominanten

Die Schwäche

im Weltlauf. Strindberg, der die Probleme eines „Faust"
und „Hamlet" zu begreifen fähig war — ihm war es nicht
gegeben, vor der geistigen Notwendigkeit im Kosmos die
kleinen Zufälligkeiten der Bürgerstube zu degradieren. Und
damit blieb auch seine Weltbetrachtung trotz aller Aus=
schweife nach der Geisterwelt in bürgerlichen Dimensionen.
Ein Literat, der nicht die Kraft zum Bürger findet: „Sohn
einer Magd!" Dieser immer wiederholte Schrei ist der eines
vom Bürgergott verdammten Luzifers in nuce. Wer an der
Unvollendung der bürgerlichen Gemütlichkeit in Ehe und Haus=
haltung grundsätzlich verzweifelt, der anerkennt damit un=
ausgesprochen die geordnete Häuslichkeit als höchstes Ideal.
Strindbergs Problematik als „Sohn einer Magd" über
Ober= und Unterklasse, seine fortwährende Beachtung des
„Guten Rufs" für Frau und Kinder vor der öffentlichen
Meinung ist bürgerlich. Daß Strindberg als Geist die höch=
sten Fragen stellte, zugleich jedoch im Zivilbewußtsein im
Banne der Bürgerideale verharrte, das verkleinert automatisch
auch seine dramatischen Gestalten, deren Leid und Sehnsucht
sich zwischen Geldmangel und der ungewöhnlich bösen Ehefrau
ablebt; das nimmt ihnen die große Tragik, die alle angeht.

Es sind kleine Seelen, die da unschuldig leiden wie In=
dras Tochter, die den täglichen Kohl nicht aushält. Dafür
spielen die Bösen um so energischer ihre nervöse Infernali=
tät aus. Es sind in ihrer Einseitigkeit unglaubhaft ver=
worfene Menschen, diese geizigen Richter, diese Gläubiger
wie Hummel, diese Vampyre wie der Kapitän, diese Peli=
kansmütter, diese Furien von Laura, Alice und Thekla. Die
Guten sind in der Wirklichkeit nicht so schwach und nacht=
los; die Schlechten sind nicht so teufelsmäßig boshaft wie
in Strindbergs Geisterkamera. Die Totalität des Menschen
ist nicht getroffen. Dafür meist Karikaturen; in ihrer Kraß=
heit leicht spielbar vom Schauspieler. Die Strindbergsche

Wage von Gut und Böse funktioniert nicht. Farbenblindheit zeigt nur schwarz und schwärzlich. Nervenschwäche verbürgerlicht die Götter. Ein Faust an Expansion des Wollens und des Wissens, ein Luzifer aus Sehnsucht nach verlorenen Paradiesen, ein Märtyrer der geistgeräderten, hilflos kranken Seele. Das ist der Mensch Strindberg; bohème, proteisch, sinnlich, religiös, philiströs. Sein Drama aber — wo es sich nicht im Gesamtton über das Ich erhob oder in fremdem Stoff sich ausformte — sein Drama blieb im tiefsten Fundament bürgerliches Gesellschaftsstück oder ungewollte Tragikomödie eines hysterischen Literaten. Der Naturalismus zeugte einst Armeleute=Stücke. Die Strindbergschen Kammerspiele möchte man mit demselben kümmerlichen Anhauch: Armeseelen=Stücke nennen. Armeseelen-Stücke in Callots... in E. Th. A. Hoffmanns... in E. A. Poes Manier.

Das alles sei denen gesagt, die sich an den Lebenswahrheiten" von Strindbergs überreizten Menschen erfreuen: in der Einzelnuance wahr, im ganzen ihrer Gestaltung künstlich. Sie geben sich nicht Rechenschaft, wie bürgerlich und unnotwendig diese Probleme meist bedingt sind; wie ungläubig vor Gott, wie mißtrauisch vor den Menschen, wie armselig vor allem Ethos. Was hier zu sehen ist, stellt nur ein Leiden dar, hilflos und unvernünftig wie beim Tier, ohne Zutrauen zur eigenen Menschenliebe und ihrer erlösenden Kraft. Immer aber voller Anspruch auf die Liebesleistungen der Andern. Der fromme Dulder Strindberg trägt nur eine bürgerliche Dornenkrone; am Kreuze hat er nicht gelitten, wo die Arme weltumfassend ausgestreckt sind und die Welt überwunden wird. Kein Sieg: weder mit dem tätigen Geist noch mit der liebenden Seele. Ein Hauch Beethovens — „Seid umschlungen, Millionen!" — wirft seine Unkraft in Vergessenheit.

Der Komplex Strindberg

Die biographische Fabel

Ein Sich-hin-Quälen ist Strindbergs Leben, endlos seine Phasen wiederholend wie in den drei Teilen von „Damaskus". Warum die unablässige Wiederaufnahme derselben Konflikte, ja derselben stofflichen Motive? Weil das egoistische Ich des Dichters fast nie über sich selbst hinausgelangte, sondern im biographischen Seelenerlebnis steckenblieb. Immer wieder kommen die Daten der Lebensgeschichte: er ist kurz nach einem Konkurs geboren; wurde als Junge ungerecht beschuldigt; ließ einst einen andern Knaben für eigene Tat bestrafen zur Qual seines ganzen Lebens; die Stiefmutter, die Geldnot, die wissenschaftlichen Mißerfolge, die Erlebnisse dreier unheilvoller Ehen. Alles das geht in seinen Dramenhelden auf. Stets derselbe circulus vitiosus. Die Ehedialoge sind immer wieder die gleichen, die Charaktere ähneln immer wieder dem Urbild: da sie nur mit denselben biographischen Bausteinen aufgebaut sind; da keine geistig tendierten Kämpfe sie aus dem privatesten Einerlei herausheben; da sich kein Charakter im Sturm der Welt erprobt, und an Erlebnissen zum individuell bestimmten Täter wird; da diese Seelen immer fast denselben Totentanz tanzen, demselben Vampyr, demselben Pelikan begegnen. Fast immer die gleichen biographischen Motive ohne einen sein Geschick formenden Willenshelden.

Diese Gestalten aus seelischer Expression bedürfen zu ihrer Bewegung eines an irgendeinem Fall zu erweisenden Zielwillens. Diesen Fall liefert die Stofflichkeit einer Fabel. Nirgends sind daher Strindbergs Menschen dramatisch beweglicher als in „Fräulein Julie", im „Vater", im „Band" und in der Intrigenhandlung von „Rausch". Nirgends sind sie ermüdender als in „Damaskus" und im „Totentanz". In „Traumspiel" aber treibt unabhängig von den Willens-

faktoren der Helden eine äußere Situation die andere und
leiht den Figuren wenigstens den Anschein selbsttätiger Be=
wegung. Im Gespenstersouper wirkt in fesselnder Situation
der diabolische Wille des Alten und der ekstatische Gegen=
wille der Mumie. Wille und Gegenwille — das ist die Ur=
formel des Dramas. Und an den wechselnden Fabeln er=
läutert sich die Mannigfaltigkeit der Millionen Willen. Die
Stimmungspoesie der lebenden Bilder und Blumen schwächt
den Kampf. Was wäre „Hamlet" ohne die Fabel? Ein
Monolog. Was „Faust" ohne die organisch wechselnden
Konstellationen seiner Welt? Ein Lehrgedicht. Was Othello
ohne Jagos Gegenwirkung im Situationszwang der In=
trige? Ein lyrisch=pathetischer Ausbruch. Lyrik aber ohne
Willensreibung am Stoff ist ein dimensional, ist das Aus=
brechen des Ich in seiner Einsamkeit; ist Anruf, Anklage,
tragische Stimmung, Monolog, Schrei — doch nicht Drama.

Der Strindbergsche Held ermangelt des Willens; er
findet daher selten aus seinem Wirken einen notwendig
erzeugten und daher wahrhaft tragischen Widerstand eines
Gegenwillens. In „Nach Damaskus" stellt sich dem Un=
bekannten kein Hauptfeind seiner Sehnsucht entgegen, son=
dern nur die Reflexionen seines völlig zerspaltenen Ich.
Er hemmt sich selber. Damit wird die Welt zum Kammerspiel.

Kein Ziel steht sicher. Kein Gegner vereinigt in sich die
volle Gegenmacht. Konfessor, Mutter, Bettler, Arzt, Cäsar,
Versucher und Weib sind die zersplitterte Welt, mit der er
ringt, vor der er flüchtet, mit der er nicht fertig wird. Der
Kampf wird nur im Einzelausschnitt Form und Anschauung,
der Schluß ist öde Doktrin. Wie könnte ein anderes, ideelles
Resultat dem biographischen Ich dieses bei aller zähen Vita=
lität so lebensuntüchtigen Dichters entspringen? Nerven=
schwäche, Kompromiß und Umsattelung ermöglichen immer
wieder den Umweg um den tragischen Kreuzweg. Doch das

ist nicht die Überwindung der Tragödie, sondern die Flucht vor der Tragödie. Kein Herakles am Scheidewege; kein Entweder=Oder, kein heroischer Trotz; aber auch keine Bekehrung zur Demut. Nur wüste Verzweiflung, mit schmerzwollüstiger Theatralik schein=getröstet. Der Mensch mit tausend Strebungen und Reizungen ohne geistiges oder geistliches Band kennt kein ihm persönlich notwendiges Schicksal. Durch Labyrinthe schlängelt sich Strindbergs Leben mit zitternder Beweglichkeit: sein Drama hat nicht große Linie, sein Held kennt kein Opfer und kein Ziel. So blieb sein biographisches Drama auch Labyrinth statt Weg, Wahrheit und Leben.

Es sei von Strindbergs Dramen hier nichts großartig „Heroisches" und nichts „Moralisches" gefordert; nur der wahre Wille zu einem Ziel und die Kraft zum Opfer des Selbst, die er von andern verlangt. Doch seine innere Biographie liefert dem Gestaltungsdrang nicht den nötigen Stoff. Man wende nicht ein: Gott sei später immer sein Ziel. Denn das, was Strindberg als Gott ersehnte, war ja ein Heinzelmännchen für Geldverlegenheiten und Ehesachen. Er wußte wohl, daß die Gnade Gottes den Glauben an Ihn bedeutet; aber er verharrte glaubenslos, blieb in Ungnade und frönte im Haß. Er sprach von der Bosheit der Menschen als von Strafen, von den Peinigungen im Diesseits als von Prüfungen; aber er anerkannte darin keine Weisheit des obersten Wesens, sondern stellte nur Versagen, Ohnmacht und gründliche Mänzel der „Verwaltung" fest. Er schuf auch den Gott nur nach seinem Bilde. Indra, Buddha, Christus sind ihm auch nur Strindberge.

Der Weg „Nach Damaskus" ist nicht nur lang wie der „Faust"=Weg Goethes oder der des Dante — er ist zickzack, launenhaft rückläufig, sackgassig. Am Schluß aber mündet er in einem Kloster von Urgroßvätern, die durchaus kein Evangelium wissen, sondern Humanität und Resignation

in Flaschen als Klosterschnaps abgeben. Resignation ist noch
lange kein Opfer. Humanität ist hier mangelhafter Liebes=
Ersatz. Humanität und Resignation sind die Schlagworte der
dramatischen Selbstverneinung. Er läßt es schließlich gehen
wie es kommt; die Verhältnisse herrschen statt des Willens.
Kein Untergang, kein Aufgang ist ihm mehr möglich; keine Erd=
befreiung durch eine neue „höhere" Wahrheit; keine Opferung
des Selbst an Gott aus Liebe. Nur aus persönlichen Nöten,
aus Nervenschock und drangvollem Familienleben hebt sich
sein Blick aufwärts nach der metaphysischen Bedürfnisanstalt.

Ein paarmal versuchte auch dieser Dramatiker den Flug
aus der Biographie hinaus in die Welt: ins Märchen, in die
Historie. Hier war er zwangsweise in Distanz gehalten
vor dem alleinigen Ich. In „Kronbraut" gelang ihm ein
wundervolles Märchenbild, das er aus schwedischer Natur
und aus dem Urstoff der Sage holte. Die Szenik des
Stückes ist das wesentliche seiner Phantasieleistung. Dazu
ein Schluß, der nicht ins Ziellose fällt. Seine Historien
gipfeln in „Gustav Wasa", „Gustav Adolf" und „Erich XIV.";
am geschlossensten das erste mit famosem Einführungsakt.
Die blonden willenstarken Typen der beiden großen Gustave
zwangen Strindbergs Phantasie zur Einfühlung in objekti=
vierte Leiber und Seelen. Im ganzen sind es keine eigent=
lichen Dramen geworden. Die Bewegung liegt mehr nur im
Geschehen als im Entwickeln der Krisen. Wundervolles ent=
hält „Gustav Adolf": der kleine Trompeter, der im Arm
des Pagen auf dem Schlachtfelde stirbt. Ein Luther=Drama
blieb bloße Bilderfolge mit Aufwand aller Helden der Re=
formation, ohne innere Logik der Entwicklung; auch ohne
die ungeheure Leidenschaftlichkeit eines Shakespeare=Königs,
der die chronologische Historie mit dem seelischen Rhythmus
meistert. „Königin Christine" wurde in Strindbergs Hän=
den Strindberg=Weib. Der Dichter gestaltete die Stoffe zu

leicht und auch zu rauh; er rang nicht mit ihnen. Was in seinem Bürgerdrama an biographischem Seelenimpuls zu viel war, das vermochte er nur selten hier im historischen Objekt so unmittelbar auszuwirken.

In „Erich XIV." fand sich für ihn die ideale Fabel. Der König glich ihm, und Strindberg konnte ihn seelisch mit sich selber erfüllen, ohne ihm, wie in den bürgerlichen Dramen, seine eigenen biographischen Daten allzu äußerlich aufnötigen zu müssen. Erich XIV. hat eine Stiefmutter; er leidet unter dem Zufall, daß alles, was er anrührt, immer mißglückt; er ist problematischer Ästhet, astrologisch und mystizistisch interessiert; neurasthenisch, leidet an Verfolgungswahn; ohne Herrscherwille und Charakter; und das Weib ist sein Schicksal. Hier sind seelische Emotionen aus großformierten Situationen herausgelebt. Doch auch kein Drama der zwingenden Bewegung und des Ziels. Denn sein eigenes Wesen war ziellos und undramatisch.

Strindberg, da, wo er am dichterischsten wirkt, ist seltener Dramatiker als Märchenerzähler. In „Traumspiel", „Kronbraut", „Ostern", „Folkungersage" und in den vielen Märchen — da ist er Poet, Gestalter, Verdichter. Da findet er ein Gleichmaß, das seine hastende Seele selbst beruhigt und erlöst. Da verzweifelt er nicht, weil ihm ein guter Dämon zu dichten eingibt, was er leidet.

Der Nervenspieler

Seine Verzweiflung aber war es, die Epoche machte — dies Wort ganz wörtlich genommen. Die heute führende Dramatik unserer Jugend ist von Strindbergs Samen befruchtet. Für Deutschland wenigstens erinnert sein Einfluß an die Reizkraft Rousseaus auf die Stürmer und Dränger des achtzehnten Jahrhunderts. Bekenntnisse von solcher Rückhaltlosigkeit wie in der Lebensgeschichte, die den Menschen so nackt und bloß als das Opfer seiner Epoche preisgeben, mußten verblüffen und ergreifen. Der hilflos an der Vernunft verzweifelnde, der entgottete Mensch, unfähig, die Verantwortung für seine Nervenschwäche länger zu tragen, der sich enzyklopädisch zersplittern muß und an jeder Einheitsidee verzweifelt — dieser Märtyrer vom fin de siècle mußte gehört werden. Er war der erste der neueren Generation, der nicht nur wie Ibsen beim Dichten noch in gemessenem Prozeßverfahren Gerichtstag abhielt über sich und die Welt, sondern als Kläger und Angeklagter zugleich aufschrie gegen Richter und Gerichtete, und jedes Tribunal ablehnte; der nicht mit überlegener Satire die Schäden des Daseins wies wie Wedekind der Narr oder der seigneurale Sternheim, sondern in seiner ganzen Humorverlassenheit das Unglück der Zeit erkannte: die Seelenschwäche. Strindberg mußte sie unbewußt in sich selber empfinden — Seelenunbändigkeit ist nicht Seelenkraft — und als der egozentrische Ich-Mensch, der er war, schuf er aus der Hölle seines Herzens die ganze Erde zur Hölle um. Sein Geist war nicht stark genug, die Phantasien der Seele zu regulieren und künstlerisch, wissenschaftlich oder ethisch in Form zu bringen. Der, der zum erstenmal außerhalb der Schulausdrücke der Theologie so rasend und tobend nach Gott schrie, und doch aus jeglichem Ding der kleinen Umwelt nur die Widersacher und Teufel lauern sah — der mußte wohl ein von der Normalebene der Vernunft Ver-rückter sein. Dieser Strindberg hatte Seelenmöglichkeit und Sinnlichkeit, aber seine Denkkraft und sein Wille waren zu schwach, um Geist aus der ungeheuren Gefühls- und Triebmasse zu destillieren. So blieb auch seine Dichtung fragmentarisch, im einzelnen genial als Schauung tragischer Atmosphäre; im ganzen doch nur die Expression einer wohl als fanatisches Temperament, doch geistig nicht überragenden Persönlichkeit.

Der Nervenspieler

Das Außergewöhnliche und Suggestive bei Strindberg ist nicht das Einzelwerk, nicht die Dichtkraft, nicht die Phantasie, nicht gar ein Reichtum von Ideen — sondern ein ungeheuerliches Chaos. Ihm ging die Welt, die *eine Vernunft als geordneten Kosmos nicht mehr fassen konnte, in Trümmer. Er riß das alte morsche Maschinenhaus der Intellektualisten und Natursklaven ein, doch ohne Fähigkeit zum neuen Bauplan. Die heutige Jugend, der er durch sein furchtbares Leiden die Menschen-Zivilisation gründlich verdächtigte, den er mit der ekstatischen Sehnsucht nach Liebe und Gott die Richtung neuen Strebens andeutete — die heutige Jugend hat die Aufgabe: auf Strindbergschen Scheiterhaufen und Brandstätten ein neues Ethos aufzurichten, eine Humanität aus tätigem Liebeswillen, nicht aus Vernunft allein; eine Religiosität aus Gottes schaffender Kraft und des Vertrauens zu den Menschen, in denen sie wirkt. Diese Jugend steht in einer, zwischen erotischem Materialismus, ideologischer Programm-Geistigkeit und seelischer Verlegenheitsmystik pendelnden Zeit, die in der Verwirrung ihrer vielen Auch-Standpunkte, in der unzulässigen Toleranz einer enzyklopädischen Bildungshuberei weder ein würdiges Ideal noch einen sicher geglaubten Gott anerkennt. Sehnsucht und Weltflucht ist noch nicht Glaube. Liebespredigt ist noch nicht Liebe. Haßpredigt um der Liebe willen ist verfehlte Propaganda. Diese Jugend hat die Relativität zu überwinden, hat auf Strindbergs Nein ein Ja zu finden. Ihre metaphysische Aufgabe ist es, den Übermenschen aus sich zu gebären: einen Messias, dessen Offenbarung den Menschen aus dem lahmen Opferer an die Tragik wieder zu einem tragischen Kämpfer macht — nicht einen Flüchtling vor der Tragik aus Schwäche.

Diese Jugend mag der historischen Erscheinung Strindberg dankbar sein, mag von seiner Theaterphantasie in ihre eigene Dichtung Werte pflanzen, mag den Seelentypus der Strindbergschen Gespenster im Dienste einer positiven Lebensidee nutzbar machen — aber sie überschätze nicht das allem Epigonentum hier ungeeignetste Vorbild. Er darf nicht nachgeahmt werden! Das Chaos soll nicht neues Chaos, es muß ein neuer Kosmos werden. Denn das Chaos war nur die Tabula rasa als Fundament neuer Form. Wie Herder dem jungen Goethe klagte, daß die Shakespeare-Nachahmung alle jungen Dichter verdorben hätte — hier ist die Mahnung noch weit ernstlicher gerechtfertigt. Denn Herder ängstigte nur der Verfall der bewußten dramatischen Formen. Die Urgesundheit und Vitalität Shakespeares konnte jedoch nur aufreizen zur Schöpfung aus natürlicher Kraft und ungehemmtem Lebensdrang. Strindbergs Werk und Geist aber ist krank. Die Epidemie der literarischen Neurosen hat in ihm einen Hauptherd; sein geistiges Werk ist verschwommen, seine Weltanschauung nicht lehrbar, seine seelische Not zu bürgerlich formuliert; seine Persönlichkeit zu zerfahren, zu vieldeutig, zu feminin, zu ungeistig. Zu sehr wirklich nur ein Ich.

Ein verwandlungsfähiges Ich, ein theatralisches Ich: Bürger, Bohème, Mönch, Sinnenteufel, Alkoholiker, Familienvater. Seine Berufe wechselten schnell: Hauslehrer, Medizinstudent, Telegraphenbeamter, Chemiker, Schauspieler, Journalist, Dichter. Bedenken wir mitleidig die bitteren Erkenntnisse im „Sohn einer Magd". „Der Jüngling war ein Quadro aus Romantik, Pietismus, Realismus, Naturalismus. Darum wurde er auch nur Flickwerk." Dieser junge Mensch, dessen vielerlei Anlagen ihn mehr extensiv als intensiv entwickeln ließen, mußte den moralischen Charakter hassen, der seine Ansichten nicht leicht ändert und daher um der Gesinnung willen oder aus Dummheit entwicklungslos bleibt. „Ein Charakter muß also ein ziemlich gewöhnlicher

Mensch sein, und was man dumm nennt." Er sah eben im Charakter nur eine intellektuelle Erscheinung, die sich intellektuell erklären läßt. Seine Verachtung des Charakters war die Notwehr eines Menschen ohne geistigen Halt, weil er den intellektualistischen Gerüsten der gang und gäben Weltanschauungen nicht mehr traute. So wechselten bei ihm der Sozialismus, Nietzsche-gefärbter Individualismus, Christentum, Okkultismus und Mystik ohne Glaubenskraft. Ein furchtbares Mißtrauen quälte den Unsicheren; die Relativität seiner Standpunkte war wohl die fortwährende Lebensangst, die ihn bedrängte und von Standpunkt zu Standpunkt, von Rolle zu Rolle trieb.

Die Psychiater — neuerdings in wachsender Zahl — haben sich oft mit Strindbergs Krankheit beschäftigt. Sie sagen uns im wesentlichen nichts anderes, als was wir aus der ästhetischen und psychologischen Betrachtung der Werke erfahren. Ich folge: Dr. E. Augstein „Medizin und Dichtung" (Ferd. Enke, Stuttgart) und dessen Zitaten aus Dr. S. Rahmer, „August Strindberg, eine pathologische Studie" (6. Heft der „Grenzfragen der Literatur und Medizin"): „Es handelt sich um Melancholie, und zwar zunächst um die typische Melancolia moralis mit dem Verlangen nach Einsamkeit, unbestimmte Furcht, Todesgedanken, Suizidialideen mit Versündigungswahn. Dazu gesellen sich im weiteren Verlaufe der Symptomenkomplexe: die Präkordialangst mit Anfällen von Raptus melancolicus, mit Wahnideen und Sinnestäuschungen. Er ist ein in seinem Symptomenkomplex und in seinem Ablauf typischer Schulfall von Melancholie, der auf dem Höhepunkt seiner Entwicklung als Melancolica daemoniaca sich darstellt". Augstein glaubte sogar an Paranoia.

Es sei völlig falsch, meint Rahmer weiter, den „Inferno" als „eine Krise anzusehen, aus der der Künstler geboren wurde". Denn es sind „dieselben Wahnvorstellungen, dieselben Verfolgungsideen wie bei **jedem** Menschen, der an derselben Krankheit leidet". Zur Bewertung der Inferno-Phantasie ist diese Aussage von ungeheurer Wichtigkeit. Strindberg stellte sich vor, das Opfer elektrischer Kräfte zu sein, mit denen sein Zimmer von Mördern durchströmt werde. Dann erschien er sich selbst. Er glaubt an telepathische Zeichen: der von der Großmutter geschenkte Kneifer zerspringt nach Entzweiung mit der alten Frau; ebenso ist das von einem Freund erhaltene Opernglas unbrauchbar geworden, als der Haß zwischen den Geber und den Beschenkten trat. Der „Inferno"-Band der Lebensgeschichte bringt eine Fülle solcher Gespenstersymbolik. Augstein nimmt an, daß nach der eigentlichen Geisteskrankheit der Infernokrise eine „Schwächung der Urteilskraft" bleibt. Ein krankhaftes Mißtrauen und eine für einen so gebildeten Menschen fast unerklärliche Leichtfertigkeit des Urteils läßt ihn vom „sterilisierten Pasteur", vom „unmusikalischen Wagner" und vom „stupiden Ibsen" als den „drei größten Humbugmachern" reden — nicht beiläufig reden, sondern für die Öffentlichkeit schreiben. Doch der Magier Swedenborg, der im labilen Bewußtsein nach eigenen Berichten mit Johannes, mit Moses, mit Luther gesprochen hat und von seinen Reisen zum Saturn, zum Merkur und zum Monde Einzelheiten erzählte — Swedenborg hatte sein Vertrauen. „Swedenborg ist es, der mich davor gerettet hat, verrückt zu werden."

Es verwundert nicht, daß Strindberg oft den Gedanken der Selbstauflösung in sich trug. „Ich bereite mich auf den Selbstmord vor; doch ehe ich sterbe, will ich mein Leben beschreiben" — das steht als Motto vor einem Band der Lebensgeschichte. Es ist bekannt, daß man für Leute, die oft vom Selbstmord sprechen, nicht sehr zu fürchten braucht.

Strindberg blieb am Leben. Einmal schildert er, wie er im
Segelboot bei Sturm den Tod suchte, und bei drohendem
Kentern doch immer wieder balancierte: der Selbsterhal=
tungstrieb war stärker als die Todessehnsucht. In der
„Rosenkammer" sieht „der Unbekannte" die bürgerliche
Ehrennotwendigkeit ein, sich erschießen zu müssen: „Das
kann ich aber nicht, solange ich meine Pflichten nicht er=
füllt habe." Die Pflichten werden nicht genannt, die der
sonstige Pflichthasser diesmal hätte anerkennen wollen.
Meint er wohl die Sorge um Frau und Kinder? Oder ist
es die Angst vor neuen Prüfungen im Jenseits? Ein so
vergeblicher Selbstmörder muß furchtbar leiden an seiner
Unkraft dem Leben und dem Sterben gegenüber.

Da flüchtet er dann oft zu dem fortwährend reichlich be=
anspruchten Alkohol, der die „schönen Gewissensqualen
heilt". „Der Wein bringt meine Seele dazu, ihr Haus
zu verlassen ...; ich ... empfinde das erlösende Gefühl
von Schuld und Reue; genieße die Leiden des Körpers,
während die Seele wie ein Rauch um die Stirn schwebt."
So der Unbekannte zu der Dame: eine Stimme aus dem
Bereich jenes „angenehm Traurigen" am Schluß der „Ge=
spenstersonate". Ein Schmerzbehagen bei der Aufdeckung der
Übel und in der Nervenvibration. Dazu die Lust, den Teufel
überall, allüberall zu entdecken und ihm das Tintenfaß durch
den undichten Gespensterleib zu schmeißen, so daß der Kleck
an der Wand zum ewigen Beweise dienen kann. Eine hyste=
rische Wonne, nicht so normal wie die „Rechtdenkenden"
zu sein. Es ist nicht nur der Arzt, der in „Damaskus"
sagt: „Ich kann nicht leugnen, daß maniakalische Personen
immer eine starke Anziehungskraft auf mich ausgeübt haben,
und die Originalität ist wenigstens nicht banal." Hier gibt
Strindberg diese Erläuterungen zu der Verzerrung seines
Weltbilds und der Menschen. Er schauspielert. In der

„Entwicklung einer Seele" berichtet er vom Kampf zwischen dem Schauspieler und dem Priester in sich. Er fühlt sich in Rollen. Es ist immer wieder der Schluß der Komödie „Rausch": um acht Uhr ins Theater, um neun Uhr in die Kirche.

Ist es auch durchaus nicht subjektive Unehrlichkeit, so herrscht doch in ihm die ungeheure Eitelkeit, als ein Leidender zu figurieren. Nicht nur das von Maske zu Maske-Fliehen des relativ gewordenen Zeitmenschen oder die Lust zum pathetischen Fabulieren liegt in dem schauspielerischen Menschen Strindberg, sondern ein komödiantischer Zug zur Pose. Man betrachte Strindbergs Photographie vor dem Titelblatt der „Beichte eines Toren". Auf den gefalteten Händen liegt das von Verzweiflung gebeugte Haupt mit flammend zerwühlten Haaren. Kein Gesicht zu sehen. Es handelt sich also nicht um Strindbergs Porträt, sondern um Stimmung — immer wieder die theatralische Stimmung. Eine Rose ist mit bedachter Regie zur Linken des armen Kopfes hinplaciert. Wer läßt sich so vor die Linse stellen! Oder, wenn diese Aufnahme heimlich gemacht wurde, warum duldete sie der so trivial in seiner Seele Prostituierte vor der Titelseite seines Buches? Das ist der Theatraliker Strindberg — der Stimmungsdulder der Erlösungsmimiker mit der Traumspiel-Chrysantheme.

Doch mit den Stimmungsnarkosen und seiner Schauspielerschaft war es ihm bitter ernst; selbst im Antlitz des Todes. Mit letztem Bewußtsein haucht der sterbende Strindberg: „Jetzt habe ich die letzten Worte gesprochen." Er fühlt den bedeutungsschweren Abschluß der „letzten Worte" großer Männer. Dann preßt er, der auch an Buddha und Indra glauben wollte, inbrünstig eine Bibel an die Brust und spricht: „Nun ist alles Persönliche ausgerottet."

So starb der große Theatraliker des nervösen Zeitalters.

Die Seele im Theater

Ich-Dramen

Sorges lyrische Sendung

Das Erbe Strindbergs ist der dramatische Expressionismus. Der Monologist, der aus unseren Theaterstücken predigt; das sich in Rollen multiplizierende psychobiographische Ich; die Stimmungstheatralik mit Musik und Scheinwerfer; die Klage der im Intellektualismus vereinsamten Seele und der Schrei nach Liebe — das ist Strindbergsche Befruchtung. Dazu kommt aus Wedekinds Atelier die Erotik als Erlösung des Moralgehirns von lebensfeindlichen Imperativen; der Kampf gegen die falschen Pädagogen und das verheuchelte Philisterium. Hier sprudeln die Hauptquellen des neuen dramatischen Geistes zur Auflösung der „Charaktere" und der alten Dramaturgie. Die Sprache findet zum Bürgerkampf die beißende Waffe bei Sternheim, den elegischen Ton für Weltschmerz und Weltflucht bei Hofmannsthal, Stefan George, in Wagners Tristan-Rhythmen und bei dem Synthetiker Georg Kaiser. Fritz von Unruhs wuchtiges Pathos aber wirkt daneben beinahe unmodern und auffallend deutsch; er kommt von Schiller und Kleist. Hier versagte Strindbergs Magie.

Auch das 1910 geschriebene Drama des jung gestorbenen Reinhard Sorge: „Der Bettler", das man als das früheste expressionistische in Deutschland bezeichnen kann, wirkt so ursprünglich und naiv, daß eine starke Beeinflussung durch Strindberg nicht wahrscheinlich und die durch Wedekind nur in szenischen Formalien möglich ist. Gleich einer Prophetie des neuen Kunstwillens nennt es der Dichter: „Der Bettler", „Eine dramatische Sendung". Hier sind alle Elemente des expressionistischen Ausdrucks schon vereinigt. Der

„Held" ist kein Held, sondern „der Bettler", der um Liebe heischt von den Menschen für die Menschen. Der Dichter Sorge stellt sich in der Rolle des „Dichters" selbst vor den Vorhang und gibt damit kund, daß er und die Hauptperson — „Der Sohn" — identisch seien. Es ist das biographische Bekenntnis von Wedekind=Nicolo; die Ich=Sucht Strindbergs. Dieser Sohn sieht sich im Reflex seiner Lebensdämonen mannigfach widergespiegelt. Bald singt es rein und echt in hymnischen oder strophischen Versen; bald erledigen sich Familiengespräche in unpersönlicher Prosa, die aber im Augenblick einer seelischen Höherspannung sofort und unvermittelt wieder in den Rhythmus gehoben wird. Die Gipfelung im Vers, eine dem klagenden Ich entquellende Lyrik bildet sich nunmehr über Strindberg hinaus zu einem wesentlichen Ausdrucksmotiv der neuen Jugend.

Der bei Wedekinds „Franziska" und „Schloß Wetterstein", in Strindbergs „Traumspiel" und „Gespenstersonate" beschworene Wechsel von Poesie und Prosa entrückt mit dem plötzlich einsetzenden Vers den Hörer der materiellen Illussion und gebietet, nur noch dem Gesang der Seelen zu lauschen. Es herrscht hier das Prinzip der alten Oper, die im Secco=Rezitativ den trockenen Handlungsverlauf textlich erledigt, in der melodiösen Arie aber lyrisch ausbricht. Bei Shakespeare unterschieden sich die Großen dieser Welt vom Pöbel auch durch Poesie und Prosa. Doch der tiefere Kunstsinn bedeutet ähnliches wie hier: nur die Großen hatten bei dem feudalistisch gesinnten Dichter ernste seelische Probleme, die von mächtiger Stelle aus in der Welt der Wirklichkeit auch große Ausschläge zur dramatischen Folge hatten. Für das bürgerliche Milieu der Expressionisten bedeutet die Flucht in die Verswelt den Aufschwung aus der Not des Geldbeutels und der Kleinlichkeiten in jene königliche Sphäre, wo unabhängig von Armut und Polizei die Seele

Sorges lyrische Sendung

rein nach ihren Wünschen schweift. Ja, der „Dichter" im „Bettler" schält sich im Anfangshymnus des vierten Aktes ganz aus der Rolle des gottdürstenden „Dichters" im Stück, tritt als Bettler an die Rampe und „spricht das Folgende in die Zuschauer": „Ihr, ihr! Bereitet mir die Pfade ... Empfangt mich doch! ... Scheu ist hier Vermessenheit ... Ich will die Welt auf meine Schultern nehmen und sie mit Lobgesang zur Sonne tragen ..." Der Schauspieler verläßt seine Figur und wird zum Anwalt des Dichters Sorge. Der expressionistische Monolog offenbart seine undramatische Herkunft und wird lyrische Predigt. Nicht ein Kunststück wird hier produziert, sondern es erfolgt die „dramatische Sendung" eines ekstatischen Bettelmönches. Das Theater wird zur Kanzel.

Denn das wichtigste was in Sorges Drama zu sagen ist, beruht nicht auf dem Geschehnis der „Handlung"; vielmehr im lyrisch-pathetischen Ausbruch des Bettlers, der zum Schluß den Blick zum Himmel richtet und von der Froschperspektive aus neue Kunstideale proklamiert. Und doch sind es nicht weniger als drei Handlungen, die sich in den fünf Akten wie Sphären umschließen.

Der zweite und dritte Akt enthält die erste Handlung als materiellen Kern; prosaisch gesprochen: die Familientragödie. Der Sohn steht als Lebender zwischen den absterbenden Eltern. Der Vater ist wahnsinnig, durchgeistert das Haus mit einer Kindertrommel, mit deren Gerassel er die Qualgespenster verjagt: Tod, Gift, Mord — „die alten Fratzen" des tragischen Daseins. Ein mächtiges Werk will der ingeniöse Baumeister errichten. Er hat in feierlicher Schau zum Himmel den Sinn der Marskanäle ergründet und will die Erde umbauen nach den großen Zügen der Allmacht. „Weg mit dem Himalaja! Ich rücke ihn beiseite! Hier die gelbe Wanze — Sahara heißt sie — wird bald vor mir rennen …" Er fühlt Kraft und Strahl des Kosmos in den Schöpferarmen. Fruchtbar, fruchtbar soll die Erde werden durch seine Macht. Häfen, Schiffe, Kräne … Segen, Herrlichkeit. Fausts Kanalbau; Faustens Sterbebekenntnis von der wirkenden Tat.

Doch jenes „Vorgefühl von so viel hohem Glück", das Faustens Auflösung zum Genuß des „höchsten Augenblicks" und zur Erlösung seiner Irdischkeit macht, ist diesem armen Geiste des mechanistischen Zeitalters nicht als harmonischer Beschluß gegönnt. Faust besteht die Furien des Mangels, der Schuld, der Not und der Sorge anders als mit der Kindertrommel. Und wenn ihn die Sorge auch erblinden läßt und die Natur den Hundertjährigen zurückfordert in den Schoß der Nacht: „allein im Innern leuchtet helles Licht." Das war die Kraft des aristokratischen Geistmenschen, der die Materie völlig mit der Kultur bezwang. Hier aber wird in Sorges Vater ein gebrochener Mann müde an all den erträumten Herrlichkeiten seiner Phantasie, die mars-weit von der Wirklichkeit einer äußerlichen Zivilisations-Menschheit ihre Kanäle erdenkt. Schicksal ist hier das Versagen eines Idealismus, der immer über die Erde hinwegplant, weil ihre Menschen die Ideen nur noch dogmatisch, aber nicht mehr praktisch anerkennen. Das Versagen des Idealismus in der Wirklichkeit wird hier zur typischen Tragik des weiter nichts als „humanistisch gebildeten" Menschen. Nur auf dem Mars erfüllt sich die Idee der Väter.

Wenn also die kurze Stunde romantisch-idealistischer Vision vorbei ist, wenn die wahnwitzige Trommel nicht die Erddämonen beschwört — dann kommt über den Mann des neunzehnten Jahrhunderts ein Frieren, die Angst und die Sehnsucht nach dem Tode. „Schön war das Schaffen! Schaffe es weiter, du mein Sohn!... Liebe mich recht und hilf mir sterben … Gib Gift! Gib deinem armen Vater

Gift." So drängt das sterbende Leben, nach mythischem Gesetz vom werdenden Leben sich überwunden und dadurch fortgesetzt zu sehen. Auch die durch des Gatten Wahnsinn verkümmerte und kranke Mutter führt nicht mehr ihr eigenes Leben, sondern lebt nur noch in der Liebe zu dem Sterbenden und zu dem aufblühenden Sohn. Auch sie wünscht sich die Erfüllung des Mythus: Leben — Tod.

Es wirkt starke dichterische Kühnheit in Sorge: der Sohn vergiftet Vater und Mutter, und doch ist alles ohne Frevel, ohne verquälte Pflichtgrübelei; eine Verherrlichung der Euthanasie, des schönen Sterbens. In großartiger Erkenntnis der mythischen Notwendigkeit von Werden und Vergehen, von der Milde des Todes, vom Sieg der Liebe über eine ängstliche Moral — die lieber den Todwunden in Qualen hinsterben sähe als ihm den Gnadenstoß zu gönnen — geschieht der Liebesmord. In Agonie sieht der Vater noch einmal die Mutter als Braut; die Mutter den Vater als den Zeuger des Kindes, das weiterlebt als weiterzeugende Unsterblichkeit. Nur starkes Gefühl konnte hier das Unerhörte edel sagen und deuten. Nicht dem Vater, dem Grübler in Tat und Geist, sondern der Mutter als dem Urquell der Liebe ruft er die herzgefühltesten Worte nach:

„Oft tropfte schwer herab vom schwarzen Fels
Dein schmerzlich Blut,
Manch' Wink und Lächeln mein verschüttete
Dein Mutterblut.
Doch sandte es noch heimlich mir den Liebesstrahl
Aus dunkler Haft —
Nun fährt es auf, wird Stern am Himmel, strahlt
In höchster Kraft."

Für die jungen Dichter wird der Mutter Liebeskraft zum heiligeren Symbol des Lebens als des Vaters Tatgeist. Das gebärende Weib ist dem Relativisten der Zeit die gewissere Tatsache als der in Denken dämmernde Mann. Strindbergs „Vater", der an der Ehelichkeit seines Kindes verzweifelt, ist Vorsymbol der Skepsis am Patriarchat. Hans Franks „Freie Knechte" und Albert Talhoffs „Nicht weiter o Herr!" zeigen die Mutter als den totaleren Menschen: den weiblichen Atlas des Leides der Erde. Unruhs „Geschlecht" und Kornfelds „Verführung" sprechen durch die „Mutter" das mythische Prinzip tragischen Werdens aus. Das Weib als Mater dolorosa wird zum Typus ausgebildet, der die am liebhassenden Strindberg-Weib und an der Dirne Erschöpften zur Liebe führt.

Die Handlung der Eltern wird umschlossen von der Liebeshandlung mit dem Mädchen (an den Schlüssen des ersten, des vierten und fünften Aktes). Der Mythus muß sich vollenden. Die Toten sind Vergangenheit; das junge Weib birgt im Schoß die Zukunft. Das Mädchen rettete mit ihrer Liebesneigung den Sohn vor Verzweiflung, als Freund und Mäzen an sein Dichtertum nicht mehr völlig glaubten. Die Geliebte wird seine einzige Gläubige. Doch solange ihre Liebe nur auf sein Ich ging und nicht auch auf das in ihr werdende Kind, ist das menschliche Symbol nicht ganz erfüllt. Frühling und Auferstehung muß aus den Gräbern steigen. Des Erzeugers Tod wird zur Erlösung durch die Frucht von des Sohnes Zeugung. Erst im vierten Akt ist des Mädchens Welteitelkeit überwunden. Demut vor dem mythischen Gebot ist über sie ergossen. Und zum Schluß des Dramas spricht sie, wie Sorge von der Mutter sprach, von ihrer Sendung um des Kindes willen:

„Ich segne es und schneide mir mein Leben
Aus meinem Blut und tu es mütterlich
Fürs Muttertum ..."

Sorges lyrische Sendung

Zwischen der Handlung des Sterbens und der Lebenshoffnung, zwischen Entschluß der Elterntötung und der Tat, steht am Ende des zweiten Aktes als Höhepunkt des Stückes die eigentlich expressionistische Keimzelle. Hier wird der „Jüngling" zum Mann; hier umschweben die Geister der Vergangenheit und der Zukunft, des vollbrachten und des werdenden Lebens, den Sohn im Wagepunkt der Gegenwart. Das Personenverzeichnis nennt die auftauchenden Erscheinungen im Gegensatz zu den „Menschen" des Spiels die „Gestalten des Dichters". Hier sollen die Lebensmächte im Sinnbild sein erscheinen. Im Reflex des Jünglings erkennt er sich visionär zwischen den Genien des väterlichen Schöpferdrangs, der mütterlichen Milde und der Liebe des Mädchens, die wie Gestirne um sein zentrales Ich kreisen. „Ihr seid die Sterne und Stimmen, mit denen ich immer lebe". Vater und Mutter sind ihm „leibliche Ewigkeit" und seiner „zukünftigen Ewigkeiten Mütter." Die Richtung des irdischen Lebens aber treibt zum lebendigen Weibe und zur Zeugung, die über die Erotik der Stunde hinaus das Leben bejaht aus einem Geiste, der den Gott der Schöpfung nicht allein in der Erde, sondern im weitesten Kosmos anbetet.

> „Alle tiefen Himmel
> Sollen um uns sein,
> Alle schönen Sterne sich in uns versenken —
> Was will ich verstehen,
> Was will ich bedenken —
> Mich mag die große Allmacht
> Zu meinem Ziele lenken."

Die dritte Handlung umschließt (in den größten Teilen des ersten und fünften Aktes bis auf eine den Schluß krönende Lebensszene) die beiden andern vom Leben und vom Tode mit der Welt der Wirren, des Berufs und des

Denkens. Im Kaffeehaus schwirrt es wedekind'sch von Zeitungslesern, Tripoliskrieg, pikanten Annoncen, Ehrlich-Hata. Kokotten und Liebhaber kreischen ihren Fleischhymnus, Kritiker verurteilen die Neuromantik mit „Gudrun", „Artus" und „Mirakel", und treffen damit Ernst Hardt, Stucken und Vollmöller. Sie warten auf einen, „der unser Schicksal neu deutet; den nenne ich dann Dramatiker und stark. Unser Haupt-Mann" (Hauptmann?) „... ist groß als Künstler, aber als Deuter befangen ..." Welche Deutung gemeint ist, singt der Chor der Flieger, die zur Allmacht auffliegen wollen, „über suchenden Worten" zur Ahnung Gottes; denn es lebt „über schwankendem Troste der Glaube."

Lebensgespenster; geistloses Fleisch oder fleischloser Geist. Die Szene macht sie unwirklich. Diese Gruppen von Freudenmädchen, Schwätzern und Sehnsuchtsmännern werden von einem Scheinwerfer immer nur dann aus der Dunkelheit der Gesamtszene herausgeholt, wenn sie gerade in Aktion geraten sollen. So deutet in dem Durcheinander des Lebensbetriebes der weiße Finger eines Lichtstrahles immer die bedeutsame Stelle in der Flucht der Millionen Augenblicke. Die Bühne wird vom Licht in abwechselnd sich folgende Segmente zerlegt; in einzelne Spielkammern; dem Sinne nach wie sie die mittelalterliche Bühne mit ihrem szenischen Nebeneinander benutzte. Hasenclever hat später in seinen „Menschen" diese Lichtmarkierung der Szene zum dramaturgischen Prinzip erhoben.

Hier aber durchbrechen kritische Gespräche zwischen „Dichter", „Freund" und „Mäzen" den Schattenspuk mit fortwährender Desillusion. Der Dichter sieht sein Werk als „Grundlage und Anfang eines erneuerten Dramas an". „Aber dieses neue Drama kann nur durch seine Aufführung wirksam werden und recht befruchtend." Zwar muß er sich „in dramatischer Technik" Erfahrung sammeln; muß seine dramatischen Grenzen praktisch erproben. Aber Endziel: „Mir bleibt nur die eigene Bühne." Am Schluß des Dramas, nachdem ihm die Szene zur Kanzel geworden, wird sie dem Dichter auch zum Beichtstuhl: sein Manuskript vorweisend gibt er die Unvollkommenheit seiner Dichtung im Angesicht der höchsten Ziele öffentlich bekannt und verkündet das Programm der Zukunft. Es ist die wahre Prophetie des Expressionismus.

Skepsis an der Weltkunst

Das Leben ist zu materiell, ist nicht ertragbar in Zwangsberuf und geistloser Dämmerung. Was ist mit Kunst erreicht, die dieses materielle Leben formt, wie es Sorges erster chaotischer Akt uns zeigte? Die Kunst will Ewigkeit. Wie ein Strahl aus der Hand Gottes blitzt die Offenbarung des religiösen Sinnes in den Dichter.

„... (Er ist jetzt am Tisch rechts vorn und betrachtet das Manuskript.)

Glücklich ist die Arbeit gearbeitet, schön geplant und mit Glück gefügt, ja, in welchem Glückstaumel kreiste oft die Feder! Nun kann kein Strich mehr daran geschehen... (Er blättert im Manuskript.) Ja, es ist unglücklich, es ist ohne Stille ... Pfui, wie die Dirnen keifen! und dies! und dieses! Rohe Leute, roher Lärm, roh, aber ohne Leben! ohne Stille! ohne Ewigkeit! Wie ein Nilpferd: schwerfällig, trompetend, wälzt sich hier die Handlung durch ihre trüben Gewässer ... Was ist Handlung! ... Was ist wahrhafte Handlung!?" ... Sie hat keinen Ausdruck, nicht im Wort, denn sie ist schweigend, nicht in der schauspielerischen Gebärde, denn sie hat wohl Gebärde, aber unnachahmbar, nicht im Schaubild, denn sie bietet wohl ein Bild, aber es ist erfüllt von ewigen

Beziehungen, von Regungen und tausend Seelen, die nicht wiederzugeben sind. Dies ist der Fluch! ..."

Also: Materie ist zu roh für die Dichtung. Handlung und Schaubild, Wort und Gebärde vermögen nicht die Seele im Symbol leuchten lassen. Denn — und das sehen so viele der jungen Dichter noch nicht ein — die Seele als Seele allein ohne geistige Formung oder leibliche Bindung ist im Drama unmöglich. Hören wir wie Sorge weiter dichtet:

„Wie würde sich solche Handlung denken lassen? Ein Mädchen — — irgendwo im Walde rasten ein Mädchen und Jüngling. Irgendwie kamen sie sich auf der Wanderschaft entgegen. Nun ist es Nacht; es fällt ein Stern ... und das Mädchen — nein, so nicht — es taumelt irgendwo ein Blatt vom Baum, das Mädchen blickt auf und indem sie aufblickt, trifft ihr Blick einen fallenden Stern am Himmel, glänzend fällt er. Und dieser Stern setzt sie so in Verwirrung, Erstaunen, Entzücken, ihre inneren Wesen recken sich unter ihm auf, sie tut einen leisen Schrei. Da hebt der Jüngling den Kopf und sieht sie an. In ihren Augen zittert jetzt all ihr Innentum, alles, was durch den Stern wachend wurde, und dieses zitternde Zeichen ihrer Mädchentiefen fährt in den Jüngling als Strahl und Verhängnis ... Er wird diesen Blick nicht vergessen, der hat sich mit allen Tiefen in des Jünglings Tiefen gesenkt, dort ist er fürs Leben mit ihm verschwistert ... Des Jünglings Leben steht nun unter diesem Blick und unter dieser Liebe, und so ward sein Schicksal.

Aber wäre das Blatt nicht gefallen, hätte das Mädchen nicht emporgeblickt, wäre der Stern nicht gerade bei ihrem Aufschauen gestürzt, so wäre nichts geschehen. Nach kurzer Zeit waren sie auseinandergegangen und es wäre nichts geschehen.

Skepsis an der Weltkunst

Wer kann es darstellen? Wer kann es darstellen, wie dieser Licht=Schwung einer trümmernden Welt durch Räume und Räume eilt und irgendwo eine Liebe stiftet und Seelen heilt ... Wer kann es in Gebärde aus= drücken, wie ihre Mädchenseelen sich ins Auge drängen, wie dieser Blick sich ewig verankert in den Tiefen des Jünglings ... Was geht da vor ... ich sage verankern ... Mädchentiefen ... Hohle Symbole ... Das Eine, was vorgeht, ich fühle es in mir, brennend, das Unaus= sprechbare — (mit einer zerbrechenden Geste) — es ist unaussprechbar. Keine Kunst kann es wirklich werden lassen ... Was soll werden! ..."

Das ist die typische Klage des modernen Seelendichters, der ohne dramatische Nötigung Dramatiker werden wollte, und mit der dem Drama unvermeidlichen Erdmaterie nicht fertig wird. Und dessen größter Irrtum der Wahn ist, daß er wirklich eine Bühne braucht. Doch der Lyriker ist stark in ihm und fragt:

„Warum kann ich mich nicht lossagen von jeder Kunst, von dem, was sich Kunst nennt ... Warum nicht?

Hin zu einer Quelle im Wald, einsam mit dem Mäd= chen, des Morgens zur Sonne blicken, des Abends zur Sonne blicken, die silbernen Wasser mit Händen schöpfen, des Mittags im kühlen Silber baden und die weißen, reinen Mädchenbrüste küssen, keusch wie die Quelle küssen, und die Füße auf moosigen Steinen ... Und Tag um Tag so, alle Tage so, Silber und Sonne und Mädchen und Ewigkeit ... Ja, das wäre das Leben ..."

Es ist ein ästhetisiertes Leben, das dem eigentlichen Leben aus Opfer und Kampf ausweicht — ausweicht wie dem Drama!

„O Glückseligkeit ... Nur das wäre das Leben, strahlend rein — und nur so wäre es heilig ...

nichts anderes darf heilig genannt werden, keine Kunst darf heilig genannt werden, weil sie noch reden will ... O Träne! Träne! ... Glückseligkeit! ... Das ewige Leben!!! Und es ist nicht leben können! Ich weiß ja, ich kann es nicht leben — o Fluch! o Fluch! zum Wort verdammt sein! Ja, ich bin zum Wort verdammt! Ich muß Bildner werden der Symbole, muß dem Priestertum entsagen ... Künstler ... Halbheiliger nur ... Schein-Heiliger ... Laß sinnen ... sinnen ... Symbole ... (Jäh empor, mit Händen aufwärts.) O Trost des Blitzes ... Erleuchtung ... Schmerztrost des Blitzes ...

Symbole der Ewigkeit. Ende! Ende! Ziel und Ende! Wenn mich das Blut, die Summe der Unwirklichkeit, des Lärms, des Lärmen-Wollens in mir ... in meinem Blut, wenn dieses verdammt, in Symbolen zu reden, so gilt es: Durch Symbole der Ewigkeit zu reden. (Erschöpft.) So wäre dies dann ein Ziel ... Ein Wesen der Sendung — schmerzlich — schmerzlich, denn die Sendung bleibt — zwar schafft sie näher — aber die Sendung bleibt. (Eine Stille.)

Der Dichter (im Traum).

Nun muß ich wieder in den Tiegel steigen,
Die siedenden Erze mit den Händen greifen
... Und läutern ... läutern ... Nun muß ich den Kreis
Schlagen um diese Zeit und ihren Zirkel
Malen in Weltnacht und als neuen Stern."

So findet der den vulkanischen Erdstoff fliehende Dichter den Ausweg in die Ewigkeit im Blick nach oben. Die Symbole der Ewigkeit sucht er im mystischen Ich-Gefühl, das sich zum Gott-Gefühl erweitert. Er ist Ekstatiker und Idylliker geworden. Er ist der Welt des Dramas verloren.

Ist es wohl je geschehen, daß auf der Bühne von Dichtern so gesprochen wurde? Denn man halte diese Rede an das Publikum nicht für die berühmte romantische Ironie, die oft nur die Eitelkeit des Dichters verrät, als eines, der in seiner Gescheitheit sogar über sich selber thront. Die Tiecksche Ironie des „Gestiefelten Katers" spielte mit dem Publikum, das ahnungslos kritisiert und verspöttelt wird. Die Ironie Wedekinds trat mit beleidigter Miene vor das ihn und die Reinheit seines Werkes verkennende Auditorium. Hier aber ist das ganz unironische Bekenntnis eines durch und durch aufrichtigen Menschen geschehen, der in der Krise seines Werdens am Wort verzweifeln will, weil es den ahnenden Geist in ihm nicht zum Singen bringe. Wie nobel ist dieser Hochbegabte gegenüber den Hochmütigen seiner heutigen Kollegen, die ihre unartikulierten Schreie und Bühneneffekte leichtfertig für „Symbole der Ewigkeit" ausgeben, wo sie doch im aufrichtigsten Fall nur Sehnsuchts-Stammeln nach einer ungekannten Ewigkeit sind. Einer Ewigkeit, die mit „Gott" und „Geist" und „Kosmos" und andern Wörtern ihr ungeglaubtes Nichts verkleidet. Glaube ist unerklärlich für den echten Religiösen. Wie viele aber, die Gott heute aus lauter Bequemlichkeit als mystischen Einwirker auf ihr sittliches Handeln herbeizitieren, sind erfüllt von jenem „schlechthinigen Abhängigkeitsgefühl" Schleiermachers, in dem erst die Geschehnisse des Lebens unter den göttlichen Aspekt gelangen?

Sorge zog die Konsequenzen seines Programms; er wurde katholischer Dichter. In weiteren Dramen überschwebt alles Irdische eine lyrische Geistlichkeit; oft von wunderbarem hymnischen Flug. Was der irdische Mund nicht stammeln kann, singt der von Gott bewegte mit tausend Zungen. Was der Dichter nicht mehr aus der Stofflichkeit der trügerischen Erde gewinnt, das raunt ihm der heilige Geist ins Herz.

Die Dichtung kommt von oben. Denn das, was er in der Szene von Mädchen und Jüngling am Quell unter der Sonne träumt, ist ja nicht Leben, sondern lyrische Poesie vom wiedergefundenen Paradiese, dem keine Wirklichkeit je entsprechen wird — ist kampfloses, willenloses, ergebenes Natur- und Gottvertrauen. Ist dichterisch der Triumph der Idylle und — der Tod des Dramas.

Besser als es der Lyriker Sorge in seiner irrtümlich „dramatisch" genannten Sendung mit Kritik und Beispiel zugleich getan hat, vermöchte kein Kritiker nachzuweisen, daß die reine Seelendarstellung das dramatisch-epigrammatische Wort verliert. Daß die dramatische Dichtung durch die kampflose Ich-Betrachtung des Monologisten in allegorischen Gespenstervisionen und entstofflichter Lyrik aufgehen muß.

Lyrisches Theater

Warum aber denn nicht Lyrik? wird gefragt. Zur Antwort diene die Gegenfrage: Warum aber denn Theater? Wenn Euere Lyrik schon die Tragik des Menschen ausschreit, warum verschmäht sie dann auf dem Theater die Willens- und Kampfkonsequenzen der Tragödie?

Tragik allein ist noch nicht Tragödie: denn Tragödie ist tragisches Drama: Kampf zwischen Mensch und Schicksal; nicht nur klagende Erkenntnis über diese Zweiheit, die im Drama als Spiel und Gegenspiel furchtbare Wirksamkeit erzeugt. Das Bewußtsein des Menschen von seiner immer nur persönlichen Erkenntnis der Wahrheit, von der subjektiven Gerechtigkeit seiner Taten, von der Parteilichkeit seiner Liebe — dieses Wissen um den Bruch zwischen dem Ich und dem Andern macht den Dichter zunächst zum Elegiker des Tragischen — noch nicht zum Tragöden. Denn auch außerhalb des Dramas gibt es Tragik. Das tiefe Weh über die tragische Erkenntnis, die Verzweiflung über die unverschuldete Urschuld des Individuums, durch den angeborenen Egoismus nicht harmonisch im Ganzen zu stehen; die Klage über die Tatsache des Bösen, über die Notwendigkeit des Todes und über den Untergang auch des Größten und Gewaltigsten der Erde — das alles findet seine Expression auch in der Lyrik. Hier leidet nur der Einzelne. Er schreit sich aus und erwartet das Echo seines Schreies von der Menschheit und von Gott. Doch er gestaltet damit noch nicht die Widerrede des schicksalfügenden Gottes oder der gegnerischen Welt. Sein Geist formt nicht Zusammenhang, wenn er einfach seine verschwindende Einzelheit vor der Sphinx des Schicksals fragend knien sieht. Er ist nur fühlende Seele und empfindet mit Grausen sein Ich in grenzloser Einsamkeit; in jener Menscheneinsamkeit welche die Epoche des schrankenlosen Individualismus um den Menschen eisig hauchte. Schwäche und Angst befiel seine Nerven. Nervosität ist die historische Krankheit des letzten Jahrhunderts.

So ergibt sich die Lyrik der Modernen als Sehnsucht nach Erhebung aus Unglaube, Einsamkeit und Neurasthenie zu Gott und zur Menschheit. Aber die Sprache der meisten verrät noch ihre Unerlöstheit und schmerzwollüstige Bequemlichkeit. Sie ist noch zynisch-erotisch, wenn sie Gott und Seele im Fleische sucht; sie stammelt noch bebend in der Angst der Einsamkeit, wenn sie die Menschen zu Mitbrüdern aufruft. Sie ist nervös, hysterisch, eilig, gehackt, sinnlos, unartikuliert, wenn sie in ekstatischer Verzückung die Heilung von der seelischen Zerrüttung erbittet. Nur ein in der Welt tätiger Glaube rettet die Gottsüchtigen. Sehnsucht allein macht auf die Dauer faul. Und nur Opfer oder Tat erweisen ein Ethos.

Doch hat diese Lyrik durchaus den tragischen Klang. Sie scheut meist den Geist — soviel auch von den Dichtern vom

Geist geredet wird; da sie in ihm nur die alte rechnende Intellektualität vermutet und die geistige Form als Zwang der Seele fürchtet. In der Auflösung der vernunftmäßig geformten Satzgefüge der Sprache, in der Zersplitterung der Begriffe, in der Vermischung der entlegensten Anschauungskomplexe zu der chaotischen „Totalität" (Futurismus) glaubten diese Lyriker — J. R. Becher, die Dichter des „Sturm", die Aternisten — die kausale Herrschaft der Logik und die materielle Erscheinung der Naturformen nicht nur vernichtend, sondern siegend überwunden zu haben. Sie erklären ob solchem Chaos das Ich zum Herrn des Kosmos; die Seele als Siegerin über den Denkgeist. Als ob ihr verzweifelnder Schrei Triumphgesang des Weltüberwinders wäre.

Diese Formlosigkeit ergibt keine Dichtung — wenn Dichtung als Kunst der geformten Worte gelten soll. Nicht die Schönheit des Wortes kann hier erstes Gebot sein, sondern seine Intensität, Suggestionskraft, Verblüffung, ja, Reklamehaftigkeit. Politische, aktivistische, pazifistische Tendenz schuf den vagesten Schrei-Verbindungen einen programmatischen Titel, der oft das einzig Verständliche des Gedichtes bleibt. Das Wort der modernen Dichtung hat fast immer die Tendenz zum Aufruf und zum Schrei. Es will nicht geschriebenes Buchwort bleiben; es drängt aus dem Erlebnis der inneren Anschauung hinaus in die sinnliche Anschauung des gesprochenen, des geschrienen Tons, des dröhnenden Pathos. Es will laut klagen, predigen, verkünden. Es will nicht das Gedicht; es will den leidenden Menschen selber vor der stumpfen Menschheit offenbaren: Ecce homo. Und da die Rhapsoden heute nicht mehr so viele um sich scharen wie im alten Hellas, so lassen sie den Mimen ihre Schreie aushallen. Das Theater wird die Kanzel ihrer Lyrik. Das erklärt den Trieb der körperlosen Seele zum körperhaften Theater.

Lyrik bleibt aber der Schrei nur eines Ichs oder mehrerer Iche, die nebeneinander tönen. Die innere Zweistimmigkeit des Dramas (wie Julius Bab trefflich formulierte) fordert den gegensätzlichen Dialog: zwischen dem Menschen und dem symbolischen Vertreter seines Schicksals, das auf der Bühne immer wieder in Menschengestalt als Gegenspieler wirkt. Diese Grundbedingung jeglichen Bühnenspiels liegt schon in der Beanspruchung mehrerer Schauspieler. Ein Dialog ist keineswegs schon dramatisch als bloße Rollenlyrik, aus der nur zwei sich ergänzende Formen des Ichs harmonisch reden; sondern nur da, wo zwei Willen notwendig sich befehden. Drama ist nicht nur ein Duell nach Übereinkunft, sondern wie das Leben selber Existenzkampf. Bleibt aber bei strenger Befolgung des expressionistischen Ich-Prinzips das Schicksal außerhalb des Dramas nur im Zustand eines Angeklagten oder belastet es nur als irgendwelche allgemeine Not den Helden, dann ist alles Reden der durch die Schauspieler-Vielheit scheinbar dramatisch widerstreitenden Figuren nur Monolog mit verteilten Stimmen: Rollenlyrik!

Nun wird die Konsequenz der Ich-Regel natürlich nicht kraß durchgeführt. Denn ihre letzte Folge wäre ja dann der eine Schauspieler der früh-äschyleischen Bühne, der die geringe Handlung agiert, während der Chor übermächtig für ihn die Seelenmonologe spricht. Ja sogar umgekehrt: eigentlich ist der moderne Monologist oft eher jenem dramatisch fast unbeteiligten und fast nur lyrisch wirkenden Chore zu vergleichen. Führte dieser lyrische Drang statt zu einer Schreierei nur überall zu einer großartigen Hymnik, die in hoher Sprache der Zeit beseelende und beseligende Wortsymbole für ein Höchstes böte, so wollte ich die neue Form eines Bühnenspiels — das den frühesten Chororatorien wie den „Schutzflehenden" des Äschylos gliche — als die elegische Schwester der kämpfenden Dramatik gelten lassen.

Franz **Werfel**, der bedeutendste Lyriker unter den Jungen, hat in den „**Troerinnen des Euripides**" die lyrische Tragik der Klagemonologe Hekubas und Andromaches über den Tod des Gatten, über die fünfzig Söhne und all das grenzenlose Leid von Jlion in eine wundervolle Sprache gebracht. Und die Rede Werfels durchrauscht die Chöre und die jammernden Melodien der Protagonisten mit einem steigernden Takt, der bald geschwinder, bald besonnener die Ton=Akzente setzt; Langzeiler von kurz schlagenden zweitaktigen Versen ablöst; mit ausdrücklich angegebenem „decrescendo" die Lautstärke dirigiert; und so auf musik=dramatischem Wege Spannung erzeugt. Spannung, die, allzulange in dem Gedanken der Klage und des Untergangs verharrend, sich schließlich doch entspannt und keine Lösung weiß. Werfel rühmt im Vorwort seine Hekuba, daß sie sich nicht in Trojas Flammen stürze und in all dem Jammer leben bleibe.

„... hier ist nicht mehr
Ein Recht zum Tod. Seht her, so nehme ich
Mein Leben an die Brust und trag's zu Ende!.."

Die Überwindung der Tragödie ist hier trotz drohender Sklaverei, Entbehrung, Not: das Leben. Das Leben als solches ist aber kein spezifisch menschliches Ziel; sondern eine animalische Gegebenheit für alles, was lebt: Tier oder Pflanze. Das Leben ohne Sinn im Diesseits oder Jenseits ist daher nicht der höchsten Symbolik des typischen Menschenschicksals fähig. Das Leben einfach „leben" oder „erdulden" ist eine geistige Indifferenz, die wir Heutigen zu allerletzt über uns kommen lassen dürfen; wir, die wir uns bereits auf relativierten Standpunkten geschwächt haben und jedem persönlichen Schicksal mit logischen Kniffen ausweichen; wir, die wir keine Götter mehr haben; wir, deren Ethos durch die vielen Auch=Moralen gelähmt ist.

Das Stück, das die ergreifende Klage um die Krieger zur Aktualität gemacht hat, wurde vor dem Kriege im Frühjahr 1914 geschrieben, wo die Notwendigkeit nach einem geistigen Sinn und Ziel des Daseins noch nicht so fordernd vor uns stand wie in der späteren allgemeinen Demoralisation, Richtungs- und daher Schicksallosigkeit. Das Leben als notwendiger Gegenstand unserer tätigen Bejahung kann doch nicht Zielpunkt unseres Strebens sein; es selbst bedarf des Ziels, um menschenadelig und groß zu werden. Was für das Tier der selbstverständliche Lebenstrieb ist, kann unmöglich letzter Sinn des Menschen sein. Im Vorwort rühmt Werfel „die Tugend" als den notwendigen Sinn in der Verwirrung der Zufälle. Diese Tugend, wird sie nicht aktiv gerichtet auf ein ethisches Ziel, bleibt in ihrer Lyrik latent. Und fordert daher in ihrer Passivität keinen symbolisch notwendigen Gegenspieler auf die Palästra des Dramas.

Paul Kornfelds Hybris und Demut

"Die Verführung"

Sorge fand sein Ziel über der Erde und über dem Drama in der Allmacht. Werfels Hekuba will das Leben um des Lebens willen ertragen — ob dieses Auch=Leben nur noch Klage ist. Gott oder Natur heißt die Fragestellung. Die Mystiker suchen die Vereinigung in naturreligiöser Romantik. Die Unreligiösen aber, die nicht zugleich im sittlichen Willen gefestigt sind, verhärmen sich in neutraler Zone. So bildet sich unter den Modernen der Typus des ziellos Dahinklagenden, der nicht leben und nicht sterben kann und auch nicht weiß, was ihm besser frommt. Werthers Leiden, Fausts Schmachten von Begierde zu Genuß und Tristans „im Sterben mich zu sehnen — vor Sehnsucht nicht zu sterben" werden gemischt mit der Triebbejahung des Daseins. Cesare Borgia, der Menschenfresser und Moralüberwinder, mit Weltschmerz à la Byron und Lenau. Wir kennen die romantische Form aus Sternheims „Don Juan". In Paul Kornfelds fünfaktiger Tragödie „Die Verführung", die 1913 entstand, ist dieser Typus allen Kostüms entkleidet und zeigt den völlig der Erde entwurzelten und auch dem Himmel verlorenen Menschen, ohne die Kraft, den Geist zum Steuern und die Seele zum Durchfühlen des Lebens wirken zu lassen.

Dieses Stück ist ein sich nimmer erschöpfender, ewig sich wiederholender Ausbruch aus einem Krater des Leidens. Ein glühendes Temperament wirft Feuergarben aus zur Erhitzung erkalteter Seelen und zur Brandstiftung an den Moralruinen der Bürgerlichkeit. „Zwischen Gut und Böse: was ist da für ein Unterschied" sagt Laotse im Motto des Buches. Ein scharfer Verstand formuliert die Einzelsätze zu bestimmter Sprache; rhythmisiert auf ekstatisches Pathos, das im Munde des unmittelbaren Schauspielers erst ganz

Die Verführung

zum Klingen kommt. Darum wohl hat Kornfeld sein Stück für das Theater gedacht. Denn als Spiel gibt es fast nichts; die wenigen Handlungen sind nicht organisch im Ganzen verwebt, sondern sie sind hart eingesetzt wie Gerippe, um das lyrische Fleisch zu stützen. Und der riesige Umfang von fast zweihundert Seiten, in denen sich die vierzehn Szenen bergen, erfordert für die normale Bühnenzeit so mächtige Striche der Wiederholungen, daß aus ihnen sich beinah das Stück noch einmal spielen ließe. Strindbergs monomanische Wut ist in ihm und wiederholt die Themen in hundert Variationen. Auch hier herrscht ein Haß, „der aber treulos genug ist, immer bereit zu sein, sich in eine Umarmung der Welt zu verwandeln."

Würde dieses Bereitsein zur Umarmung tätiger und glaubhafter in dem Helden Hans Ulrich Bitterlich, so könnten wir einen großen Schritt über Strindberg hinweg in junges Neuland der Seele erkennen. Aber die Überwindung von bürgerlich Gut und bürgerlich Böse gipfelt nicht in der Liebe, auf die gezielt wird. Dieses Ziel steht allerdings da; doch nur wenn Bitterlich wirklich unter Opfern darum kämpfte, so hätte die „Tragödie" volle Wucht erhalten. So aber sind die Menschen, die sich für ihn hinopfern, Mutter und Geliebte, weit tragischer als der bitterliche Verzweifler am Oben und am Unten.

Das Wenige, was hier „geschieht", hat nur Symbolsinn. Einfach, weil ihm seine Nase nicht gefällt — ohne Konflikt, ohne persönliche Reizung, ohne jede dramatische Motivierung — ermordet Bitterlich den Bräutigam des älteren Mädchens Marie Veilchen. „Was hat er dir getan? ..." wird gefragt. Bitterlich: „Nichts! Gar nichts! Ich sehe ihn zum erstenmal — und habe ihn schon tausendmal gesehen! Er bevölkert die Welt! ..." Dann wird dem fast wortlosen Joseph noch das sichere Einkommen und das

Bankkonto aus den Zügen seiner Fratze nachgewiesen. Und er wird erwürgt. Das Publikum aber faßt sich an den Kopf und weiß nicht, was soll es bedeuten. Seine Sympathien sind verwirrt. Sein guter Wille wollte mit dem armen liebeheischenden Bitterlich gehen; aber da er sich so miserabel aufführt, ist es geneigt, des „guten" oder „bösen" Josephs Drohung: „Ich werde Sie in ein Irrenhaus schicken" willkommen zu heißen. Denn woher wissen Leser oder Hörer, daß er so erwürgungswürdig ist? Wo ist die Liebe Bitterlichs? Wo ist sein Recht zum Richteramt?

Gewiß merkt man aus Bitterlichs Schmähungen, daß hier die Verkörperung des Philisters gewalttätig entseelt werden soll. Das kapitalistische Schema, die lieblose Konvention, die gemeine Gewöhnlichkeit, in deren Gesicht die Biographie von Millionen geschrieben ist: der Teufel der seelischen Verantwortungslosigkeit. Aber es genügt eben nicht allein, und zu allerletzt im dramatischen Spiel, den Teufel leblos an die Wand zu malen. Dieser gute (oder böse) Joseph tritt als ein harmloser Bräutigam auf, von der Regie mit möglichst unfreundlichen Äußerlichkeiten geschmückt; doch von geradezu taktvoller Zurückhaltung vor Hans Ulrichs Wortschwall. Und muß nun sterben. Und das Publikum leiht ihm seine allfällige Träne. Das aber ist gegen des Dichters Absicht. Doch die Schuld fällt auf ihn.

Die Menschen in Kornfelds Stück sind viel verstehender als die im Parkett, und unterscheiden sich durch ihr Verhalten auch wesentlich von Strindbergs schwarzen Dämonen. Natürlich ist, daß Marie Veilchen, die nunmehr keinen Bräutigam mehr hat, den Bitterlich haßt und dem Mörder das Gefängnis gönnt. Aber die Liebe einer Mutter und die Hingabe der Geliebten Ruth Vogelfrei folgen ihm in den Kerker. Staatsanwalt und Gefängnisdirektor zeigen ein ganz unmotiviertes Verständnis für den Verbrecher am Philiste=

Die Verführung

rium, dem sie doch selber von rechtswegen angehören. Sie begreifen, daß hier ein Mensch „aus Liebe einen Mord begangen hat" ... und sie bitten ihn, doch gütigst die Flucht zu ergreifen. Das also waren die Leute des alten Systems von 1913!

Was klagt denn Bitterlich in diesem Schlaraffenland? Er verhöhnt alle und will nicht in seinem „idyllischen Unglück" gestört werden. Es wehen die „angenehm traurigen" Töne aus Strindbergs Schmerzenswollust. Zwar das Todesurteil will er doch nicht erleiden; sondern träumen, bis an sein Lebensende hinbrüten; diesseits der Mauern, die ihn von dem schauderhaften Leben trennen. Das Gefängnis wird zum Kloster. Und nun setzt die „Verführung" zur Flucht in die Welt als tragisches Verhängnis ein. Dieser unsichere Bitterlich ist fähig, eine Notwendigkeit zu glauben, die irgendwie als Schicksal oder Gott über ihm steht. Er weiß nach dem Versagen aller religiösen und profanen Moralen von relativer Bosheit und Gutheit noch das Eine, was uns bestimmend von Gott gegeben ist: „irgendein Gesetz, wahllos herausgesucht und uns aufgestülpt, so, wie unser Gesicht, unser Name und die Länge unserer Nase — so wie Alles so merkwürdig — natürlich — Zufällige". Und sein Gesetz will, daß sein Herz ungeheilt durch die Welt gehen, daß es nie mehr gegen die Übermacht des ewigen Sieges kämpfen soll. „Nichts Wirkliches" will er mehr sehen. Also nicht fliehen aus dem Asyl! Doch er wird seiner Einsicht untreu, erliegt der Verführung und stirbt daran.

Im zweiten und dritten Akt wogen die Lebensmächte durch die Gefängnistür: die Mutter, die einstigen Geliebten: Luise, die herzensfaule; „Lotte, deren Vater, und Leonore, deren Kind ich war". Auf dem Gang sind viele drängende Menschen, die Bitterlich sprechen und sehen wollen: Jugendfreunde, Lehrer, Kinderfrau, auch Ruth — Gespenster seiner

Wünsche, die sein „Gesetz" ungültig machen wollen. Und dann immer wieder die Mutter, wie sein Schatten ihm folgend, sie, die schützende Erde, die ihn aus sich geboren: die seine Qual nicht begreift, weil Erde und Weib den Geist nicht fassen; die ihn dem Leben erhalten will und über allem Mißverständnis ihn einfach liebt. Ob er sie auch zurückstößt: „Ach, Mutter, du bist die schadhafte Stelle an meinem Strick!"

Die Mutter versagte vor seinen Schmerzensbeweisen. Ruth Vogelfrei zwingt ihn zu schärferer Dialektik. Nicht das primitive Dasein, Glück von höherer Schönheit will sie ihm zeigen: Glanz, Frühling, Menschenfreude, Farben, Meer und Berg, Alles — das Chaos will sie sein, „um das Chaos deiner Wünsche zu erfüllen". Hier hebt das hohe Lied des Lebens an, die Verführung singt unwiderstehlich; rhythmisch setzt Bitterlich den Gegenton; wird weicher, bis er die Welt und die Liebe in Umarmung bejaht. Und wenn auch sein erstes Wort nach diesem Siege lautet: „Ach! Liebe zu einer Frau ist nicht das Größte —", so gelingt dieser Einen doch die Verführung zur Welt.

Der skeptische Schlußton des Aktes schwächt. Es erschüttert nicht, wenn ein von hohem Glück, von Mutter- und Weibesliebe Begnadeter, an einer Welt des Hasses undankbar zu verzweifeln sich bemüht. Der den Werther spielt, ohne die Ursache von Werthers Leiden: ohne Lottens Versagung. Ein Hamletspieler ohne die unsichere Ophelia und ohne die schlotterichte Königin-Mutter. Einer, der immer Alles will, wo doch immer nur Eines kommen kann. Einer, der es nicht anders haben will — sei's Wahn, sei's Rechthaberei oder Unbescheidenheit. „Alle Welt sorgt sich mehr um dich, liebt dich mehr, als du selbst ...", sagt die Mutter. Er könnte Größe haben, dieser Selbsthaß, wenn er die Kraft zur Konsequenz hätte, zur Verneinung des eigenen Jammerdaseins.

Aber kein starker Geist erhält die Führung. Der Schluß enthüllt es.

Bitterlich hat sein Gesetz gebrochen; ist in die Welt zurückgekehrt. Eine bühnlich gelungene Wirtshausszene zeigt ihn inmitten von Gesang, Tänzerin, Besoffenheit und Jahrmarktsfreude. Da will Bitterlich hier ohne alle Vermittlung die Welt umarmen: Man lacht ihn aus. Auch der Zuschauer lächelt. Nein, Bitterlich: Dein Gesetz ist Klage, ist Haß, ist Sehnsucht — ist Versagen in der Liebestat, die doch nur Worte tönt. Das glaubt man Sorges „Bettler", aber nicht dir, dem aus Kornfelds grübelnder Stirne Entsprungenen. Dein Glück kann und darf nicht dauern. Philister über dir!

Ruths Bruder Wilhelm will die Schwester in die bürgerlichen Gehege zurückholen. Er lockt das Paar ins elterliche Haus des schwachen, „Gesetz-" und daher Schicksal-losen Vaters, der nur Diener ist am Schicksal seiner Kinder. Wilhelm ist Philister und Teufel wie Joseph; zeigt aber Taten von unwahrscheinlicher Entschiedenheit. Bitterlich, der Bürgerschreck, soll vergiftet werden. Schicksal steigt auf, will riesengroße Gewitterwolke werden; schrumpft dann zusammen; destilliert sich in zwei Fläschchen mit gelber Flüssigkeit. Das eine mit Urin gefüllt für die forschende Kriminalpolizei, das andere mit dem Gift der Schlange Clarara für Bitterlich. Kriminalrezepte für die Handlung. Für die Komödie gut, für die Tragödie etwas dürftig. Die Verwechslung der beiden Fläschchen ist den Parzen nahegelegt. Rechts steht die gelbe Unschuld, links die gelbe Gefahr. Die Mutter, aller Intrige Spionin, erlauscht den Mordplan hinter dem Vorhang: stellt den Urin links und das Gift rechts. Auch Ruth erfährt die Teufelsbosheit: stellt das Gift wieder links und den Urin rechts. Das war das Todesurteil des „Gesetzes". Von der entgeisteten Triebliebe der eigenen Mutter und der hütenden Treue der Ge-

liebten dem Nachrichter überwiesen, verfällt Bitterlich in
Wilhelms Judasumarmung dem giftigen Nadelstich. Tragödie der Mutter, Tragödie der Braut — nicht Bitterlichs!

Das Gesetz straft seine Flucht in die Welt. Keine Mutter
Natur und keine Freundin der Seele entzieht den Menschen seinem notwendigen Geschick. Bitterlich bäumt sich
auf. Er will ja nicht sterben; trotz allem nicht sterben!
Aus Werthers Stiefeln und Hamlets Mantel schält sich
der mehrmals unzureichende Selbstmörder als Bekenner des
Animals. „... Was einzig mein war in der Welt: die
Seligkeit — oh! Die Seligkeit des lebendigen Leibs!...
Ach, wäre ich weise geblieben und hätte das Leben mehr
geliebt, als alles Glück"... „Will leben — dieses schauderhafte Dasein!"

Der wie Mephisto rief: „Bitterlich! Die Zeit ist um!"
— auch er muß weg, wird (unglaublich zwar) gezwungen,
sich selbst zu erschießen, wenn er auch flennt und heult.
Er muß es tun nach furchtbar überzeugender Zwiesprache
mit Bitterlich; fährt aber mit heroisch=romantischer Kom-
ment=Lüge dahin: „Ich sterbe, weil ich die Schande meiner
Schwester nicht überleben kann." So steht auf dem Zettel
mit den üblichen letzten Worten. Wilhelm fiel wie Joseph.
Aber sie sind unerschöpflich, diese Maskenhelden mit den
Kalendernamen. Schon lebt ja ein Heinrich für die gewalt-
sam entlobte Marie: „Ich will so lange mit ihr um ihren
ersten Bräutigam trauern, bis ich ihr zweiter sein werde."
Sie leben ewig diese Heinriche, Josephe und Wilhelme —
aber Bitterlich stirbt, und Ruth stirbt ihm nach. Die
schwachen Schicksallosen wie Luise und Vater Vogelfrei verschwinden in Wesenlosigkeit, im Kloster oder im Berufs-
mechanismus. Sie sind vergänglich, symbollos. Doch: „Eine
Mutter ist etwas Ewiges." Bitterlich sagt es ohne Ver-
bissenheit; Kornfeld findet hier den innigsten Ton. An

dieser Mutter wurde er wirklicher Gestalt=Schöpfer; nicht nur Verneiner; nicht nur Prediger, sondern Dichter.

Bitterlich aber hebt zum Schluß die Faust zum Himmel und klagt ihn an, daß er ihn einmal noch vor seinem Tode Glück sehen ließ. Die ganze Arroganz der Strindbergschen Ich=Sucht, aber ehrlicher ohne Orgelton, ruft nach oben: „Wahrlich, wäre dieser Gott ein Mensch, ich würde ihm sagen: Sie haben Talent zum Teufel!... Komme ich noch einmal auf die Welt — bin ich die Pest!"

„Himmel und Hölle"

Das Ende Bitterlichs ist des Teufels. Wer Liebe sucht, doch Liebe nicht erkennt, muß verdammt sein. Die Forderung von Liebe ohne eigenes Opfer ist unerhört vor Gott. Sie ist Hybris. Vermessenheit im Anspruch ohne Leistung. Da muß Gott Teufel werden. Kornfeld hat es wohl empfunden, daß Bitterlichs Weg kein Weg war. Daß Bitterlich gerade das fehlt, was erst die Liebe möglich macht: die aufschwingende Seele.

In einer zweiten Tragödie „Himmel und Hölle" (1919) folgt dem Sturz ins Nichts der Aufschwung; der Hybris die Demut. Es ist nun höheres Wissen, das den gereiften Dichter über die Unzulänglichkeit seiner „Verführung" hebt. In einer geheimnisvollen Erscheinung, Jakob, setzt sich ein Bitterlich fort, der Zeugenmaterial gegen das Schicksal sammelt und eine mächtige Anklage weiß. „Kein Mensch mehr bin ich, nur ein Amt." Er ist der Staatsanwalt der Menschheit und führt die große Sprache:

„Oh, ich habe tausend Fragen, die ich eines Tages zu einer Herde zusammentreiben und in den Himmel hinaufjagen werde, daß die Engel oben in ihrer Seligkeit wie ein paar armselige Vögel, wie ein Haufe aufgescheuchter, schuldbeladener Verbrecher, kreischend und zu

Tode erschrocken, auseinanderflattern werden! An diesem Tage wird sich das Blau des Himmels schwärzen, und Blitz und Donner werden, zurückgeworfen von dieser ewig angedonnerten Erde, in den Himmel schlagen und Gott selbst erbeben machen! Ich werde Wirrwarr stiften vor dem Throne Gottes!"

Der ursprüngliche Monologist des neuen Dramas ist Graf Umgeheuer. Der Name redet von ungestalteter Masse, von schrecklicher Lebensgewalt, ungeheuer in ihren Leidenschaften und ihrer Qual. Doch seine Figur ist vom seelischen Leben getrennt; er läuft wie ein räsonnierendes Gespenst durch die fünf Akte seiner Zeitlichkeit. Für ihn aber leiden drei Seelen und wirken zu seiner Erlösung; bald als irdische Gestalten, die sein diesseitiges Schicksal mitbestimmen; bald nur wie Spiegelungen der seelischen Trinität seines Ichs.

Die erste Seele ist Beate, die Gräfin. An ihr hat er in zwanzigjähriger Ehe vorbeigelebt; mit fluchbelastetem Gewissen, in Untreue und Unreinheit gingen die beiden galant und in starrer Parallele nebeneinander her; ohne sich mehr zu erraten. Ein Keim im Herzen beider trägt noch Liebe. Doch ihre Seelenfaulheit läßt kein nahendes Wort laut werden. Sie sind gestorben für einander. Schicksallos und daher nicht der Strafe gewärtig, die dem sündigen Herzen Entlastung schafft. Der Strindbergsche Gedanke, der die Menschen zu gegenseitigen Strafvollziehern macht, lauert hinter ihnen; aber ihre trägen Seelen empfinden nicht einmal den Drang zur Aufhetzung — sie bleiben „höflich".

In Beate lasten Qual und Reue Umgeheuers. Doch in der Dirne Maria, der Geliebten des Grafen, wirkt sich seine tätige Sünde aus. Maria hat ein Schicksal; sie ist Schuld und Unglück; und im Bewußtsein ihrer Winzigkeit vor Gottes Allmacht sieht sie sich voll Demut als Vollstreckerin

Himmel und Hölle

höherer Winke: Strafe zu sein für andere. Schreckendes Abbild von des Grafen Gemeinheit. Sie sehnt sich, anders als die schwache, lebensfeige und nur wartende Beate, nach dem Tode; der Auflösung ihrer irdischen Unreinheit. Sie wird vor Gott entsühnende Strafe erlangen. Die Hölle in ihr wird mit dem Himmel überwunden.

So steht der Graf zwischen den Frauen wie zwischen Angst und Mut, zwischen Mumie und Dirne, zwischen der schwachen und der großen Sünderin; zwischen vegetativem Verdämmern und tätigem Willen zur Sühne. Was hindert die Entscheidung? Es ist die dritte Seele, Johanna, die Freundin Marias; auch Dirne des Lebens; genußfroh und noch nicht ausgelebt in den höllischen Wonnen der Erde. Daher von Demut noch nicht begnadet, gegen den Tod sich sträubend und der Seele reine Seligkeit nicht fassend.

Wie bei Sorge entwickelt sich über einer Familientragödie die seelische Handlung, die sich in Versen über die Prosahandlung hebt. Das materielle Geschehen zeigt die Austreibung der Teufel, die Beate blutmäßig in ihrer Mutter und ihrer Tochter erkennt. Die Komtesse ist nur Frucht der Leibeslust, nicht liebegezeugtes, Liebe weiter-zeugendes Kind wie Sorges „Sohn". Sie haßt der Mutter Unglück und versagt ihre Liebe. Da erwürgt Beate — die Symbolik will es — das eigene Kind. In der Abtötung des Bösen ermöglicht sich vielleicht der Weg zur Heiligkeit. Voraussetzung ist das Selbstopfer: ohne Buße im Staube, ohne Zerknirschung in Sünde kein himmlischer Preis. Der Dirne Maria Seele muß erst in Beate dringen; vereint erst werden die leidende und die tätige Seele ein Ganzes. Die beiden Frauen lieben sich und knien vor dem Grafen, die Ausgießung seiner Liebe erflehend. Hinter ihnen erscheint jener ewige Jude Jakob, dem „kein Wille und kein Charakter" mehr eigen, Verächter des Glaubens und der Liebe.

Als der Intellektualist mit hemmendem Verstand steht er zwischen den Gefühlspolen.

Doch die Liebe der Frauen ist unbesieglich, denn sie lieben sich in Gott, der aller Menschen Liebe in die eine Göttliche verschmolzen. Maria will Beates Mord vor dem Gericht auf sich nehmen; die junge Johanna will der Freundin Leben retten und verdächtigt die Gräfin; Beate selber wünscht sich Heiligung durch Strafe zu erwerben. So streiten sie um den Vorrang in der Liebe und im Tod. Zum Staunen Jakobs, der einmal Bitterlich war. Verse werden hier fast akustische Melodie, begegnen sich wie im Duett:

> Maria: „Von meinem Schmerz so süß erhellt,
> Spür' ich den Duft schon andrer Welt!"
> Beate: „Von meinem Schmerz so süß entführt,
> Fühl' ich mich sanft vom Jenseits schon berührt!"

Man hört „Tristan" zweiter Akt. Der Stil drängt nach Oper. Die Lyrik siegt melodramatisch über das Drama.

Der Abgesandte des Teufels wird von Johanna gemordet. Die Mutter der Gräfin, die Marquise: kaltblütiges Getier, unbarmherzig und gemein. Sie war die fortzeugende Erbsünde, wie die Komtesse die böse Frucht. Nun ist die Bahn frei zur Erhöhung. Auf dem Richtplatz enden die Dirnen. In ihnen stirbt auch Beate. Ihre Dreiheit war ja eins. Alle drei geeinigt in Sünde, Buße und Liebe zur Kraft der Erlösung; ein magischer Ring. Die befreite Seele des Grafen wird angezogen von der Liebeskraft und entschwebt mit den singenden Frauen:

> „Keine Seele ist verloren,
> Jeder Mensch ist auserwählt,
> Jeder Mensch ist auserkoren,
> Trotz Teufeln und Dämonen,
> Daß er dem Göttlichen sich vermählt."

Im Choral klingt das chaotische Werk aus; und so gewiß und klar die Verheißung klingt, so verworren und ungestalt sind die Wege gezeigt, die zu ihr führen. Ich weiß nicht, ob ich Kornfelds Riesenlabyrinth richtig ergründet habe — aber wer findet hier den zuverlässigen Ariadnefaden; wer kann hier über letzte Auffassungen streiten, wo der Dichter in maßloser Suada immer Neues und doch immer nur Ähnliches ausströmen läßt; seine Reden wohl im Einzelsatz bewunderungswürdig rund und klar zu fassen weiß; das Geflecht der Sätze aber ohne Übersichtlichkeit und drängendem Zusammenhang verknüpft. Wo jedes Wort auf frühere oder spätere Weiterspinnung harrt, um im Zusammenhang des Ganzen vollen Sinn zu finden. Pathos aus vielen schönen Mündern strömt rauschend in ein Becken, wo sich die Fluten mischen und sich auflösen. Trotz allem Streit und aller drängenden Opfertat, kristallisiert sich nicht ein Bau von leicht übersichtlicher Gestalt.

Für dieses Stück müßte eine Unter- und eine Oberbühne geschaffen werden; eine bildsymbolische Teilung für das materielle und das seelische Geschehnis. Bitterlich blieb in Prosa gebannt, die sich im Ausbruch wohl steigerte, aber den Vers nicht gewann für seine unerlösbare Welt. Hier aber kämpfen sich die Geister wie bei Sorge über die Prosaleiber hinweg und singen plötzlich in Versen von ihrer Erdbefreitheit. Das Spiel müßte sich mit dem Versklang über Stufen aufwärts bewegen oder unirdische Beleuchtung hätte die Musik der Worte zu umfluten, sowie die Stimmen hymnisch werden.

Ein Ungeheuer selber ist dieses Werk, auf dem Besessene reiten, Liebes- und Haß-Besessene — so schön sie singen. Diese Sprache gehört zu der stärksten, die das Neue Deutschland auf der Zunge hat. Sie ist nicht die Weise der reinen

Lyriker von Klang und Duft. Nicht Goethe, trotz des Stella-Tons mancher Melodie; nicht Mörike oder Eichendorff; es ist nicht der Naturklang, der aus der Erde summt. Aber als Rhythmus die wogende Sturmmelodie Klopstocks und des Alten Testaments. Oft überraschend männlich im Akzent ihrer Bestimmtheit, ganz gegen Bitterlichs Klageweibtum und den Tonfall von Vogelfreis Vorwurf an seinen Pharisäer-Sohn: „Wie kannst du nur so sicher sein? So richterlich? So furchtbar männlich?" Das ging mit gutem Recht gegen die Starre des Gerechtigkeits- und Paragraphenmenschen. Doch die Männlichkeit enthält auch jenen ernsten Geist, der einen Bitterlich existenzfähig gemacht hätte und tauglich zum Protest: den Geist Jakobs.

Denn ein weiter Weg ist geschritten worden von Bitterlich zu Jakob — so weit fast, wie der von Jakobs Anklage im ersten Akt bis zur Seelenhymne der Frauen. Jakob, der die Liebe glauben gelernt und niederknien mußte vor den Himmelstönen, blickt männlich fest als Ankläger der Erde, will den Menschen nicht voll Kampf und Schmerz und Verbrechen sehen; will ihn „selig sehen und gut". So daß die Stimme des Herrn mächtig groß — des Dichters Wortkunst herrlich offenbarend — zu ihm spricht:

> „O Jakob, du mein Feind,
> Du Schrei der Erde,
> O Jakob, du mein Feind, wie lieb ich dich!
> Aufsteigt die Klage hin ins All,
> Aufsteige sie,
> Solang die Erde menschlich ist!
> Solang die Erde menschlich ist,
> Bleib du lebendig ewiger Protest!"

Ein unweiser Gott würde so nicht sprechen. Ein Vater und Schöpfer des Guten und Bösen in der Welt weiß aber ganz geheim, daß der Widersacher nur dazu da ist, in immerwährendem Liebeskampfe überwunden zu werden. In Anerkennung dieses ewigen Protestes trotz der Seligwerdung der Liebenden, liegt Kornfelds ungesagte Feststellung, daß die Welt immer wieder nur kämpferisch überwunden wird — sei's Liebes= oder Willenskampf. Es ist ein ungeheurer Fortschritt über die „Verführung" hinaus, daß hier der Verneiner prinzipiell besiegt wird durch die Tat. Hier hat eine Liebe, wie die vor Bitterlichs Mutter und der Geliebten, sich zur heilenden Kraft verdichtet, die stärker ist als der willenlose Protest. Das Ewig=weibliche, von Erbenschwere entlastet und vom Höllenfeuer gereinigt, zieht wieder hinan. Aus der Strindbergschen Ehe führt anders als am Schluß des „Totentanzes" ein Weg. Mit der Selbstaufopferung der Frauen ist das animalische Lebensprinzip Bitterlichs überwunden. Und zwar doch wohl nicht mit mystischen Ge= heimmitteln wie die katholisierende Legendenart der Frauen äußerlich vermuten ließe, sondern mit den tätigen Liebes= kräften des Diesseits.

Die Schwindsucht des Monologisten

Dies letzte gilt aber nur, wenn der Graf tatsächlich (wie es hier erklärt wurde) nicht eine für sich stehende, untätige seelenfaule Figur ist, sondern in den wirkenden Frauen sein eigentliches Wesen lebt. Sonst hieße das: die Gnaden= erlösung eines Unwürdigen durch die Wundermacht von Heiligen. Heiligenwunder auf der Bühne aber fordern dog= matische Allegorie und ein gläubiges Publikum. Spielte in den Taten der Frauen sich nicht der Kampf des Grafen mit seinen Seelen ab, so erhielte er kein Recht auf den Himmel. Überhaupt dieser Graf! Sein Name verspricht zu viel. Bei= nahe vergißt man ihn und seinen Träger. Seine Seelen wirken so mächtig, daß sein Körper dem Stück beinahe entbehrlich wird. Eine Gefahr des expressionistischen Dramas droht hier deutlich:

Je mehr die Reflexfiguren der Ich-Person im Stücke eigene Selbständigkeit gewinnen, um so kraft- und saftloser muß der ursprüngliche Monologist werden, der zunächst die langen Reden hielt, und sie nun immer häufiger an seine Spiegelbilder abgibt. Doch diese Abmagerung ist sehr natürlich und dramatisch gesund. Denn darin vollzieht sich der Prozeß des Dramatikers überhaupt. Es war dramatisch unnatürlich, den Dichter selber als Monologisten und Ich-Sprecher mit monarchischer Macht ins Drama einzusetzen. Denn der Ich-Sprecher ist in der Dichtung entweder Erzähler oder Lyriker. So mußte er im Drama als lyrischer Monologist auftreten und konnte nicht Dramatiker werden ohne gleichberechtigten Gegenspieler. Um diesen zu gewinnen, kräftigt er seine expressionistischen Ich-Gespenster mit eigenem Geist und voller Selbständigkeit und — löst sich dabei auf wie Graf Umgeheuer: des Dramas Mittelpunkt und doch des Dramas Stiefkind.

Kornfeld hat nämlich die Überflüssigkeit seines Ich-Sprechertums im Drama damit eingesehen. Er erzählt nicht mehr seine seelische Biographie, sondern läßt sie von seinen objektivierten Ich-Reflexen spielen, als wären sie nie nur Gespenster seines Dichter-Ichs gewesen. Diese Loslösung der Seelen des Dichters vom biographisch-lyrischen Ich und ihre Selbständigmachung — das ist eben Dramatik wie bei Hebbel, Shakespeare oder Schiller. Sind denn Carlos, Posa und Philipp nicht irgendwie Teil von ihres Dichters Leben? Denn jeder große Dramatiker, der nicht nur Inszenator eines Historienstoffes ist oder sonst ein heroischer Verskünstler, erlebt doch Freund und Feind, Engel und Kanaille als seine seelengeborenen Kinder. Kornfelds Bitterlich war das abschreckende Beispiel des Monologisten; sein Ungeheuer erledigt sich selber.

"Der ewige Traum"

Die Loslösung Kornfelds vom lyrischen Standpunkt des Ichs vollzog sich in zwei Komödien. Die jüngste, "Palme oder der Gekränkte" (1924) stellte einen ins Komische übertragenen Bitterlich vor, der wie ein armer Pierrot an seiner Sentimentalität lächerlich wird — und in den allzu breiten Szenen einsumpft und verschwindet. Mehr Gestaltung zeigte die frühere Komödie in 14 Bildern und einem Nachspiel: "Der ewige Traum" (1923).

Voltaire behauptet: Wenn es keinen lieben Gott gäbe, so müßte man einen erfinden. Durch Kornfelds Komödie gelangt man zu der Einsicht: daß, wenn es nur eine Polygamie gäbe, mit unausweichlicher Notwendigkeit zur Erfindung der Monogamie geschritten würde. Ja, wenn ein Staat aus irgendwelchen Volksvermehrungsgründen die Vielweiberei zum Gesetz erhöbe, so könnte man sich bestimmt auf die Revolution aller ernsthaft Liebenden gefaßt machen. Tristan und Romeo werden es jederzeit als unzüchtigen Eingriff in ihr Privatleben ablehnen, Isolden mit Julien zu vertauschen. Abälard liest unermüdlich seine einzige Heloise. Und Hekuba hatte fünfzig Kinder — alle von Priamus.

Kornfeld schreibt eine doppelte Satire — zum Schutz der Liebe der Liebenden. Die eine gegen den "Egoismus des einzelnen und der Familie". Die andere gegen den "Egoismus des Staates". Die beiden Polemiken heben sich im ironischen Lachen des Dichters auf. Was übrigbleibt, ist die Satire auf die Organisation des Unorganisierbaren — nämlich eben der Liebe.

Die erste Satire spielt wesentlich in der Rahmenhandlung von Vor- und Nachspiel. Sie leuchtet in eine jener

sozialästhetischen Versammlungen, wo die Welterlösung
programmatisch auf einer „Plattform" festgenagelt wird,
statt daß die Propheten aus ihrem reinsten Herzen heraus
sich selber lebten — und so zum unfreiwilligen Vorbild aller
andern würden. Das Kornfeldsche Präludium gibt ein miß=
tönendes Konzert aus überaus bekannten Leitmotiven: vom
Zwang der Familie, vom Prioritätsstreit der sexuellen vor
der sozialen Frage (und umgekehrt); von der Notwendigkeit
der Kinderproduktion, von freier Hingabe von Mensch zu
Mensch... überhaupt viel Mensch. Ein snobistischer Wohl=
fahrtsausschuß schnattert sich aus. Eitelkeit, Geilheit, Wich=
tigtuerei und Ästhetentum bemänteln sich mit sogenannten
Ideen; keiner redet um des andern willen, da jeder nur den
eigenen genialen Einfall hätschelt. Im Getöse der humani=
tären Schlagworte verliert sich selbst das Referat des Herrn
Schädele „über die neue Religiosität", das doch den eigent=
lichen Zweck der Sitzung bildet. Und nur die Geschäftsord=
nung des Präsidenten und die zahlreichen Abberufungen der
Mitglieder ans Telephon bringen einen periodischen Rhyth=
mus ins Gewühle. Doch in dem einen scheinen sie sich
einigermaßen doch zu finden: daß das Unwesen der Ein=
Ehe endgültig abgeschafft werde, daß die Polygamie mit
vierteljährlichem Frauenwechsel Gesetzeskraft erlange — —
widrigenfalls...!!

Weit gefehlt, dies nur für Theorie zu halten. Der
Wunsch wird zum Vater der Erfüllung. Denn auf einmal
verdunkelt sich der gröhlende Saal; es hebt sich die Hinter=
wand, die Theorie schwindet vor der erträumten Wirklich=
keit des polygamen Zukunftsstaates — und es beginnt die
zweite Satire.

Carolus liebt Anna. Gegen die strenge Verordnung des
Weiberwechsels wählt er immer wieder sie. Es gibt für ihn
ja keine Andere! Sie ist die einzige! Angeklagt wegen „Ver=

suchs der dauernden Gemeinschaft" steht er vor den Schranken. Der Psychiater prüft seine unnatürliche Einseitigkeit. Experimente mit exemplarischen Prachtweibern jeglicher Geschmacksrichtung ergeben keine normale Reagenz. Festgestellt wird: „Krankhafte Hypertrophie der sexualen Unterscheidungstätigkeit... Pathologische Monogamie..." Carolus ist ein Schädling am Gemeinwohl. Er wird bestraft mit seiner Anna, der es gleichfalls an Gemeinsinn fehlt. Irrenhaus und Zuchthaus!

Ein neues Erstes Liebespaar wird aus der Welt ins Paradies getrieben.

Aber nun überwuchert die erste Satire wieder die zweite. Adam und Eva machen Schule. Monogamie wird modern. Der Wahn der Systematik, des Programms, des Fortschritts aus Tendenz, die Lust am Wechsel und die Revolution aus G'spaß — novarum rerum cupido — bemächtigt sich des neuen sensationellen Triebs zu Lieb' und Treu'. Was einstens Kitsch war, gilt bei der gerade wieder mal sturm- und drängenden Kaffeehausliteratur für toll und fabelhaft. Revolution „steilt auf". Mastyr und Saurus organisieren. Selbst die bourgeoise Presse stellt sich auf den Boden der neuen Tatsachen. Die Babys aller Länder demonstrieren für Ehe und „individunelle" Geschlechtsmoral. Nieder mit der Polygamie, eiserne Organisation der unbedingten Monogamie — widrigenfalls...!!

Nun sind wir glücklich am andern Ende. Nach dem 14. Bilde aus Utopia führt uns der Dichter wieder in die Urversammlung aller Versammlungen zurück, wo sie weiter den „ewigen Traum" der Weltverbesserung en bloc diskutieren — während die wahrhaft aus der Seele Lebenden und Liebenden sich gegen alle organisierte Liebe weiter sträuben. Carolus lebt nur für Anna und Anna nur für Carolus. So wird der Erfinder der Monogamie als Egoist verschrien und zeigt sich den „eigenen Ideen nicht gewachsen". Das Paar wird gefehmt von den prinzipiellen Polygamen wie von den grundsätzlich orientierten Monogamen. Ist Liebe nicht nur soziologisches „Objekt", ist sie nicht einfach Gegenstand der sexuellen Frage, sondern wirklich innere Angelegenheit — dann bleibt sie Privatissimum.

Hauptreiz der Komödie ist ihre ironische, auf das Publikum übertragene Weisheit. Denn während unter erträumten Bedingungen die unerhörte Erfindung der zweisamen Gemeinschaft als Allheilmittel gegen soziale und seelische Not, gegen Krieg und Revolution proklamiert wird — sitzt im Parkett ein Volk von überlegenen Spöttern, dem die Institution der Ehe mit ihrem Heil und Wehe nicht nur durch Strindberg und Ellen Key bekannt geworden ist. Es ist der echteste Komödiengeist, den Kornfeld ausgießt: weil er den Hörer nicht nur dumm macht und verblüfft, sondern ihn auf eine weise „Plattform" hebt, auf der es sich gescheiter leben läßt als auf der Bühne. Doch dies gilt nur für die zweite Satire, wo das Unmögliche geträumt wird. Im Realismus der Rahmensatire könnten sich unsere werten Zeitgenossen gar wohl als Versammlungsmatadore selbsterkennen... wenn Selbsterkenntnis zu den Tugenden eines Theaterpublikums gehörte.

Dichterisch erschien Kornfeld schon in wesentlich größerem Format. Seine Sprache hat schon höher geschwungen, wenn auch manches Wort der Liebenden seinen ewigen Ton hat. „Und einmal fahren wir gemeinsam auf einer Abendwolke in den Tod." Man kann die heutigen Dichter suchen, die ohne Künstelei und Überschwang so selbstverständlich reden, und für den Ernst wie für den Witz keiner Umstellung des Jargons bedürfen. Die Szenchen fliegen leicht als wären sie improvisiert. Einiges vom Doktrinären ist (namentlich zum Schluß) zu sehr im Stoff geblieben. Ein paar Reden bleiben Reden.

Ob man die Menschheit tragisch oder komisch neh=
men soll, wenn sie sich selbst und ihren Kindern Utopien
baut — das drängt in der Komödie nicht zu fanatischer
Entscheidung. Man versucht weise zu bleiben — als hätte
man die göttliche Distanz zur Allzu=Menschheit. Oder es
geht einem wie dem Beaumarchais, dem Kornfeld ein
Motto entnimmt, das ungefähr auf deutsch so lauten mag:
„Ich zwinge mich, über alles zu lachen — aus lauter
Angst, darüber loszuheulen."

Der Junge Mensch

Hasenclevers In tyrannos

Je dramatischer ein expressionistisches Drama wirkt, desto un=expressionistischer ist seine Wirkung. Desto mehr hat der Autor dem Prinzip des Monologisten und der von ihm be= dingten Gespenster abgesagt — mag seine eigene Inter= pretation auch dagegen sprechen. Guten Beweis bringt Wal= ter Hasenclevers „Der Sohn" (1913), der bei der Ur= aufführung von 1916 als das erste expressionistische Drama galt, da es am frühesten von allen aufgeführt wurde. Wer das Drama liest, ohne von der Regie (die zuerst bei Weichert in Mannheim den Sohn in die Mitte der Bühne stellt und alle Mitspieler gespenstisch um ihn kreisen läßt) auf die Transparenz der Erscheinungen hingewiesen zu sein, würde sich der Geisterhaftigkeit der Figuren um den Sohn wohl kaum deutlich bewußt. Bis vielleicht auf den geheimnisvoll auftauchenden Freund, der an entscheidender Stelle als Gegen=Ich in das Entschluß=Ich des Sohnes dringt. Davon abgesehen bleibt das Stück bürgerliche Tragödie in der Wallung Jung=Schillers.

Den „Sohn" ekelt vor diesem tintenkleckſenden Säkulum mit Abiturientenexamen, Hauslehrern, Gouvernanten und pedantischen Tyrannenvätern, mit denen man nicht über Gott oder Geist oder Frauen, nicht vom Leben reden darf. Er will nicht Schule, sondern Leben; nicht behütet und gepäppelt sein wie ein Haustier, sondern frei ausschwärmen über Nächte und Tage. Globetrotter=Weite: Auto, Logen, Souper, Champagner, Schauspielerinnen und — Freiheit. Ihn ruft Beethovens Neunte mit Schillers:

„Froh wie seine Sonnen fliegen...
Freudig wie ein Held zum Siegen."

Also Sturm und Drang gegen bürgerliche und familiäre
Fesseln. Wer hält die härteste Knute in der Hand, wer ist
die Lebenshemmung für Ferdinand und Don Carl? Der
Vater! Es ist der Vater mit der zur Formel gewordenen
Konvention. „Der Vater — ist das Schicksal für den
Sohn."

Eine mythische Formel uralten Gepräges. Hasenclever
verwahrte sich davor, eine Familienkatastrophe geschildert
zu haben. Der Kampf von Sohn und Vater soll die Rebel=
lion des Geistes gegen die Wirklichkeit sein. Dann aber
wäre der Grundfehler dieses Dramas: zu wenig Geist im
Sohne, zu wenig Wirklichkeit im Vater. Das schwächt den
symbolischen Zusammenprall, nicht aber den theatralischen.
Der weisere, aber undramatischere Sorge erkannte den My=
thus vom Vater in der Zeugung des Lebens; und er trug ihn
als Prinzip in sein weiteres Leben hinein. Doch ihm war
inniger vertraut die mütterliche Milde, die mit warmem
Leben die Erde segnet. Hasenclevers Held ist ohne Mutter;
er beklagt es tief. Die Erziehung des Vaters ist daher nur
Strenge und Moralgebot, ist nie mütterliches Verzeihen und
warmes Behüten. Kein Weib lindert ihm die von Kornfeld
schon verdammte richterliche „Männlichkeit", die der Erde,
des Blutes, der Seele vergessen hat — vor lauter Gerech=
tigkeit, Pflichtwillen und tüchtiger Karrierestreberei. Dieser
Witwer und Mediziner für die kranken Körper hat keine
intuitive Regung mehr für seelische Krankheit und Her=
zensnot.

Hasenclever versucht, ihm mit einiger Unparteilichkeit
Gutes anzufärben. Er ist tüchtig als Arzt, aufopfernd für
die Armen, hochverehrt im Krankenhaus; holt oft des
Nachts für einen Sterbenden im Keller eine Flasche Wein.
Er hält den Sohn in strengster Zucht, nur um der beruf=
lichen Zukunft willen; er will ihn vor dem Gift des Da=

seins bewahren: romantischer Lektüre, Weibern und andern ungesunden Dingen, die der Arzt bedenkt. Doch glaubt man nicht an diese Tugenden, wenn der Tyrann erscheint und redet. „Wer nicht arbeitet, soll auch nicht essen" ist fast die mildeste Tonart. Vergebens fleht der Sohn Carlos=haft ihn an, die Fesseln zwischen ihnen zu zerreißen; ihm Freund und Mensch zu sein, statt Polizist seiner Minderjährigkeit. Die Antwort weist ihn unmenschlicher ab, als ein Philipp oder Präsident von Walter. Kraß überreizt ist diese Härte. Der Vater schlägt ihn ins Gesicht; er droht mit der Hunde=peitsche; verbietet ihm, ihn weiter Vater zu nennen.

Der Teufel ist zu schwarz gefärbt, als daß er noch schreckte. Er verliert die Allgültigkeit eines „mythischen" Vaters. Schon der väterlich=gütige Polizeikommissar, der ihm den flüchtigen Sohn ins Familiengefängnis zurück=bringt, warnt den korrekt geheimrätlichen Wüterich vor un=gerechter Strenge. Als liebender Vater seiner eigenen Söhne vertritt er ein Prinzip und bildet nicht etwa nur eine seltene Ausnahme. Verzichtet man auf Charakteristik, die das Individuum erklärt, so muß der Typus um so wahrer und in höhere Geistesform gesteigert sein. Dieses väterliche Individuum Hasenclevers verträgt nicht die symbolische Anonymität „Der Vater".

Die menschliche Vergewaltigung hindert aber nicht um so stärkere theatralische Gewalt. Der Anprall zwischen Sohn und Vater ist elementar; man fühlt vom ersten Augenblick, daß einer von diesen gebogen oder gebrochen wird — trotz aller nervösen Ekstasen des Jungen. Und keinem traut man das Biegen zu. So ist Spannung und persönlich bedingtes Schicksal statt nur ein Zufälliges geschaffen. Was kümmert uns in diesen Szenen des zweiten und des fünften Aktes das Gebot: daß der Vater nur durch die Haß= und Liebes=augen des Sohnes betrachtet werden soll, wodurch er als

expressionistisches Seelenbild erfaßbar sei. Dieser Vater
steht im Körper eines Schauspielers real auf der Bühne, die
für zwei, drei Stunden die Welt ist und nicht nur be-
bedeutet. Da steht er selbstherrlich und eigenmächtig und
ahnt selber gar nicht, daß er ein Gespenst bedeuten soll.
Der Vater hält die Hundepeitsche, der Sohn hebt die Pistole;
aber zum Schuß kommt es nicht. Ein Schlaganfall erspart
Hasenclever das Paricidium. Wille gegen Wille spielen
hier: Mensch gegen Schicksal. Der eine ist das Schicksal
des andern. Das ist Drama.

Um diese beiden Vaterszenen des damals einundzwanzig-
jährigen Hasenclever handelt es sich, wenn man hier Drama
rühmt. Das übrige ist wohl begabt, ist wohl „moderner"
— aber aus zweiter Hand. Wäre die Selbstmordszene des
Sohnes ohne Hofmannsthals „Tor und Tod" und ihre
gütliche Lösung ohne Faustens Träne möglich, die quillt,
weil ihn die Erde wieder hat?

„Unendliches Gefühl! Du gabst ein Zeichen.
Das Wunder soll mein erster Glaube sein."

Und da das Wunder des Glaubens liebstes Kind ist, erscheint gleich der wunderbare Freund als Mephistopheles;
doch schwerer zu deuten als bei Goethe. Hier ahnt man verworren das andere Ich des Sohnes: er ist skeptisch, welt-
müde, haßt Sterne und Liebe; und ist doch wieder Aufreizer
zu Weib und idealer Tat. Dann warnt er wieder vor nie-
derer Lust mit dem Dirnchen Adrienne, hetzt zum Vatermord, denn „Hier im Tode beginnt dein Leben!" — geht
aber zum Schluß des vierten Aktes ab wie ein geprellter
Kasperleteufel, um sich von derselben schönen Adrienne die
Vernichtung im Champagnerglase reichen zu lassen. Denn
er muß sterben, weil er die erledigte Vergangenheit des
nunmehr gereiften Sohnes ist. Nirgends wird die Unreife

des Dichters klarer als an diesem Sammelsurium von
Pathos und Sarkasmus.

Das Stück ist symmetrisch komponiert. Im Mittelpunkt,
im dritten Akt, sollte die Gewaltszene stehen — sie ist miß=
raten. In Wedekindscher Groteskkunst sind die jungen Grün=
der des „Bundes zur Erhaltung der Freude" gezeichnet, in
dem der Sohn die große Menschheitsrede halten wird: In
tyrannos gegen die Väter! Er zeigt auf nackter Brust die
Striemen der väterlichen Peitsche. Waren aber die Väter
dieser Söhne so starr und tot wie die Puppen des Hasen=
cleverschen Freudenbundes, dann bedurfte es wirklich nur der
zum Schluß erklingenden Marseillaise, um sie hinwegzu=
trompeten.

Tiefer erlebt sind die Szenen der beiden Frauen, die vor
und nach der Ruhmestat sein Leben leiten. Das Fräulein,
das als Gouvernante ihm nur Mutterdienste leisten sollte,
tat ihm den ersten Dienst der irdischen Liebe. Nicht aber wie
die Dame Adrienne im vierten Akt mit parfümierter Erotik.
Sie bleibt mütterliche Seele, opfert sich, versteht seine Pein
und läßt ihn von sich in die Welt zu andern Frauen; wie
eine Mutter, die sich ihres reifen, großen Sohnes freut
und seine Lebenslosung entgegennimmt: Taten können nur
durch Opfer werden. Die bloße Leidenschaft weicht nun der
Kraft.

„Jetzt höchste Kraft in Menschen zu verkünden, zur
höchsten Freiheit ist mein Herz erfreut." Das ist das Be=
kenntnis des jungen Hasenclever mit „Seid umschlungen Mil=
lionen". Schillerisch=Beethovenisch. Oh, wäre er es geblieben!

Pubertäts=Pathos

Der Kampf zwischen Kindern und Eltern wird in der
symbolischen Dramatik als Mythus empfunden. Bei Schiller
waren es Mesalliancen oder politische Sujets, an die sich

die unausgleichlichen Konflikte von Jung und Alt, Werden und Vergehen knüpften. Das Thema ist nie auszuschöpfen.

Ganz im Traditionellen, bis auf einige talentvoll erfundene Stimmungen, bleibt Joachim v. d. Golz' sympathisches Jung=Friedrich=Drama „Vater und Sohn". Über alles Gewohnte hinaus schrie und brüllte Arnolt Bronnen im „Vatermord" psychoanalytische Komplexe auf die Bühne und erzielte durch ein Übermaß von Ausdruckswillen den Effekt naturalistischer Sensationen. Was da zwischen Vater, Mutter, Sohn und Freund geschieht, erinnert an die Detaildramatik von Arno Holz und Johannes Schlaf. Es wird daher nicht Mythus, sondern bleibt zufälliges „Motiv".

Der Expressionismus verschmähte oder vernachläßigte im allgemeinen eigentliche Motive oder Anlässe. Kornfelds Bitterlich ist Zeuge. Er ist mehr kontemplativ als willig zur Reibung am Erdstoff. Die Seelen sind einfach gegeben. Schon die Tatsache der Zeugung und des Geborenseins wird etwa Gegenstand einer Anklage. Der Sophokleische Chor kannte sie auch; aber gegen das Schicksal, nicht unsinnig gegen Menschen gerichtet. Mit chorartiger Altertümelei baut Anton Wildgans seinen üblichen Actus phantasticus auf, der zum Beschluß seiner Stücke alle Kleineleute=Prosa — in einer Zustandsschilderung wie „Armut", einer sexualpathologischen Studie wie „Liebe" oder gar in „Dies irae", in oft nicht üble, aber unkräftige Verse setzt; und mit diesem poetischen Durchbruch in höhere Sphären plötzlich expressionistisch scheint.

Das Predigthafte im „Bettler" und bei Bitterlich wird aber bei Wildgans psychologische Doktrin mit Musikbegleitung und Demonstrationsobjekten; bleibt entgegen der Innigkeit Sorges und der lyrischen Expression Kornfelds dogmatisch, exemplarisch, doktorhaft. Dazu paßt das viele Latein in den Aktangaben, das an Ritual und Messe erinnern sollte, aber gerade in „Dies irae" an die Lateinstunde gemahnt. An einer dürftigen Fabel wird Thema „Armut", Thema „Liebe", „Erziehung und Ehe" zunächst in Prosa abgehandelt, bis zu jenen lyrischen Stellen, wo eben in der Oper nach dem Rezitativ die Arie käme: Liebesliedszene des Sohnes, Sterbeszene des Vaters, metaphysische Bedürfnisszene der Gatten. Die Liebe der Dienstmagd und des jungen Herrn erhält ein herzig klingendes Volkslied-Duett in der Oberhandlung. Doch zu der Wunderhornweise des romantischen Österreichers Wildgans kommt leider auch etwa die Kartenschlägerin und die Esmeralda-Zigeunerin in übler bengalischer Sentimentalitätsbeleuchtung. Mangelnde Lebenskraft seiner Prosa sucht im Balladenton den seelischen Vorwand. Im Actus tertius (symbolicus) von „Liebe" redet sich die Dirne Wera nur mühsam in die Elegie des Leides der Freudenmädchen hinauf, während ihr Partner ihr schon längst rhythmische Vorwürfe macht, daß sie Liebe für Geld gebe. Warum denn plötzlich Verse in der Psychiatrie, wenn es stimmungsvoll werden soll? Ein Ehemann erlebt mit Eheweib und Dirne je eine psychoanalytische Doktorfrage mit körperlichen und seelischen Hemmungen, weil irdische und himmlische Liebe zwischen Mann und Weib nicht immer im Wagepunkt der Gleichheit spielen. Diese Problematik wäre der Vorwurf eines Nerven-Schauspiels im Ibsen-Jargon. Dann wirkt nach aller wissenschaftlichen Prosa ein „Actus quintus quasi epilogus sub specie aeternitatis" angehängt und unorganisch. Der Himmel dieser Ewigkeit ist ja doch nur der Betthimmel der ehelichen Lagerstätte. Hoch schwebt die lateinische Philosophie über dem Plumeau. Die Prosahandlung hat sich nicht ins Himmlische hinaufentwickelt, sondern wird einfach in Versen kommentiert. Am innigsten war noch die Jeremiade

Badisches Landestheater, Mannheim / Bühnenbild L. Sievert / Regie Weichert

Hasenclever / Der Sohn

von „Armut" aus der Seele des armen Sohnes über die Erde hinausgesungen.

In „Dies irae" (1918) ist der Epilog wirklich nur Epilog; und seine Chöre cum sono tubarum oder quasi Eumenidum strafen mit antikischem Monumentalgebaren die Winzigkeit und Schwäche der früheren vier Akte um so strenger. Ging es bei Hasenclevers Pubertäts-Jüngling gegen den Vater als Erzieher, so geht es hier gegen den Vater als Erzeuger:

>„Wer ist so ruchlos,
>Einen Menschen zu wecken
>Aus dem Schlummer des Nichtseins?
>Wer, der nicht tausendmal ihn vorher
>Gezeugt hat aus seiner Liebe Sehnsucht? ..."

So die Klage gegen die Menschheit. Es folgt die völlig unberechtigte Schuldfrage an die Eltern:

>„Wie war es,
>Da ihr einander freitet?
>Stiegt ihr geheiligten Sinnes
>Ins menschenzeugende Bette?"
>... Oder war es nur Würfelspiel
>Auf grad oder ungerad,
>Männersamen zu geuden in Weiberschoße?!
>... Weh! Weh! Weh!

Die Fragen sind die Fragen der Urtragik des Erkennens und der Verzweiflung an Gott. Wie dürfen sie sich gegen Menschen richten? Bei Wildgans entsteigen sie eben den Pubertätswirren zweier Maturanden. In einer Strindberg-Ehe zermahlen sich Vater und Mutter. Der Sohn Hubert schießt sich tot. Er ist das Opfer; doch weniger das der

Eltern, als der ihm von seinem Freunde Rabanser beigebrachten philosophischen Fragen nach dem Sinn von Geburt und Zeugung.

Diesem Hubert fehlt eines Bitterlich symbolische Besessenheit und Hasenclevers Aktivität — um überhaupt etwas zu sein. Aller Widerstand gegen die Verhältnisse ist seinem Freunde Rabanser übertragen, statt daß dieser Rabanser im Sohne selber zum natürlich gegebenen Gegenspieler des Vaters geworden wäre. So ist er nur als mephistophelischer Aufreizer in die Handlung eingezwungen, spricht in unreifem Sarkasmus großmäulig über seine dreiundzwanzig Jahre hinweg ins Doktrinäre, und macht den Hubert verrückt. Dieser Rabanser ist nur Räsonneur. Nicht wie der Freund im „Bettler", oder der Freund von Hasenclevers „Sohn" ein zweites Ich, das reizt und wirkt und als Teufel schafft; und von dem der reif gewordene Held dann feierlichen Abschied nimmt, um in sein erwachsenes Ich endgültig einzutreten.

Der Abschied des Mannes vom Jüngling ist auch Gegenstand in Hanns Jöhst' Erstlingsdrama „Der junge Mensch" (1916), ein Titel, der über den meisten der neuen Ich-Dramen stehen könnte. Die Herkunft deutet durchaus auf die Wedekindsche Schulstube. Professor Sittensauber, der sich hinten herum mit Pastor X im Freudenhause amüsiert und Rektor Griechenselig, der den Schülerselbstmord Euphorion Jubeljungs auf dem sokratisch entseelten Gewissen hat — das ist die Sippe von „Rektor Kleist" und den Dämonen, die des Frühlings Erwachen hindern wollen. Die Urzelle der Tragödie des „Jungen Menschen" ist auch hier verfehlte Pädagogik von Eltern und Lehrern. Dann wird der Junge Mensch auf die Welt losgelassen, und findet statt Menschen etikettierte Puppen. Sein Weg führt willkürlich über Bordell, Nervensanato-

Pubertäts-Pathos

rium, Hotel, Krankenhaus: überall Lüge und falsche Hast. Aber der Junge Mensch hat, Gott sei Dank, Humor. Eine entzückende Eulenspiegelei spielt auf dem Bahnhof, wenn er die pressierten Bürger, Dienstmänner, Gecken und Liebesleute im Drange ihres Reisefiebers aufhält und mit sarkastischer Philosophie belästigt, bis Schutzmann Nr. 567 ihn abführt. Doch die Arbeit ist bei aller Frische nur mit dünnflüssiger Phantasie befeuchtet. Es hört sich wie eine Entschuldigung an, wenn sich diese Folge von acht Bildern ein „Ekstatisches Szenarium" nennt, um seine innere Unkonsistenz zu erklären. Es ist aber weniger Ekstase als jugendlicher Galgenhumor, dessen Inhaber auf einem Schaukelpferd sitzt, und der viel echter lacht, als seine philosophische Erkenntnis denkt. Johst hat zu viel Frische, um den ekstatischen Ton zu finden. Sorges Frömmigkeit, Bitterlichs und Hasencievers Nerven brauchten Ekstase. Johst Konstitution ist materieller und prosaischer und läßt sich nicht so leicht unter die Erde ducken. Das weiß er. Sein Junger Mensch wird zwar auf dem Kirchhof begraben. Aber nur das ganz unreife Menschlein der sieben vorherigen Bilder. Denn als junger Mann springt es aus dem Sarge, hockt rittlings auf die Friedhofsmauer: „Ich will Leben und Tod lassen! Und nicht mehr jonglieren mit Begriffen! Ich will eine Tätigkeit beginnen! Noch ist ein Bein unter der Erde! ... Jetzt ein Schwung! ... Ein Sprung!!! So!!! Jetzt bin ich der Junge Mensch gewesen! (Er steht diesseits des Friedhofs.)"

Wo bleiben vor solch gutem Willen zur Reife Wilogans' Schwächlinge in „Armut" und „Dies irae"! Wäre dieses Hanns Johsts Kraft nur ausgiebiger, so durchströmte ein vitales Element den siechen Organismus der Literatur mit gutem Blute. Aber er hat nur das Blut, nicht die Phantasie. Und so bleiben jene verjammerten Bitterlich-Trabanten doch eindrucksvoller und helfen weiter zur Verbreitung seelischer Neurosen.

Typus solcher Dekadenz ist Ernst Barlachs, des hervorragenden Bildhauers, „Der arme Vetter"; eine matte Melancholie vom ewigen Selbstmörder, der als Sorges „Bettler"=Typus Liebe sucht, aber mit unreifer Arroganz nur fordert, räsonniert und kritisiert, ohne selber wahrhaft von Liebe und Verzeihung für die Menschheit etwas zu wissen. Barlach ist dichterisch in seiner Vision, aber stumm und willenlos im Worte. Diese „Armen Vettern" aus Bitterlichs schwacher Sippe stecken tief im Dämmer der Strindbergschen Trägheit des Ichs.

Ich=Historien und =Romane

Alle diese Dichter mit dem lyrischen Ich im Drama haben gleich ihrem Ahnherrn Strindberg die persönliche Biographie nicht überwunden: den Stoff nicht zu Dichtung verdaut. Nur Kornfelds „Himmel und Hölle" trieb über den Tagebuch=Stil hinaus, weil hier des Ich=Spielers Seele so völlig in seine seelischen Doppelgänger übergeleitet war, daß seinem Ich zu tun fast nichts mehr übrig blieb. Der Dichter Kornfeld hat sich ent=bitterlicht; hat sich objektiviert in der unbiographischen Fabel.

Die Fabel=Losigkeit wird von vielen auch heute schon schmerzlich empfunden. Ihr psycho=biographischer Stoff reicht in vielen Fällen gerade zum Erstlings=Drama aus, das dann durch die Unmittelbarkeit des Ich=Erlebnisses über Gebühr begabt erscheinen kann. So war es bei der vergangenen Generation mit dem Roman. Als die Bühnentechnik noch nicht für jedes formlose Szenarium Drehbühne und symbolische Expreß=Verwandlung kannte, lohnte es nicht so sehr wie heute, seine Pubertätsschmerzen für die Bühne zu bearbeiten. Man schrieb also sein Tagebuch nicht in Dialogform, sondern als Erzählung, in die man alles goß, was einem Himmel, Erde und Hölle zu Leide getan hatten. Das epische Nebeneinander der modernen Szenen- oder Bilderreihen beweist auch ihre innerliche Verwandtschaft mit jenen Ich-Romanen.

Eine Romanfabel ist aber noch keine dramatische Fabel. Umarbeitungen von berühmten Romanen erster Autoren zu sehr mittelmäßigen Dramen beweisen genug. Strindbergs „Nach Damaskus" ist eine Mahnung. Der Romanfabel genügt ein mehr oder weniger zufälliger Verlauf, der durch naturalistische und psychologische Effekte interessant und vielleicht auch typisch wird. Die Dramenfabel aber ist viel eher jener Urform der eigentlichen Fabel verwandt, die man von Äsop und Lafontaine kennt. Ein im Stofflichen schon symbolischer Vorgang; ein bedeutungsvolles Geschehen, das von einer Idee umrundet wird. Die übliche Moral von der Geschichte bleibt in der alten Fabel aufdringliche Predigt; im Drama verliert sie alle Doktrin; denn in den handelnden Gestalten wird die Idee des Dichters lebendig.

Heute legt man nun fabellose oder romanmäßige Enzyklopädien in „dramatisierter" Form als Erstlinge vor das Publikum. Doch mit dem Dialog allein ist es natürlich nicht getan; so daß Lion Feuchtwanger seine dialogische Geschichte „Thomas Wendt" zu Unrecht einen „dramatischen Roman" nennt. Was immerhin noch sehr bescheiden ist, da wohl die meisten hier ganz unbedenklich von Drama oder „Ein Spiel" gesprochen hätten. Rolf Laucknеrs Stücke wie „Der Sturz des Apostels Paulus" oder „Predigt in Litauen" sind durchaus eher Kapitelserien eines Romans als dramatische Gebilde. Bezeichnend ist das Verlegerwort, das die Dramensammlung „Der dramatische Wille" empfiehlt: „Der heutige Mensch liest das Drama wie man gestern noch die Erzählung las, als fesselndes, einfaches

Buch. „Der dramatische Wille' macht zum erſten Male das Drama durch fortlaufenden Druck lesbar wie einen Roman." Wir werden noch Richardſonſche Briefromane mit verteilten Rollen auf die Bühne bringen.

Die Feſtſtellung der Verwandtſchaft des Ich=Dramas mit dem Ich=Roman ſoll den Ich=Romanſchreiber vor der Bühne warnen. Der Schrei des Bekenners läßt ſich in der Regel nur einmal anhören; das zweite Werk verlangt ſchon neuen Stoff, der außerhalb des ausgeſchrieenen Ichs liegt. So ſehen ſich auch viele Heutige nach ihrer erſten dramatiſchen Ich=Entäußerung nach einem Stoff um. Da ſie aber der dichteriſchen Objektivation nicht fähig ſind, ſo ſuchen ſie ihren alten Adam in neue Masken einzukleiden, um damit nicht etwa an einem neuen Lebenskonflikt die Seele zu erproben, ſondern denſelben lyriſchen Schwung in anderem Koſtüm noch einmal durchzuleben. Das zeigt ſich in der „Einheit des Helden", der einzigen, die oft ein ſolches Drama beſitzt, das im übrigen in beliebig lange Bilderſerien auswächſt. Der Monologiſt nimmt einen berühmten Namen an, heißt Chriſtian Dietrich Grabbe oder Hölderlin, oder Karl V. Beliebt iſt auch das Alte Teſtament. Es iſt das Rezept Strindbergs, als er aus ſeinem Blick heraus in „Königin Chriſtine" die Frau ſeiner Ehedramen einigermaßen vorfand, und in „Erich XIV." ſein ungefähres Doppel=Ich.

„Der Einſame", in dem Hanns Johſt ſeine ganze jugendliche Ungebärde ſpielen läßt, iſt der Dichter Chriſtian Dietrich Grabbe. Er iſt der gegebene Sturm= und Drang= Charakter: kein Zwang aus Moral und bürgerlichem Muß; kein Rückhalt, der die innerſten und daher „wahren" Triebe hemmt. Ganz Seele ſein. Das hört ſich expreſſioniſtiſch an. Johſt ſagt nicht Ja zu dieſem Ungeheuer von Menſchen; dieſem verlotterten Lumpen, der die alte Mutter um ihr

letztes Geld angeht, der die Braut des Freundes ohne Liebes=
not verführt und sich in Alkohol versäuft. Und dessen Genius
doch in den Visionen Napoleons, Alexanders und Don
Juans lebt; dessen Geist in ungeahnte Höhe aufschnellt und
das Herz überall kindlich verschwendet. Johst nennt sein
Stück nicht Drama und nicht Schauspiel, sondern „Ein
Menschenuntergang".

Das wird von Grabbe selbst erklärt: „Was ist eine Tra=
gödie? — Kein Ding etwa, was sich in fünf Akte einstellen
läßt und szenenweise dem Publikum verpfunden! Sondern
ein Menschenleben, das gelebt sein will — ein Leben lang."
Johst nahm das Rezept nicht Shakespearisch als Aufforde=
rung zur Totalgestaltung eines Schicksals, sondern biogra=
phisch. Bild um Bild aus Grabbes zweiter Lebenshälfte
wird aneinandergefügt. Mußte also nicht aus dem Drama=
tiker Grabbe ein Grabbe=Drama werden? O nein: geistige
Totalität erhält ein Menschenleben nur durch zureichende
geistige Formung. In neun Bildern ist es nicht getan; in
zwanzigtausend auch nicht; vielleicht aber in einer einzigen
Szene, die symbolisch alle Lebenskräfte in sich trank. Dieser
„Menschenuntergang" hat keine notwendige Bewegung; nur
einen Verlauf. Gute Einzelheiten machen noch keinen Dra=
matiker; zumal alles Personal außer Grabbe an einer geisti=
gen Magerkeit und Blutarmut leidet, was an Jfflandsche
Theaterpuppen erinnert. Sie konnten eben nicht so psycho=
biographisch erlebt werden wie der Monologist.

Die Technik der Bilderreihe verführte beispielsweise auch
Walter Eidlitz zu einer ganz belanglosen Szenenfolge
„Hölderlin", bei der der große Dichter mit lyrischen Zitaten
aushelfen mußte. Es erinnert an die Art und Weise des
„Dreimäderlhauses", wo mit Schubertschen Melodien bio=
graphische Oper gemacht wird. Dieser Kunstweg führt nach
unten.

Originaler aus dem Ich gespeist und stofflich verarbeiteter wirkt das Drama „Kaiser Karl V." von Otto Zarek (1918). Die Betonung im Titel liegt auf „Kaiser". „Kaiser, das ist der Mensch." Den Kaiser in sich bezwingen; zum Diener werden! Aus dem Hochmut der Welt zur Demut Gottes zu gelangen ist die Aufgabe. „Im Dienen einen alle Wesen sich zur Menschlichkeit." Doch bis zu dieser Weisheit bedarf es eines langen Laufs. Zu Anfang vermeint der junge Karl, das Leben sei nur „lächerliches Spiel eines Gottes, der zur Hälfte Genie ist und zur Hälfte — Scharlatan". Er sieht Gott zu sehr nur im Abbild seines jeweiligen Ichs und erkennt ihn und sich daher nicht in allgewaltiger Ganzheit. Die Totalität des Menschen zu erweisen, bringt Zarek Karls widerstrebende Seelen in verschiedene Körper. Hier ist die Vielfältigkeit der Seelen nicht in Rollenlyrik aufgegangen, da die Gegenwillen zur tätigen Opposition stark blieben. Die Historie gab dem Dichter Stoff, die lyrische Verseelung zu verhindern. Durch zwanzig Szenen eines weltgeschichtlichen Lebens wird Karl getrieben — Pavia, Paris, Nürnberg — zwischen Machtgefühl und Zweifel, zwischen spanischem Lebensblut und nordischer Besinnlichkeit. Frauen dominieren nicht; nur eine Zigeunerin trägt Züge des erlösenden Weibes, jungfräulich und mütterlich. Keine Spannung drängt. Der Dichter hat nicht die Gewalt zur Konzentration. Strindbergscher Historienstil der Bilder hat hier gewirkt. Die Geschichte blieb stärker als er. Doch Phantasie war am Werke zur Umkleidung der in Karl maskierten Ich=Seele des Dichters.

Dagegen hat Hermann von Boetticher in einem „Friedrich der Große" eine ähnliche Masse wie Zarek bezwungen; männlicher und weniger verschwommen. Auch dieses Stück begnügt sich nicht wie das übliche Geschichtsdrama mit einem äußeren Konflikt, sondern erzählt in chro=

Ich-Historien und -Romane

nologischer Folge ein ganzes Leben; aber nicht um Geschichte zu repetieren, sondern um in Friedrichs Seele zu leuchten. Der Kronprinz wütet gegen den moralischen Pflichtabsolutismus des Vaters, der Leben und Seele verkümmern läßt um des verhärteten Prinzips des Staates willen. Solche nur tötende Pflicht ist ein Dämon. Ihr Gespenst geht um in dem Jesuiten Guarini. Aber der feurige Prinz von Rheinsberg und heiße Erleber von Küstrin wird selber König; und er beugt sich der Staatsräson. Dieser Wille erhekt. Jeder innere Sieg wird im Drama zur Feier.

Ungezählte Bilder häufen sich in zwei Teilen zur Biographie. Ein Dutzend könnte fallen. Andere aber drängen dramatisch. In vielfigurigen Kabinettszenen von stürmendem Tempo und Schlachten von balladenhaftem Schauer wird Friedrich erlebt.

Das sympathische Stück ist von neuer Anarchie wenig berührt. Denn die Sturm- und Drang-Merkmale eines ungebärdigen Jugendtemperaments ergeben wohl eine Ähnlichkeit, nicht aber das spezifische Erkennungszeichen der Moderne. Es ist nicht subjektives Ich-Drama. Die Auflösung des Körpers in seine Seelenbestandteile hat hier nicht stattgefunden. Es gespenstert zwar in Guarini; in ergreifenden Schlachtfeldszenen, wo verwundete Feinde sich im Tod zur ewigen Verbrüderung finden; der verräterische General wird vom Gewissen als ruheloser Geist umhergetrieben und Friedrichs Sterbebett umgeben Visionen. Doch Gerüst und Motivierung der Handlungen bleiben konkret; und das ist gut und echt aus der preußischen Art Boettichers herausgedichtet.

Um so schmerzlicher berührt seine Entgleisung in die Haltlosigkeit des Nur-Seelischen; in den phantasmagorischen Tagebuch-Stil des Selbsterlebers. „Die Liebe Gottes" („Ein ernstes Spiel"), könnte nach diesem „Friedrich" als Schulbeispiel gelten für das verderbliche Vorbild der Seelen-

19 Diebold, Anarchie im Drama

mimiker, die den Wort=Dichter von seiner dramatischen Sendung freisprechen und ihren Ich=Roman den Stimmungskünsten des Theaters preisgeben.

Boetticher ist „Expressionist" geworden. Er drängt sein biographisches Ich in die Maske Achim v. Arnims, des romantischen Poeten; auch adelig und männlich wie Boetticher; von solcher Schönheit, daß die Frauen sagten: „Ach im Arm ihn, Achim von Arnim." Es ist äußerlich nur die Anleihe am Namen des Dichters; innerlich aber ist es die Inanspruchnahme einer bestimmten Dichtersphäre; ein Spielen mit dem Lorbeer auf berühmtem Haupte; ein historisches Beweisargument wie bei Johsts Grabbe, daß dieser Achim in Boettichers Theaterstück wirklich ein genialer Dichter sei.

Was ist der Weltschmerz dieses Werther? Er hat ein Dutzend Liebesabenteuer hinter sich und sucht nun nach allzu menschlichen Enttäuschungen in einer Lily das Weib sich zur Gefährtin emporzuziehen. Aber Lily lebt in der bequemen, stark israelitisch parfümierten Salon=Atmosphäre von Berlin W; und Achim ist armer entbehrungsgewohnter Preußenadel. Diesem Preußen glaubt man das Preußische nicht mehr; nicht mehr die später bewohnte Dachkammer des Geistmenschen, die Lily vor der Hochzeit zurückschaudern läßt, so daß sie sich zur dauernden Versorgung mit Flirt, Tanz und Bonbons Herrn Friedel Friedheim übergibt. Der Schmerz um Lilys Verlust ist sicher echt; aber auch peinlich deutlich aus dem stofflich=biographischen Erlebnis heraus empfunden. Welche Konsequenzen, die dieses Spiel zur Ironie an der „Liebe Gottes" machen! Ein mächtiger Geisterapparat von Stimmen von oben, von farbigen Gespenster=Herren, die als Ahnung und Gewissen koboldischen Schabernack treiben. Wahnsinnige lebende Bilder mit toten Seelen, die ihr „hihihihi" lachen. In dreißig bis vierzig hingeworfenen Szenchen, auf etwa zweihundert großen Seiten, erledigt sich

ein Romanstoff. Das Endwort des Gott- und Lebesuchers
lautet: „... ich kann nie einen Einzelmenschen wieder lie=
ben." Aha — er liebt nun also den Begriff der „Mensch=
heit"? Das ist für den Dichter des „Friedrich" allzusehr als
Junger Mensch gedacht; und wird durch keine noch so farbige
Theaterbilder-Stimmung gut gemacht.

Nehmt diesem heute so beliebten Dichterspuk die Theaterei
aus Licht und Orgelton und Strindbergscher Traumspiel=
poesie, so bleibt oft wenig mehr übrig als ein — Junger
Mensch mit Regiebegabung. Einer, der seine Biographie als
Dichtung und Wahrheit zum Operntext gestalten wollte, zu
dem ihm die Musik nicht einfiel. Aber nicht jeder Ich-Trou=
badour reicht aus selbst nur für ein Libretto.

Einen aber muß man hier nennen, dessen Ausdruckswut
sich nie ins Äußerliche auswirft, der das Ich seines „Jungen
Menschen" mit schrecklicher Schamlosigkeit in den Figuren
seiner Vision prostituiert: Hanns Henny Jahnn. Hier wird
die Pubertätskrise nicht nur in indirekten Seelenschmerzen
— gleichsam heroisch veredelt — vorgespielt; sondern das
Leiden, die Schmach, die Lust und Verwesung des Körpers
werden in „Pastor Ephraim Magnus" oder in der
Historie „Die Krönung Richards III." zum eigent=
lichen abscheulichen Gegenstand der Lebenstragik. Das
„Geschichtsdrama" ist ganz nur aus dem Körper-Ich ge=
boren. Richard mordet Körper aus Wut über die eigene Ver=
wesung. Ein großes Talent erstickt im Sumpf des Un=
geistigen.

Bilder-Serien und Passionen

"Ein großer Aufwand, schmählich! ist
vertan."   Mephistopheles.

Der Trieb der heutigen Dichter zum Theater ist seit Strindbergs szenischer Mimik fanatisch geworden. Sein Ich zu offenbaren zerlegt man heute seinen Lebenslauf in eine Bilderreihe und nennt das Panorama: ein "Ernstes Spiel", ein "Ekstatisches Szenarium", eine "Passion" in soundso viel "Stationen" ..., "Ein Weg in drei Windungen und einer Überwindung" ... "Ein Mysterienspiel". Die Bezeichnungen sind in den meisten Fällen nicht nur Erklärungen, sondern auch Entschuldigungen für die wahllose Folge von Tableaus, deren Reihenfolge etwa mit Ausnahme der ersten und der letzten Szene ebenso wahllos verändert werden könnte. Der passive Seelenmensch gibt sich ja nur hin; er gestaltet nicht ein ihm organisch wachsendes Schicksal. Es geschieht ihm daher auch nur wahllos Zufälliges — keine Notwendigkeit außer Geburt, Trieb und Tod, die dem Tier genau so eigen ist wie dem Menschen. Aber der Theatermeister kommt mit dem ganzen Zauberkasten seiner Stimmungsmittel und beweist mit der fleischlichen Realität seiner lebenden Puppen, daß diese schlechtweg in Empfang genommenen Schicksalsschläge so echt seien wie irgendwelche aus tragischer Notwendigkeit eines Willens. Er vermittelt mit rascher Wendung der Drehbühne und Veränderung des symbolischen Requisitoriums eine "organische" Entwicklung von Segment zu Segment der Lebenstotalität des Helden; und er ersetzt die mangelnde Poesie der Worte durch Atmosphäre aus roten, grünen und gelben Lichtern mit Musik und Choreographie. Das Theater wurde zur Eselsbrücke für die vor der Muse verstummenden Laller ihres Seelenlebens. Die Entlastung des Wortbegriffs durch das erklärende Bühnenbild ermöglichte die Dichtung des Schreis. „Schrei" ist der moderne Ausruf der Seele genannt. Seinen leidenschaftlichen Einakter „Nicht weiter o Herr!" nennt Albert Talhoff nicht Drama und nicht Spiel, sondern: „Ein Schrei".

Schrei=Dramen

Die Bühne liefert den lyrischen Monologisten das Podium, von dem aus sie den großen Massen mit dem Zwang des suggestiven Wortklangs ihr Heil oder Unheil predigen können. Strindberg im „Traumspiel", Sorge im „Bettler" und Kornfeld in der „Verführung" gaben das Beispiel der lyrischen Phantasmagorie. Die ganz konsequenten Ausschreier der Seele aber, die im Worte die Begrifflichkeit so sehr scheuen, daß sie in ihm immer eine Entstellung seines Seelengehaltes befürchten, gelangten zur Abtötung des Wortes. Hat Sternheim seine Skepsis gegen das Wort und die Metapher in der Klischierung der Sprache ausgedrückt, so gibt es für den Zweifler am Wort noch den Weg Sorges: das Wort nicht mehr der Erde, nur noch der Ewigkeit dienen zu lassen. Oder das Wort zum bloßen Stimmungsbegleiter der unbegrifflichen Musik zu machen. Oder endlich: nur noch als dürftigsten Text einer Szenik oder Mimik zu verwerten. Ekstatische Lyrik, Melodram und Pantomime sind die Endpunkte solcher Begriffsscheu. Die szenischen Ergebnisse sind wie beim späten Strindberg: Stimmungsgase!

Wohin im Extrem diese Tendenz des Schreis führt, erweise ein Zitat aus dem Drama „Geschehen" (1916) von August Stramm.

Sie (kommt nachdenklich, steht, schaut um, schreitet, sinnt, horcht)

Schrei (flieht raschlig)
Er (tritt vor, herrisch): wer? (faßt ihre Hand)
Sie (ruhig): Mann?
Er (drohend): Weib?!
Rufen (aus den Büschen): Schatz? (näher schmeichelnd): Schatzi?
Sie (ruhig): rufen
Er (erschreckt): ich?!
Dirne (hüpft aus dem Dunkel, stutzt, späht Ihr ins Gesicht, schlägt frech die Hände ineinander): du
Sie (löst die Hand und entfernt sich langsam)
Dirne (höhnt): Die?! (rüttelt ihn, frech lachend): Du?! (reißt und wirft an, küßt und kugelt mit ihm ins Gebüsch)
Seufzer (aus dem Gebüsch): Ich!
Dirne (horcht auf): He?!
Seufzer: Ich!
Dirne (springt auf und raschelt den Strauch): Wer?
Seufzer: Ich!
Dirne (stampft): nu dich!
Stimme: führe mich nicht in Versuchung
Dirne (stampft): nu dich!
Stimme: führe uns nicht in Versuchung
Dirne (kreischt wütend): Diiich!
Schrei (schrickt)
Dirne (reißt wild das Gebüsch): verrückt?! (zerrt die Beterin aus dem Busch)
Beterin (die Hände auf der Brust gefaltet)
Dirne (schüttelt wütend): Dich!
Beterin (ergeben): ich
Dirne (pufft und stößt, höhnt): Du!
Beterin (wimmert): beten
Er (tritt wehrend dazwischen)

Schrei-Dramen

Dirne (wild, höhnisch): Du! Du! Du! beten beten beten (schüttelt ihn, läuft in kreisches Lachen fort): ik ik ik ik schrei mir tod! Jk schrei!

Beterin (zittert, die Hände gekrampft)

Er (faßt ihre Hände, weich): Du

Beterin (wiederholt mechanisch bewegungslos): ich

Er (küßt)

Beterin (ohne Bewegung): beten

Er (umarmt und küßt)

Beterin (ängstet): Du

Er (lacht, küßt, hebt hoch und trägt fort): Ich beten

Der Schrei ist hier Reinkultur geworden, und die notwendige Folge ist, daß die Bühnenanweisung umfänglicher wird als der Text. Die Seele, vom Geiste ganz entlassen, kann das Wort nicht mehr finden. Wie Sorge an der Kunst verzweifelte, um dann den metaphysischen Sprung über die Materie zu tun, so erfolgte hier aus ähnlicher Angst, die Seele nicht mehr ins Wort bannen zu können, die Flucht in die unartikulierte Schreiwelt und in die Pantomime. Solch ein „Drama" wie das von Stramm kann nur in der Darstellung „leben". Ich sah im Berliner „Sturm"-Kreise einen jungen bleichen Fanatiker, der es las, nicht eigentlich mehr las, sondern brüllte, gellte, kreischte. Er zitterte, seine Hände umkrampften das Heft. Schweiß überströmte ihn; halb ohnmächtig schritt er vom Podium. Das war das künstlerisch ad absurdum geführte expressionistische Seelen-Ich, das nur noch durch den Körper des leidenden Menschen, nicht mehr als Dichtung, lyrischer Schrei werden konnte. Nicht mehr Wortkunst, sondern Schau- und Schrei-Spielkunst.

Weit bedenklicher als das bloße Versagen am Wort aus der Unfähigkeit, den Gefühlston zu artikulieren, ist das mit Anspruch auftretende Dekorationsdrama, das ohne Menschengestaltung, ohne Wortkunst, und selbst ohne eindeutigen Zielwillen, einfach schreiende Bilder dem Publikum zur Interpretation überläßt. Typus ist hier des Malers Oskar Kokoschka Dramatik. In „Mörder, Hoffnung der Frauen" stellt er den Mann und das Weib auf die Bühne zum Geschlechterkampf. Man hat aus Erklärungen dieses Dramas erfahren, daß sich hier der Mann vom nur geschlechtlichen Weibe loslöse und dadurch sich und es befreie. Man mag das gutwillig hinnehmen — aus dem spröden Text ist jegliche Auffassung zu erklären. Der Mann schreit, die Frau schreit; der Mann brennt ihr eine Wunde mit heißem Eisen in das rote Fleisch. Was ist das? Der Phallus oder die Zuchtrute? In zehn Druckseiten erledigt sich zum Glück die Stammelei, die keinen andern Eindruck hinterläßt, als den unbefriedigter Geschlechtsgier. Mag es sich um Befreiung vom Tiere oder um Versklavung in die Bestie handeln — hier wird ohne eine Antiphonie von reineren Stimmen so bestialisch gegröhlt und gemimt, daß die Muse einer solchen Brunstorgie nur Vagina heißen kann.

Kokoschka verwechselt diese Bezeichnung offenbar in der tragischen Farce „Hiob" mit Anima. Denn was ist Seele den Erotomanen anderes als das ungebändigte Geschlechtswesen? Die geile Ehebrecherin Anima, die den Hiob verrückt macht und den Praktiker des Lebens, Herrn Kautschuckmann, beglückt, nennt sich zum guten Ende Eva, die hier nun einmal keine andere Bestimmung zu haben scheint als die bestialischste. Alle möglichen Triebe finden sinngemäße Verkörperung in Pudel, Papagei und Hexe. Strindbergs „Gespenstersonate" hat Schule gemacht. Was dort Symbol verkümmerter Seelen war, wird schon ordnungsgemäß mit Krächzen und Bellen zum Faktor der Menschendarstellung. Bordellstimmung mit schwachbekleideten Mädchen; Höllengeschrei mit Ah und Oh; Auge Gottes im Hintergrund gemalt; Adam aus dem Garten Eden mit Blechkanne und Strohhut; biblische und faustische Anleihe zu der schwächlichsten Pornographie und übler Dekorationsverblüffung. Phantasielos aus purer Geilheit, die das innere Auge blendet vor der Welt. Krankhaft und widerlich. Diese „Kunst" weiß nur von der Hexenküche; aber ihre Helden schaudern nicht vor dem Trank und sehen mit Schmerzenswollust das Schwein in jedem Mann und jedem Weibe.

Hier ist kein Menschenweg: von Tier zu Tier. Der Darwinsche Affe grinst.

Fand Kokoschka in Tieren und vertierten Menschen seine lockendste Symbolik, so suchen andere, weniger erotisierte Autoren in höheren Allegorien den Ausweg für die Vieldeutigkeit ihrer Texte. Außer Bibelzitaten zur Vergeistlichung der Handlung wird zum harmonischen Beschluß das Kreuz mit dem Erlöser aufgerichtet, mit der bescheidenen Aufgabe, ein Spiegelbild des büßenden Helden zu strahlen. So geht es bis zur Gotteslästerung. Nach dem Vorbild von Strindbergs „Nach Damaskus" irrt in Will=Erich Peuckerts „Passion" ein liebendes Paar von Szene zu Szene: Peter und Irene. Ungläubig wie der Unbekannte tritt Peter zu Beginn in den Dom, wo er nur Heiligentheater sieht, bis er nach ungeordnetem Lebenslauf im Kerker den Sinn des Liebes=Evangeliums verstehen lernt. Denn, „wer nicht an der Liebe starb, kann nicht durch Liebe auferstehen". Tod, Teufel, Sargträger, König und Narr, Mörder und Erschlagener tauchen in der Bilderserie auf. Der Kerker wird zum mystischen Theater. Der kurze Prosa=Tonfall Peters kommt erst in Fluß, als er sich Christi Ölbergszene aus der Bibel vorliest.

Dieses eine böse Beispiel mußte hier für viele demonstriert werden. Die Dichter machen es sich zu leicht. Stimmungsanleihe in der Bibel, visionäres Personal, und dann die Schein-Identifikation mit dem Erlöser. Die Unfähigkeit solcher Autoren gibt den geringsten Grund zur Empörung; denn man kann sich vorstellen, daß ein phantasieloser, aber durch fremde Phantasie phantastisch gewordener Mensch sein dürftiges Gestammel so ernst nehmen mag, wie jener schwitzende Ausrufer von Stramms „Geschehen" vor einer Gemeinde schwach benervter Jünglinge und Jungfrauen. Aber die Verwegenheit ist unverzeihlich, für seine eigene winzige Passion gleich die obersten Embleme wie das Kreuz dilettantisch zu vergeuden.

Für die mimische Tendenz und Unsicherheit solcher Stammeldramatik ist auch die Art der Bühnenanweisung typisch: wenn etwa Irene ihre Stummheit („aufs neue ermutigt") mit einem „Und — ?" sprachloser Poesie durchbricht, während das Bühnenrezept geschwätzig verkündet: „Sie erschrickt — und kommt zur vollen Erkenntnis, daß Peter, ganz erfüllt von seiner Aufgabe, ihr langsam entgleitet, ohne daß er es merkt." Triumph der Pantomime! Der letzte Strindberg hat hier böses Beispiel gegeben: „Johannesson erscheint in der Tür zum Flur und betrachtet den Auftritt mit großem Interesse, da er jetzt aus der Knechtschaft befreit wird." („Gespenstersonate".) Im übrigen bleibt er stumm. Oder wie armselig, wenn eine Vorbemerkung unter dem Personenverzeichnis von Friedrich Wolfs „Der Unbedingte" dem armen Publikum erklärt: „Einzelne Personen gehen ineinander über." Wenn solche Symbolik nicht aus dem Kunstwerk heraus verstanden werden kann, wozu denn diese Verwandlungsartistik? Bei solchem Versagen des Wortes und solchem Gerede der technischen Anweisung klingt es vor einem Dramatiker paradox: Bilde Künstler, rede nicht! Das galt für einen Maler. Hier heißt es: „Rede Dichter, bilde nicht!"

Hasenclevers Weg zum Kino

War es Versagen der Wortkraft bei Stramm, Banalität der Phantasie bei Peukert, naturalistische Scheinsymbolik bei Kokoschka, die zum Bühnenspuk verführten, so kann das leider bei Walter Hasenclevers Schauspiel „Die Menschen" weder als Entschuldigung noch als Erklärung in Frage kommen. Denn dieser Autor hat im „Sohn" und in seiner „Antigone" Schlagkraft und Formsinn für durch Sprache sich auswirkende Menschen erwiesen. Aber die „Menschen" seines letzten Werkes kennen nur noch das Stichwort; kaum mehr den zeilenlangen Satz. Die über zwanzig Szenchen bilden einen raffiniert zusammengestellten Schlagwörter=Katalog, dessen assoziative Verbindung durch die Bilderserie geleistet wird. Mit Auslassung der Spielanweisungen, die das beredteste Zeugnis von des Dichters innerem Verstummen ablegen, brächte man den Text dieser neunzig Seiten, in fortlaufende Rede gesetzt, vielleicht auf vier oder fünf Blätter. Das Kino macht Schule. Bald werden wir die völlige Pantomime erleben müssen unter dem Vorwand, das Wort vermöge doch nicht innere Gestalt zu formen. Nur die Wahrsagerinnen=Verse und die vier Wiegenliedstrophen „Schlaf, Herzenssöhnchen" eines andern Dichters schänden die Seele nicht, sondern verbreiten die nobelste Kunststimmung vom Walhalla=Lichtspieltheater. Doch was noch reden! Stichprobe!

Fünfter Akt. Erste Szene: Bei der Wahrsagerin sitzt Lissi stumm. Text: „Haß"... (das bedeuten die Karten) „Jemand ist hier (das bedeutet, daß ein Mädchen mit Messer eintritt). Schlußanweisung: „Lissi fällt in das Messer, das Mädchen stößt es ihr in die Brust. Lissi erwürgt sie. Der Stuhl wird dunkel. Todeskampf —" Schluß.

Die zweite Szene heißt „Irrenhaus". Sie nimmt im

Originaltext eine Seite ein. Hier folgt alles nebeneinander; aber auch alles: „Menschen in Gestalt von Tieren. Helfer in der Mitte. Die Irren kriechen. Helfer steigt auf den Thron. Stimme von draußen: Nummer 20. Alexander tritt ein. Helfer setzt die Krone auf. Alexander fällt nieder, kriecht auf allen Vieren." Schluß.

Das ist nicht Ausnahme, das ist Regel. Man höre nur die dritte Szene:

„Straße. Vor dem Café der alte Kellner. Zeitungsverkäufer: Hinrichtung! Alexander wird vorbeigeführt. Der alte Kellner erhängt sich..."

Und so weiter, und so weiter. Das sieht sich allerdings viel stolzer an in der aufgelösten Reihung des Originaltextes:

Dritte Szene.

Straße.
Vor dem Café der alte Kellner.

Zeitungsverkäufer

Hinrichtung!

Alexander
wird vorbeigeführt.

Der alte Kellner
erhängt sich.

Wie viel Literatur und Genie steckt nicht schon in der Buchkunst! Gewiß trifft hier der Vorwurf, diese Szenen seien aus dem Zusammenhang gerissen. Aber was ist denn hier Zusammenhang? Hat unser Hasenclever (vielleicht um die Simplizität seiner Geschichte ein wenig zu verstecken) die einfachsten Vorgänge in ihrem Gestammel nicht etwa bis zum Tiefsinn verundeutlicht? Kennt man doch die Methode des beredten Schweigens. So viel läßt er uns merken, daß irgendein Alexander — welch großer Name! — die Erlöserrolle mimt. Zu Anfang aus dem Grabe heraus; zum Schluß ins Grab zurück. Daß er „dem Mörder" eine Tat abnimmt und für sie alle Menschenpein erleide, während der Sünder vergnüglich im Hintergrunde weilt. Denn „Alle sind Mörder!" schreit er zum Schluß der Gerichtsversammlung.

Natürlich: Die Gesellschaft ist für ihre Verbrecher verantwortlich. Die strikte Annahme jedoch, daß der Mörder n u r durch die Sünden der Gesellschaft zum Mörder wird, befreit aber in einer so kurios verdrehten Weltordnung ausgerechnet die Verbrecher von der persönlichen Verantwortung für ihre Taten. Und der Herr Mörder breitet die Arme aus und behauptet „Ich liebe!!" Die Mode verlangt etwas Bekennerisches. Wenn du nicht Hasenclever wärest, möchtest du Alexander sein?

Ob morden oder leben — Mystik macht alles gleich. Wir aber protestieren gegen die sittliche Stellvertretung der Mörder durch Schein-Heilige und Erlöser-Simulanten. Uns fehlt dazu die Voraussetzung: religiöser Mythus und wirklich demütige Herzen. Ein katholisches Publikum mag die Heiligen der Mysterien und die wunderbar tätigen Sakramentszeichen gläubig anerkennen. Sie sind Symbole für geistlich kultivierte, im Glauben vorbereitete Menschen. Das im profanen Drama nicht darstellbare Wunder der Verwandlung aus dem Sünder in den Entladenen, wird dort durch heilig anerkannte Gewißheiten Überzeugung des Herzens, ohne die Kontrolle der Sinne. Wir heutigen aber dürfen das demoralisierte Publikum nicht ohne seelische Vorbereitung vor die Tatsache des Wunders stellen. Es ist zu verlockend, sich ohne Selbsthingabe von Heiligen erlösen zu lassen, einfach mit dem beliebten Heuchelschrei nach Liebe.

Was empört, ist weit weniger die gefährliche Erlöser=
Romantik (da das Stück zum Glück von keinem Publikum
verstanden wird), als daß hier vom Geiste einer Liebesmission
auch nicht ein Hauch verspürt wird. Sondern Theater! —
mit geschmäcklerischem Raffinement auf die Kinostufe hin=
stilisiert. Schon in „Antigone" mußte man erkennen,
daß die dramatische Begabung des „Sohn"=Dichters nach
viel zu viel Regiekunst roch. Hasenclever benutzte die An=
tithese von Kreon und Antigone zu dem modernen Wider=
prall von Militarismus und Pazifismus. Er hat den Zeit=
geruch. Drei Akte läuft er ungefähr mit Sophokles und
wirkt solange dramatisch. Dann wird es langweilig. Um
zu würzen und zu salzen mit dem lebendigen Stoff der
Gegenwart, wird aus dem Chor das blockierte Hunger=
Deutschland mit Pest und Brand und Krieg und Wilhelm
dem Zweiten. Selbst eine Art Generalquartiermeister von
Ludendorff fungiert als Feldherr und Weltbrandstifter sogar
gegen des Tyrannen Willen, um anzudeuten, wie die
Kriegsmaschine auch automatisch läuft. Eine völlig über=
flüssige Feuersbrunst von Theben mit sehr effektvollem
bengalischen Rot, ebenso unnötige Gespensterparaden der
verstümmelten Mitbürger, mit wieder sehr effektvollem bläu=
lich=grünen Scheinwerfer. Ein sehr effektvolles Regie=Volk
das schreit und steinigt; bald pazifistisch, bald revolutionär,
bald royalistisch tönt, ohne zum ordentlichen Streit der
Parteien zu gelangen. Eine Pöbelbande ohne Willen und
Ziel steht im Personenverzeichnis als Hauptheld da: „Das
Volk von Theben."

Damit — abgesehen von der talentvollen Pazifisten=
predigt Antigones im zweiten Akt — wollte Hasenclever
über Sophokles hinauswachsen. Demokratisches Drama!
Aber beinahe wurde es demokratische Satire! Denn der nach
seiner bekannten Familientragödie verblüffend rasch bereuende

Herrscher bleibt neben dieser Rotte in jedem Zoll ein König und die griechisch maskierten Dienstmänner und Spezereiwarenhändler machen eine ehrfurchtsvolle Gasse vor dem Abdankenden. Hämon, bei Sophokles zurückgestellt, hier aber der gegebene „Sohn", um seinem königlichen Vater die Meinung der Jugend zu sagen — er bleibt so winzig, als wäre sein Erzeuger nicht einmal Medizinalrat wie in Hasenclevers Erstlingsstück. Dem Autor kam es aufs Tönende und Erscheinende an. Seine Leute, Antigone voran, predigen Spruchbänder, und das Chorische, das durch sie hindurchklingt, hat wie in den „Menschen" eine fatale Christlichtuerei an sich. Statt sophokleischem Anthropos und Sophrosyne tönt er von Reue, Gnade, Liebe und Demut. Teiresias stellt sich, als Riesengespenst uniformiert, in den Dienst eines geheimen Christentums.

So war man vorbereitet auf die „Menschen" und stand doch verblüfft vor dem vollbrachten Spektakel. Die Huren, Syphilis, drittes Stadium, Delirium tremens, weiße Mäuse, Entbindungsanstalt, eine Leiche wird aus dem Fenster geworfen, Spielklub, mystische Zahl 13, keine Kriege! Sonne und Mond gehen auf, Sozialismus, Löhne drücken, Leichenbegängnis, Theaterloge, redender Kopf, Totengerippe, Gläubiger, Bettler, Krankenschwester und Frühling! Auferstehung, Choral und Posaunen. Endlich:... „Ich liebe!!"

Ein lallendes Kino. Die ganze Speisekarte der modernen Dramatik: Sexual-, Sozial- und Ideal-Probleme. Alles in Bühnensegmenten, nach Sorges Bettler-Kaffeehaus vom Scheinwerfer bestrahlt und „visionär" wieder vom Dunkel verschlungen. Und auch kaum denkbar ohne Georg Kaisers Vorarbeit. Kosmos im Telegraphenstil. Kunstfilm von zwanzig Kilometern Länge. Amerika-Gastspiel...

Wenige Wochen nachdem diese Zeilen über den werdenden Hasenclever niedergelegt wurden, fand sich die Anzeige des

Verlags von Paul Cassirer: „Soeben erscheint: Walter Hasenclever: ‚Die Pest. Ein Film'." Das kam nicht unerwartet. Cassirers Verlag rühmt folgendes: „Dies neueste Werk Walter Hasenclevers ist der erste Filmtext, der in Buchform erscheint, der erste, dem ein Dichter seine kühne Phantasie schenkte. Packend und mit der Eindringlichkeit der bildhaften Ausdrucksmöglichkeiten ist das Grauen der Pest geschildert, die die Welt durchrast und die menschliche Gesellschaft vernichtet. Dies Buch hat einen seltenen Reiz für Liebhaber des Films ebenso, wie für Literaturfreunde. Vorzugs-Ausgabe: 250 numerierte und vom Verfasser handschriftlich signierte Exemplare auf dickem Hadernbütten 125 Mark." All Heil! Das Wort ist überwunden, wir sind am Ziel — das sich aus der Richtung der „Menschen" notwendig ergab. Der Film — er mag an sich größere Kunstmöglichkeiten bergen, als wir heute ahnen — hier wird er nur das einigende Band, das den Snob und den biederen Kino-Abonnenten gleich einer Boa Constrictor innig umwickelt. Mensch hat sich zu Mensch gefunden, wenn auch die Kunst in solcher Umarmung erstickt.

Nach den „Menschen" Hasenclevers ist man gespannt auf den Menschen Hasenclever. Solch ein beweglicher Schriftsteller interessiert. Daher zum Schluß als psychologischer Beleg und ohne weitere Erläuterung das von dem Dichter in der Anthologie „Menschheitsdämmerung" veröffentlichte und überall staunend nachgedruckte Lebensbild: „Geboren am 8. Juli 1890 zu Aachen, wo ich noch heute in Beruf bin. 1908 im Frühling: Abiturientenexamen. Kam nach England und studierte in Oxford. Hier schrieb ich mein erstes Stück. Die Druckkosten gewann ich beim Poker. 1909 war ich in Lausanne, kam dann nach Leipzig, wo ich Kurt Pinthus kennenlernte. Eingeführt von ihm in die Bezirke der Liebe und Wissenschaft, überflügelte ich bald den Meister.

Ich reiste mit ihm nach Italien und frequentierte die Ärzte. 1913 erschien der ‚Jüngling'. 1914 in Heyst am Meer vollendete ich den ‚Sohn'. Im Kriege war ich Dolmetscher, Einkäufer und Küchenjunge. So entstand das Buch ‚Tod und Auferstehung'. 1919 druckte mein Freund Ernst Rowohlt das im Kriege verbotene Stück ‚Der Retter'. Jetzt geht es mir gut."

Jetzt geht es ihm gut.

Stationen des Ichs

„Jetzt bin ich du."
J. M. Becker „Das letzte Gericht".

Zufalls=Pilger

Wir irren heute zwischen den Ruinen vernichteter Ideale und abgesetzter Moralen in gottverlorener Relativität aller Überzeugungen. Wir haben keine Täter mehr; wir haben nur Sucher, Betrachter, Spazierer, Wanderer, Pilger, Büßer. Der Charakter schafft sich keine Notwendigkeit mehr — ihm bietet das Schicksal Zufälle. Aus der Willenstragödie sind Beschauer=Spiele geworden. Aus Aktionen — Passionen.

Der Wille formte früher dem Charakter ein Schicksal, das mit Notwendigkeit auf das Verhalten des Helden zur Welt reagierte. Das wurde bei früheren Dramatikern oft schematischer Zwang. Ein unaufgegangener Rest in der konstruierten Notwendigkeit solcher Rechnung war der Zufall der Fabel=Geschehnisse. Man durfte ja nur die durch die psychologische Methode bedingte zufällige Kausalität „notwendig" nennen und man hatte ein Fatum. Dabei beachtete man oft kaum, daß das frühere oder spätere Auftreten irgendeines Mörders oder Liebhabers den Konflikt verschoben und die ganze Mathematik der Notwendigkeit Lügen gestraft hätte. Natürlich hat jede Fabel ob ihrer Individualität ihren Zufalls=Charakter. Es ist jedoch ein Unterschied, ob der Zufall nur von außen kommnt, oder ob die Menschen mit oder ohne diesen Zufall aus innerster Natur in ganz bestimmter Weise handeln müssen: wie bei Shakespeare. Hier liegt die Notwendigkeit mit unerhörter Strenge in den unbeugsamen Leidenschaften, die durch ihre schlagende Wahrhaftigkeit die unerbittlichsten Konflikte schaf=

fen. Nicht die psychologische Summierung ihrer Tatmotive führt wie bei Hebbel oder Ibsen zum „notwendigen" Schicksal, sondern die unabänderliche Individualität. Der lebendige Mensch mit Willen und irdischem Ziel reizt in unerhörtem Egoismus die Mitwelt zur Notwehr gegen ihn und seine Überwallung über die erträglichen Grenzen seiner Individualansprüche. Da reagiert die vom Helden gefährdete Welt mit Gegenhelden. Othellos Übermaß von Eifersucht lockt einen Jago heran, Macbeths Gelüste bringen einen Wald von Dunsinan in Bewegung; Richard zieht einen Richmond gegnerisch an. Das sind tragische Erscheinungen. Tragisch — sei es im Bewußtsein wie bei Macbeth als sittliche Charakter-Tragik, sei es einfach unter dem Zwange einer metaphysisch bedingten Natur-Tragik wie bei Othello. Der Held fordert mit ungeheurem Mut und grandioser Verblendung die Schergen der Nemesis gegen sich heraus.

Hier ist Notwendigkeit. Die überzeugende Lebenskraft des Helden und seines Schicksals besiegt jeden äußeren Zufall der nach ihrem symbolischen Tiefsinn notwendig gewordenen Fabel. Das Schnupftuch Desdemonens — gewiß kein großartig erfundenes Gleichnis —, das zufällig Othellos Eifersucht beglaubigt, ist vor der notwendigen Reaktion dieses Temperaments auf alles, was seine Liebe gefährden kann, nicht Zufallssymbol, sondern nur zufälliges Instrument eines Häschers des Geschicks. Dieses lächerliche Schnupftuch ist in seiner Funktion viel notwendiger, als der heroischen Marianne selbstmörderisches Schweigen vor Herodes, oder die konventionelle Ehezeremonie der Rhodope. Man verwechsle nimmermehr Notwendigkeit und Mathematik. Im Haß gegen die Schachbrett- und Rösselsprung-Dramatiker kleinen Formats geschah diese Verwechslung fast allgemein bei den Jungen. Sie finden in ihrer Zeit keine Shakespearischen Kraftgestalten, die mit Einsatz des Lebens sich vollen

Gewinn des Lebens und eine notwendige Rache der verletzten Gesellschaft tragisch erzwingen. Die Modernen wollen die Erscheinung des Zufalls überwinden, indem sie ihn grotesk machen; wie Kornfeld mit der Verwechslung von Gift und Urin, um mit so krassem Kriminalroman=Motiv die Unwesentlichkeit des äußeren Konflikts drastisch anzudeuten.

Oder der Zufall wird einfach ausgeschaltet durch Vermeidung der Konflikts=Fabel und der Individualität der Personen. Die Folge ist fast gänzliche Schematisierung. Nicht ein gewisser Jago, oder ein gewisser Macbeth erlebt „sein" Schicksal aus der Natur=Konsequenz seines Charakters heraus, sondern „der" Mensch, „die" Dirne, „der" Bettler, „der" Ego erleben „das" Schicksal am „Mörder", am „Sohn", am „König". Darum gleichen sich so viele Dramen dieser Richtung bis zur Verwechslung. Das entindividualisierte Schicksal wird nun immer ein ähnliches sein, da es nicht wie für die antiken Mensch=Typen wenigstens eine individuelle Fabel zum Sonderfall erwählt. Das Schicksal wird philosophische Doktorfrage. Wohl ist so der Zufall überwunden mit der prinzipiellen Anonymität des Menschenschicksals und seiner Dulder. Aber statt der Schachbrett=Dramaturgie der Psychologen haben wir nun die Schach f i g u r e n = Dramatik.

Früher wurde der Konflikt über die Zufälligkeit hinweg ins Notwendige hinein gelogen; jetzt geschieht etwas Ähnliches mit einer Menschenart, die die Verantwortungslosigkeit von Gespenstern hat. Der namenlose Mensch kämpft nicht mehr durch ein notwendiges Ich gegen das ihm gemäße Schicksal, sondern er wandert als in Reinkultur gehaltener Typus von Typus zu Typus. Als ein oft willenlos Getriebener ertrotzt er nicht „seine" Geschehnisse, sondern er leidet nur an zufälligen Hemmungen. Statt den Typus in eine ihm innerlich symbolisch gewordene Fabel zu stellen, erhält der Typus von Szene zu Szene nur ein für seine momentane Lage typisches Bild und die zwanglose Serie dieser Stationen ergibt die Technik der „Passion". Oder man nennt es auch: Mysterium; wobei weniger an Mystik als an Mysteriöses gedacht wird, und womit man zugleich an die Mysterienbühne des Mittelalters erinnern will, wo sich die Passion im bildmäßigen Nebeneinander von einem Schauplatz zum andern episch und stationenweise erledigte. Biblia pauperum — die Bilderbibel, die den Analphabeten die Heilige Schrift durch Zeichen erklärte, wird Vorbild den Dichtern, die das Wort nicht meistern: Biblia poetarum. Diese Dramen ohne Notwendigkeit in so und so vielen Bilder-Zufällen wirken oft wie Paraphrasen der alten Totentänze: der Tod und der König, der Tod und der Kaufmann, der Tod und der Bettler... Statt dem Tänzer Tod ist es aber nicht die triumphierende Naturgewalt, sondern gewöhnlich ein schwacher, armer Bitterlich, der sich schwächer fühlt als sein Partner, und daher schließlich mit Gewinn der Welt entsagt und zu Kreuze kriecht.

Das Ich-Drama mit dem monologisch tendierten Helden entwickelt sich nach seiner ganzen Natur dem Stationen-Drama entgegen. Die Zufälligkeit des Szenenablaufs zeigen deutlich Boettichers „Die Liebe Gottes", Kornfelds „Verführung", Johsts „Junger Mensch", Hasenclevers „Menschen" und viele andere. Auch der „Faust" wurde aus dem Totalerlebnis eines überragenden Menschen im steten Kampf mit seinem konstanten Gegen-Teufel ein Bilderdrama. Doch beherrschten Individuen, Fabel und Idee die Entwicklung der Bilder, nicht die Steigerung der theatralischen Eindrücke. Die Serientechnik lag vorbildlich für die heutigen Passionsdichter in „Nach Damaskus", erster Teil, wo sich Weg und Rückweg einer Pilgerfahrt auf den gleichen Stationen in umgekehrter Reihenfolge abwandeln und alles am Ort des Ausgangs endigt. Hofmannthals „Jedermann" hatte den Theater-Stil des Stationen-Dramas angegeben; Georg Kaisers „Bürger von Calais" (2. Akt) und „Von Morgens bis Mitternachts" die modische Aufmachung und den Wortklang. Das biographisch-materielle Moment überwiegt in solchen dialogisierten Historien und Romanen des Zufalls.

Ein Drama wie Werner Schendells „Parteien" ist eigentlich eine Roman-Konzeption. In fünfzehn Szenen entwickelt sich das Leben eines Wahrheitssuchers. Martin Wiegand als Kapitalistensprößling erhält in der Verzweiflung seines entseelten Nichts von dem Kommunisten Doktor Friedrich ein menschheitliches Ziel. „Ich beneide Sie. Und sei's auch nur um die eigene Tragödie. Ich selbst hungere nach Schicksal." Das ist die Sehnsucht der Schicksallosen wie Kornfelds Vogelfrei oder Beate, die neutral zwischen Himmel und Hölle schweben — das Schicksal der Undramatischen: der Zufälligen. Noch so viele Schauplätze machen daher keine zielvolle Bewegung.

Daß nun solche schwachen Iche sich nach Überwindung ihres Selbst sehnen und bald in einer ekstatischen Bejahung des Du ihre Heilung finden, kann nicht verwundern. Eine Menge von Bilder- und Büßerstücken, wo gutes Wollen stärker vernehmbar wird als Phantasie und große Kunst, zeigt die Verneinung des Ichs durch das Ich. Der Weg ist Liebe oder Glaube, das Ziel Menschheit oder Gott. Leider ist das Marschtempo gewöhnlich energielos und mancher, der da tut, als ob er schöbe, wird selber geschoben als ein Seelenkrüppel.

In neun Stationen führt Arthur Ernst Rutra seinen „jungen Menschen" nach „Golgatha" zur Selbstbefreiung. „Ich habe zu wenig Blut in mir... Solche wie ich, leben nicht und nähren sich nicht; sie zehren an sich selbst — bis es einmal zu Ende ist." Das muß überwunden werden. Bitterlichs Sterbens-Einsicht: „Ach, wäre ich weise geblieben und hätte das Leben mehr geliebt als alles Glück!" wird hier zu einer Büßerweisheit: „Das Glück genießen, heißt das Glück zerstören." In Einsamkeit muß die Seele Kräfte finden zur Überwindung des weltsüchtigen Leibes.

Zwischen ideologischer Programmatik der neuen Ideen und krassem Stimmungstheater läuft die moderne Linie in kuriosen Arabesken. Ulrich Steindorffs „Die Irren" mußten auf dem dekorationslosen Theater der Berliner „Tribüne" gespielt werden, gleich den „Gewaltlosen" des verstorbenen Aktivisten Ludwig Rubiner, in dessen Vorbemerkung der Dichter ausdrücklich erklärt: „Die Personen des Dramas sind die Vertreter von Ideen. Ein Ideenwerk hilft der Zeit zu ihrem Ziel zu gelangen, indem es über die Zeit hinweg das letzte Ziel selbst als Wirklichkeit aufstellt." Dieser Unsinnlichkeit gegenüber fordert ein Georg Kaiser in feiner, ein Hasenclever in aufdringlicher Weise das Übertheater mit allen szenischen Raffiniments heraus.

Naiver als diese und gut österreichisch im Theaterblut stellt Franz Theodor Csokor die Kulissen, wenn er in seinem „Mysterienspiel" „Der große Kampf" den Weg des Ego durch acht mit genauester Szenik instruierte Bilder führt. Csokor gibt die exemplarische Verbindung von Bilderserie und Passion des Ichs, wenn auch sein Theatersinn bei aller Epik der Handlung doch mehr auf Bewegung zielt als bei den früher Genannten. Auch strebt er äußerlich eine Architektur an. Bevor er Stufe auf Stufe seines Baues trägt, setzt er ein sensationelles Fundament darunter: eine Art „Prolog im Himmel".

„Prolog im Himmel"

Die Unpersönlichkeit der anonymen Helden und ihres zufälligen Schicksalverlaufs fordert die doktrinäre Art heraus, mit der die Phantasiearmen ihrer Dichtung Metaphysik verleihen, weil ihre Menschen nicht Physik im Leibe haben. So kommt es bei der Fassung eines Urproblems ganz leicht zur teleologischen Frage an den Weltenschöpfer nach Sinn und Unsinn der Erde. Und da keine großzügige Fabel aus starken Erlebern Symbole der Ewigkeit erstehen läßt, so werden die ewigen Gewalten in Person zitiert: Teufel, Cherub und die unerläßliche „Stimme". Wie auch in Strindbergs „Traumspiel" Indra mit seiner Tochter rechten muß, so wird nun über Zeit und Raum in der berühmten „Wette" zwischen der Stimme und Mephisto der Einheitsgedanke des buntbilderigen Seriendramas von vornherein festgelegt. Bei Waldfried Burggrafs Mysterium „Mammon" verhandelt die „Stimme von oben" mit dem Titelgeiste über die „neuen Geschehnisse", die als Belege für das Räsonnement folgen. In Friedrich Wolfs „Das bist Du" treffen sich anonyme Wesen zu Anfang und zu Ende im Zeitlosen und besprechen die Metaphysik, in deren Form sich das Drama bewegt. In „Ahasver, der ewige Kampf" von Frido Grelle legt die Stimme im Dialog mit Satanas alles Prinzipielle fest, das der ewige Jude durch die Daten der ganzen Kulturgeschichte hindurch praktisch zu erleben hat. In Arnold Zweigs Bilderserie „Die Sendung Semaels" wird gar der regelmäßige Wechsel einer göttlich-idealisierten Ober- und einer kraß naturalistischen Unterhandlung zum Stilprinzip. Aber die Stimme von oben bringt nicht nach unten. Was im Wechsel von Vers und Prosa bei Sorge, Kornfeld oder Wildgans sich als Steigerung in einer einzigen Szene vollzog, ist hier zum Wechsel von theoretischer Poesie und praktischer Prosa geworden. Zwei Welten laufen übereinander her und behaupten, nur eine zu sein. Ein Schulbeispiel für die ideologische und naturalistisch-theatralische Mischung der Moderne. Hier wurde der Faust-Prolog zum eigentlichen Kern des Dramas.

Bei Csokor ist es der ewige Ego, der mit der „Stimme" und dem Cherub um die Herrschaft über sieben Menschen streitet, zu deren Versuchung wieder sieben Bilder geboten werden, von denen jedes seinen eigenen Titel führt. Das 1914 entstandene Stück lebt von der Aktualität des Kriegsausbruchs. Ego ist der Verleiter zum Vaterlandsverrat; ihm hilft die unfruchtbare Teufelin Lilith zur Verführung: „Fleisch wird mit Fleisch geködert... Ich habe nur in den Hirnen Gewalt." Zwischen Ebal, dem Berge des Fluches, und Garizim, dem Berge des Segens, die in finsterem Rot erdämmern, werden die Stimmen des Cherubs und des Ego laut und nach dem obersten Kommando schmettern:

„grelle Tubastöße; dann dröhnender Hufschlag wie von vier in die vier Himmelsrichtungen rasenden Reitern. Ego versinkt mit dem Felsen, auf dem er stand. Der ganze Hintergrund zerfällt in Nacht. Gedämpfte Marschmusik, Trommelrollen und sehr weites Geschrei. Die Musik (Beethovens ‚Schlacht bei Vittoria‘, Teil 2, ‚die Schlacht‘) dauert gedämpft an, bis es licht wird. Man sieht einen fahlen unbestimmten Raum, wie hinter dichten Schleiern. Ego steht dort rechts mit verschränkten Armen; sein Gesicht ist irgendwoher erhellt. Vor ihm durchqueren, gleichzeitig von verschiedenen Seiten auftretend, sieben Menschen den Raum, lautlos und starr vor sich schauend, wie Schlafwandelnde. Es sind die sieben zur Versuchung bestimmten... Sie verschwinden allmählich wieder. Die Schleier lösen sich und das nächste Bild... steht da. Ego bleibt unbeweglich auf seinem Platz."

Was nun nach solchem Pathos der Kulissen folgt, ist eine leichte Serie von mehr oder weniger spannenden und im Motiv wiederholten Einaktern: Ego und der Arbeiter, der seinen Rat nicht befolgt, durch Verstümmelung der Hand sich dem Heldentode zu entziehen. Ego und der Sprengstoff-Chemiker. Ego und der junge Gatte; Ego und der Leutnant; Ego und der Schiffsheizer, die alle drei mit Gedanken an Braut und Weib und Kind von ihren militärischen Pflichten abgehalten werden sollen. Und — brav, brav! — keiner verfällt der Lockung. Der Mensch ist gut: sei es als Kriegsheroe oder als Pazifist. Das ist sehr patriotisch, aber auch nur sehr brav und tüchtig gemeint. Uns interessiert hier bloß das Exempel der szenischen Zufallsreihe und die typische Art der Ich-Auflösung: wie Ego am Krankenbett des „in der Uniform eines feindlichen Staates" befindlichen cholerakranken Soldaten von der göttlichen Liebe ergriffen wird und sich selber in ein mitfühlendes Ich und damit zum Alterego verwandelt hat.

Vier Jahre später bemüht sich Csokor mit einer zweiten, viel begabteren Passion, „Die rote Straße", die Sünden seines früheren Mysteriums abzubüßen. Mit einer leidenschaftlich gefühlten Mythe „Der Baum der Erkenntnis" gab der Dichter bereits den Beweis, daß er auch ohne Theaterzauber Dichter sein kann. Jetzt aber spielt er wieder mit Dekorationen. Es beginnt an gewaltiger Stätte; an den Pforten der Erde, wo aus rasenden Flammen die „Stimmen der drei Unverantwortlichen" als himmlischer Prologus dröhnen: „Paaret ... Mann und Weib!... Zur Seligkeit?... Sie sollen sich lieben!... Müssen sie leiden?... Sie sollen sich lieben!... Sie werden es glauben... Was bindet sie?... Blut!... Was scheidet sie?::: Blut!... Warum?... Wozu?... Das wird nicht verraten!" So etwa formuliert sich aus dem dämonischen Terzett sub specie aeternitatis die Strindbergsche Haßliebe zweier Menschgeschöpfe, die als dunkle Schatten in das Erdentor geworfen werden. Dann beginnt das Paar gemeinsam nach Damaskusweise und im Theaterstil „Von Morgens bis Mitternachts" seine Fahrt. Zwischen Hölle und Kreuz hindurch, der Scylla und Charybdis Strindbergs.

Es ist wieder einmal die Bitterlich-Geschichte in Strindbergscher Ausmalung, und von der erlösenden Dirne „überhöht" — dem heutigen Lieblingsmotiv der deutschen Literatur. Was ich bei Kornfelds unvergleichlich originalerer und sprachgewaltigerer „Verführung" schon table, was mir bei Strindberg als das ewig Unzulängliche erscheint: die Wollust an der biographischen Selbstzergrübelei, das sei hier mit Csokors Worten allen Pfadfindern und Skeptikern der Liebe vorzitiert: „Klage nicht andere an! Nie drohten Dämonen um dich! Denn du allein bist der Satan für dich und für jeden an dir!..." Warum sagt sich das Csokor nicht im Hinblick auf sein ganzes Opus und dichtet einen Kerl, der irgend etwas leistet; und wäre es nur die eigene Errungenschaft obiger Feststellung. Was nützen die glänzenden Theaterbilder der Goldpantomime beim „gelben Mann", die Leichenhausglöckchen und die lästernden Häuser, was fruchtet die oft gewandt rhythmisierte Sprache, wenn sie nur einer dramatischen Danaiden-Technik gilt, einem sich ewig sinnlosen Ergießen aus Qual in Qual. Nicht der freie Wille des Menschen oder Gott regiert hier Schicksal. Nihilistische Skepsis negiert die verzweifelnde Welt.

Zum Schluß gibt ein geheimnisvoller Fremder in Mönchskutte die Auskunft über den höllischen Verursacher der Schmerzen des anonymen Er. Schlägt die Kapuze zurück und weist ihm das Doppelgänger-Gesicht des Alterego. „Ich — selbst?" brüllt Er. „Betrug! Wer spielt da mit uns?!" Der Fremde (hohnvoll): „Das wird nicht verraten!" Wir haben aber die Lösung dieses Rätsels im Zitat der „Sie" zum großen Teil schon verraten; und die psychische Basis, auf der solche Weibsverzweiflung zur Gottesdämmerung wird, liegt im Strindbergschen Schmerzvergnügen: der schwedischen Krankheit unserer Literatur.

Die Absoluten

Nach diesen Dramen des Ichs mit dem Ich, die sich mit Faustprolog-artigen Ouvertüren und Finales umrahmen, mögen wir uns fragen: warum bewirkt das große Vorbild nicht auch die Zweiteilung des Helden in eine Faust- und eine Mephisto-Gestalt, statt in die vielen undeutlichen Iche. Die Antwort liegt im Wesen des biographischen Charakters des größten Teils unserer Dramatik begründet. Nur das persönliche Ich erlangt genügend Fülle aus Blut und Herz des phantasieschwachen Autors. Für den Gegenspieler reicht es nicht zu einer runden Figur; nur eine Masse episodischer Vertreter des Schicksals steht ihm gewöhnlich gegenüber. Sie wäre dramaturgisch gleichwertig einem einzelnen Gegenspieler, brächte sie als Ganzes dieselbe Summe an vitaler Kraft und Gegenwillen zusammen, die der Ich-Held vom Dichter empfangen. Doch das ist selten.

Franz Werfels „Spiegelmensch" ist als der phantasiereichste Versuch zu nennen, die Zweiheit eines Ich-Helden dramatisch zu gestalten: den Gegenspieler aus dem Ich herauszukristallisieren.

Jeder Dichter möchte seinen „Faust" bekennen. Das heißt: seine zur Kunst geformte Weltanschauung. Was bin ich? Was soll ich? Was erlöst mich? Das sind die elementaren Fragen, auf die jeder einmal seine philosophische Antwort versucht. „Seinen ‚Faust' schreiben" bedeutet dem Dramatiker, mehr als einen Spezialkonflikt der Seele, mehr als eine Fabel und ein einzelnes Geschehnis darzustellen. Sondern für das Leben überhaupt die allumfassenden Symbole zu finden: die Keimzellen aller möglichen Schicksale. Da aber in der Mannigfaltigkeit des Daseins der Schicksalsmöglichkeiten gar so viele sind, so fügt der Dichter die sich ewig wiederholenden Grundsituationen zu immer wieder ähnlichen Serien zusammen. Und statt der einen Fabel serviert er ein Horsd'œuvre fabelhafter Dinge.

„Peer Gynt" von Ibsen, Strindbergs „Nach Damaskus", oder gar der zweite „Faust" erweisen die Zersplitterung der dramatischen Handlung in Romankapitel, deren Situationen den Helden oft mehr bestimmen, als der Held die Situationen. Nicht ein Individuum regiert mehr die Handlung, sondern das für die Menschengattung exemplarisch zurechtgemachte Allgemeingeschick — dessen Moira dann notwendig philosophische Züge trägt. Im ersten Teil des „Faust" bewirken noch Menschen von individueller Prägung die ihnen gemäße individuelle Schicksalhandlung. Der Tragödie zweiter Teil kennt nur noch die „Totalität des Menschen" und unterstellt ihn einer Philosophie. „Der Mensch" wird so dramatisches Versuchskaninchen an der Enzyklopädie eines Denk-Dichters.

Enzyklopädie ist auch Werfels Trilogie. Der sonst in seine Innenwelt tauchende Lyriker entäußert sich der Seele und stellt die Frage: Wie reagiert „der Mensch" notwendig auf die von mir erdachte Welt des Erkennens, des Fühlens und des Sollens? So entrollt er den Film des Menschen Thamal in systematischer Anordnung von Bühnenbildern. Dreifach ist die Stufung des Werdegangs. Wie bei Wolframs „Parzival" von sinnlicher Einfalt durch Zweifel zur

Glückseligkeit, wie bei Dante von der Qual durch feurige Läuterung ins Paradies — so hier in Werfels Trilogie von der niedrigsten Schau des Egoisten durch die faustische Zweiseelen-Problematik in den Kloster-Himmel grinsender Nirwana-Mönche: ins Nichts.

Ein Spiegel ist die irdische Welt, in dem der Mensch nur seine eigene Selbstsucht reflektiert. Der Spiegelrahmen aber wird zum Fenster der Erkenntnis dem, der die körperliche Welt verneint. Das Leben ist ein Umweg.

Thamal heißt der Mensch und Held dieser Wanderung durch sechzehn Bilder. Im Lebensüberdruß seiner dreißig Jahre sucht er den Tod in einem Weisheitskloster. Doch aus dem Spiegel seines Ichs springt Spiegelmensch und treibt ihn weiter. Auf seinen Sohlen folgt ihm auch der Mönch mit der Geißel der Erkenntnis. Doch was ist Thamal selber? Ein Denkgebilde, das sein Leben eigentlich nur in zwei andern Körpern lebt: eben im Spiegelmenschen und im Mönch. Der dritte siamesische Zwilling.

Denn der Spiegelmensch — dieser vielfarbige Reflex der Ichsucht, der Philosoph der Lebensgier, die stärker ist als geistiger Wille und seelische Liebe — dieser Mephisto-Spiegelmensch ist die vitale Tatkraft Thamals. Und der Mönch, der als Gaukler, Schlangendämon, Richter und anderswie verkleidet dem Thamal folgt, ist sein Gewissen: die moralische und seelische Hemmung brutaler Lebenstatenlust. So steht Thamal in der Raumöde zwischen Vita activa und Vita contemplativa als die unglückliche Synthese beider. Das ist wohl denkbar; aber nicht spielbar. Der dramatische Thamal ist Mathematik — ein X.

Ein Drama ist aber weder eine Gleichung noch ein Vexierbild. Und wenn nun auch der Titel den Spiegelmenschen zur Hauptperson macht, so erhebt doch Thamal unablässig den dringlichsten Anspruch auf die Hauptrolle. Denn

er vertritt doch die „Totalität des Menschen", ohne den es
weder Spiegelmensch noch Mönch gäbe. Aber er ist eben
kein Mensch, sondern nur ein Anspruch. Damit fällt das
Drama.

Denn was er auch tut und sündigt: den Vater morden
um des Erbes willen, den Freund um seine Frau betrügen,
die schwangere Geliebte verlassen, und endlich sich zum
Götzen-Gott erhöhen — wer bläst's ihm ein? Der Spiegel=
mensch.

Und was er auch grübelt und tragisch leidet im Gewissen
seiner sogenannten besseren Seele — wer wühlt's in ihm
auf? Der Mönch!

Thamal ist nur dramatischer Stellvertreter — ein leiden=
der Strohmann.

Nur eine Szene gab ihm der Dichter, um „ein Selbst"
zu sein. Da erhält er Verantwortung und steht als juristische
Person vor dem Tribunal des Schicksals: Er wird zum
Richter über sich selbst gesetzt. Wohl ist es auch der Mönch,
der die geschändete Geliebte, den gemordeten Vater und den
betrogenen Freund zu Zeugen seiner Lebenssünden aufruft.
Doch diese Opfer klagen ihn nicht an. Sie taten's einst,
als Thamal sich zum Gott erheben ließ — da machten sie
ihm bange vor seiner komödiantischen Gottähnlichkeit. Doch
hier, wo er sich schwerster Schuld bezichtigt — da strömen
seine Opfer Barmherzigkeit und Liebe über ihn; und treffen
ihn so tiefer als mit Fluch und Bann. Dies ist der tiefste
Zug der ganzen Dichtung und seine Schönheit weckt den
Sünder auch zur endlichen Tat: er fällt sein Todesurteil
über sich.

Der Tod! Hier stock' ich. Denn von nun an spukt die
Magie der Trilogie besonders heftig. Thamals Tod? Er
stirbt zwar sichtlich auf der Bühne und Spiegelmensch sinkt
mit Gewinsel in den Bretterboden. Aber Thamal erwacht

wieder im Kloster jener hundertjährigen Mönche, deren Leib kein Spiegelbild mehr wirft. Ist es das Totenreich? Oder das neue Dasein nach der Wiederkunft der wandernden Seele? Oder das Yoghitum der vollendeten Ich=Ertötung: das Vorerlebnis von Nirwana? Was der Dichter in seinem eigenen Kommentar (der im Programm zu lesen war) dazu sagt, bringt Verwirrung. Das „Wunder", daß der vom Spiegelmensch befreite Thamal überhaupt noch leben kann, ist ebenso wunderbar wie das Wunder der Auferstehung in einer Oberwelt, deren unsinnlich=reine „höhere Dürre" sich (laut Bühnenanweisung) mit „stark bewegten, trunkenen Farben und Formen" schmückt. Nun wohl: die Lust zum Fabulieren ist ein Dichterprivileg. Wenn aber der Dichter zugleich Denker und Bekenner ist, darf er sich nicht der farbigen Magie ergeben im Augenblick, wo es auf Tod und Leben geht.

Denn die Frage erhebt sich dringend: ob der Mensch wirken oder vegetieren soll?

Man muß über dieses Werk Werfels dreimal urteilen: über die Dichtung als Poesie, über das Drama als Theater= kunstwerk und über die Weltweisheit des Autors.

Zum ersten: Ein Sprachformer von Rang bedient sich um der faustischen Atmosphäre willen des Goetheschen Idioms. Rhythmus und Melodie sind nachempfunden. Er bleibt wohl hin und wieder im eigenen Wortschwung; der Schließer=Mönch spricht einmal wundervolle Verse in Wer= fels Weise. Doch gerade die witzigen Pointen des gaukleri= schen Spiegelmenschen sind zum Verwechseln aus Mephistos Wortschatz. Die Prägung dieses Stils ist epigonal: „alt= neuer Richtung Meisterstück" — wie Werfel es an andern kritisiert.

Aus zweiter Hand kommt auch die Phantasie der Bilder. Peer Gynts Fahrt zum Dovre=Alten, die Solveig=Tragik,

Die Absoluten

Strindbergs Dominikaner und vieles, vieles Vorgeschaffene liefern die Urbilder dieser Phantasmagorie. Und jener andere Mephisto der Moderne — Herr Christlieb Schleich in Fritz v. Unruhs „Platz"? Ist Spiegelmensch nicht sein armer Stiefbruder, für den keine Muttermilch mehr übrig war?

Zum zweiten: ein szenisches Bilderbuch ist noch kein Drama. Und: ein philosophisches Symbol=System gibt kein Theaterstück.

Die Helden von Bilderserien erhalten nur dramatische Kraft durch Shakespearesche oder Büchnersche Blutzufuhr: krasse Realität. Symbolische Denkdramen bedürfen aber zum theatralischen Existenzminimum der einheitlichen Fabel eines Calderon oder — Georg Kaiser. Sonst bleibt die Leistung akademisch.

Zum Dritten endlich fragt man sich nach Werfels philo= sophischem Ziel. Sein Werk will nicht Kunst um der Kunst willen sein. Es heischt Verständnis für die Werfelsche Predigt vom Sein und Sollen der Menschen. Daher denn auch der schwere Kommentar des Dichters, der jedes Symbol mit großem Scharfsinn deutet und sich bemüht, im Bilder= wandel seines Dramas die strenggefügte Systematik seiner Erkenntnis nachzuweisen. Zum Schluß aber bricht er seinem Denkgebäude von selbst die Spitze ab und schreit „Magie!" Dekorative Phantastik umnebelt seine Erlösungsweisheit. Was ist das beste für den Menschen? Tod oder lebender Leichnam? — das ist die ungelöste Frage, die leider dem Dichter unwesentlich erscheint.

Für uns aber bedeutet sie den Scheideweg von abend= ländischer Tat und morgenländischer Resignation.

Schließt das kämpferische Leben mit dem Tode — so ist das unerbittliches Schicksal, dem kein Ethos des Lebens gewachsen ist. Die Tragödie erfüllt sich. Und jedem Thamal wird sein neues Spiegelmenschen-Drama: Kampf und Leben!

Soll aber das Ziel des diesseitigen Kampfes in einer Pensionsanstalt für Nabelbeschauer erreicht sein — dann ist die Werfelsche Erlösung Absage an den tätigen Geist. Und die „mild grinsenden" Mönche bedeuteten die Offenbarung künftiger Menschheit.

———————————————

Lange vor Werfel bemühte Julius Maria Becker sich nun in seiner „Passion in vierzehn Stationen: Das letzte Gericht" den Ego und sein schlechteres Selbst als zwei Brüder, Ossip und Leonid Gunarow, sich fortwährend umkreisen zu lassen, bis sie sich gegenseitig auflösen und ihre Gestalten unter einem Mantel zu einer werden: „Jetzt bin ich du!" Hier wird aber in zielbewußterer Ordnung als es bisher geschah von niederen zu schwereren Prüfungen vorgeschritten, um die von Ossip entdeckte oberste Tyrannis der Welt: die „Tyrannenherrschaft des eigenen Selbst" auszutreiben. Mit seiner Geliebten — das stets wiederholte Paar von „Damaskus" — zieht er über Schneefelder; leidet um sie, merkt immer deutlicher seine Bildung mit dem in sie eingefühlten Ich und entsagt ihr. Auf dem höchsten Gipfel eines Läuterungsberges opfert Ossip, der alles Leonidische in sich aufgezehrt hat, das eigene Kind als das letzte versteckte Restchen Eigenliebe dem Geist der Menschheit.

Es ist eine Linie in diesem Stück; man weiß wohin es zielt und das Publikum darf sagen: man versteht es. Ein ungeheurer Vorzug für Dichter, die Aktivisten sein wollen. Predigten in Literatenlatein wirken nicht in die Masse, und sei ihr Evangelientext noch so gewaltig. Aber leider ist diese Klarheit Beckers mit einer wenig bildhaften Sprache und oft

prosaischer Doktrin erkauft. Er ringt ehrlich um eigene
Selbsterkenntnis. Er spricht ohne gewollten Esprit und dunkle
Aphorismen. So aber steht auch seine Phantasiearmut ent=
kleidet da, während andere sich noch mit Flitterschleiern die
Blöße bedecken. Die einzelne Station hat kein originales
Klima. Die Figur des Gegenspielers ist wohl hineingestellt;
aber weniger kämpferisch als räsonierend.

Verzichtet Becker auch auf den beliebten Faustprolog zur
geistigen Fundamentierung seines Problems, so benutzt er
doch das aus dem „Traumspiel" Strindbergs stammende
und von Georg Kaiser wuchtig ausgebaute Motiv der Revue,
um seine vielen Sünder und Büßer aus ihrem Nebenein=
ander zum guten Schluß in ein dramatisches Zugleich zu
bringen.

Diese Revue ist oft — wie schon beim seligen
Hans Sachs — nur Bühnenparade wie in Hasenclevers
„Antigone" der Zug der Schatten; oder ein theatralischer
Notbehelf zur Erfüllung mangelnder Einheit in der Mannig=
faltigkeit des dramatischen Gewebes. Csokor wendet sie an
im Vorspiel des „Großen Kampfs", wo die Opfer Egos
zunächst einmal paradieren müssen; in der „Roten Straße"
spazieren Erinnerungsgestalten auf dem Korso am leiden=
den Er vorbei. Auch in Tollers „Wandlung" ist die Revue
ausgiebig benutzt als Schlußzusammenfassung der episch
aneinander vorbeigeglittenen Figuren. Was sich im Bilder=
drama als Serienfolge szenisch zeigt, wird in der Revue
figürlich noch einmal Ausdruck des epischen Geistes der
Passionen.

Ein heute seltener ethischer Zug treibt aber in Beckers
Stationendrama: der unbedingte Wille zu einem Abso=
luten. Eine Unerbittlichkeit des inneren Gesetzes, dessen
Kontrolle an der Seele es dem Helden nicht leicht macht und
ihm wenig Zeit zu bloßer Lyrik läßt. Doch fehlte Becker die

Kraft, den Keim dramatisch aufgehen zu lassen. Was Ibsens „Brand" groß und tragisch, doch für uns heute unerträglich macht mit seiner starren Bewegungslosigkeit von Anfang an, mit seiner trotzigen Opferung fremden Lebens, an das ein Deus caritatis Anrecht hat — wirkt hier mit weniger Heroenstolz und Eisenhärte nicht minder absolut für das Liebesopfer.

Liebe predigen sie alle, die Strindbergsprößlinge. Aber die Notwendigkeit des Liebesopfers, das um jeden Preis gefordert wird, verlangen sie nicht mit demselben Energie-Akzent für ihren Propheten. Das Wörtlein Pflicht — auch Pflicht um der Liebe willen — ist ihnen unsympatisch. Der vielgestaltige Alltag verbietet in der Liebe Namen, bei jeder winzigen Gelegenheit die eiserne Anwendung des Brandschen „Alles oder Nichts". Die unabläßige ideale Forderung Gregers Werles (Ibsen) an die Schwachen im Geiste macht ihn mit Recht zum Dreizehnten bei Tische. An den Mittelmäßigen, an Verbrechern aus Not, an Kindern und Kranken gilt es nicht, die Strenge ethischer Grundsätze rigoros zu erproben. Wie viele um uns sind aber nicht mittelmäßig, krank und unverantwortlich wie die Kinder? Das Leben — so wie es außerhalb seiner gefährlichsten Krisen und strengsten Imperative von Stunde zu Stunde gelebt wird, fordert Mitleid und Nachsicht gegen die Armen und Schwachen im Geist und in der Liebe. Jedoch: wollen wir im Drama Gleichnisse des Ewigen schaffen, so wird es Pflicht des Dichters, seine Menschen dem mannigfaltigen Werkeltag und den mittelmäßigen Vertretern der Lebens- und Geistesmächte so weit zu entheben, daß er an ihnen immer wieder den ewigen Konflikt des Individuums mit dem Ganzen und seine tragische Lösung zeigen kann. Im Armeleut'-Milieu wird dies so gut geschehen können wie unter Göttern und Heroen. Aber die moderne Dramatik von Strindbergs Epigonen ist deshalb oft so kleinbürgerlich im Wesen, weil sie mit großer Vorsicht nicht jene kritischen Gefahrstellen des Lebens aufsucht, die unfehlbar die Tragik erzeugen müssen und den Menschen zur Überwindung auffordern, wenn er nicht klein erscheinen soll. Wo ist bei Bitterlich und seinem Gefolge die unentrinnbare Krise; wo ist ein Wille zum Unbedingten Form geworden? Wo das absolute Ziel?

Friedrich Wolf nennt sein Drama „Der Unbedingte", einen „Weg in drei Windungen und einer Überwindung". Held ist „der Dichter". Hier ist seine Passion durch die verschwommene Relativität in grausigen Gespensterbildern gegeben. Er will die Menschheit vom Geld, dem „Kerkermeister alles Unbedingten", und dem ihm dienenden Spekulantenpack befreien; mit allen Waffen, mit allen Entbehrungen. Aber die Proletariermasse, die er führt, versagt in der Not und schließt Kompromisse mit den Teufeln des Geldes. Revolution hieß: „Nieder diese Ordnung um jeden Preis! — Das Regellose ist die Geburt neuer Gesetze!" Aber die Kaserne der Kultur ist umsonst eingerissen worden. Die „Beziehungen", die „Verhältnisse", die Relativität ... siegen über das Unbedingte. Der Dichter hat die Menschheit überschätzt. Doch diese Überschätzung „ist die einzige Möglichkeit, überhaupt zu leben." Bravo! Der Überwinder Strindbergs. Was aber ist Leben? „Das ist Voraussetzung einer Idee, selbst wenn sie falsch war!"

Solcher Worte wegen führe ich hier das undichterische und durch und durch gedachte Stück Wolfs an, das mit Ausnahme des Schlusses nur durch den phantastischen Aufwand — Gerippe, Grabstein, Sarg, Spiritisten, Hihi-Exzellenz und Würmer —, durch ein, an die Stimmung von Strindbergs Schmachsunt gemahnendes Erdbad und eine Kreuzigung theatralische Möglichkeiten hat. Doch den Denker

Wolf — ist seine Forderung des Absoluten auch nicht neu — will ich hier hören lassen als kritische Stimme gegen die kampflose Schein=Tragödie unserer Zeit. In wenigen Sätzen gibt der Autor die Bedingungen der Tragödie. Ich füge die wesentlichen Worte hier zusammen:

Streben des Menschen geht auf „Vervollkommnung ... Überwindung ist's des Unvollkommenen ... Der Punkt, in dem Unvollkommenes sich wendet ... Einsames gemein= sam wird."

Tragik ist aber: „Jedes Leben ist absolut; doch wie es mit einem andern zusammentrifft, wird es von diesem be= dingt ... aus seiner Richtung gedrängt ... verändert."

Die Folge ist Kampf: „Du tötest den Menschen, damit sein Wesen der Sache diene; das ist logisch ... Also stirb." So spricht das Gerippe, das im „Format des Absoluten" die knöcherne Überwindung des Fleisches darstellt.

Der Dichter selber (als Person im Stück) zeigt aber den lebendigen Sieg über das Sterben des Fleisches. Wenn er die Menschen überschätzt um seiner „falschen" Idee willen — er muß sie doch nach seinem eigenen Maße messen; er muß sie so absolut nehmen wie er sich selber nimmt, muß sie formen nach seinem eigenen Riesenbilde: damit sie sym= bolfähig werden für die Tragödie. Fort von der vergleichen= den, mit tausend Maßstäben wertenden Kultur; fort zur Erde, dem einzigen, das sich nicht kneten und fälschen läßt. Eine krasse Allegorik setzt den Dichter als „Lehmtrottel" ins Schlammbad unter die Todeskandidaten und Würmer. Die letzten Versuchungen des Lebens erduldet der Sterbende für seine Wahrheit; aber er überwindet. Und sein gekreu= zigter Leichnam wird den Zweiflern am Sieg der Idee zum strahlenden Wunder des unsterblichen Über=Ichs.

Wolf ist einer der wenigen von heute, die wissen, was eine Tragödie ist. Er weiß ... aber ohne die Kraft, die

Tragödie groß zu formen und ihrem absoluten Willenszug lebendige Masse zu bieten.

Die Überwindung der Tragödie sucht Dietzenschmidt in seinem „groß und schön Legendenspiel: Christofer". Die bloße Ideologie von Wolfs absolutem Ziel ist hier mit der Bestimmtheit eines Dogmas gegeben: Gott. Was so viele andere Gottsüchtige unsicher macht in Wort und Willen, indem ihr biographisches Ich immer nur einen, auf eine zufällig sortierte Menschheit bezogenen Gott sucht, und nicht den absolut geglaubten Umspanner aller Herzen, der die Liebe ist — dies hemmt nicht den Jünger des katholischen Patmosdichterbundes. Es ist auch ein starkes Zeichen für die innere Sicherheit, daß hier das heilige Thema von Christophorus nach alter Passionsweise mit unbefangenem Humor durchsetzt ist; ohne Angst, die Feierlichkeit des inneren Pathos' zu stören. Auch Shakespeare war sich seiner Helden inmitten von Clowns und Narren sicher. Dietzenschmidt vertraut der Legende; seiner volkstümlichen (wenn auch kulturgemachten) Simplizität und einem schlichtgläubigen Publikum. Das ist die Grundvoraussetzung für alle Wirkung von Wundern und sichtlicher Mystik. Lopez und Calderon, die das heutige Parkett langweilen, sind Beweise.

Nun forciert Dietzenschmidt die katholische Wunderseligkeit durchaus nicht; fußt aber auf Märtyrerlob und Abtötung des Fleisches um eines kirchlichen Jenseits willen. Auch läßt er alle Ästhetik und Feinriecherei Stuckenschen und Vollmöllerschen Weihrauchs und bleibt so schlicht, daß ihn die Grandseigneurs und Platoniker der Literatur gewiß recht albern finden mögen. Tendenzstück! Ha! „Tendenz" ist auch Dantes „Commedia". Wenn die Tendenz so groß ist, trägt sie andern Namen: Idee.

Den Heiden Offerus ruft die Stimme des Herrn: „Knecht Offerus! — Knecht Offerus! — Geh' hin und such' den höchsten Herrn!" Was unsere sonstigen modernen Pilger erst suchen müssen, die Erkenntnis, daß im Dienen an einem Höheren (sei's an der Menschheit oder Gott) erst das Überwinden des kleinen und doch so starken Ichs liegt, das fühlt der Offerus gleich zu Anfang; und er macht sich auf die Suche nach der stärksten (sagen wir) „Idee".

Einem schwächeren Talent als Dietzenschmidt hätte das Schema der Bilderfolge nahe gelegen: Christofer und der Dichter, Christofer und der Arme; Christofer und ... Die alte Totentanz-Weise von Hofmannsthal im „Jedermann" wieder belebt. Der Dichter verbindet aber die verschiedenen Herren des Riesen durch Spezial-Konflikte und so gut gekreuzte Beziehungen des Spiels, daß sich die Fäden im zweiten Akt zu einer Handlung verknoten, die nicht nur Passionsablauf, sondern Verwirklichung und Spannung wird. Ein Prozeß zwischen dem bestohlenen Geldmann und dem Raubritter ergibt problematische Fragen nach der Bewertung kapitalistischer und militaristischer Verdienste für die Gesellschaft. Mit gutem Geschick führt Dietzenschmidt durch alle drei Akte eine Liebeshandlung zwischen dem Dichterjüngling und einer christlichen Märtyrerin, die des Sehnsüchtigen Leidenschaften widersteht; die auf dem Scheiterhaufen von der Überwindung des Ichs für die Himmelsseligkeit singt; und als Gespenst — wie in alten Lehrgedichten — den wurmzerfressenen Grabesleib dem Begehrer zeigt: zur Besinnung auf die Seele. Das packt den Jüngling tief und bekehrt ihn zum Christen. Er wird der einzige, der Frau Welt widersteht. Befehle des Königs und Bitten des Vaters halten ihn nicht zurück vom Willen zu seinem Absoluten. Der Feuertod schreckt auch ihn nicht mehr und in Flammen bekennt er den Heiland als höchsten Herrn... Da weiß auch Osserus in jäh auflodernder Erkenntnis, wem er künftig zu dienen hat.

An Steigerung, unmittelbarem Spiel-Erlebnis und an Innigkeit des Herzens kommt keine der früher erzählten Passionen dieser gleich. Sie ist die einzige, welche die Bilderfolge mit kämpferischer Handlung überwand, das Bild der Sprache und dem Symbol der Fabel dienstbar machte, mit herzlichem Aufblick auf ein unbeirrbares Ziel. Dietzenschmidt hat in späteren Stücken nichts ähnliches erreicht. Der Mischung von Theater- und Legendenzauber fehlte die Kraftessenz einer festen Persönlichkeit.

Ein anderer aus dem Patmosdichterbund, Leo Weismantel schrieb sich mit einer tiefsinnigen Allegorienhandlung „Der Wächter unter dem Galgen" sein christliches Bekenntnis aus dem Herzen: eine schwer deutbare Legende von Ritter, Tod und Teufel — ahnungsvoller als Dietzenschmidts primitive Gewißheit, mystisch umdunkelt von unsichtbaren Übermächten. Wie auf byzantinischen Goldmosaiken in dämmernden Basiliken leuchten rätselvolle Bilder von der Wallfahrt zwischen Gottesreich und Kaiserherrschaft. Ein Dämon schreibt durch Weismantels Hand. Ihn bedrängt die Vision und macht ihn prophetischer als den Dichter des „Christofer". Aber seine geistigen Voraussetzungen liegen so tief hinter dem Vordergrunde seiner Handlung, daß ihr Geschehen wohl wie ein Abglanz ferner Offenbarung vor uns zittert. Doch ohne jene menschlich verführerische Nähe, die dem Spieldrama frommt, das durch einen unwiderstehlichen Kerl wie Christofer eindringlich zu uns redet: Der auf der Bühne — das bist du!

Wunder

Mit Abwendung von der Erde ist die Tragödie natürlich überwunden. Es gibt aber Unterschiede im überwinden der Welt. Kaisers Korallenzeld gründet sich mit Schopenhauer sein Asyl und macht sich's bequem. Kornfelds Höllenmenschen, Dietzenschmidts Liebespaar und Christofer gehen in die ewige Himmelsliebe ein nach schwerem Erdenkampf. Dieser Kampf versöhnt. Lessing bezweifelte die Möglichkeit des christlichen Dramas, weil der Wille um Jenseits den irdischen Kampf vermeide und damit das Drama. Doch kann man sagen, daß der **werdende** Märtyrer sowohl Held im Drama werden kann wie irgendein Heide; wenn auch die Lösung der Tragik uns nicht voll befriedigen mag. Nur der **vollendete** Heilige ist so wenig mehr dramenfähig als der problemlos vollendete Held. Wo aber innerlich geopfert und gerungen werden muß mit den Mächten der Welt, ist der Mensch als Christ oder Heide Subjekt eines Lebensdramas — mag einem der Zug zum Jenseits nun sympathisch sein oder nicht; mag auch der letzte weltlich-tragische Konflikt umgangen sein.

Ein anderes ist im religiösen Drama die Einwirkung auf die Willenswandlung von oben: die mystische Bekehrung; die unmittelbare Wirkung vom Gebet oder Messe: die Stellvertretung der Lebenssünder durch Mittler und Heilige. Schon bei Hasenclevers „Menschen" und bei Kornfelds Grafen in „Himmel und Hölle" wurde dies erwogen und die Schuldübernahme und sittliche Bürgschaft durch andere entschieden abgelehnt: im Drama hat jeder seine eigenste Verantwortung zu tragen.

Sowie Gott mit geheimnisvollem Finger persönlich an Menschengeschicke rührt, geschieht für den Ungläubigen immer nur ein Zufall oder ein Zauberkunststück. Ethisch aber stellt sich den Augen eine Niederlage des freien Willens dar, ein Verzicht auf die Selbstverantwortung, die dem ungläubigen Zuschauer charakterlos und bequem erscheint, weil er nicht wie ein Luther um die göttliche Gnade gerungen hat; weil er nie das Mysterium des Paulus auf dem Wege nach Damaskus erlebt hat. Wer nicht als Ethos-Mensch den

absoluten Willen durchsetzt, der muß um Gottes Willen sich
zur absoluten Demut durchringen.

Die Demut aber — ist sie nicht Feigheit, sondern Gottes=
furcht — kommt nur mit dem echten Glauben; und dieser
wiederum, die Wirksamkeit der Gnade und das persönliche
Wunder der Gotteserscheinung, findet nur künstlerische Form
innerhalb der Konvention eines Kultes. Die Demut muß
aber Stärke sein, nicht Angst und Flucht. Das Beispiel
der ungläubigen Damaskus=Wanderung Strindbergs spricht
als Warnung. Hier ist Verzicht auf freien Willen, ohne
überzeugende Demut. Für des späten Strindbergs sub=
jektive Aufrichtigkeit (und Schwäche zugleich) zeugt es aber,
daß er in seinen letzten Dramen nicht mit großem Aplomb
zum Schluß einfach das Christentum predigte und es beim
Kreuz bewenden ließ. Denn viele unserer neuen Dramatiker
machen es sich ja etwas leicht mit der Erlösung, für die
Strindberg immerhin mit allen möglichen Göttern Versuche
anstellte. Wenn ihnen der Atem ausgeht vor lyrischem
Stammeln und Schreien, zitieren sie den Gekreuzigten aus
der Versenkung oder aus den Wolken. Das Kreuz, Musik und
Beleuchtung — dazu ein wohlbesonnener Bibelspruch mit
„wahrlich ich sage euch" ... dann etwas Donner und
Orgelklang; Verklärung. Die wenigsten ringen so aufrichtig
wie Beer=Hofmann in „Jáakobs Traum" um Gnade und
Auserwähltheit. Sonst gehen die angehenden Heiligen dieser
„Mysterien" ihren epischen Stationenweg, erleben die Ar=
mut, die Krankheit, die soziale Ungerechtigkeit, die Härte der
Gerechten — wie Indras Tochter — und rufen schließlich
das Kreuz an. Sie verzweifeln aber dennoch wie in Esokors
„Roter Straße"; oder das Wunder hilft dann mit augen=
blicklicher Promptheit.

Nun ist ein Wunder nichts Erklärbares und der drama=
tischen Sinnlichkeit Eingängliches. Eine Bekehrung ist keine

Belehrung; sondern die Gnade Gottes wird intuitiv mit aller Plötzlichkeit erkannt, wie bei Saulus, der zum Paulus wird. Ist dieses Erlebnis der Ausgießung Gottes, dem Drama als der Darstellung des menschlichen „Werdens" zugänglich? Kann es sichtbare und höhere Sinnfälligkeit gewinnen? Erscheint der geheimnisvolle Übergang des freien Willensmenschen in den demütigen Gottesknecht in einer Handlung, im Gebet, nicht stets als unsichtbare Mystik. Sieg eines unkontrollierbaren, göttlich verkleideten Egoismus über die Sittlichkeit? Also feige Unfreiheit vor der moralischen Konsequenz des Lebens?

Bei Calderons Dramen haben die Wunder ihre kirchliche Garantie. „Die Andacht zum Kreuz" oder „Die Andacht zur Messe" entsühnt selbst den Schurken sofort von Raub und Mord und Unzucht. Die in einem Lasterleben vollzogene Andacht rettet gleich wunderbar Pasquals Herz.

> „Acht ich's Opfer
> Hier der heil'gen Messe höher
> Als der Lieb' und Ehre Ford'rung,
> Leg' ich, Herr, in deine Hände
> Ehr' und Leben! Gott befohlen!"

Solche Lösung der Seele ist dramatisch undarstellbar. Der Theatermeister wird hier als Pantomimiker zu Verwandlungs- und Stimmungskünsten mächtig herangezogen, um Gottes Geistwirkung zu substanzieren. Die starke Verwendung kirchlicher Symbole führt — namentlich in den Geistlichen Festspielen — zu allegorischen Darstellungen. Das Kreuz-Symbol tut aber schon in den Comedias eigentätige Wunder. Beim Schiffbruch hat der rettende Balken Kreuzesform. Am Fest des Kreuzes bleibt Eusebio unverletzt im brennenden Hause. Ein Kreuzschmuck am Hals bewahrt vor tödlichem Degenstoß. Dies geht bis zur frei-

willigen Komik, wo ein Ängstlicher sich von Kopf zu Fuß
mit vielen Kreuzen behängt, weil er weiß, daß dann der
fürchterlich grausame, aber ebenso fürchterlich fromme Räu=
ber Eusebio ihm nichts anhaben kann.

In den über siebzig geistlichen Festspielen, den Autos
sacramentales, ist das wunderbare Wirken des Altarsakra=
ments und die Beziehung zur Eucharistie Gegenstand. Kreuz,
Kelch und Hostie werden zu dramatischen Faktoren und wir=
ken ihren Segen. Nur der Katholik wird hier seelisch=naiv
miterleben. Der katholische Forscher Lorinser hält für un=
erläßlich zum tieferen Verständnis der Autos den Besitz
der katholischen Idee vom Mysterium der Eucharistie. „Wer
nicht die beseligende, nie zu erschöpfende Fülle von Wonne
und Jubel, die für das gläubige Gemüt in der Betrach=
tung des Geheimnisses der Eucharistie liegt, nicht bloß mit
kaltem Verstand als kalten Begriff erfaßt, sondern mit
warmem, gläubigem Herzen in sich aufgenommen, an sich
selbst praktisch empfunden hat, dem werden Calderons Autos
stets ein unverstandenes Rätsel bleiben, und der maße sich
nicht an, im Geiste ihres Verfassers sie verstehen und mit=
empfinden zu können." (Vgl. E. Günthner „Calderon und
seine Werke". Herder, Freiburg i. Br.)

Können wir mit? Während viele protestantische Kritiker
vor allem die Mißhandlung der Vernunft und Moral rügen,
erkennt der Nichtkatholik Graf Schack die Kunst Calderons
als gerade in den Autos aufs höchste gesteigert. Ihre
Bühnenerscheinung war im Eindruck vielleicht ähnlich der
unserer modernen allegorisch=pantomimischen Mysterien.

Wir dürfen also rein ästhetisch und vom Standpunkte der
ethischen Tragödie aus hier nicht richten, wenn wir nicht
l'Art pour l'Artisten der Dramaturgie werden wollen. Auch
die griechischen Kulturtragödien, die höfische Tragédie der
Franzosen und selbst das deutsche klassische Drama sind durch

die Form einer Weltanschauung innerlich bedingt. Wer hier nicht als gläubiger Katholik kritisiert, kritisiert falsch. Die „allgemein-menschliche" Grundlage ist hier die kirchliche. Mit weltlicher Vernunft ist spottleicht zu verurteilen. Das ist Ungläubigen verboten. Unzählige Fromme haben vor diesen Spielen Erhöhung und Erlösung gefunden, ernsthafte katholische Kritiker sehen Calderon neben Shakespeare. In ihnen ist der Mensch und der Katholik ja eines geworden, da katholisch und allgemein-menschlich für sie dasselbe ist. Einem Volke aber, für das seine Konfession zugleich auch seine unerschütterliche Weltanschauung und Ethik war, gaben Calderons Festspiele innerlich vielleicht mehr als die humanistischen Meisterwerke der Klassik unserem Volke in seiner vollen Gesamtheit: denn dort war Kirche und Theater eines geworden. Die Seele, die Kunstfreude und der Glaube gingen in mythischer Einheit auf. Der Glaube machte das Wunder zum sichtbaren Werden Gottes. Zum Drama von Gott.

Aber wir Profanen von heute haben keinen Mythus und kein Mysterium der Verwandlung von Fleisch zu Geist. Ein Spiel ohne ethischen Kampf, auf lyrischen Wunderschwingen, kann nur durch die Glaubenswilligkeit einer im Bekenntnis geeinten Kultusgemeinde zur großen Theaterschau werden. Max Pulvers Wunderspiel „Robert der Teufel" kommt uns zu spanisch. Ein Stück wie Claudels „Verkündigung" wird durch öffentliche Schaustellung zum Ästheten-Kammerspiel. Es wirkt auf jedes romantisch angelegte Gemüt durch die Poesie seiner Legende; und jeden wird Leid, Kampf und Opfer jener Menschen ergreifen. Da wird ein totes Kind lebendig. Auf die Deutung dieses Symbols kommt alles an: ist diese Auferstehung ein Sinnbild der nie ersterbenden Liebe zweier Menschen, so ist das Drama auch im profanen Sinne wahr. Hat aber allein die Kraft des Gebetes der ungläubigen Mara durch mystische Vermittlung der „heiligen" Violane ein Wunder bewirkt, so wäre etwas im nichtkonfessionellen Drama Undarstellbares dem Theaterzauber dienstbar gemacht worden. Nur in Kathedralen läßt sich das ertragen. Die echten Wundergläubigen und Claudel selber müssen gegen einen ungeweihten Spielplatz protestieren.

Denn wir haben ja nur ein Theaterparkett und keine Geist-Gemeinden. Wir haben Schieber, Geldmagnaten und Snobs, die sich in Vollmöllers „Mirakel" oder eben in Claudels „Verkündigung" katholische Experimente demonstrieren, die sich Wunder vormachen lassen, deren symbolische Heiligkeit ihnen nie eingänglich ist. Die bestenfalls die Legende mit derselben artistischen Kunstgewerbler-Gesinnung auf „geschmackvoll" hin zensurieren, mit der sie die Nackttänzerin Babylonia auf ihre Bauchmuskeltricks prüfen.

Und das Mirakel wird zum Spektakel.

Politik der Dramatiker

Georg Kaiser der Denkspieler

> „Zur Weisheit braucht es ja nur ein
> Wortspiel." „Die Koralle."

Der Platoniker

Georg Kaiser ist der größte Könner, der quantitativste Denker, der Träger aller Larven des neuen Theaters. Immer weise lächelnd um den wohlberedten Mund. Doch die Augen aus den Löchern der Mimenmaske: treulos, bannend mit Hypnose, Distanz gebietend. Er ist die Sphinx unter den modernen Dramatikern. Nicht durch rätselvolle Undeutlichkeit wie die Seelenschreier. Denn keiner von allen ist im Einzelwerk kristallener im Aufbau seiner Handlungen und von durchsichtigerer Dialektik. Aber ein Blick über das gesamte Werk verwirrt uns die Persönlichkeit des Schöpfers. Wenn der Stil wirklich den Charakter verrät, so wird uns hier fast nichts verraten. Wir können im ersten Eindruck die Fülle von Formungen nicht vereinen, die er vom Morgen bis zur Mitternacht eines halben Menschenalters schuf. Können die verschiedenen Bekenntnisse nicht zugleich aufnehmen, die er uns predigte:

Vom erotischen Erstling „Rektor Kleist" (von 1905) zum ideal platonisierten Denkdrama „Die Rettung des Alkibiades" (von 1919). Vom psychologisch motivierten „Hahnrei" Marke zu den typisierten Ideen der „Bürger von Calais". Von der grotesk-komischen Th. Th. Heine-Figur des „Zentaurs" zur Ekstase des „Korallen"-Schlusses. Vom Schwank à la Parisienne der „Sorina" zum Hedda Gabler-Thema der „Versuchung". Von der fröhlichen Naivität der „Jüdischen Witwe", zur Verquältheit „Von Morgens bis Mitternacht". Von den romantisch-geilen Anekboten in „Frauenopfer" und „Brand im Opernhaus" zur philosophischen Begrifflichkeit in „Friedrich und Anna". Vom „Spiel und Tanz" der ballettleicht ästhetisierten „Europa" zur schweren Sozialproblematik in „Gas" und „Hölle Weg Erde".

Doch noch verblüffender und zugleich beängstigender als diese in der Weltliteratur seltene Fähigkeit des Maskenwechsels wirkt die Vielseitigkeit seines weltanschaulichen Rundhorizontes, dessen Himmelsrichtungen von wechselnden Sternbildern bestimmt werden; wo die Kompaßnadel ruckweise neue Richtung zeigt, da der magnetische Pol der Persönlichkeit nicht anzieht.

Kaiser stellte sich 1914 mit dem Buche der „Bürger von Calais" vor als den Aktivisten der Tat und des Werkes. Dann aber kriecht er als Kassierer auf dem Wege „Von Morgens bis Mitternacht" zu Kreuze und haucht sein „Ecce homo"; verschmäht dann in der „Koralle" gleich wieder das christliche Narkotikum und flieht mit Schopenhauer hinter den Schleier der Maja; bekennt sich endlich in „Gas" zur irdischen Idylle eines erdnahen Ackerbauertums und baut endlich nach Wanderung über „Hölle Weg Erde" im ultra-pazifistischen Ozean die Stadt Utopia auf Korkflößen auf, wo die Strindbergschen Sünder nach rascher Mohrenwäsche brav und lieb geworden sind — durch Erde verbunden: ein Leib und eine Seele...

Die „Bürger von Calais" standen mitten in der schlimmen Welt: in der Welt zwischen Freund und Feind. Das Leben war ihnen kämpferische Aufgabe. Aus Liebe zum Freund erwuchs das Opfer an den Feind. Ein großes Symbol zeigte den ethischen Sieg. Wie weit ist der Weg von der „neuen Tat der neuen Täter" von Calais bis zum In-Szene-Setzer der wiedergefundenen Paradieses-Anwärter von „Hölle Weg Erde"! Die Löwen und Tiger, mit denen

Calais noch zu kämpfen hatte, sind nun mit unverantwortlicher Behauptungskraft Lämmlein und Täublein genannt worden.

Es müßte eigentlich Kaisers dramatische Produktion erlöschen; denn seine Menschheit hat den Kampf mit dem Bösen überwunden. Wohlverstanden, nicht Hinz und Lehmann oder gar „Ausnahmen" wie Nero oder Christus, sondern die durch die strikte Anonymität ihrer Vertreter legitimierte Menschheit: „der" Juwelier, „die" Lebedame, „die" Straßenhure, „der" Sträfling. Ist diese Menschheit wirklich vom trennenden Prinzip des Individuums befreit und in der Alleinigkeit eines hymnischen Gesangvereins zur reinen Harmonie gelangt, dann hört das Drama, wie es Kaiser am Hafen von Calais versprach, für immer auf. In „Gas II" endet die Menschheit gar in allgemeiner Götterdämmerung. Kein Konflikt wird mehr die Betstunde der Frommen stören, kein Opfer braucht die Liebe mehr zu tun: da ewiger Friede jete Qual vorwegnimmt. Der Mensch ist gut! Dogma! Basta! Finis tragoediae!

Doch so weit kommt es nicht mit Kaiser. In seinem jüngsten Werk vom „Geretteten Alkibiades" zeigt er schon wieder, daß Mensch gegen Mensch stehen muß, wenn eine Dialektik möglich werden soll: der weiseste und häßlichste Mann Athens, Sokrates, und der schönste und tapferste, Alkibiades, bereden ihre Daseinsgesetze mit allerfeinster Kunst; und was seit den „Bürgern" Kaiser nicht mehr gelang, die Kraft zur absoluten Überwindung ohne Flucht und romantische Asyle, das wird im Tode des Sokrates großzügiges Denkmal. Ein Tod ohne klirrenden Heroismus, ein Tod als Blutzeuge des Geistes. Keine krasse Tragik: zu viel Erkenntnis, zu wenig Wille zur Erde im Sokrates. Kein Fanatismus, sondern Folgerichtigkeit. Kühl erwogen, poetisch in Sprache gesetzt. Dramatische Philosophie.

Georg Kaiser legte einmal sein Bekenntnis zum „Drama Platons" vor; und er meint damit jene herrlichen Dialoge des Philosophen, die im Liebeshaß sich streitend umspielender und doch sich suchender Gedanken die Synthese des Geistes zeugen. Das wenige Theoretische, was die Öffentlichkeit von ihm hörte, sei hier zitiert:

Das Drama Platons

„Für die Würde seines Ausdrucksmittels sucht der Dramatiker in strenger Prüfung nach wichtiger Bestätigung. Zwingt er in die Dramaform seine Erkenntnisse und Erschütterungen? Läßt die Drängung zu Akten genügend Raum? Sind Auftritt, Erscheinung, Figur tiefe Gefäße jedem Inhalt? Ist Schauspiel fassende Hülse ohne Verlust?

Rechtfertigung seiner Werkbildung erlangen will der Dramatiker. Dünnes und dummes Spiel entstellt oft die täglichen Theater. In dies Theater geht der Dramatiker mit Zögern — und dennoch zieht es ihn mit unduldsamer Forderung hin. Seine Scham ist nur flüchtig — und aufzitternd sieht er schon sein Werk scharf im Bühnenbild. Sein Widerstand ist vergeblich — Erkenntnis wird Erscheinung — und von der Erscheinung getragen überhöht sich seine Erkenntnis. Das Drama schenkt ihm die letzte Anschauung. An Figuren schießt der Gedanken zu größter Möglichkeit auf.

Ein Irrtum ist nicht mehr fürchterlich. Das Drama Platons legt Zeugnis ab. Es ist über allen Dramen. Rede stachelt Widerrede — neue Funde reizt jeder Satz — das Ja überspringt sein Nein zu vollerem Ja — die Steigerung ist von maßlosem Schwung — und auf den Schlüssen bläht sich geformter Geist wie die Hände Gottes über seiner Weltschöpfung.

Befriedigt wird die Schaulust — sich befriedigt Platon sein Vergnügen am Schauspiel: ins „Gastmahl" tritt

Alkibiades, auf die Flötenspielerin gestützt, Veilchen und Efeu im Haar, angetrunken, Sokrates an der Tafel.

Wann schaute ein Dramatiker eine kühnere Konfrontierung an als Sokrates und Alkibiades? Wo erfand noch einer dies Ja und Nein seinem Drama? Maßlos groß ist der Anblick. Zuerst war dieser sicherlich. Die Kontrastierung wurde aufrüttelnd schöpferisch — entriß dem Denkenden die Form zur Denkbarkeit seiner profunden Weisheit. Es entsteht kein Buch — es wird Bühne. Es wird immer vollkommener mit neuer Schöpfung. Jede Begegnung von Figuren wird Anlaß — bis nur noch aus Begegnungen Gedanken entstehen.

Die Plastik der Szene ist fabelhaft geworden. Phaidon. Das Gefängnis um Sokrates. Sokrates von den Freunden umstellt. In wehem Abschied vom Weibe. Von den Kindern. Begrüßungen schwellen rasch zu Letztes entdeutenden Gesprächen an. Werden und Tod ist darin — von Figuren erjauchzt und erlitten. Das Wort ist das Kleid der Figur — ohne sie bleibt es unauffindbar. Die Szene besteht.

Für die Würde seines Ausdrucksmittels sucht der Dramatiker in strenger Prüfung nach wichtiger Bestätigung. Jetzt entdeckte er sich die Notwendigkeit der Dramaform. Mit festem Finger zeigt er auf Platon. Hier ist Aufruf und Verheißung von allem Anfang schon geschehen. Das Gebiet weitet sich in grenzenlosen Bezirk. Da befriedigt Schauspiel tiefere Begierde: ins Denk=Spiel sind wir eingezogen und bereits erzogen aus karger Schau=Lust zu glückvoller Denk=Lust."

Denk=Spiel aus Denk=Lust! Wie kam wohl ein Mann aus den Bezirken Wedekinds, Strindbergs, Shaws und Sternheims, von deren Kunstverwandtschaft seine Werke Zeugnis geben, zu dieser platonischen Methode? der erotische

Theatraliker zum geistigen Eros der Griechen? Der Weg kann nicht einfach sein.

Die modernen Lebensläufe der Relativitäts=Menschen sind notwendig Labyrinthe. Vielleicht kennen wir nur die Krümmungen der Gänge nicht, um über allem Widerspruch der Sämtlichen Werke nicht höhere Einheit zu entdecken. Artisten und Schauspielernaturen haben es schwerer als die Catone mythischer Republiken. Wie viele von heute aber sind nicht irgendwie Schauspieler? Strindberg?, Wedekind?, Stefan George? Von den Kleinen nicht zu reden! Mimen klischierter Ideen; Umlerner neuer Rollen im raschen Wechsel der politischen Drehbühne; Spielleiter von nicht zu Ende begriffenen Tragödien, ironische Komiker, die sich im Chaos der Weltanschauungen geradezu aus Weisheit nicht ganz ernst nehmen? War Nietzsches Haß gegen den Schauspieler nicht Selbsthaß gegen das eigene gemußte Spiel mit Pathos und Ethos? War sein „Jenseits von Gut und Böse" nicht die Übertreibung des Rhetorikers? Haßte er nicht den grandiosen Oberkomödianten Richard Wagner aus pervertierter Wahlverwandtschaft? War er nicht schließlich ziellos und konstruierte den illusorischen Übermenschen, da der Mensch sich nicht für die Umwertung aller Werte gebrauchen ließ? Was nun? Auch Kaiser zitiert noch 1904 Zarathustras: „O meine Brüder, zerbrecht, zerbrecht mir die alten Tafeln!" Gut Moses! doch sei auch Prometheus: schaff' neue! Wie aber lautet es noch 1917 in der „Koralle": „Fortschritt — es gilt nicht wohin — sondern: fort wovon!" Das ist die Flucht der Verzweiflung: Nihilismus und Tabula=Raserei. Das „Wohin?" aber bleibt nach den Jahren des Praktikers dem Philosophen Kaiser nicht erspart.

Kaiser kam vom „Leben" zur Literatur; nicht wie so viele aus dem Großstadt=Kaffeehaus. Der 1874 Geborene stammt aus dem kleinen Magdeburg; wird Kaufmann;

arbeitet in Buenos-Aires; reist in Spanien, Italien, Frankreich; lebt dann in Weimar und München. Der „Wille zum Deutschtum" trieb ihn heim: „Denn es bleibt dies notwendig: sich zu entfernen, um tiefer zurückzukehren." So meldet eine kurze Selbstbiographie. Man weiß nicht viel von ihm, über ihn und seiner Stücke Werdegang; er ist nicht ich-biographisch wie die Expressionisten. Erst mit fünfundzwanzig Jahren schreibt er sein erstes Drama im Wedekindton. Und erst als Dreißiger drängt das Talent zu voller Produktion. Er nennt Schopenhauer, Nietzsche, Dostojewski, Hölderlin und Plato seine geistigen Penaten. Verneinung des Willens und Bejahung der Leidenschaften, Liebesstrom des Herzens und kühle Strenge des Gedankens, Tollheit und Sophrosyne — dies alles gebietet aus diesen Namen. Der Platoniker muß von Stufe zu Stufe den Weg reinigen. Der klare Gedanke drängt zur Antwort. Mit dem Dies irae von „Gas II", mit der Predigt des Spazierers in Schlaraffenland ist es nicht getan — weil es kein Schlaraffenland gibt. Die Politeia Platons ist Wirklichkeit gegen solche „Hölle Weg Erde". Plato droht dir Georg Kaiser! Quo vadis?

Der „Kubist"

Georg Kaiser gilt als Expressionist. Er ist es als neuartiger Stilist von Ekstasen und Grotesken, als Gegner naturalistischer Bühnenwirklichkeit, als Zerteiler der Hauptperson in mehrere Reflex-Gestalten, als Allegoriker seiner Begriffe. Wenn aber Expressionismus im weitesten Sinne unmittelbarer Schrei der Seele sein will, Ausdruckskunst als Feindin formaler Fessel, lyrische Verschwingung aller Individual-Konflikte oder Austoben in rasendem Sturm und Drang — dann ist Kaiser geradezu ein Antipode des Expressionismus.

So sehr eine Menge moderner Lyrodramatiker die theatralischen Methoden Kaisers für ihre bilder=schreienden Seelen=Kinos verwerten können und reichlich die von Strindberg vererbte „Traumspiel"= und „Damaskus"=Szenik mit Kaiserschen „Anregungen" salzen — er selber ist durchaus Geist= und nicht Seelenmensch. Seine Ekstasen sind gläsern klar; seine Seelen sind allegorisierte Abstrakta. Aber sein Dichten horcht kaum auf ein Chaos im Innern. Es wird nicht Ohren=, sondern Spielkunst. Optische Demonstrationen vom Begriff der Seelen. Er schaut Gedanken in die farbigen Dinge und baut sinnfällige Allegorie aus unsinnlichen Programmthesen gegen Geld und Haß. Auch der lyrische Kornfeld dachte seine Dichtung — aber durch das Ohr seines leidenden Ichs.

Kaisers Rhythmus ist maschinell hackend und zugleich im Schwung des Turbinenrads. Keine Sing=Lyrik. Das ruhige Vers=Gleiten Stefan Georges, von dem er lernte, kommt auf die Zahnradschiene. Er verzichtet immer mehr auf die lästige Zutat der Artikel; zuletzt fällt die Zerteilung von Vor= und Stammsilbe: „... Anwalt... anstarrt Spazierer"; dies die Bühnenanweisung. Über Sternheim hinaus: „Edith, hast du Bleistift?" Oder primitiver: „... Du und ich umbiegen Schicksal." Ein Bestreben der Sprache, buchstäblich „die Zeit zu verkürzen"; die Zeitdauer der Melodie in Telegramm=Mechanik umzuwandeln.

Entsprechend der architektonischen Struktur seiner Szenen sucht er die Worte aus ornamentalen Folgen zu statischen, räumlich funktionierenden Trägern zu machen. Den Raum zu bannen im Satzskelett. Das Räumliche ist faßbarer in Form als die ewig fliehende Zeit. Ein Abscheu vor jeder sentimentalen Wärme und vor Verflüchtigung im Unräumlichen spricht wie durch Worte so durch die harte Konstruktion der Szenen und Akte: Glas und Eisen. Kranken=

haus=Architektur; Desinfektionskammern gegen unkontrollier=
bare Gefühle.

Modernste Technik spielt auf der Bühne mit: Megaphon,
Rohrpost, Licht= und Läuteapparate, Signalbirnen elektrisches
Drahtgewirre; Bezugnahme auf Motore, Riesenmechanik,
Wälder von Schloten, Sechstagerennen mit Höllenlärm,
Gas=Explosion. Strindberg lieferte Vorbilder. Oft wilde Folge
flimmernder Bilder in rasendem Tempo wie Film: „Von
Morgens bis Mitternacht". Ein futuristischer Zug: das
Hintereinander der Zeit durch Prestissimo ins Nebenein=
ander des Raums zu zwingen; um „Totalität" in nuce zu
komprimieren. Das Hauptgebiet des Rhythmikers Kaiser ist
Raum; der Geist baut errechnete Kristallpaläste. Das Indi=
viduum wird aufgelöst in seinen anonymsten Typus. Szene
und Mensch werden geometrisch vereinfacht. Das Chaos der
Seele bändigt tektonischer Wille. Man hat das Wort „Ex=
pressionismus" aus der Malerei geholt. Für Kaiser gilt ein
anderes gleicher Herkunft: Kubismus.

Doch das sind nur Worte. Der Sinn erschließt sich
sofort dem, der etwa Goethes und Schlegels Wort von der
Architektur als gefrorener Musik, oder von der Musik als
tönender Baukunst faßt; der die elementaren Unterschiede
zwischen einer lyrisch=epischen Zeit=Dramatik und einer archi=
tektonischen Raum=Dramatik kraß empfindet; oder zwischen
einer zeitlich bewegten Bewegungsarchitektur des in Voluten
und Kuppeln gekrümmten Barockstils und dem tektonisch
raum=starren Dorer=Tempel.

Das Unfaßbare, Melodiös=musikalische, Gestaltlose, das
lyrisch=subjektive Ich — das Seelische — flieht im Zeit=
lichen; hat Richtung und Reihe. Das „expressionistische"
Stationendrama ist sein Ausdruck. Von „Morgens bis
Mitternachts", der seelischeste Ausbruch Kaisers, zeigt auch
wirklich die Passionstechnik der Szenenserie.

Das denkerische Kontrapunktisch-Musikalische, Formbestimmte, das begrifflich objektive Denkbild der Welt — das Geistige — ruht im **Räumlichen**; hat Begrenzung und Aufbau. Das gegliederte Akt-Drama wird kubistischer Ausdruck. In ihm denkt sich Kaiser am liebsten seine Symmetrien aus.

Kaiser ist unbiographisch. Er denkt über sich hinaus. Er ist nicht Lyriker des Ichs. Man kennt keine Gedichte von ihm wie von Hasenclever oder Wildgans. Nie durchbricht ein Vers wie bei Sorge und den Seelischen die Prosa der Realität. Bei Kaiser ist die Folge von Rezitativ und Arie aufgehoben. Er ist eben nicht Ohr — trotz seiner rhythmischen Kunst. Doch auch er kennt die Doppelaktion eines prosaischen Verlaufs und einer Oberhandlung. Bei den Expressionisten war es die lyrische Seelenkurve, die sich über den Naturalismus einer Familienszene erhöhte. Bei Kaiser aber schweift die Dialektik und der mehr reflektierende als lyrische Monolog als Geisteslinie über den Aktionen. Die Ich-Dramatiker wie Sorge oder Boetticher waren in der Prosa-Handlung materielle Lebensbeschreiber. Im Vers aber: Seelen-Biographen. Sie formulierten damit den Gegensatz von platter Naturwirklichkeit der Welt zum lyrischen Seelenflug des monologischen Ich-Spielers. Ihr Ausbruch war Schrei, Vers, Melodie. Daneben wurde die Fabel der Geschehnisse unbedeutend.

Kaiser aber gibt in der Unter-Handlung eine unbiographische Fabel aus einer Chronik oder aus seinem eigenen Zeitenbuch. Er setzt nicht wie die Pseudo-Historiker sein Ich in den Haupthelden und bricht nun lyrisch aus, als wäre er — wie bei Johst oder Boetticher — Grabbe oder Achim von Arnim. Sondern die Fabel wird unpersönliche Dienerin vielfiguriger Ideenkomplexe und gegnerisch kämpfender Allegorien. Kaisers Gegensatz von Unter- und Ober-Handlung ist nicht der von Natur-Prosa und Seelen-Vers, sondern von symbolisch-mimischer Spiel-Aktion und symbolisch-sprechender Dialektik. Das Spiel erstarrt oft vor unmäßig lange dauernder Rede; die Rede aber stockt minutenlang vor der genau bezeichneten Pantomime ganzer Gruppen. Die „Bürger von Calais" liefern Beispiele. Bei den Expressionisten laufen zwei Welten — eine banale und eine ideale nebeneinander her. „Die Sendung Semaels" von Arnold Zweig gab die krasseste Probe. Bei Kaiser kreuzen und verflechten sie sich als Aktions- und Rede-Ablauf. Ähnliche Teilung wie in Aschylos' „Orestie": die wenig redenden Täter der Handlung und der untätige, aber von Versen überfließende Chor.

Die stilisierte Prosa Kaisers wahrt Einheit für alle Situationen. Charakteristisches für Arbeiter, Prophet und Milliardär gibt es sprachlich nicht. Der Expressionist braucht oft Alltagsrede, sogar Dialekt zur Akustik seiner Erdenwelt; mit dem Versklang signalisiert er dem Ohr den Flug in die Oberwelt. Kaiser gibt fast nur durch Inhalt, nicht durch Stil der Rede Unterscheidungen von Dirne, Dame, Bankdirektor und Juwelier. Charakteristik gibt sich wesentlich dem Auge durch Farb- und Formsymbole. Ovaler Raum: das Barmherzigkeits-Kabinett des Milliardärs. Quadratischer Raum, eckig und hart: das Bureau des kapitalistischen Sklavenhalters. Farben werden Assoziationsfaktoren: der „Mann in blau" ist der Arbeiter in seiner Bluse. Der „Herr in grau" der theoretische Sozialist. Das Gespenst der Leere, des Nichts, der Auflösung kündigt die Explosion der Gasfabrik an: „das weiße Entsetzen", das der „weiße" Herr aushaucht. Die „schwarzen" Herren sind befrackte Industriebarone und Peiniger des Proletariats. Rot ist die Uniform des Militaristen; von rosa bis zu dunkelrot färbt sich das Sichtglas des Gases, wenn die Explosion blutige Opfer androht. Grün ist das Schmuckwort des Pazifisten für die Siedelung seiner liebend vegetierenden Menschheit. Grün heißt Natur... Diese Zeichendeuterei ist in der „Koralle" noch märchenhafte Anspielung; wird später Manier und Phantasie-Ersatz; nach Kaisers Vorbild unerhört mißbraucht von allen Epigönchen, die von namenlosen farbigen Truppen ihre Rätselspiele lösen lassen.

Wo der lyrische Monologist kein Ich mehr liefert, da wird die Fabel Trägerin aller Denk- und Herzensleidenschaften. Kaiser zeigt kein Individuum, sondern nur den typischen „Menschen". Da er diesen im allgemeinen nicht als lyrische Seele ausbrechen läßt, wird die Fabel Gebot — sonst wäre kein individuelles Schicksal möglich. Die Gedankenmumien beleben sich an den Bewegungen der Fabelaktion und spekulieren zugleich auf Nerv und Herz des verkörpernden Schauspielers. An Fabelkonflikten entzündet sich erst ein Widerstreit von platonischer Rede und Widerrede. Fabel ist konkret, ist Raum. Durch sie hindurch projizieren sich die Allegorien als bewegte Schatten auf die Bühne: gleich den Ideen, die in Platos Höhle Nachbilder von der Lichtwelt an die Felswand strahlen. Aus dem Gehirne in den Raum geworfen und von der Szene listig eingefangen. Blutleer, aber geistesvoll.

Erotische Restbestände

Als im Januar 1917 mit den „Bürgern von Calais" die erste Uraufführung Kaisers stattfand und bald darauf die schwankhafte „Sorina" und der „Zentaur" dem Publikum und der Kritik sich lachend vorstellten, hub zum erstenmal das Staunen an über die Doppelnatur aus erotischer Grotesk-Komik und priesterlichem Pathos. Und doch erlebten wir ähnliches im frühen Wedekind des „Erdgeists" und dem späten des „Herakles". Man sieht: entscheidend ist nicht der Stil, sondern die Reaktion eines Temperaments auf die

Erotische Restbestände

kleine und die große Welt. In der kleinen führen die Menschen noch Namen und Stand, sind Glieder der Familie. Hier sieht Kaiser die winzigen Konflikte mit der Materie komisch, die den Bureaukraten, den Philister und den Impotenten vor der Natur des Fleisches lächerlich macht. Auch den Ästheten läßt er vom Stier Europens beschämen. In den Familientragödien bleiben psychologische Konflikte herrschend und sexuell verhaftet. Menschheitsideen mit anonymen Geistesträgern spielen hier nicht.

In der dichterisch ganz belanglosen „Versuchung" (1911) ist ziemlich altmodisch der „Charakter" einer Frau „analysiert", die (à la Hedda Gabler) von ihrem trinkenden Ehephilister (à la Tesmann oder Helmer) kein Kind gebären möchte, und die sich von einem falschen Idealisten (à la Lövborg) den Idealsohn zeugen läßt: ohne Wollust vom Geiste empfangen, gleichsam in unbefleckter Empfängnis. „Die Mutter Gottes" hieß daher zuerst der Titel.

Deutlicher beweist Kaiser in „Frauenopfer" (1915) und „Brand im Opernhaus" (1918), daß Eros und Erotik zweierlei Dinge sind. Er kleidet sich ins französische Kostüm des 18. Jahrhunderts und erzählt in brillanter Technik und Konversation zwei Anekdoten mit Galanterie und Fleisch-Koketterie. Wie der Grandseigneur Sternheim kennt er den feinen Ton und freut sich der noblen Allüren. Die Probleme sind romantisch. Eine Adelsdame opfert im Gefängnis ihren Leib einer ganzen Wächterschar, um den Gemahl vom Tode zu retten. Als der von dem mehrwöchentlichen Liebes- und Leibesopfer hört, ist Eifersucht in ihm stärker als liebender Dank. Ein Schuß tötet die romantische Heroine nach ausgezeichneten Konversationen.

Bedenklicher als diese pikante Vergewaltigung stimmt der Pariser „Brand im Opernhaus" von 1763. Der Herr von *** (wahrhaftig der alte Romantriek des ungenannt sein wollenden Herrn) ist ein umgekehrter Marquis von Arcis von Sternheim. Heiratet das brave Waisenmädchen Sylvette, das hintenherum jedoch eine stilgemäße Amoureuse der Louis quinze-Epoche ist. Dies erfährt er aus ihrem eigenen Mund, nachdem sie als einzige Gerettete dem Brand im Opernhaus entkommt; und nun im Gefühl neugeschenkten Lebens das Geständnis ihrer Seele tut. War schon Sternheims Wille zur Verzeihung etwas theaterpompös, so wirkt der empörte Herr von *** geradezu als Heldentenor. Er hebt eine schauerliche Mystik an mit der verkohlten Leiche einer königlichen Mâtresse, die er nun als reinen Leichnam statt der moralisch-toten Sylvette verehrt. Seelenwanderung bringt Sylvette und die Tote, Reinheit und Wollustbarkeit durcheinander. Das Hürchen wird plötzlich Heilige, purgiert sich durch freiwilligen Feuertod von aller Sünde. Und Herr von *** brüllt aus ebenso ungenannt sein wollenden Gründen: Alceste! Der Platoniker siegte mit sophistischer Nekromantik über den Erotiker, der dieses „Nachtstück" in E. Th. A. Hoffmanns Manier verübte. Vieux jeu in neuer Sprache, mit neuen und alten Mätzchen aus der Geisterwelt. Kaiserliche Fleischspielereien — nicht Tragödienwucht.

In einem Einakter „Friedrich und Anna", dessen funkelndes Fechterspiel der Reden bezwingt, werden Platons Dialoge gerühmt: „Ich werde in Zukunft ein anderes Mittel zu meinen Ausschweifungen wählen, wenn ich glücklich bin." Georg Kaiser muß sich beim Brand im Opernhaus sehr unglücklich gefühlt haben.

Merkwürdig auch hier neben sprachlicher Verwandtschaft die Parallele mit Sternheim: von der Bürgerfarce zum Marquisenstück. Dann aber schreibt Kaiser — schwächer als Sternheim in der komischen Rolle — auch sein bürgerliches Heldenleben wie jener; doch als ernsten Zyklus ohne Spott.

Sternheim blieb in der Familien-Idylle stecken, wollte allzu lange nur das Unbeträchtliche belächern; nur den Bourgeois sehen und nicht den Citoyen. Kaisers philosophischer Blick erkannte frühzeitiger eine weitere Welt und seine Pathos-Geste ist gekonnter als die des artistischen Kollegen. Jener pries sein „Jenseits von Gut und Böse", bis das Puppenrepertoire gar balde abgespielt war und die Firma Liberté, Egalité, Fraternité mit dem stillen Kompagnon Leo Tolstoi die Umwertung des alten Ethos in neues Papiergeld besorgte. Die Schlüsse von „1913" und der „Marquise von Arcis" brachten wieder Pathos. Kaiser konnte es — wenn auch unter Verheimlichung — nie ganz entbehren, denn niemals kam er in seinen unerotischen Spielen von ethischer Einstellung los. Das gab ihm einen Schwung, den der Nicht-Lyriker nur in sittlicher Programm-Rethorik finden konnte. Die spätere Schaubühne Sternheims und Kaisers erhielt wieder moralischen Anstrich. So ferne ist der Friedrich Schiller gar nicht. Und auch Hebbel, der Hegelianische Mathematiker der Psyche, zeugte nicht anämischere Kinder als die Spätgeburten des Platonikers.

Der Aktivist

Schon aus den erotischen Komödien und den romantischen Pikanterien erkannte man den Finder und theatralischen Gestalter der Anekdote, des Märchens, der Fabel. Die Froissardsche Chronik und Rodins berühmte Bildnisgruppe liefern den Stoff der „Bürger von Calais", an dem im Exempel erwiesen werden soll: „Die Tat ist alles, nichts der Ruhm."

England belagert Calais. Das Entsatzheer ist vernichtet. Entweder heroischer Untergang oder Erfüllung der Schmach: sechs gewählte Bürger sollen im Büßerhemd, den Henkerstrick um den Hals, dem König von England den Stadtschlüssel überbringen. Der französische Konnetabel Duguesclin will ohne Besinnen alles für Frankreichs Ehre opfern: Leben, Reichtum, Hafen. Eustache de Saint-Pierre aber befürwortet die uneitle Tat der Demut. Ihm gilt das Werk der Väter, der herrliche Hafen von Calais, Symbol des Lebens aller — mehr als schwertklirrender Todestrotz. Der Feldherr folgt seiner Kriegerehre; der Weise dem Menschheitsgebot. Beides fordert das Lebensopfer. Doch die demütige Hingabe für alle ist reiner als die sportliche Selbstbefriedigung des Waffenmutes.

Die erste Regung der in offener Halle versammelten Menge bezeugt dem Feldherrn ihre Kampfgesinnung. Nach Eustaches Rede von der Pflicht zum Werke und seinem Vortritt als erster von den Sechsen, die in des kommenden Morgens Frühe dem Feinde sich übergeben sollen — melden sich sieben!... einer zuviel. Der neue Konflikt: wer von den Sieben darf am Leben bleiben?

In diesem ersten Akt ist der Zusammenprall zweier Weltanschauungen meisterhaft geschildert und die Spannung auf weitere Lösung mit raffinierter Aktschlußtechnik veranlaßt. Nach Gegenreden des Feldherrn und Eustaches, rhythmisch unterbrochen durch den Bürgermeister und hetzende Offiziers-Meldungen, tritt einer jener Fälle ein, wo Kaiser alle aufgespeicherte Aktion zur Pantomime konzentriert. Nicht Bühnenanweisungen im alten dramaturgisch-technischen Sinne, nicht Ausstattungs-Szenarien wie bei Csokor oder Hasenclever seien hier zitiert, sondern aus eigener Spielphantasie gestaltende Regiekunst, die mit einem einzigen Ruck die Spannung des redenden Aktes in lösende Aktion umsetzt. Der Bürgermeister Jean de Vienne stellt die entscheidende Frage:

„‚Wo sitzen sechs — die aufstehen — und von ihren Sitzen gehen — und hier zueinander treten?' Die Last der Frage bedrückt anfangs noch; dann sind die Geräusche der bewegten Körper und gedrehten Köpfe schwach; nun schwillt Lärm in Lauten des Spottes an. Eustache de Saint=Pierre steht auf und geht von seinem Sitze weg bis zur Mitte. Seine Hände rücken an seinem Gewande auf den Schultern, wie um es abzulegen.

,Ich bin bereit!' In den Reihen wird es still. Jean de Vienne starrt staunend nach Eustache de Saint=Pierre. Auf der Plattform läuft das Gemurmel: ,Eustache de Saint=Pierre!'

Ein fünfter Bürger rechts, fast hinter dem Platze Eustache de Saint=Pierres — dem Dritten und Vierten gleichaltrig — erhebt sich; er schreitet den Kopf tief senkend und die Hände auf die Brust spreizend — und stellt sich wortlos neben Eustache de Saint=Pierre. Die Gewählten Bürger blicken in atemlosem Staunen hin. Auf der Plattform ist dies Murmeln: ,Der Zweite!' Nun schweifen die Blicke der Gewählten Bürger in den Reihen: sie prüfen den nächsten neben sich und über sich. Der dritte Bürger links hochgerissen und mit den Fingern um seinen Hals greifend, schreiend. ,Ich — bin bereit!' Gejagt und keuchend erreicht er die beiden in der Mitte. Oben zählt das Gemurmel: ,Der Dritte!' Haftiger sind die Köpfe in den Reihen gedreht. Der vierte Bürger links — steht auf, wie einem Zwange gehorchend geht er — unbeschleunigt und den Kopf hochtragend — hin. ,Ich bin bereit!' Auf der Plattform wird es lauter: ,Der Vierte!' Viele der Gewählten Bürger richten sich kurz halbhoch, um den Überblick über die Reihen zu gewinnen. Oben wächst Murren.

Jean d'Aire rechts — aufrecht: er schwankt unter der Wucht des Entschlusses — so steigt er taumelnd hinunter und muß sich an Eustache de Saint=Pierre stützen, in=

dem er die Stirn auf seinen Rücken drückt. ‚Eustache de
Saint-Pierre, ich will dich bitten — in die Spuren deiner
Sohlen zu treten!' Oben zählt und kopfnickt es befriedigt:
‚Der Fünfte!'

Jean de Vienne, der sich Jean d'Aire abwehrend ent-
gegenstellte, wirft nun beschwörend die Arme gegen die
Reihen. Dort haben Jacques de Wissant links, Pierre
de Wissant rechts, die schon Jean d'Aire mit Gesten
der Angst und des Entsetzens verfolgten — sich aufgerichtet. Stöhnend und die Hände verkrampft zögern sie
noch — durch den Vorbau einander verdeckt. Von der
Plattform ist ein verwundertes Hinzeigen nach den beiden
und neugieriges Spähen von einer nach der andern Seite.
Nun steigen die beiden zu gleicher Zeit von den Stufen.
— Unten am Vorbau angekommen, sehen sie sich. Sie
stutzen — dann suchen sie einander zu überholen und
fassen zu einer Zeit die Hände Eustache de Saint-Pierres
und sprechen mit einem Klang: ‚Ich bin bereit!'"

Nun sind es sieben; aber Kaiser läßt es seine Calaiser
noch nicht merken und treibt die Spannung weiter. Dem
englischen Herold wird bejahende Antwort gegeben. Duguesclin übergibt ihm sein Schwert zum Söldnerdienst beim
Engländer. Erst dann

„wächst, von der Plattform ausgehend, alle Aufmerksam-
keit versammelnd — immer deutlicher dies Rufen an,
das nach der Gruppe unten zielt: ‚Sieben!' Schließlich
ist ein einziger scharfer Schrei unter der Halle: ‚Sieben!!'

Jean de Vienne will an Eustache de Saint-Pierre
herantreten. Eustache de Saint-Pierre nach schnellem
Blick über die bei ihm Stehenden — mit raschem Entschluß sich zu Jean de Vienne wendend, fast freudig: ‚So
kann an diesem Nachmittag das Los dem Siebenten von

uns das Leben schenken!' Tiefe Stille verbreitet sich. Der Fahnenträger steht wie vorher: nur das niederstürzende Fahnentuch überhängt die Tür des Vorhaus — das Fahnenholz ragt trümmerhaft schräg auf."

Das ist anders als die übliche Szenerie. Hier ist Vision einer Menge; Mimik der Seele; persönliches Wesen: eines jeden lebende Geste. Dazu rhythmische Theatralik, die über den Akt hinaus in den nächsten brandet.

Hier folgt der ersten Antithese — eitle Ich-Ehre oder demütige Tat — die neue Problematik: reine Willenstat oder Tat aus Fügung. Eustache de Saint-Pierre hat es dem Los anheimgestellt, welcher von den Sieben leben soll. In einer revueartigen Szenenserie der Abschiednehmenden je von Mutter, Weib, Kind, Freund, Töchtern, Bräuten zeigen Väter, Liebende und Söhne die leise Unentschieden=
heit der Hoffnung auf Leben oder den feinen Streit der Eitelkeit um persönlich sich spiegelndes Heldentum. Eustache weiß darum. In einer Abendmahlsszene teilen sie Trank und Frucht und werden nun ein Leib. Doch sollen sie auch völlig eines Geistes sein, ohne vom Zufall des Loses im freien Opferwillen gelähmt zu sein. Die Schüssel, die sechs blaue Todeskugeln und den einen hellen Glücksball ent=
halten soll, kreist um den Tisch. Wieder stockt jedes Wort; die Aktionshandlung leistet die zweite Pantomime. Eine volle Buchseite erzählt ihr Spiel mit allen Differenzierun=
gen. Sechs haben schon die dunkle Kugel gegriffen; der Siebente muß nun die helle Kugel packen. Doch auch er greift einen Todesball.

Kein Irrtum! Eustache hat selber die sieben dunkeln Lose eingelegt. Der überfeine Rabulist wollte die absolute Reinheit des Opfers mit den Methoden ethischer Vivisektion erzielen. Lange Predigt setzt ein: „Ihr buhlt um diese Tat!" Tat und Täter müssen verschmolzen werden; „froh ohne

Rausch" soll sie begangen werden; „kühn ohne Taumel" — ideal und absolut. Nochmals soll der Wettstreit stattfinden: mit dem ersten Glockenschlag des frühen Tages hat jeder von Hause aufzubrechen; und der letzte, der auf dem Markte ankommt, der hat das Leben.

Wozu die Wiederholung? Denn noch einmal hat ja jeder der Sieben die Idee-verräterische Hoffnung auf sein Leben. Vorher hieß es: Wer greift die Lebenskugel. Jetzt: Wer läuft von uns am schnellsten? Unnötig und unmenschlich zugleich ist Eustaches philosophische Tierquälerei, wenn sein Herz noch immer nicht den Entschlußwillen der Opfernden entgegennimmt. Wie Schlingen legen sich die langen Spruchbänder Eustaches um die Füße der Handlung. Was im ersten Akt praktisches Wort zur Tat war, erhält beim Abendmahl den leisen Klang sophistischer Überheblichkeit. Kaiser zögert grausam mit seiner letzten Überraschung.

Denn als bei Sonnenaufgang die Bürger auf dem Marktplatz anlangen, fehlt — Eustache de Saint-Pierre. Schon schmäht man ihn als Verräter seines eigenen Evangeliums — da wird er als Leiche hergetragen. Die klärende Rede, die er uns schuldig blieb, tönt durch den Mund seines uralten Vaters: Mein Selbstopfer allein macht euch frei und reif. Jetzt seid ihr nurmehr Sechs und keiner zögert mehr. Kein zweifelhafter Abschied trennt euch jetzt voneinander Nicht Ruhm, nicht Ich heißt diese Tat. Die neue Tat kennt euch nicht, die ihr stark seid im „Schwung der Vereinigung". Diese Einheit der Glieder wurde Tat durch das Opfer des Lebens für das Leben. „Ich habe den neuen Menschen gesehen — in dieser Nacht ist er geboren!"...

Das Leben selber gibt rhythmisch die freudigste Antiphonie. Dem König von England wurde in eben dieser Nacht ein Sohn geboren. Der englische Herold kündet. Um des neuen Lebens Willen soll jetzt kein Leben vernichtet werden.

Gnade leuchte über Calais, seinen Bürgern und seinem Hafen. Das ist großartige theatralische Allegorie. Eine brillante Schlußfanfare für Sankt Eustachius, der am Altar der Hauptkirche aufgebahrt wird, so daß der König von England vor „seinem Überwinder" knien kann. Die Macht vor dem tragischen Heroen, dem Märtyrer des „Werkes".

Vom Klang feierlichster Worte noch verführt und von der prachtvollen Rhythmik der Architektur gebannt, wagt man nicht gleich auch nur mit leisem Tadel dem Heiligen des Aktivismus zu begegnen. Aber: war dieser dritte Akt wirklich nötig oder war der Schluß des zweiten nicht mit ihm auszutauschen? Warum Lotterie und Wettlauf? War dieses letzte Purgatorium für die Helden nicht einzig und allein der sophistischen Mausefalle Eustaches zu verdanken? Was hinderte ihn, nicht schon beim Abendmahl etwa in einen vergifteten Apfel zu beißen und sterbend die armen Ungewissen zugleich mit dem theatralisch wogenden Volke zu beruhigen? ...

Die Akt-Rhythmik der Dreimaligkeit war stärker in Kaiser und seinem Aktivisten als die dramatische Vollzugskraft. Du mußt es dreimal sagen! hieß das theatralische Gesetz und vernichtete damit seine beste Absicht: denn die Wiederholung lähmt wie die Übersteigerung durch verzögerte Aktion. Dreimal treten die Männer zusammen, dreimal fast wortlos, nur durch die Reden eines Dauer-Rhetors geeinigt. Zweimal im pantomimischen Hintereinander ihrer Aktionen: bei der Meldung im ersten und bei der Ankunft auf dem Marktplatz im letzten Akt. Einmal als sprechende Revue im zweiten Aufzug, wenn jeder von einem geliebten Menschen seinen Abschied nimmt.

Es ist bewundernswert, wie Kaiser jeden der sechs Männer immer wieder durch neue Situationsgestaltung und mit individueller Spielanweisung zu einer eigenen Figur macht.

Prachtvoll ist alles gerundet und in Symmetrie gebracht; doch gehemmt durch Eustaches Geheimnistuerei, die dem Publikum nicht zugemutet werden kann. Denn dieses muß — wie der Dichter — das Drama vom Standpunkt des Lieben Gotts ansehen und gescheiter sein als die da oben auf den Brettern. Überraschung gilt außerhalb des Detektivromans nur für die Schicksals-Erleber, nicht für die Schicksals-Betrachter. Aber trotz allem: dieses Werk, mit dem man Georg Kaiser erstmals kennenlernte, ließ hoffen. Es versprach einen zielbewußten Willensdramatiker, noch gebunden durch neuromantische Ästhetelei; doch bereit, auf dem Theater neue Werte auskämpfen zu lassen.

Der Passivist

Seine Komödie war Verneinung der alten Tafeln. Von seinen ernsten (und nicht romantisch gewollten) Spielen erwartete man Bejahung neuer Werte. Doch nur zweimal schuf er hier ernstlich die siegenden Täter der Idee: Eustache und Sokrates. Die folgenden sind zwar auch Pfadfinder, Apostel und edle Überwinder — doch auf ihre Weise. Diese Überwindung führt nicht zum Aufbau von Menschheitswerken, wie der Hafen von Calais eines bedeutete. Sie ist Flucht in bequeme Asyle. Der Aktivist von ehemals schafft Passivisten.

Georg Kaiser tritt aus Froissards mittelalterlichen Geschichten mitten ins Leben der Gegenwart und sieht die Menschenfeinde nicht allein mehr in Ehrfurcht und Machttrieb der Militaristen, in den feinen Eitelkeiten, welche die ethische Präzisionsmaschine des heiligen Eustachius feststellte, sondern er erkennt die sozialen -ismus-Teufel an der Menschheit: Mechanismus, Kapitalismus, Industrialismus, und über allem: Mammon, den Liebeshasser.

An eines Bankkassierers Schicksal wird in „Von

Morgens bis Mitternacht" (1912) die Relativität des Geldes nachgewiesen. Ein armer Teufel, der gedankenlos ein Leben lang Riesensummen durch seine Hände zählte und dabei nur Zahlen dachte, erwacht aus der Mechanik seines Bureaudaseins und fragt auf einmal nach den Werten, fragt nach dem Sinn dieser Zahlen und Summen. Fragt über aller Geldmathematik, die die Wertformeln für die Dinge schuf, nach dem Preis der Dinge selber. Fragt nach dem Leben.

Anlaß zu allem wird eine elegante Dame aus Toskana, die durch Verspätung eines Schecks in Verlegenheit und Schönheit vor dem Schalter steht; deren Parfüms selbst den Kassierer in Wallung bringen, so daß „Büsche des Bartes wogen — Brille sinkt in blühende Höhlen eröffneter Augen"...; und alles weitere tut er „mit wehenden Händen". So hat es ihn gepackt, das Leben. Im übrigen geschieht die Umwandlung vom Automaten in den Lebenskünstler völlig wortlos. Dafür rafft er 60 000 in Gold und Scheinen zusammen, um sie der vermeintlichen Lebedame ins Hotel zu bringen und sich von ihr das Leben zu erkaufen. Wert gegen Wert. Jede Ware hat wohl ihren Preis? Das dachten um 1912 nicht nur simple Kassierer.

Aber die Dame aus Tos-Kanaan, wie er das Wort verstand, ist brave Mutter eines kunsthistorischen Sohnes und verbittet sich jede privatgeschäftliche Beziehung mit dem Defraudanten. Der merkt auf einmal, daß es Widerstände gibt selbst für das Geld. Das Leben lockt ihn und stößt ihn zugleich ab, trotzdem er seine ganze Existenz als Preis bezahlt. Da treibt es den ältlichen Lebenslüstling in die Flucht der rasend sich drehenden Erde. 60 000 müssen auf ihre Macht geprüft, sein Lebensdynamo muß damit geheizt werden. „Wo ist Ware, die man mit dem vollen Einsatz kauft?" Rasch, rasch, prestissimo fliegen die Szenen; die Häscher sind hinter ihm: auf ödem Schneefeld lauert der Tod als „Polizei des Daseins". Mahnt zu höchster Eile! In Momente müssen sich „letzte Ballungen des Tatsächlichen" pressen; keine Formeln, keine Wertungen — Gipfelungen des Daseins.

Noch einmal kehrt er heim in Sternheimsches Masken=Milieu; zu Dialogen über Koteletts; zu Tannhäuser=Ouvertüre spielenden und Languetten stickenden Töchtern; zu der alten Mutter, die den Geist aufgibt, als einer zum erstenmal vor dem Mittagessen ausgeht. Eilig weiter! Zum Sechstagerennen ... Motorgeheul, Megaphonrufe. Rasende Rotationen. Um 80 Mark wird schon verrückt gefahren. Der Kassierer setzt 1000 als Preis. Sie rennen wie Besessene; doch er nennt es ein „Sechstageschlafen". Er will die verlorenen Leidenschaften eines ganzen verlorenen Lebens in sich atmen. Er sieht nicht die Fahrer, nur die Ränge der Zuschauer; Galerien der Leidenschaft; Ausbruch; drängende, schreiende bestialische Masse; Reihen auf Reihen gewälzt. Tausend Köpfe, Busen, Arme zum Riesentier verbunden. Nicht Keuschheit, nicht Mütterlichkeit, nicht Kindschaft mehr! Das lohnt den Preis von — 50 000 Mark. Die Verkündung löst Höllenstürme aus. Da erleben sich wogende Ströme, Ausgleich der Klassen, „freie" Menschheit tobt. „Rein nicht — doch frei" ... Da plötzlich ehrfurchtsvolle Stille, gezogene Seidenhüte, Nationalhymne: Die Lackstiefel Seiner Hoheit betreten die Loge. Aus!! Die Bestie Menschheit war nur ein Karnickel. 50 000 Mark? Es lohnt nicht!

Das Geld wandert ins Ballhaus. Kokotten, Masken, Sekt, Souper — die Pierrette kann nicht tanzen: ihr Holzbein klappert unterm Rock. Leidenschaften sind hier Ersatzartikel. Weiter: von Sport und Liebe zur Bußbank der Heilsarmee. Die Sprech=Revue der bekennenden Sünder stellt alte Bekannte vor; wie in Strindbergs Asyl. Reflex=

Figuren des Ich: Einer bekennt, daß er den Qualen der Familiengemütlichkeit entfloh; Einer hat die Kasse beraubt. Kassierer! Wo alle bereuen — Dirne und Zuchthäusler — du nicht? Nun wird er die Weisheit beichten, die er im Flug von Morgens bis Mitternachts errang: mit keinem Geld kann man vollen Wert erkaufen; immer kauft man weniger, als man bezahlt; je mehr man zahlt, um so geringer wird die Ware. „Das Geld verschlechtert den Wert. Das Geld verhüllt das Echte — das Geld ist der armseligste Schwindel unter allem Betrug!" Er wirft es unter die Bußbänkler, die einzigen, die es mit Füßen treten werden! Doch nein: ein Menschenknäuel verschlingt reuige Sünder im Kampf um die Scheine. Buß=Bank und Geld=Bank, wo sind im entscheidenden Punkt die Unterschiede? Nur seine Bekehrerin — eine junge, schöne Heilssoldatin — hält bei ihm aus. Wie Mythus von „Mädchen und Mann!" empfindet er die unlösbare Zweiheit der Geschlechter. Das Weib steht fest und treu bei ihm — um das Fanggeld für den Defraudanten zu verdienen. Da nimmt er Heilsarmeepauke und Posaune und lärmt ein Jüngstes Gericht heran. Im elektrischen Drahtgewirr erscheint das Tod=Skelett: Bekannter aus der Schneeöde. Die wahre Polizei des Daseins! Flucht in Selbstmord. Revolverschuß. Lampen explodieren. Aus Rauch und Dunkel sieht man den Kassierer mit ausgebreiteten Armen gegen das aufgenähte Kreuz der Zeltwand gesunken. „Sein Ächzen hüstelt wie ein Ecce — sein Hauchen surrt wie ein Homo."

„Von Morgens bis Mitternachts" ist nicht das beste Stück Kaisers. Doch nie war er unmittelbarer, beinahe naiv in seiner Glut und Hast. Hier tobt etwas, das nicht von Plato und doch auch nicht zuerst vom Sexus kam. In diesem Stück glaubte man den werdenden Expressionisten losbrechen zu sehen, im Seelen=Monolog sich aufschwingend; dann rasend durch den unendlichen Film. Passionen-Technik ergab die expressionistische Bilderserie, ungleichwertig und um einige Stationen zu sparsam. Ohne Konflikt. Nur ein Anfang, ein Anlaß. Dieses „Stück in zwei Teilen ist niemals zweiteilig; hat keine Komposition; ist einteilig und vielteilig. Der Familienakt wäre nach seinem Tempo und als Symbol einer unerträglich kleinen Welt als Ouvertüre vor die Bankszene zu setzen; oder wegzulassen. Ganz unnötig ist der Sohn der Toskanerin. Die Steigerung ist in der Ballhausszene ermattet.

Der Kassierer will leben; aber er läßt sich erleben. Er benimmt sich faustisch innerhalb des Wertbezirks von 60 000 Mark. Unglaublich ist der Abscheu seiner typischen Bürgerlichkeit vor den Koteletten und der Kanapeegemütlichkeit; am unglaublichsten sein rückhaltsloser Mut zur Wandlung. Das größte Drama läge zwischen Erkennung des Lebens und der Lebenstat. Hier aber am Bankschalter bleibt er belangloser Pantomimiker. Er hat im ganzen Stück kein Werden. Er läßt nur die Welt für sich geschehen. Mit dem Versagen des Geldes vor den Werten und der Menschen vor dem Gelde wird ihm alles zum Schwindel. Mit der Realität und der Reelität der unkäuflichen Mutter aus Toskana ist die Rechnung für ihn nicht beglichen. Er erfragte sich nichts Positives in der Welt. Er selbst mußte Mammonist bleiben, und er wurde durch dieses Zeitgesetz tragisch; wenn auch nicht groß im Symbol. Sein Gespräch mit dem Schneetod wurde Kaisers seelischste Leistung. Der Schuß war nicht letzte Lösung. Ein Kriminaler hätte für einen Kassierer genügt. Für Fauste und Hamlete müßte doch die größere Geste reserviert bleiben. Auch die Kreuzpose ist zu großartig für einen, der selber alles andere als ein Erlöser ist. Sparsamkeit mit Christentum!

Flucht zur „Koralle"

Das Drama vom Kassierer gab mit der allgemeinen Antithese „Geld und Leben" das Vorspiel ab in einer sozialen Tetralogie. „Die Koralle" (1917) und „Gas" (1918) sind äußerlich schon als Zusammenhang bezeichnet; „Hölle Weg Erde" (1919) und endlich „Gas II" (1920) ergeben die utopische Lösung aller Vorfragen. Der Bank-Bureaukrat floh zum Leben; doch als es nicht so aussah, wie er sich's ausgedacht, schoß er sich wieder vom Leben hinweg und sank am Kreuze Christi hin. In der „Koralle" hält ein armer Milliardär auch den Revolver an die Schläfe, besinnt sich aber und schießt lieber seinen Doppelgänger und Sekretär tot, um ihm die Koralle an der Uhrkette zu rauben. Die Koralle, das einzige Zeichen, an dem man den Sekretär vom Milliardär zu unterscheiden vermochte. Die Koralle?

Die Koralle ist Sinnbild des naturverbundenen, träumenden, vegetierenden Seins. Vom Boden des Meeres wächst sie auf nur bis zum Spiegel des Wassers. „Da steht sie, von Strömen umspielt — geformt und immer verbunden in Dichtigkeit des Meeres. Fische sind kleine Ereignisse, die milde toben. Lockt das nicht? ... Was wird das beste? Nicht aufzutauchen und in den Sturm verschleppt zu werden, der an die Küsten fährt. Da brüllt Tumult und zerrt uns in die Raserei des Lebens. Ausgetriebene sind wir alle — ausgetrieben von unserem Paradies der Stille. Losgebrochene Stücke vom dämmernden Korallenbaum — mit einer Wunde vom ersten Tag an ..."

Die Koralle besitzt nun der doppelgängerische Sekretär. Eine glückliche Jugend mit Pastorseltern, mit Flüßchen und Hündchen ist sein „Boden des Meeres", auf dem er organisch aufwachsen durfte in seine unverantwortliche sturmlose

Dienerposition. In die Paradiesesunschuld dieser Kinderseele will sich der Milliardär flüchten.

Er erklärt es dem Herrn in Grau, dem theoretischen Sozialisten, der das Ende des Machtkampfes zwischen Arm und Reich von der Auflösung des Privatbesitzes erhofft. Da beweist der Milliardär — staunenswerte Spitzfindigkeit des klugen Dichters! — der Trieb zum Reichtum sei nicht Wille zur Macht, sondern Notwehr. Flucht vor der Armut des Proletariats, dessen dunkelstem Schmerzenswinkel er einst selber entfloh. „Die Klassen sind kürzer oder weiter vorgekommene Flüchtlinge." Die am raschesten Fliehenden, die verstörtesten Feiglinge werden die Triumphatoren des Mammons. „Die Weltordnung" verordnet nicht Wille nach vorn, sondern Flucht vor dem sozialen Unten. Er kennt die Tiefe. „Nur nicht da hinab!" Das Grauen der Milliardäre.

Diese sophistische Entschuldigung ist gleichsam eine Lüge vor sich selber. Der Herr in Grau reflektiert das schlechte Gewissen im Milliardär, die kapitalistische Not mit kapitalistischer Sünde beschwichtigt. Wie der Kassierer in „Von Morgens bis Mitternachts" sieht der Milliardär zunächst nur geldliche Lösungen. Seinem Sohne will er mit Millionen die Korallen-Idylle stürmeloser Jugend sichern, die Unnatur des ewigen Erdenfriedens mit Geld erkaufen. In ihm will er sein besseres Wunsch-Ich träumen. Im Sohn, sagt er, setze man sich fort, während dieser selbst ein Anfang bleibe. Im Blut der Kinder auferstehe die eigene ungenossene, verlorene Kindheit zu paradiesischem Lichte.

Aber die mythisch notwendige Tragik zwischen den Generationen macht den Sohn zu des Vaters Gegner: zum neuen Menschen der sozialen Liebe. Statt auf weißer Vergnügungsjacht in Meeresbläue und Korallenstille zu schwärmen, dient er als Heizer auf dem schwarzen Kohlenschiff (man beachte die Farben!). Mit seiner Schwester sucht er

Flucht zur Koralle

das Elend helfend auf, das der Vater nur flieht. Statt zum Wunsch-Ich, in das er sich durch gemeinsamen Blutbann leicht verstecken könnte, wird der eigene Sohn zum Gegen-Ich; zum Revolutionär, zum Aktivisten: nicht Wall gegen den Abgrund des Proletariats, sondern Stürmer gegen die befestigten Asylplätze milliardenbeschwerter Flüchtlinge. Der Sohn hebt den Revolver gegen den kapitalistischen Sklavenhalter, doch er drückt nicht ab. Der Vater selber versteht es besser, mit Pistolen umzugehen. Statt am Sohne die Tragödie seiner Flucht-Philosophie zu erleiden oder zur Mitleidstat für die Menschenbrüder aus gleicher Elendsherkunft zu gelangen, flieht der bisherige Flüchtling nach Reichtum seine zweite Flucht: in das Refugium der Korallen-Meeresstille. Nachdem der Sohn sich als „innerer Doppelgänger" nicht brauchen ließ, schlüpft er in die gute Haut des äußeren Doppelgängers: des Sekretärs und glücklichen Korallen-Besitzers. „Vielleicht ist es meine Leidenschaft, mich auszutauschen."

Das Wunder gelingt. Der Mörder nimmt dem Doppelgänger das Erkennungszeichen, den Korallenschmuck, und gilt nun vor dem Richter für den Sekretär, der aus Gewinnsucht den Nabob ermordete. Ein vierzehntägiges Verhör zweier Paragraphenschinder bringt den Milliardär dazu, sich endlich offiziell für den Sekretär auszugeben und damit den Kopf auf das Schafott zu legen. Die mit der „Koralle" angeeignete Erinnerung eines glücklichen Anfangs muß mit dem Tode erkauft werden. Ein kosmischer Mythus von Geburt und Tod. Der ewige Flüchtling ist aus der rasenden Rennbahn seines Fluchtwillens hinausgeschleudert in die Weite des Kosmos, die jenseits der Lebensdynamik liegt.

Im Gefängnis wird ihm für die Abtötung des Willens zum Leben von Kaiser der Heiligenschein erster Klasse verliehen, der die letzten Besucher des Schopenhauer-Yoghis überstrahlen soll: zuerst den Sozialisten in Grau, der sich mit dem grotesken Fluchtrezept der Milliardäre in Reichtum und Schieber=Eleganz „geflüchtet" hat; zweitens den aktivistischen Sohn, der ihn befreien will zu gemeinsamer Tat am Menschheitswerke. Auch ihn weist der kosmische Quietist ab, der für seine mitleidende Welt kein Mitleid überflüssig hat — darin den Lehrer Schopenhauer übertrumpfend. Und drittens weist er das Kreuz des Geistlichen zurück mit dem erhobenen Zeichen der Koralle: jenes „betäubt nur den Schmerz, das befreit vom Leid!" Woran der Kassierer verzweifelt niedergesunken, das verschmäht der Korallen=heilige mit dem überlegenen Sophistenlächeln Eustache de Saint=Pierres beim Abendmahl in Calais. Jenem etwas gütigen, nachsichtigen und fast verächtlichen Zucken um die Mundwinkel, mit dem eine einfache Sache in komplizierte Begriffe zerlächelt werden soll.

Wo aber ist im Text der erhebliche Unterschied von Kreuz und Korallenweisheit zugunsten der letzteren so überzeugend dargetan, daß man dem philosophischen Anachoretentum ohne weiteres den Vorzug gäbe vor dem Evangelium der christlichen Liebe? Und wo ist die Passivität des Korallen=Ideals über die aktivistische Menschenliebe des Sohnes in einem idealeren Sinne erklärt als mit einem egoistischen, ja solipsistischen Individualismus, der unter allen Dingen auf der Welt nur das Ich für wichtig hält?

Diese zweite Flucht des Milliardärs — nach der Elends=flucht in den Ich=bedeutenden Kosmos — ist nicht nur Tat=flucht, sondern Liebesflucht. Mit seinem Tode manifestiert er den Sieg des Ichs; oder im Kosmos aufgelöst: des N=ich=ts. Nur aus seines Nichts durchbohrendem Gefühl findet dieser Nihilist die Geste des Triumphs, mit der er im Sohne die Opfertat von Calais und im Priester die Kreuz=symbolik des Kassierers verneint und als Pose prostituiert.

Doch welche Suggestivkraft der Dialektik und Poesie

kristallener Worte! Wer vermag nach solcher Feierlichkeit der Gesten, nach der wenig deutlichen Allegorik zwischen unheiligem Priester und heiligem Sträfling im Wehe-Rhythmus des Schlußaktes sich sofort volle Rechenschaft zu geben über die moderne Verblümung einer altbackenen Lehre aus Hinterindien, die für unser heutiges Dasein Leere bedeutet. An Betörungskunst einlullender Melodik und wortschwingender Phantasie steht die „Koralle" an erster Stelle im Kaiserschen Werke.

Erstaunlich ist der Aufbau der fünf Akte; so tektonisch empfunden, daß erster, dritter und fünfter Akt als tragende Pfeiler, und der zweite und vierte als füllende Wand der Dramenfassade gelten können. Ohne das Stück weder als Fabelverlauf noch in der Symbolik zu zerstören, könnte mit geringsten dramaturgischen Änderungen auf die Akte zwei und vier verzichtet werden. Mit dieser Feststellung ist höchste Bewunderung von Symmetrie und Technik ausgesprochen. Zugleich auch Tadel. Denn als um so unnötiger wird die geschwätzig leere Gesellschafts-Konversation des zweiten Akts auf hoher See erkannt, dessen einziger dramatischer Kern — die Gegenüberstellung des Sohnes und des Vaters als der Sprecher von Kesselheizernot und Milliardärsromantik — doch im dritten Akt erst eigentliche Entfaltung findet. Und damit auch Wiederholung, da die Allegorik so mageren Individualitäten nicht zweimalige Konversation über denselben Gegenstand gestattet. Denn das Allegorisch-Begriffliche wird immer wieder als dasselbe graue, von keiner individuellen Farbe neubelebte Gedankenskelett auftreten: zum Verwechseln ähnlich bis auf Kleidung und — Koralle.

An der Koralle unterscheidet man nicht nur Individuum von Individuum, sondern Seele von Seele. Das Wunder des Korallentausches in der Ermordungsszene des dritten Aktes genügte einem philosophischen Kopf wie Kaiser nun doch nicht. In der theatralisch vorzüglichen Richterszene des vierten Aktes will er die Seelenwanderung in den Sekretär in dramatisch entwickeltem Werden zeigen. „Sie sollen mich zu meinem Glücke zwingen!" Aber wozu eigentlich das ganze nachträgliche Gerichtsverfahren, wenn nicht allein um der wirkungsvollen Schauszene willen? Die ganze Gerichtsszene ist ein Werk unnötiger Überredungskünste. Sei er vor der Welt Sekretär oder Milliardär: mit seinem Korallendiebstahl, seinem Mord und seiner Auslieferung an das Gericht hat der Delinquent sich zum Tode bereit erklärt. Seine Seele steht tatsächlich nicht vor neuen Überwindungen. Kein sichtlicher Herzenskampf: Sohn und Tochter, die ihn für den Sekretär halten, werden mit korallisch-abgeklärter Melancholie verabschiedet.

Und was Seelenwanderung bedeuten soll, ist nicht viel mehr als ein romantischer Schwindel: er, der Held, läßt sich vom Großmutterton des Untersuchungsrichters das ganze Jugendidyll des Sekretärs mit allen Details aus Schule, Haus und Garten tatsächlich einreden und sagt schließlich Ja zu einer Vergangenheit, die er nie erlebt hat. Symbolik hin, Symbolik her: was auf der Bühne hier geschieht ist romantischer Unfug, dessen Unwesentlichkeit dadurch evident bewiesen wird, daß wie der zweite auch der vierte Akt ohne großen Schaden aus dem Stücke herausfallen könnte. Als Eindruck ein staunenswertes Kunststück — wie auch die ganze Geschichte von dem geheimnisvollen Sekretär und Doppelgänger.

Der Doppelgänger

Zu diesem Seelenvertreter gibt es noch einiges zu fragen, was außer Georg Kaiser Viele angeht, die sich expressionistische Ersatzmänner für ihre unzulänglichen Iche leisten. Eine Frage nach der vollen ethischen Verantwortlichkeit, die bei Hasenclevers „Menschen" und Kornfelds Graf Ungeheuer schon dringlich wurde. Wie Strindbergs „Traumspiel" für jede Unwahrscheinlichkeit entschuldigend beteuern durfte: „Aber Verehrteste, ich bin doch ein Traumspiel!", so wird das Rätselspiel der Seelenwanderung mit der Legitimation gerechtfertigt: „Ich bin ein tiefsinniges Märchen!" Echte Märchen geben die Herzenswahrheit menschlicher Taten; Verwandlung und Verwunschenheit sind einfach Symbole örtlicher oder seelischer Verrückungen, sind primitivste Stellvertreter für umschweifige Worte, wo doch ein Sinnbild alles rein und kindlich sagt. So rein und kindlich, primitiv und seelisch ist aber dieser Korallen-Sekretär nun nicht. Wohl spukt die Märchenstimmung oft betörend um sein verschwimmendes Jdol. Doch sein Doppelgängertum ist nicht eindeutig: er ist in sich selber Doppelgänger.

Zu viele Seelen wohnen ach in seiner Brust! Erstens ist der Sekretär einmal der — Sekretär. Es genügt nicht die hohnlächelnde Feststellung des Symbolikers: der anonyme Mensch sei ja nur ein Symbol für Symbolisches! Als erster Adjutant des Geldkönigs übt er sowohl Barmherzigkeit als militaristische Arbeiter-Versklavung.

Dann aber ist er außerhalb seines Berufszwangs mit der Erinnerung einer glücklichen Jugend begabt, die sein naiv gebliebenes Kinderherz vor seelischer Problematik im Wogengang des Schicksals schützt.

Er gilt aber zugleich auch als expressionistischer Symboliker, als Spiegelung des schlechten Gewissens in Milliardär, dem Elendflüchtling, der es nicht wagt, an den „offenen Donnerstagen" selbst in die Augen flehender Menschen zu schauen.

Ferner ist der große Verwandlungskünstler noch das korallenrot lockende Wunsch-Ich seines Chefs, der sich in die Jugendseele des Korallen-Menschen flüchten will.

Endlich trägt — unbeteiligt an allem Schicksal — der Sekretär das Uhranhängsel der Koralle zum Zeichen des wieder gefundenen Paradieses; ein Idol des Glücks. Vielmehr ist aber der Sekretär selber das Anhängsel der Koralle, von der er leicht abzulösen ist; wie es ja auch mit Glück geschieht.

So repräsentiert der vielseitige Helfershelfer einen homme à machine, der je nach Bedarf als Milliardärs-Doppelgänger, als Allegorie oder als selbständige Figur Verwendung findet. Aber die klügste Mechanik kann nicht drei Seelen und drei Symbolen dienen! Der sehr reelle Pistolenschuß schießt mit dem Körper auch die Symbolik nieder. Mit einer Kugel wird der expressionistische Doppelgänger des bösen Gewissens und der Herzlosigkeit (sozusagen als Selbstmord des Milliardärs an seinem schlechteren Ich) zugleich mit dem Träger des ersehnten Wunsch-Ichs hingemordet. Die Symbolik des Schusses knallt also zugleich ein Ja und ein Nein des Milliardärs. Was gilt eher? Die symbolische Übernahme der Glücksseele des Sekretärs durch den Korallenraub bildet sozusagen einen nachträglichen Kommentar, daß der Milliardär nicht den ganzen Sekretär, nur dessen schlechtere Hälfte erschießen wollte. Was auf der Bühne da geschieht, „ist" nicht, sondern „bedeutet" immer nur. Die Bedeutung mag nach verschiedenen, längeren Überlegungen stimmen, aber ihr künstlerisches Symbol ist widersinnig und widersinnlich. Das heißt: die Bedeutung ist nicht Kunst geworden. Der Korallenraub „bedeutet" nur die seelische Verwandlung des Milliardärs (wozu der Richterakt die nachträgliche und unzureichende Erklärung gibt); tatsächlich ist er Ausdruck einer unwahrscheinlichen Seelenwanderung von einem glücklichen in ein unglückliches Individuum. Wäre der Sekretär aber nur expressionistisches Doppel-Ich des Milliardärs ohne die unterscheidende reelle

Glücks=Jugend, dann erhellte sich mit Evidenz seine volle
überflüssigkeit. Denn da er neben sämtlichen Milliardärs=
Funktionen das schlechtere Ich und zugleich des bessere
Wunsch=Ich in sich trägt, ist er ja nur Wiederholung
— nicht symbolische Klärung oder Teil des Milliardärs; der
die Koralle ebensogut direkt vom Meeresriff wie von der
Uhrkette seines Sekretärs beziehen könnte.

Ja, aber dann das Märchen? Das schöne Märchen von
der Seelenwanderung? Ohne diese Seelentransfusion von
einem Organismus in den andern wäre ja der Dichter
zur wirklichen Darstellung einer menschlich=seelischen Ent=
wicklung von seiner schlechteren in seine bessere Seele ge=
zwungen worden. Die durch die Koralle vermittelte Seelen=
wanderung aber macht es einfacher. Die Vergehen des Einen
werden im Eindruck solch konfuser Symbolik für den Andern
unverantwortlich. Ein Mensch wird um der Symbolik willen
schuldlos totgeschossen, und darf nicht mucksen; denn er hat
den Beruf eines expressionistischen Prügelknaben. Natürlich
kann ein Toter nicht mehr mucksen. Aber ein expressioni=
stischer Toter hätte es so leicht, als Gespenst wieder zu
auferstehen; um mindestens doch im Gewissen des Milliar=
därs eine Rolle zu spielen. Davon ist keine Rede — als ob
der Mord nur dem herzlosen Doppelgänger=Sekretär als
gerechte Sühne, nicht aber auch dem wirklichen und glück=
lich=kindlichen Korallenträger gegolten hätte! Ein barbari=
scher Mißbrauch des Symbols, der sich rächt mit der dra=
matischen Unklarheit: daß ein Schuß im Träger des Bösen
zugleich den Träger des Guten widersinnig ermordet ...
Wenn du noch einen Doppelgänger hast — erschieß ihn,
um ihn zu besitzen.

Durch solche Seelenverdoppelung mit Korallentricks ent=
hebt sich der Held mit Leichtigkeit auch seines inneren dra=
matischen Werdens. Kein menschlicher Konflikt tritt an den

heiligen Mörder mehr heran: kein Mitleid regt sich für die durch den herzlosen Doppelgänger versklavte Menschheit mehr; die soziale Tragödie von der Flucht ist mit dem dritten Akt beendet. Keine Liebe zu Sohn und Tochter erschwert die Abkehr nach Metaphysika — auch der mythische Konflikt von Sohn und Vater ist abgebrochen. Was übrigbleibt, ist ein Egoist mit Heiligenschein.

Keine Menschwerdung ist geschildert, nur die fabelhaft erzählte Fabel vom Milliardär und seinem Wundersklaven. In ihrer wort=umklungenen Symbolik verblüffend und trügerisch wie eine schöne Sphinx. Aber es spricht der zynische Herr in grau sehr wohl das kritische Urteil: „„... es bleibt ein Einzelfall: so komplette Doppelgänger können sich nicht alle leisten." Gewiß ist die Bezahlung mit dem eigenen geliebten Kopf nicht für die Banausen. Aber was kümmert uns so bequem erworbenes Heroentum, das den Tod wünscht nicht als Überwindung der Welt, sondern als Pensionsanstalt für einen Lebensfeigling, der endlich seine Ruhe haben möchte.

Die Revue zur Erde

„Aber die tiefste Wahrheit — die findet immer nur ein einzelner. Dann ist sie so ungeheuer, daß sie ohnmächtig zu jeder Wirkung ist! ..." sagte der quietistische Milliardär der „Koralle"; und sein Sohn setzt diesen Spruch als Motto vor das Trauerspiel seines Aktivismus': „Gas". Der Milliardärssohn fabriziert ein neues Gas, das mächtiger als Kohle und Wasserkraft alle Betriebe der Erde speist. Staat, Militär, Industrie und Volk haben ein wahnwitziges Interesse an seiner Herstellung. Es ist die Arbeit um der Arbeit willen, die sich mit seiner Kraft vollzieht. Der Schreiber, der Offizier, der Ingenieur, der Arbeiter — sie alle können nicht anders, als diese Gasproduktion zu sichern, sonst ständen sämtliche Betriebe der Welt still. Das Gas kennt kein feindliches Proletariat, denn der Milliardärssohn ist nicht Unternehmer, sondern einfach Verwalter der Riesenwerke und beteiligt alle Schaffer mit gerechtem Teilgewinn. Die Völker der Erde haben sich auf Gas geeinigt; nicht friedlich, aber mit der Einsicht der Vernünftigen. Gas ist der Odem der neuen Kultur. Was ist das Gas? Es ist (in industriellen Aggregatzustand verwandelt) nichts anderes als was der Kassierer schon auf der Jagd nach Leben zu entwerten hoffte, was dem Milliardär die feige Zuflucht vor dem Elend bot: es ist das Geld.

Dem Kassierer wurde es zur Niederlage als lügnerischer Preisangeber aller Lebenswerte. Der Korallenheilige entfloh seinem Milliardärelend wie der Lebensqual durch Umwertung der Welt überhaupt ins Nichts. An den Sozialismus konnte er nicht glauben; der Graue Herr hatte nach dem Milliardärs-Rezept die Flucht aus der Armut glücklich im schmarotzenden Reichtum enden lassen. Auch zu des eigenen Sohnes werktätigen Gemeinschaftswillen fand er nicht den Glauben. Die Tat? Sie hetzt und treibt und plagt nur weiter. Die Schichten wechseln nur, die Sklaven nennen sich nun mehr freie Diener am Werke und das Geld heißt Gas! Was ist damit erreicht? Daß der Mensch unter anderm Schlagwort dieselbe Raserei der Arbeit vollbringt. Daß der Beruf den Menschen weiter als Maschine behandelt; als sinnlos kurbelnden, Räder drehenden, Seile ziehenden, Zahlen schreibenden, Paragraphen redenden Puppen-Automaten des Industrialismus — der früher einmal vom Kapital den Namen hatte, und nun als brüderliches Gemeinschaftskapital unheimlich, ungreifbar, luftig, nichtig, gefährlich, tückisch „Gas" genannt wird.

Explosion droht! Sie ahnen die Gefahr, riechen sie; das Nichts der Zerstörung kündigt sich an im Herrn in weiß als

das „weiße Entsetzen". Das Sichtglas des Ingenieurs
färbt sich blutrot. Es knallt. Menschen sterben. Es muß
ein Fehler in der Formel sein. Die Massen verlangen des
Ingenieurs Entlassung. In seiner Rechnung liegt wohl
die Schuld. Aber die Rechnung ist gut, logisch, zahlen=
sicher, kausalitätsgewaltig, und nach aller menschlichen Vor=
aussicht tadellos. Die Formel stimmt wie die Schwerkrafts=
gesetze oder die kinetische Gastheorie. Der Fehler muß vom
Jenseits diktiert worden sein. Für das Diesseits stimmt
die Formel. Aber nur für — Gas.

Einzig der Milliardärssohn ist befähigt, über die Zweifel
an der Formel und die Tüchtigkeit des Ingenieurs weiter
hinaus zu denken bis zur absoluten Frage nach dem Wert
des Produkts: des Gases. Hier liegt der Fehler; im Ele=
ment. Kein Ingenieur ist schuld an dieser Explosion. Son=
dern der Betrieb, die Organisation, die zivilisatorische Ver=
kümmerung des Menschen. Fordert nicht den Ingenieur! For=
dert Euch! Entdeckt den Menschen! Weg von der Maschine,
vom Gas, das Waffenfabriken treibt und Millionen Men=
schen zu seiner Bereitung mechanisch verbraucht. Weg von
den Stätten des Todes, des Geldes und der unaufhörlichen
Explosionen.

Hin zur Natur! Aufwachsen von der Erde; Siedelungen
in grüner Waldung und auf Wiesen. Nicht die aufgeflogenen
Turbinen=Werke sollen neu aufgebaut werden, wie es die
vom Arbeitswahn verblendeten Massen wollen, wie es der
kampftäterische Ingenieur projektiert; sondern eine Kolonie
für friedliche Bukoliker wird auf den Ruinen grünen. Der
Milliardärssohn hat das Korallenideal begriffen und macht
die Nutzanwendung vom Meeresriff auf feste Erde.

Bis dahin spielt in zwei knappen Akten das Drama vor=
bereitend zwischen einzelnen und leitet in die folgenden den
Widerstand des großen Schicksals. Denn mit der Bevölke=

Kaiser
Gas II

Neues Theater, Frankfurt a. M. / Bühnenbild Reinhold Sahn / Regie Hellmer

rung dieſer Erde hat der Prediger nicht gerechnet. Seine Lehre gilt als Schmach. Der Schwiegerſohn erſchießt ſich, da ihm als Offizier die alte Ehre höher ſteht als die neue Geſinnung. Die Induſtriebarone als fünf „ſchwarze Her= ren" fordern Wiederaufbau; der Staat zwingt mit militä= riſchem Gewaltakt. Die Arbeiter — eben noch den Inge= nieur der Blutſchuld anklagend — verhöhnen die Zumutung eines Bauerndaſeins und ſchreien nun nach dem alten Rechenkünſtler der Gasformel; wollen ſchaffen, treiben, kämpfen. Von Explofion zu Explofion!

Sei's drum! Die Menſchheit iſt noch ganz Wille und ohne Weisheit. Die alten Trägheitsformeln zwingen den erdentwöhnten, erdfeindlich gewordenen Menſchen zur ge= wohnten Tretmühle. Schreiber will Schreiber, Ingenieur Ingenieur, Offizier Offizier, Arbeiter Arbeiter bleiben. „Ich bohre, weil ich bohre — ich war ein Bohrer — ich bin ein Bohrer — und bleibe ein Bohrer!" Das iſt die Tragik der Maſſe, daß ſie in des Milliardärsſohns Meinung die Verheißung ihres Glückes nicht hören will. Er ſelber gibt vor: „Ich habe den Menſchen geſehen — — ich muß ihn vor ſich ſelber ſchützen!"

Hat er dazu die Kraft? Nein! Seit der ehemalige Akti= viſt — der ſeinem egoiſtiſchen Korallen=Vater einſt mit dem Wort der Mitleidstat entgegenſtand — Idylliker der Erde geworden iſt, hat ſich die Widerſtandskraft gegen die Feinde ſeiner Idee verloren. Er erfährt die Tragik des ideologiſchen Pazifiſten, der plötzlich grauenvoll einſieht, daß er auch dem Pazifismus nur mit dem Kampf den Sieg bereiten kann. Daß auch das Friedensziel ſolange mit mutig=tätigem Willen verteidigt werden muß, bis alle friedlich geworden ſind. Noch ſind ſie es aber im fünften Akt von „Gas" nicht.

Wie ſchützt der Milliardärsſohn den Menſchen vor ſich ſelber? Das iſt ein trauriger Fall und Nervenſchock. Vor

den Gewaltmitteln des Staates streckt dieser Menschheits=
held die geistigen „Waffen", denn er „steht gelähmt" und
„tut alles mechanisch", was von ihm verlangt wird; schwenkt
das Taschentuch des Regierungs=Vertreters als weiße Fahne
vor den rebellierenden Arbeitern, so daß — ungehindert
durch den prinzipiell friedlich gesinnten Mann — die Gas=
werke wieder aufgebaut werden und die Produktion des ge=
fährlichen Explosivstoffs ordnungsgemäß weiter betrieben
werden kann. Ja, die Welt ist schlecht. Sie wird aber immer
schlechter, wenn Menschen von der Einsicht eines Georg
Kaiser ihren Helden auf Seite 112 eben noch sagen lassen:
„Jetzt sehe ich erst — — die Pflicht!!"... die Pflicht
ihres ethischen Daseins — und die auf Seite 114 gelähmt
stehen und die weiße Fahne schwingen lassen: als ungewollt
groteskes Symbol ihrer Unfähigkeit zur Größe. Wenn nicht
Held, so doch Märtyrer, falls es in der Tragödie aufs
Absolute gehen soll! Doch hofft Kaiser, daß die Tochter
des geschlagenen Korallensprößlings — laut ihrer Aussage
— den neuen Menschen gebären werde.

Ich mißtraue solcher Prophetie; dem Dichter selber, dem
Vater und der Tochter!

Erstens dem Dichter: weil er offenbar gestattet, daß
dieser bedeutungsschwere fünfte Akt an einigen Bühnen ganz
gestrichen werden darf und er demnach verschiedenes darin
auch wohl nicht mehr ganz wahr haben möchte. Zweitens:
weil uns schon der uralte Vater des auch schon sehr alten
Eustache de Saint=Pierre in den „Bürgern von Calais"
mit seinem: „Ich habe den neuen Menschen gesehen!"
hineingelegt hat. Denn das bezog sich nicht allein auf
seinen großen Sohn, der trotz allen Studiums der ent=
menschten Logik immerhin einer gewaltig imponierenden
Opfertat fähig war; sondern dies Wort vom neuen Men=
schen zielte weit hinaus auf die ganze Menschheit. Wann hat

es Georg Kaiser eingelöst? Wer hat sich geopfert bis aufs letzte von den Kassierern und andern Geldleuten? Denn man vergesse nicht, daß der Tod des Milliardärs eine feige Flucht vor der sozialen Frage, ein korallenseliger Wunschtod in romantischer Narkose war! Und nun der Milliardärs= sohn mit der Fahne in weiß? Diesem Samen traue ich nicht den neuen Menschen zu.

Drittens aber mißtraue ich der Verkündigung der Mil= liardärstochter — nicht allein wegen ihrer verdächtigen Fa= milie und ihrer Verheiratung mit dem verbankerottierten Offizier, sondern allein schon: weil sie ein Georg Kaiser= sches Weib ist. Denn die meisten der Seriösen unter den Kaiserschen Damen — so auffällig selten sie in seinem Werk erscheinen — sind unglaubhafte, verlorene Schatten. Judithchen als „Jüdische Witwe" und die launige Europa waren nette, frische Puppen. Die Carla der „Verheißung" trat etwas literar=hysterisch auf. Die Heroine von „Frauen= opfer" blieb posenhaft und gescheit; und von der kleinen p'tite femme Sylvette vom Pariser Opernbrand ist trotz ihrer angeblichen Alcesten=Geste und Hetärentugend blut= wenig zu halten. Von der blassen guten Mutter aus Toskana, die dem Kassierer so viel Leid verschaffte, gibt es nichts zu rühmen und nichts zu tadeln. Und die Phryne des Alkibiades entschuldigt mit viel Schönheit ihre gedachte Antikität. Aber die sozialen Töchter der „Koralle" und des „Gases" und die bekehrten Sünderinnen von „Hölle Weg Erde" — sie sind die allerwindigsten des Kaiserschen Men= schen=Ateliers und noch blutärmer als die schwächsten ihrer allegorischen Brüder; und eine Geburt des neuen Menschen darf ihrer Konstitution überhaupt nicht zugemutet werden...

Oder ist es der Spazierer, der seine neuen Menschen durch, auf und über „Hölle Weg Erde" spazieren führt? Bei diesem Wesen bedurfte es allerdings keiner Geburt vom

Weibe; bedurfte es für das ganze Drama auch nicht der Stirne des Zeus, des Plato, des Sokrates oder sonst eines besseren Denkers. Diese Hölle ist ja so klein nach Strindbergs Entwurf, dieser Weg so bequem und diese Erde so himmlisch, daß die dreiaktige Tragödie sich viel besser als Kindermärchen ausnähme.

Lächerliche tausend Mark können ein Menschenleben retten. Der Spazierer hat sie nicht, will aber retten und sucht sie durch Verkauf einer kostbaren Kunstmappe zu erhalten. Aber die pickfeinen Damen Lili und Edith im goldroten Salon des Grandhotels wollen lieber ihren Ohrläppchenschmuck vom Juwelier und werden daher schuldig als Mörderinnen des armen Teufels. Der Spazierer klagt symbolisch gegen sie beim Advokaten, der aber das menschliche Gesetz der Gesetze, das die Gesetze überflüssig macht, noch nicht kennt; und nur gegen tausend Mark Vorschuß solche Prozesse übernimmt. Auch er wird schuldig. Der Hafthausleutnant, der die Damen nicht inhaftiert, wird ebenfalls schuldig; denn „Keiner tötet, der nicht Hand anlegt oder anstiftet". Und endlich ist auch schuldig der Juwelier mit seinem goldstrotzenden Schaufenster, das den Mammon diabolisch strahlen läßt. Die Ursache muß beseitigt werden: Der Spazierer überfällt den Juwelier. — Das war die Hölle.

Der „Weg" führt über die Stationen Hotel — Hafthaus — Anwalt — Juwelier — und von anderm Ausgang umgekehrt zurück. Mit penetranter Wiederholung führt Spazierer seine Anklage — erinnernd in seinem monotonen Dakapo an Heinrich Manns weit echtere „Madame Legros" — und leitet nun die Revolution zur Umwertung früherer Gesetze und der Weltordnung. Der Hafthausleutnant mit seinen Soldaten, der Juwelier mit seinem Personal, der Anwalt, Lili und Edith, ja selbst der Hotelier erliegen plötz=

licher Bekehrung. Überzeugt: daß bei jedem Verbrechen am
Menschen Dritte im Spiele sind; daß jeder solch ein Dritter
ist, jeder Schuldiger an Opfern, jeder identisch mit den Verbrechern. Man weiß das schon seit Hasenclevers Alexander
in den „Menschen".

Im Strafhaus war noch die einzige Sicherung vor Not
und Verführung. Man hungerte nicht, man dürstete nicht,
man verlangte nach keiner Leistung, die einen Schwachen
vernichtet. Bitterlichs Gefängnis! Aber die Strafhäuser
sollen geöffnet, die Gehege der lebensertötenden Zivilisation
eingerissen werden. Rebellion gegen den Verbrecher Un=
Menschheit, der die Menschheit selber ist. Der „Fall der
Fälle" wird verhandelt! Die „Epoche der freiwilligen Geständnisse aller" ist angebrochen! Ruf zur Erde! Ja, ja
und ja... Die Erde wird's schon machen... Die neue
Wahrheit, die „so ungeheuer" war, „daß sie ohnmächtig zu
jeder Wirkung ist", findet nun nach all den vergeblichen
Bekehrern ganz rasch eine bekehrte Menschheit — die nicht
nur die neue Wahrheit versteht, sondern — echt sokratisch
— ihre Erkenntnis gleich in Handlung umsetzt. Ungeheurer
Sensationserfolg des Missionars Josias Clefanth unter
den Bleichgesichtern.

Revue=Technik

Das ganze Drama war bisher Sprech=Revue in erweiter=
ter Form. Was in den ausgezeichneten Pantomimen=Szenen
der „Bürger von Calais" als stummes Hintereinander der
Agierenden, was ebendort im zweiten Akt bei den Abschied=
nehmenden in der Passions=Technik zellenweise vor sich
ging, was später in der Heilsarmeeversammlung Bußbank=
Revue und in der „Koralle" Bittsteller=Parade wurde —
ist im vierten Akt vom „Gas" schon Prinzip des ganzen
Aktes geworden. Dort schleudern in der Streikversammlung

auf eiserner Rednerbühne acht Sprecher hintereinander ihre Anklagen gegen den Ingenieur. Es spricht der Bruder, der Sohn, der Ehemann; das Mädchen, die Mutter, die Ehefrau; der Arbeiter, der nur noch Fuß auf dem Schaltblock, nur noch Hand ist, oder nur noch Schreiber. Sie alle wüten gegen die Erscheinungsform eines unmenschlichen Prinzips, das sie in neuer Form gleich wieder anerkennen würden... Maschinen lassen sich aufhalten, die Menschen nicht! Das sind nicht Dialoge, sondern von Volksrufen rhythmisch unterbrochene Rede-Serien. Die dann gekrönt werden vom Milliardärssohn, der als Verkündiger von Erde und Menschheit sich austönt. Da folgt auf dieser, über die Rede-Stufen erreichten Plattform der erste dialektische Gegenstoß durch den Ingenieur, der dem paradiesischen Siedlertum den Aktivismus entgegenwirft: zunächst allein in längeren Perioden; dann gegen den Milliardärssohn immer in rascherer Gegenrede. Bis zur Stichomythie von Schlagworten zu Schlagworten. Bis nach der letzten rhythmischen Verkürzung die von dem Ingenieur zurückbekehrte Masse die e i n e Silbe ausschreit: „Gas!!!" Dieser famosen Architektur — mit massigen Redequadern der Arbeiter unterbaut, mit breiter Stockwerkschicht der feindlichen Vertreter vom „Gas"- und vom „Korallen"-Ideal hochgeführt und mit gipfelndem Dach gekrönt in den Schlußrufen — diesem rhythmischen Bau mangelt nichts als die adäquate Dichterkunst der Worte.

Dieser Mangel wird mir mit aller Drastik an „Gas II" offenbar: dünnes Gerüst aus Stichworten; Formel-Bau des Ingenieurs; dramatische Mathematik. Das Prinzip der Rede-Revue eines Aktes wurde nun mit Hilfe des Spazierers in der Technik der Bilderdramen zur Szenen-Revue von „Hölle Weg Erde". Der in früheren Stücken Kaisers beobachtete Wechsel von fast stummer Spielszene und überaus langer Redeszene ist hier im epischen Passionsgang

aufgehoben. Wie der geschilderte Akt aus „Gas" drei-
teilig aufwuchs (Reden-Komplex der Anklagenden, Gegenreden der Hauptsprecher und drittens die Schlagwort-Fan-
faren der Massen), so ist die bei Kaiser stets geliebte Dreifaltigkeit auch hier Gesetz geworden: ein Gesetz, das von
tiefem Instinkt für die dramatisch-psychologische Dreiheit
von „Spannung", „Hemmung" und „Lösung" zeugt. Oder
Hegelisch gesagt: These, Antithese, Synthese. Siehe auch
die Divina Commedia mit Inferno, Purgatorio und Pa-
radiso.

„Hölle" gab die negative These der Schuld; „Weg" die
positive Antithese der Bekehrung. Damen, Juwelier, Leutnant, Anwalt — sie alle erleiden durch den Spazierer ihre
eigene Anklageszene in der „Hölle" und ihre Bekehrungs-
szene im „Weg". Nur durch die Brücken-Szene getrennt,
die über Dirne und Sträfling (als den erdnächsten Ge-
schöpfen) ans bessere Ufer führt, folgen sich im ersten Teil
vier Stationen vorwärts, im zweiten die gleichen vier
Stationen rückwärts. Die Revüen korrespondieren. Die
Regellosigkeit der Stationen-Technik in „Von Morgens bis
Mitternachts" ist nun organisiert. Auch die Einzelszene ist
schon Revue geworden: im Hafthaus kommen wie im Auto-
maten die Angeklagten und werden nach Rohrpost-Melde-
zetteln abgefertigt. Als Maschine wird diese Hölle entlarvt.
Der Sternheimsche Telegrammstil erreicht hier die straffste
Kürze; hart und kalt wie Eisenkonstruktion. Das erfaßte
die ganze Architektur und die maschinelle Art der Rede. Die
Sonder-Station der Dame, die sich unter der Revue beim
Advokaten findet, ergibt folgenden Dialog: „Anwalt: Die
Sache? Dame: Divorçons. A.: Die Belege?... D.: Die
Liebenswürdigkeit des Ehegatten beobachtet. Après moi le
déluge — nämlich die Scheidung. Er soll sie haben. A.:
Vorschuß sechshundert? D.: Er zahlt doch alles. A.: Ich

übernehme. D.: Selbstverständlich. A.: Durch Glastür zur Kasse…" Das ist die kleinste Revue=Station.

Die Synthese gibt der dritte Teil "Erde" in drei Bildern: es hebt nach der Revue der Szenen die Revue der Büßer an über die bedeutungsvolle Brücke zum Strafhaus; man vereinigt sich mit dem Strafhaus=Direktor und seinen schuldig-unschuldig inhaftierten Bataillonen und findet unter Spazierers Führer endlich die Erde, die mit steiniger Fläche Humus deckt. Hier geht einer im andern auf und verschmilzt sein Ich mit den Menschen und dem Kosmos. Der Führer verschwindet in der Masse, während "überweißes" Licht sich auf das neue Glück gießt. Rufe erschallen: "Die Erde klingt!!" und des Spazierers Stimme dröhnt unsichtbar: "Euer Blut braust, denn ihr seid die Erde!!"

Triumph der Bequemlichkeit

"Ich habe den neuen Menschen gesehen!" behauptete schon Eustaches Vater; der Milliardärssohn hofft auf ihn; und seine Tochter nahm sich vor, ihn sogar zu gebären. Der neue Mensch war aber nicht möglich vor all den Versagern. Nur die Flucht vor der Welt behält recht, deren man sich in vier Methoden — des Kassierers, des Milliardärs, des Sohnes und der Erd=Menschen — bedient: erst egoistischer Selbstmord, dann egoistische Weltflucht in den Kosmos, dann pazifistischer Abzug in grünes Schäferidyll und endlich auf des ideologischen Vogels Strauß Schwingen nach dem Weltteil Phant=Asien, wo man den Kopf in die Erde steckt und sofort eine neue Menschheit bemerkt — weil man die alte, so sehr gemischte, dann nicht mehr anzuschauen genötigt ist. Der Mensch ist gut. Die Erde wird's schon machen — auch wenn sie nur Sand für den genannten Vogel ist.

Die Hauptaufgabe des Dramas "Hölle Weg Erde" wäre doch wohl das Werden der Menschenschicksale gewesen:

Neues Theater, Frankfurt a. M. / Bühnenbild F. K. Delavilla / Regie Hellmer

Kaiser / Hölle, Weg, Erde

Umwandlungen, die man sich aber hier in der Theaterpause zwischen „Hölle" und „Weg" auszudenken hat. Denn was hat der Spazierer auf seinem „Wege" noch zu schaffen? Die eingeteufelte Menschheit hat sich ja eigentlich ganz von selber eingeengelt. Es waren ja mehr Selbstbekehrungen vor des Spazierers hohem Beispiel als Überredungen. Alles mit wunderbarer Schnelle — wie des seligen Kassierers Wandlung, der buchstäblich, ohne ein Wort zu verlieren, durch bloße Mimik seines späten Frühlings Erwachen andeutete; oder wie der symbolische Korallenraub, der auch dem Milliardär ein seelisches Werden ersparte. In eine Denkmathematik der Fabel einplaziert, gegen welche die psychologischen Logarithmen Hebbels süßen Kindesunverstand bedeuten, fahren diese neuen Menschen in das Traumland der Korallen, und der Ferienkolonien mit vorläufig zwar noch etwas steinigen, bald aber sicher trächtigen Kulturen. Die Dirne ist in der Schwester aufgegangen und der Sträfling im Bruder. Entweder wird es nun nie mehr Sträflinge und Dirnen geben; oder alle, alle, alle Menschen werden Sträflinge und Dirnen, wo des Schlaraffen sanfter Flügel weilt. Proklamierung des seelischen Paradieses zu einem aus der Hölle umgeschwindelten Erden=Paradies. Ohne weitere Ansprüche an das Ethos. Zukunftsmusik übertönt den besiegten Teufel mit ihrem Leitmotiv: Der Mensch ist gut.

Doch solch ein Schlagwort gilt nur als Ziel=Setzung nicht als Voraus=Setzung in einer Welt der Mörder und der Heuchelhuren. Der Mensch ist gut und böse, ist Himmel und Hölle, ist Gott und Teufel zugleich. Und ewig wird der Funke Gottes in ihm den Kampf mit dem Engel erregen, den er nicht lassen darf, bevor er ihn segnet. Immer wird es Unterliegende und Obsiegende geben im Guten und im Schlimmen. Die Guten aber sollen sich waffnen gegen die ewig lauernden Dämonen des Tieres und des sophistischen übergeistes: die Gefahr-Pole, zwischen denen der Mensch sein Schicksal sucht, um ein gerader Held oder ein ganzer Opferer zu werden. Und der Mensch ist gut.

Wäre Kaiser ein Fanatiker des Blutes oder Prophet religiöser Visionen, ein Verkündiger der Liebe (deren Namen er mit eigentümlicher Keuschheit in seinem Werk beinahe verschweigt), — ich wollte ihm den utopischen Glauben nicht verübeln. Der platonische Dialektiker aber hat größere Verantwortung; zumal der Denkspieler als Wortdichter nicht die hymnische Kraft fand, nicht das lyrische Pathos, das aus Evangelien klingt. Statt Liebe vereinigt ja diese die Welt spielend überwindenden Denkfiguren nur „die Synthese". Logische Synthese aus $a+b+c$. Die Ingenieur-Ästhetik der Zweckformen im Maschinenstil griff nicht nur auf die dramatische Technik und den Sprachstil über, sondern mechanisierte die Menschen. Formelhaft läuft die Rechnung ab — bis zur neuen Explosion. Denn, Georg Kaiser!: auch die Auflösung der Formel von „Hölle Weg Erde" wird nur vom Jenseits diktiert.

Dies ist dem Dichter ein Jahr später gründlich klar geworden. „Gas II" (1920) verzichtet auf gütliche Erledigung der Menschheit durch Liebe. Der „neue Mensch", der Milliardärarbeiter, vollzieht den Bankerott aller Utopien. „Gas" ist „Giftgas" geworden. Im Weltkrieg wird die Menschheit daran krepieren. Der „Jüngste Tag" macht irdischen Ultimo. Menschheit und Drama verfliegen ins Jenseits.

„Der gerettete Alkibiades"

Mit dem „Geretteten Alkibiades" (1920) verließ Kaiser den sozialen Bezirk, der mit der Explosion von „Gas II" in die Luft geflogen war — nämlich ins Jenseits. Er hatte genug vom „praktischen" Leben und der ethischen Nationalökonomie. Er weiß: das „praktische" Leben ist

nicht in Reinheit aufzulösen. Und da schreibt er sein
„theoretisches" Spiel von der Reinheit des Todes.

Georg Kaiser eifert einem Worte Platons nach, der am
Schluß des „Symposions" ausspricht: Der große Dichter
müsse zugleich Tragiker und Komiker sein. Im „Geretteten
Alkibiades" mischt Kaiser die Komödie des Fleisches mit der
Tragödie des Geistes. Symbolisch gesprochen: Der Kopf ist
mit „Armen und Beinen" im Krieg. Ausgefochten wird er
durch Sokrates und Alkibiades.

Sokrates, der Philosoph und Hermenmacher, achtet
nur auf Kopf und Geist. Was kümmern den symbolischen
Hermenmacher die „Arme und Beine" der Menschen. Man
weiß: Hermen sind Statuen ohne Leib: nur Kopf und Säule.

Doch eines Tages tritt Sokrates im Kampffeld mit dem
Fuß in einen grausamen Kakteendorn. Ei, wie spürt der
Kopf-Held da so überdeutlich seine untere Hälfte. Ei, wie
merkt er sich, daß es Materie gibt, die geistesfeindlich bleibt.
Ei, wie weiß er nun, daß seine Kopfweisheit niemals das
Ganze, sondern nur die Hälfte der Welt erfaßt.

Und er wird sich diesen schnöden Dorn trotz tausend
Schmerzen niemals aus der Sohle lösen, damit seine Weis-
heit ganz werde. Ganz und total jedoch wird sie erst im
Tor des Todes, wo sich die Reinheit der Idee enthüllt.
Nur wo die Materie grundsätzlich erledigt ist, nur im Tod
wird der Geist kompromißlos: rein und frei.

„Nur der Irrtum ist das Leben — und das Wissen ist
der Tod." (Schiller.)

Alkibiades, der Feldherr, siegt allenthalben durch die
Schönheit des Körpers; durch die Kraft von „Armen und
Beinen". Kopf — das ist für Philosophen und Hermen-

macher. Kopf ist Geist. Geist ist Körperhemmung. Aber Körper ist Leben.

Doch eines Tages erkennt Alkibiades die Unzulänglichkeit des bloßen Körper-Daseins. Nicht zum Sieg, sondern auf der Flucht trugen ihn einstmals Arme und Beine — und es war Sokrates, der ihn rettete vor den Feinden. Dieser Sokrates aus Kopf und Geist mit dem häßlichen Leibe, den der Dorn hemmt: der Lebensstachel!

Ihm, Alkibiades, wird Sokrates zum Geistesstachel! Der Geist schmerzt wie ein Dorn. Da verliert Alkibiades die Unbefangenheit der Glieder. Auf der Ringschule merkt man körperschwächende Vergeistigung.

Oh, wie liebt der Lebenssieger Alkibiades die Weisheit des Sokrates, obwohl sie doch zur tödlichen Reinheit der Idee verurteilt. Oh, wie haßt er ihn zugleich um dieser Todesführung in die Wahrheit! Da versucht Alkibiades den Sokrates mit Phryne — den häßlichsten Mann mit dem schönsten Weib — um die Weisheit mit Schönheit zu verführen. Aber Sokrates verschmäht die Göttin des Lebens. Da stürmt Alkibiades tobend in die Stadt und schändet die Hermen: die heiligen Säulen des Geistes.

Das Leben soll gerettet werden vor dem Geiste.

Sokrates und Alkibiades vertreten die Kalokagathie der Griechen: die Hochzeit von Körperschönheit und geistiger Tugend. Aber sie kann nicht in einem einzelnen zur höchsten Vollkommenheit erblühen. Nur in beiden frohlockt Griechenland. Sie tragen die Pole des Himmels. Entzweit sind sie lächerlich: Körper ohne Geist; Geist ohne Körper. Sokrates überwindet diese Komödie: der freiwillige Tod macht ihn zum Idol. „Nur der Irrtum ist das Leben..."

Der Geist leistet sich seine Tragödie!

Alkibiades aber lebt weiter — „gerettet" vom geistigen

Kaiser
Der gerettete Alkibiades

Hessisches Landestheater, Darmstadt / Bühnenbild Schenk v. Trapp / Regie Kurt Barré

Purgatorium des Todes. Sein Leben braucht nicht Reinheit und tragische Würde, sondern Schönheit. Mit Armen und Beinen rennt er in die Welt davon.

Das Leben leistet sich seine Komödie!

Mit allen Mitteln sophistischer Gedankenspielerei variiert Georg Kaiser das Thema von Geist und Leib! Er klügelt das Letzte aus den Antithesen und baut in dreiheitlicher Komposition eine Synthese. Drei Teile; neun Szenen. Die Technik des Denkens — Thesis, Antithesis, Synthesis — wird zur Technik des Dramas.

Kalt und klar das Gerüst: Eisen und Glas. Doch das ganze Gebäude steht in Geheimnisluft: die Fragen verschlingen sich oft gegenseitig. Die Lösungen werden nicht überdeutlich. Sie oszillieren. Sie geistern. Das Spiel hört nie auf, Spiel zu sein. Kaiser zwinkert mit den Lidern. Die Tragik wird von Ironie belauert. Es bleibt im Letzten Komödie. Eine Komödie der tiefsten Ahnungen — eine Komödie über die Tragödie.

„Sokrates" müßte sie eigentlich heißen. Denn es ist bezeugt, daß Sokrates einem Silen ähnlich sah.

Erstaunlich ist, daß es dem Dichter gelang, aus dem Gewimmel der Symbole und Gegensymbole noch eine Handlung herauszuheben, die trotz der allegorischen Beschwerung doch immer die menschlichen Figuren auf dem Begriffsmeer aufrecht wandeln läßt. Szenen wie der Fischmarkt, wo Sokrates das brutalste Leben witzig mit dem Geiste bannt; wie das Gastmahl, wo der Ruhm als Unsterblichkeit bereits den Tod bedeutet; wie die Verführung Phrynes; oder das große Finale des Todes — es ist nicht nur Gedankenspiel; es ist auch Sch a u = Spiel.

Der „Gerettete Alkibiades" ist Georg Kaisers dialektisches Meisterstück.

Revolution

„Es muß einer den Frieden beginnen,
wie einer den Krieg."

„Jeremias" von Stefan Zweig.

Ist es nicht ungeheuerlich, daß mitten aus dem Mordgeheul des Krieges der Ruf: „Der Mensch ist gut!" vernommen ward? Mehr ein Schrei der Verzweiflung als ein innerliches Glauben. Mehr ein krampfhaftes Emporziehen der Wagschale, in der allzu gestrenge Richter die fluchschwere Menschheit sinken lassen wollen. Mehr ein von Haß übertriebener Ausdruck des Protestes gegen jene fröhlichen Krieger, die im Menschen schlechtweg das urböse Raubtier sehen, dem nur die Waffe Räson beibrächte. In diesem Aufschrei gegen den Krieg, der seine nationalistischen Anstifter als die Verführer der „an sich guten" Menschen verurteilt, liegt Paradoxie. „Der Mensch" ist eben nicht gut, solange er noch Unschuldige verführt, und solange die Unschuldigen nicht so unschuldig sind, daß sie sich nimmer verführen ließen. Der Mensch ist gut und böse.

Die unfreiwillige Farce in Georg Kaisers „Hölle Weg Erde" besteht in der Vortäuschung einer Paradieses=Menschheit, die über die Verführungskraft der Erde in zauberhafter Entwicklung hinauswuchs, um nur noch ihren mütterlichen Humusboden friedlich zu besäen. Als wäre der Ackerbauer selber schon Pflanze geworden. Als hätten Adam und Eva, Kain und Abel jenseits aller Tragik gestanden — sie wollen den Menschen nun einmal gut haben. Oder geschah nicht an ihnen die Erkenntnis der Sünde und der erste Mord? Diese Programme der Schlaraffenländler dienen zum großen Teil der Einlullung menschlicher Verantwortlichkeit mit einer Märchenauswahl „vom guten Kinde".

Welcher kulturwillige Mensch wäre nach all dem Morden nicht ein Bekenner des Friedens? wäre nicht Pazifist der Sehnsucht und der Friedenstat? Der nur gezwungen durch das Böse in ihm selber und im andern zum immerwährenden Kämpfer werden muß? Welch echter Mensch verweigerte seine Kraft dem Ringen um eine Friedenswelt? Auch der Friede will erobert sein. Was wollte denn die kämpferische Revolution? Solange diese Erde Tummelplatz des vollbejahten Lebens ist, kann der Kampf unter Menschen nicht erstarren. Ein Ethos gebietet den Einsatz für Liebe, für Gemeinschaft und Leben: das Leben für das Leben. Das ist ewige Tragödie.

Anderer Sinn ist nicht für die diesseitige Welt. Und wohl denen, die aus Gottesliebe von der schlechten Erde absehen können zum Himmel; die den Kampf nicht mehr brauchen, da sie im Entsagen ihre Weltweisheit lassen können; die sich des Wollens unbeschadet ihrer Seele begeben dürfen, da sie die vom Glauben geschenkte Gnade des göttlichen Vaters übergießt und das Willensproblem des absoluten Tragöden im Mysterium auflöst. Aber ohne den Glauben oder eine weltentsagende Liebe aller gibt es keine Überwindung der Tragödie; und die Erde besteht weiter als das tragische Theatrum der Freundlichen und Feindlichen und des sein Schicksal sich wütend schaffenden oder mit Würde tragenden Menschen. Nur keine Eitelkeit des Todes, nur nicht das Pathos der Apostel, wo keine Notwendigkeit das Drama zwingt. Aber es kämpfe gegen Feindschaft und Teufel mit Ethos oder mit Liebe — die Lyrik seines Weltgesanges spielt in der tragischen Tonart.

Es haben also auch die Kriegsgegner Kämpferdramen geschrieben, die den Weg aus der Hölle zur versöhnten Erde nicht so leicht finden. Romain Rollands Drama „Die Zeit wird kommen", das erst 1919 in Stefan Zweigs

Übertragung erschien, war schon 1902 fertig. Ohne jede Absicht einer anti-englischen Kundgebung findet Rolland im Burenkrieg unter sterbenden Soldaten und in den Krals verkommender Burenweiber und Kinder den Stoff zur pazifistischen Tendenz: „Die Zeit wird kommen, da alle Menschen um die Wahrheit wissen werden, da sie Pflugscharen schmieden werden aus den Schwertern und Sicheln aus den Lanzen und der Löwe weiden wird neben dem Lamme. Die Zeit wird kommen." Damit bekräftigt ein englischer Meuterer, daß er nicht mehr mittun will, spricht es aus Schilderungen furchtbaren Elends heraus mit der Zuversicht des Märtyrers, der sich schlachten läßt wie irgendein Tragöde. Der Weltkrieg war als Masse und Dynamo stärker als jene Wahrheit. Aber die „Meuterer" dieses Weltkriegs lähmten und enthüllten die „Ideen", die Lügen und die Teufel des militärischen Idealismus, soweit er aus Machttrieb, Sport- und Jägerlust oder feudaler Familientradition sich rechtfertigte, statt aus Verteidigung der Gesamtheit und der Lieben. Die vaterländische „Pflicht" wurde zum Horror nach all der Enttäuschung, weil sie als militaristischer Imperativ immer nur das Unmenschliche, das Tötliche und Tötende befahl.

Die Pflicht als rigorosestes Schlagwort der Moral wird nun als Name des militaristischen Molochs gehaßt. Pflicht und Mord wurden fast ein Wort. Man vergißt, daß jeder der heroischen Meuterer gegen die Pflicht selber wieder aus einem ethischen Pflichtgebot heraus revolutionierte Revolution machen mußte. Daß die Gebote um der Liebe und der Menschheit willen auch Pflichten sind, das denkt man nicht so leicht bei der Verpönung eines Begriffes, der an die preußische Polizei erinnert.

So wie in René Schickeles innigem und durchlittenem Roman-Drama „Hans im Schnakenloch" der preu-

Rolland
Danton

Großes Schauspielhaus, Berlin / Bühnenbild E. Stern / Regie Reinhardt

pische Schutzmann aussieht: lebendige Verbottafel, brutale Paragraphengesinnung, Pickelhauben-spitz und hart mit steter Witterung von Majestätsbeleidigungen — so heißt er für die heiteren Elsässer „Der Teufel". Kornfelds Teufel war irgendein ziviler Joseph, Wilhelm oder Leonhard. Hier ist es der Säbelstaat, der Blaue mit den mildweißen Handschuhen, mit dem bissigen Gefreß von Th. Th. Heine. Symbol des Teufels, der den unentschiedenen Elsässer Hans aus der Grenzheimat treibt, weg aus dem sprachlichen Vaterland, weg zu den Franzosen. Er gehörte nirgends recht hin: „und was er will, das hat er nicht, und was er hat, das will er nicht; der Hans im Schnakenloch hat alles, was er will". Für die französische Liberté der Leidenschaften will er die in ihm mahnende deutsche „Freiheit aus Pflichterfüllung" unterdrücken. „Für die Deutschen ist die Schöpfung eine Schule und der liebe Gott der Herr Lehrer, der gute und schlechte Noten verteilt." Er hält's nicht aus im Bereiche Kants, mit dessen Namen sich die „Teufel" im blauen Tuch als ethischen Vorwand für Unkantisches bedienen durften. Er wird Verräter. Dies Drama wurde im Oktober 1914 geschrieben und gab also schon im ersten Jahre des Krieges das Bild des Flüchtlings vor der Pflichtmaschine.

Der erste soldatische Meuterer in der großen Reihe der revolutionspolitischen Stücke, der unmittelbar aus dem Krieg ins Drama sprang, war der „fünfte Matrose" in Reinhard Goerings „Seeschlacht". Er bleibt ein unsicherer Bekenner. Für den jungen Dichter schlug doch erst die Stunde von 1917, zeitnahe noch dem Meeressiege am Skagerrak, noch zeitfern vom offensichtlichen Zusammenbruch. Goering bleibt ein Fragestellender. Sein Meuterer lockt alle auf aus dem Gewohnheitsgebahren ihres Pflichtgefühls.

"„Ich weiß, Wahnsinn und Verbrechen ist es,
was wir tun,
und nur aus diesem Grunde ist es so:
weil es Dinge gibt zwischen Mensch und
    Mensch,
die zu erfüllen
heiligere Pflicht dem Menschen ist
als jeder andere Kampf."

Pflicht gegen Pflicht! Das könnte tragisch werden. Und „unsere Seele weigert uns selbst den Gehorsam, weil sie von etwas anderm besessen ist" — das sagt auch der erste Matrose, der ein Dichter ist, und weiterhin blickt mit einwärtssehenden Augen:

„Bald wird manch glasiger Mann
am Land der Jüten aus dem Wasser steigen."

Ahnung ängstigt, macht empfänglich, lauscht der Lockung dessen, was zwischen „Mensch und Mensch" ist in williger Verzweiflung und revoltiert doch vor der Revolution. Es ist Spannung im Panzerturm. Sieben Matrosen warten auf die Schlacht. Namenlos; später, als die Luft vergiftet wird, auch Gesichter=los in den entmenschenden Gasmasken. Alle sind da: der unbefangene Lebensfreuer, der unbedingt siegen will; der pflichtstarke Preuße, der ohne Begeisterungsdusel „für die Sache" zu sterben weiß; der Zweifler an Gott; der Unglücksgewisse; einer, der einfach sein Leben behalten will. Und dann eben der dichtende Träumer und bei ihm der Meuterer — die zuerst in langer, leiser Zwiesprache — zögernd, tastend jeder an des andern geheimster Seele — sich vergewissern wollen über jenes Ungewisse zwischen Mensch und Mensch.

Goerings Steigerungsgefühl fand eine feine Skala für die im Ton mehr elegischen als epigrammatisch streitenden

Reden. Zunächst mit mezza voce, das in Sparnung und
vorgetäuschte Harmlosigkeit gewobene Vielgespräch der
Turmverteidiger. Bis sie der Schlaf packt, in dem sie
schauerliche Stichworte von Tod, Flaggen, Schiffen, Bug=
schaum und vom „Rest", der übrigbleibt, lallen; und hart
auflachen im Traum von der Schlacht. Dann die leise Ein=
dringlichkeit des Mensch=Verführers, Abwehr, Zustimmung
und Warnung des ahnenden Dichters: warte, wie es von
selbst kommt, in der Schlacht! Die Matrosen erwachen,
hören die Weigerung zu kämpfen, wollen den Frevler fest=
nehmen. Aber schon meldet der an der Luke: „Noch hat er
nichts getan und schon ist es über ihm". Skagerrak=Schlacht.

„O Siegestag. O Jammertag!
Letzter, letzter Mai,
Wendepunkt, Ende!"

Explosionen, Tote; immer wieder auf; Schießen; Treffer
drüben und hier. Signale. Trommel. Horn. Tempo im
Feuertanz. Getöse.

Was tut nun der fünfte Matrose, der Meuterer? ... Er
überrascht uns! „Welch' froher Ton!" „Was mal gelöst ist,
soll rollen", ruft er weiter. „Seid keine Lämmer beim
Morden! Seid Tiger an euch selbst! ... Peitscht die Sterne,
wenn sie nicht wollen ... Mir gefällt die Schlacht." Einer
fällt um den andern, die bisher getrennten Stimmen wer=
den vereint zum Chor der Not:

„Vaterland, Vaterland, o lieb' Vaterland.
Wir sind Schweine,
die auf den Metzger warten.
Wir sind Kälber, die abgestochen werden.
Unser Blut färbt die Fische.
Vaterland, siehe, sieh', sieh'!"

Der Letzte, der am Rohr steht, ohne Paroxysmen die Schlacht beherrschend, ist der Meuterer. Bis auch er liegt:

„Ich habe gut geschossen, wie?
Ich hätte auch gut gemeutert! Wie?
Aber schießen lag uns wohl näher! Wie?
Muß uns wohl näher gelegen haben?"

Der Grund wird nicht erklärt. Die Tragik ist vom Taumel aufgesogen. War es Kriegskoller, war es neuerwachender Patriotismus, war es einfach Ausbruch der Lebenskraft für irgendeinen — irgendeinen Sinn oder Unsinn des Blutdrangs? Der famose Schwung der wie Wellen brandenden Szenen, die unter den Explosionen des Schlusses in Gischt aufdampfen, ist gebrochen durch die Rätselhandlung des Meuterers. In ihm schienen sich alle zu vereinigen: im Tosen der Explosionen wurde scheinbar eines Jeden Eigenschaft die des Andern. Sie mischten sich im expressionistischen Seelenaustausch: jeder Meuterer, Ahnender, Fürchtender, Pflichtgetreuer. So erklärte sich im Gesamtwillen der sieben Todgeweihten die ganze Problematik des Einen — wenn nur dieser Eine eine Lösung gäbe. Er malt aber ein Fragezeichen, und die „Seeschlacht" Goerings bleibt nur ein dichterisch gesehenes Stimmungsbild, das hier höchstens tragisch gewirkt hätte, falls der Fünfte zum Schluß etwas von Schicksalswegen hätte tun müssen, was seine Seele endgültig nicht billigen konnte. Doch die Seele des Meuterers singt „Heil dir im Siegerkranz". Die Idee verlor sich in Taumel; und so wurde kein echtes Drama.

Noch weniger in „Scapa Flow", wo Goering die Versenkung der deutschen Flotte im englischen Kriegshafen zum Anlaß einer elegischen Klage des deutschen Admirals werden läßt, ohne Zielwillen im Dunkel verdämmernd — ein szenisch origineller Kriegsschiff=Sketsch. Goerings Ta=

lent ist scheinbar nicht willenskräftig; es schwankt im
Sehnsüchtigen. Geistesstärke weicht dem Stimmungston.
Dramen wie die schwach versifizierte Ehegeschichte „Der
Zweite" oder die etwas erdgründigere und doch matt ge=
bliebene Szenenfolge „Der Erste" geben nicht den Eindruck
eines sicheren Willens. Das in kurzsilbigen Wörtern hinge=
hackte tragische Spiel „Der Retter" (1919) zerfällt völlig
vor unsinnlicher Andeutelei.

Eines von beiden muß das Drama vorherrschend im
Trieb halten: leidenschaftlicher Rhythmus oder der Zug
eines Willens. Pathos — oder Ethos. Sonst bleibt ledig=
lich Tendenz oder wachsweiche Lyrik. Auch die Autoren,
die ich im folgenden nenne, sind nicht große Gestalter des
Wortes. Es klingt nicht; es kann nicht singen, nur sagen.
Aber es sagt doch sicher und zielvoll Gewolltes und gibt den
Worten ein heimliches Brausen. Kurt Eisner, Ernst Toller,
Ludwig Rubiner, die kommunistischen Märtyrer; und vater=
ländischer Hanns Johst.

Der Politiker Kurt Eisner verwitzelte mit einer
„weltpolitischen Posse": „Die Götterprüfung", die
Monarchie. Sie ist nicht kriegsaktuell entstanden und doch
innerlicher erlebt als manches unserer Ich=Dramen. „Be=
gonnen Frühjahr 1898 im Strafgefängnis am Plötzensee
bei Berlin. Vollendet: Februar-März 1918 im Untersuchungs=
gefängnis Neudeck zu München" steht auf der Titelseite.
Zwanzig Jahre. Der Mann und das Werk sind hier Eines;
aber er will sich nicht unnötig tragisieren. „Eine fest in sich
gefügte Welt, die sich durchaus in allem, auch im Läppischen,
ernst nimmt und ernst dargestellt ist, wirkt über sich selbst
hinaus gesehen als Posse und Fratze." So im Vorwort.
„Das Komische ist eine vertrocknete Träne." Über Trauer
und Lachen erwartet Eisner eine Zukunft, welche die im
Stücke geschilderte Karikaturen=Monarchie ablösen soll.

Prinz Agab der Nullte hat die Herrscherprüfung nach altem System zu bestehen. Hirnmeister, Geschlechtsmeister, Machtmeister, Wachtmeister, Schlachtmeister, Jagdmeister, Trachtmeister und der Stirnwolkenscheucher halten Pflichtgefühl und Gesinnung der Untertanen aufrecht. Die Liebe wird als störendes Prinzip verboten; ein Tigerbild ist der verehrte Kriegsgötze. Ein anderes Prinzip siegt dann zum Schluß in diesem blassen, mit Pantomime verkünstelten Denkdrama eines Utopisten: aus dem beruhigten Meer tauchen „in hellem Sonnenglanz, mystisch verklärt, nackte Kinder, Frauen, Männer. Sie tanzen, blumenbekränzt, am Strande einen feierlich heiteren, verschleiert schimmernden Reigen — Geister der Zukunft". Wieder das Erdenparadies Georg Kaisers — doch nur als Zukunftsidyll und von Eisner mit kämpfendem Leben bis in den Tod geglaubt und als Idee vertreten.

Hanns Johsts „Der König" gibt statt der Groteske die Tragödie des reinen Monarchen. In den zehn Bildern zeichnet er sozusagen seinen „Jungen Menschen", der mit Güte, Liebe und Gerechtigkeit allein regieren möchte. Über Schranzen, Hof, Geistlichkeit und Königin=Mutter hinweg — als ob das ginge ... „als ob" sein „Königtum nicht eine Legende der Verzweiflung wäre!" Er, der nur den Menschen als Menschen achten wollte, der Diebe und Dirnen freisprach, gilt als verrückt und muß als Narr abdanken. Johst wirkt auch hier nicht durch starke Phantasie, aber durch alles das, was dem wortfeineren Goering fehlt: Entschiedenheit der dramatischen Gesinnung. Ein Wille will Weg. Schlicht und tumb, beinahe bäuerlich erzählt Johst seine Königssache; will keine Dekoration; ist mit Legendenstil oder Rokoko gleich einverstanden. Nur Seelenton verlangt er vom Schauspieler für den Ausdruck von Liebe und Willen. Willen, der auf das Absolute zielt. „Güte ist Konsequenz! Nur Konsequenz wird Schicksal" ... Das mögen die sich merken von den Modernen, die sich über ihre Schicksalslosigkeit beklagen — Heilige, Büßer oder Helden, Lebens- oder Sterbenskünstler.

Ganz anders als der sinnende Johst tobt Ernst Toller, der ekstatische Volkstribun, durch die dreizehn Stationen seines Dramas „Die Wandlung", abgeschnellt wie ein Pfeil gegen den Kriegstod. Ein Auftrieb, ein Abstieg und ein wilder Schwung zum Ausrasen im Finale. Eigentümlich wirkt, daß bei diesem Impetus die Form der Sprache gemäßigt bleibt. Doch es sind hier nicht Dichterworte aus klingender Vision. Hier ist nur Wut, Schmerz, Enttäuschung, Begeisterung. Was viele für Phantasiefülle halten — die krassen Bilder mit tanzenden Skeletten, Soldatenparade der Gerippe, der Lazarettgewaltige mit dem Totenkopf, Demonstrationen der Prothesen-Menschen — ist bei diesem Stoff sehr naheliegende Symbolkunst des Theaters.

Der Vorgang, Ablauf, — es ist ein Ich-Roman in redenden Bildern — schildert den jungen Bildhauer Friedrich, der sich aus der Nichtsnutzigkeit seines Daseins vom Vaterland in den Kolonialkrieg rufen läßt. Dann im Transportzug, zwischen Drahtverhauen, am afrikanischen Wasserloch und im Lazarett den Irrsinn, die Verstümmelung des Leibes und der Seele, den Wahnwitz des Krieges, des Staates, des Geldes erlebt — bis er die Machtstatue des siegreichen Vaterlandes mit seinem Bildhauerhammer in Stücke schlägt. Er sucht den Menschen. Sein Leib wandelt in andere Leiber zum Miterleben: als Hörer und Pfarrer im Lazarett, als Gefangener in der großen Zivilisationsfabrik, als Schlafbursche bei der Dirne. Ja, er stirbt sogar um neuer Auferstehung willen. Klettert als Bergsteiger auf den höchsten Gipfel: Menschheitsbefreiung als das Absolute. Der zweite Bergsteiger trägt das Antlitz des Freundes — bekannt aus

Hasenclevers und Sorges Ich-Dichtungen —, von dem man als von dem vergangenen Ich endgültig Abschied nimmt. Dann folgt die große Sprech-Revue — Mutter, Onkel, Kranker, Dame, Schwester — und die Predigt des Ich-Spielers: Menschen!! Revolution!! Die Ekstase treibt von Bild zu Bild. Die Bezeichnung zur ersten Szene: „Ein Vorspiel, das auch als Nachspiel gedacht werden kann", verrät den unsicheren Willen zu einer runden Komposition.

Dem „Revolutionsdrama" Tollers entspricht als Pazifisten-Programm des verstorbenen Ludwig Rubiner „Die Gewaltlosen". Hier soll gezeigt werden, wie der Kampf um den Frieden der Menschheit ohne Gewaltmittel geführt werden soll. Ausdrücklich werden hier Ideen zitiert, die erst im Körper der Schauspieler Substanz gewinnen. Zielwille ist da, Leidenschaft predigt, Gestaltung mangelt völlig.

Während Geister wie Toller nur nach Freiheit und Frieden drängen, ohne sich die Entwicklung eigentlich problematisch zu machen, stellt Herbert Kranz die Frage nach der Qualität der Freiheit und prüft im Verlauf seines Dramas „Freiheit" das Menschengeschlecht auf den ethischen Gehalt dieser Freiheit. Er läßt etwas geschehen, werden, dulden. Er stößt nicht nur Fanfaren aus der Allons enfants-Trompete, sondern verlangt Opfer der Seele und des Leibes. Er zeigt mehr dramatische Wandlung im Vorgang seines knappen Stücks als Toller in seinem Ich-Erleber, der eigentlich gefühlsmäßig schon zu Anfang ein Gewandelter war.

Menschen sind es ja nicht, sondern Schemen wie bei Goering oder Georg Kaiser. Aber eingestellt in die Kassetten von vier ausgezeichnet komprimierten Akten. Wie oft bei Kaiser macht eine Allegorie die Fabel: der Kerkerschlüssel. Revolutionäre sitzen im Gefängnis. Erster Akt: den bisher noch Hoffenden wird das Todesurteil verlesen.

Brecht
Trommeln
in der Nacht

Münchner Kammerspiele / Bühnenbild D. Reigbert / Regie Falkenberg

Zweiter Akt: Versuchung der ersten beiden Aufseher; dann Beredung des Dritten, des Jüngsten und Herzmäßigsten, der die Schlüssel gibt. Dritter Akt: keiner vertraut dem andern die Schlüssel. Keiner will auf der Flucht der letzte sein. Da wirft die „Frau" den Schlüsselbund durchs Fenster. Es ist die Parallelhandlung zum Selbstmord Eustaches in Kaisers Bürgern von „Calais". Indem alle sterben müssen, werden alle frei.

Der vierte Akt wirkt angehängt, durch eine Doppelsymbolik — häufiger expressionistischer Fehler! „Die Frau", bisher Symbol der geistigen Freiheit und der Liebe von Mensch zu Mensch, wird zugleich auch Sinnbild der Lebensmaterie. Die drei Matrosen wollen sie aus Rache und Lebensgier mißbrauchen; die drei Landsoldaten schützen sie. Der Anarchist aber, der bisher schwieg, findet die Worte zu aller Bekehrung: „Dein Tod gibt der Welt erst Leben, mein Bruder". Dann sterben sie alle willig und aus Liebe zueinander für die Freiheit. Im Anarchisten zeigt sich eine gewisse Kargheit Kranzens am deutlichsten: hier hätte ein großer Wortdichter weitläufiger und flammender gesprochen. Was Goerings „Seeschlacht" an Wort und Stimmungskraft voraus hat, gibt Kranz mit Architektur, Fabel, und jenem Unerläßlichen, was die dramatische Wirkung nicht entbehren will: die denkerische oder willensunerbittliche Sicherheit der Richtung.

Ein Pazifisten-Drama, das die in diesem Zusammenhang genannten bis auf Goerings „Seeschlacht" zweifellos an dichterischen Stimmungswerten überragt, das Eisners und Tollers Programmatik durch hohe Wortkultur weit in Distanz hält, das durch sprachliche Fülle Kranzens karge Konstruktion arm nennen darf und an der endlichen Zielsicherheit seines Helden nicht deuteln läßt — ein Gedicht also, in dem man nach all dem Gesagten ein Meisterwerk

26 Diebold, Anarchie im Drama

und Meisterdrama erwarten dürfte — auch dieses Drama wirkt nicht als Drama. Es ist Stefan Zweigs „Jeremias". In erster Auflage etwa um Ostern 1917 erschienen und also wohl in derselben Kriegsepoche wie Goerings „Seeschlacht" aus der Zeit gesaugt und als Bekenntnis niedergelegt, zeigt es in Jeremias den Propheten des Untergangs: den Meuterer gegen Krieg und Mord aus innerster Berufung bis zur Katastrophe und über sie hinaus. Zweig weiß, was er will; sein Seher zweifelt nicht in der tragischen Krise wie Goerings Meuterer; er erleidet die Liebe zum Vaterland Jerusalem in schwersten Prüfungen und erfüllt durch seinen Mund doch die tragische Notwendigkeit des Sehers seiner eigenen Vernichtung. Er verflucht den „heiligen Krieg" gegen Nebukadnezar, er hält stand gegen den harten Feldherrn und den in Ungewißheit sich zergrübelnden König, die Zweig mit poetischer Weisheit nicht zu Haßkarikaturen verzeichnet hat. Er besteht die menschlichste Versuchung vor der sterbenden Mutter, die er mit Schweigen tötet, statt sie mit milder Unwahrheit zu trösten. Er kämpft grauenhaft. Er wird verhöhnt als Narr, geschmäht als Verräter. Er schwankt und steht wieder fest mit der Kraft, die Gott in seine furchtbare Seherkraft gelegt hat. Er ist Held mit göttlicher Aufgabe, die er seiner triebmäßigen Menschlichkeit abringen muß. Doch nicht als bloßer Ekstatiker, sondern als ein durch Gottes Begnadung mit eigenem Willen Wollender. Einer, der gerade in der Prüfung Gott erkennt und ihn in sich erfüllen und erlösen will. „Mit meinem Leibe wider den Krieg, mit meinem Leben für den Frieden!"

Warum aber entstand kein dramatischer Gesamtzug? Neun Bilder: szenisch mit Volk und vielen Figuren belebt, ein paarmal spannend auf ihren Abschluß zugespitzt, in wundervoller Nachtstimmung dämmernd, in heißem Tagesstreit grell aufschreiend — und doch kein Zug, der von

Szene zu Szene, von Qual zu Erfüllung triebe! Es fehlt
nicht an Bewegung und nicht an den ideellen Kontrasten
der Gegenspieler. Aber es mangelt der technische Aufbau
der Fabel; das Abwägen und Verteilen der Gewichte, um
Spannung, Schwebung und Lösung der Handlung in eine
drängende Entwicklung zu bringen. Nur ein Zug von Georg
Kaiserscher Fabelarchitektur und Ökonomie der Rede bän=
digte Jeremias' überreichlichen Predigteifer, warnte vor all=
zuhäufiger Wiederholung der Grundsituation; hielt die Lyrik
des Hauptsprechers in Schranken und gönnte dem König
vollere räumliche Entfaltung. Das Gegenspiel zersplittert
in eine Mehrheit von Schatten. Trotz fortwährender Dialoge
wirkt Jeremias schließlich monoton und monologisch. Er
tönt oft wie ein Chor, dem der Chor der Andern entgegnet;
das Individuum prägt sich nicht aus. Darin erinnert der
„Jeremias" an die Klagen von Werfels „Troerinnen";
deren Musik aber rhythmischer gesetzt und deren Antiphonie
nach wohlbedachtem Gesetz der Steigerung wirklich „kompo=
niert" ist. Das Wort Zweigs ist ohne die große Musik; es
ist kulturvoll, es ist erlesen; es ergibt eine leidenschaftlich
redende Prosa. Im Vers, zu dem es sich in den Haupt=
szenen aufschwingt, ermattet es an der Eindringlichkeit der
Begriffe. Am stärksten klingt nicht seine formale Poesie,
sondern sein Inhaltsgefühl, die Aussage großer Dinge.
Wundermächtig ahnen die Sieger in dem geschlagenen, doch
durch Prüfung neu gestählten Israel den Gott des Geistes
und der Kraft:

„... Mächtig muß ihr Gott sein."

„Ihr Gott? Haben wir nicht seine Altäre zerbrochen?
Haben wir nicht gesiegt über ihn?"

„Man kann das Unsichtbare nicht besiegen! Man kann
Menschen töten, aber nicht den Gott, der in ihnen lebt.
Man kann ein Volk bezwingen, doch nie seinen Geist."

Fritz von Unruh

> „Des Menschen Schicksal ist sein
> Drang zum Menschen!"

Das Problem vom Ich und der Freiheit ist beim politischen Dramatiker die brennendste Frage, an deren Lösungsversuch sein Held tragisch werden kann. Denn die im populären Sinn empfundene Freiheit aus Willkür steht im krassesten Gegensatz zur politischen Freiheit, die um einer freien Gesamtheit willen gerade die persönliche Willkür fesseln muß. Daß die wahre Freiheit der Menschengemeinschaft nur auf dem Pflichtgefühl des Einzelnen gegen Alle beruhen kann, daß also die politische Freiheit im gewissen Sinne zugleich eine individuelle Unfreiheit bedeutet — das will so vielen radikalen Revolutionspoeten nicht eingehen. Das fassen viele unserer dramatischen Liebesverkünder nicht, die da sagen: wenn die Menschen sich aus Liebe alles Gute tun werden, was bedarf es für den Erhalt der Gemeinschaft dann noch der Pflichtgebote, der sittlichen Fessel, der Eindämmung ihrer göttlichen Vitalität?

Ja, wenn die Liebe ... wenn ... wenn Alle nur nach Georg Kaisers oder Rubiners Utopien Liebesengel wären und die Haßteufel ein für allemal verdammt blieben! Auch die Liebe, auch die Freundschaft, jede Sympathie — wenn sie nicht aus religiöser Gottesgemeinschaft vom Irdischen völlig absieht — ist persönlich gerichtet in ihren Neigungen und bildet Parteien, die sich unterscheiden, die ihr eigenes Leben führen, ihre eigenen Programme als die einzig richtigen befolgen: so viele Programme, als es literarische Cliquen gibt. Und es gibt mehr als nur mehrere.

Die „politische" Freiheit werde hier nicht mißverstanden. Nicht an Parteipolitik soll sie erinnern, sondern an die menschliche Politeia, den Gesamtkörper der Erdenkinder; nicht lediglich Interessen-Genossenschaft, sondern Gemeinschaft in gegenseitiger Verantwortung der Geister. Menschen mit Liebe und Haß, mit Tugend und Fehl sind vereinigt, geben ihre Seele aus und ihre Tatkraft, erzeugen Gesamtwerke, Dome, Paläste des Geistes, Hallen der Eintracht; reiben sich auch im Wettbetrieb der Taten und in der alltäglichen Bedrängnis des Einen durch den Andern, treten klagend vor den Richter, verweisen sich von Mensch zu Mensch auf ihre Pflichten gegeneinander.

Pflichter! Abscheulich, lieblos, „männlich" gellt das Wort in den Ohren der Bitterliche. Christus, Dostojewski und Tolstoi machten es doch mit der Liebe! Aber wahrlich ich frage euch: besitzen die besten unter euch evangelischen Sendlingen schon jene ganze Liebe, um damit ohne Eitelkeit, Ehrgeiz und parteipolitische Sucht ihren Seelenstaat zu politisieren? Nein! und es ist gut, daß ihr durch eure Seele hindurch um den Geist kämpfen müßt. Denn nur im geistig strebenden Leben gelangt ihr als unvollkommen Geborene zur wahren Freiheit.

Eisner, Toller, Rubiner und gewissermaßen auch Goering bleiben in ihren Dramen parteipolitisch gebunden. Menschheit ist wohl das Schlagwort ihrer Idee, aber der Weg ist mit zeitlicher Tendenz gepflastert und die Schritte darauf klingen radikal oder nationalistisch. Der Geistpolitiker höchsten Ranges gewinnt als Künstler aber die Distanz der Ewigkeit. Das größte geistpolitische Dokument der deutschen Dichtkunst ist wohl Schillers „Don Carlos". Was in den „Räubern" und in „Kabale" noch Liebes- und Standeskonflikt blieb, wurde hier Weltumarmungslust. Ein seelisch menschliches Freundschaftserleben, eine Familienintrige und eine weltgeschichtliche Zwietracht ergeben drei Handlungen, geisterhaft nebeneinander geführt; vorwärtsgebraust von einem geistpolitischen Kämpferatem. Mächtig ausredend in der Prosa-Szene vor dem König, grandios aufflammend, wo Carlos vor des Freundes Leiche dem Philipp weltgeschichtlichen Konkurs ansagt. Politik mit jahrtausendweiter Perspektive. Symbole aus Rhythmus und pathetischer Melodie. Im Kostüm der Spanier — doch zeitlos und jederzeit aktuell. Persönliche Seelen in geistgeformte Typen gebettet bis zur Verkennung des psychophysischen Menschen. Weiber mit sentimentalen Gitarren, Königinnen mit betränten Taschentüchern aus den Niederlanden, Männer mit Arien, „Tugend" mit modischen Ehrenkränzen — was tut's! Das ist ja nur der Text zur Musik des Ethos. Die Architektur der ewigen Menschheitsverhältnisse, die Grundfabel in einer grandiosen Variation, der Mythus von Liebe, Freundschaft, Kampf der Generationen, der Materiellen und der Idealen, der Weltklugheit und der reinlichen Wahrheit — ob um der „Pflicht", ob um der Liebe und der Freundschaft willen — ist unvergängliches Symbol. Geistpolitischer Komet, über Milchstraßen Helle strahlend.

In diesem Rhythmus schwingt Fritz von Unruh. Seine Musik, sein Atem ist schillerisch. Das ist seine Art, noch nicht sein Wert. Seine Sprache fließt nicht, sie skandiert. Sie singt nicht verführende Lyrik; sie hämmert Ethos. Sie will nicht betäuben; sie reißt die wachen Sinne mit. Ihr Wohlklang ist nicht Ohrenschmaus, sondern pathetischer Akzent.

Georg Kaiser zerhackt seine Rede um Stimmungspausen willen und beseitigt die Floskeln der Satzpartikel, um die primitive Wortzelle im ungesagten Stimmungsdunst zu lassen. Unruhs feste Sätze sind magnetisch durchströmt vom Willen in sicheren Einzelperioden. Der spätere Kaiser ist einer, der sein gewichtiges Wort wohl überlegt in feinster Dosierung abgibt.

Unruhs Dichtermund läuft über und redet wie ein Strom; wiederholt sich unerschöpflich; immer wieder anschwellend zum Fortissimo. Kleistische Sprache ist ähnlich gefügt; aber der Schwung trägt die Unruhsche in wildere Region: in die heutige. Es symphoniert nicht mit führenden Flöten und Geigen — es posaunt. Die individuelle Melodie der hohen Instrumente leitet nicht die Polyphonie, sondern die Bässe und die Füllung übertosen wild die leichter schwebenden Stimmen. Das ist die Musik des späteren Unruh.

„Ich aber will euch durch der Jungfrau Stern
den ganzen Tierkreis von der Seele reißen!"

Unruh schwingt nicht nur zwischen Sternbildern, er weiß kompaktere Gleichnisse:

„... Ich pack' euch an den Beinen
und trag' euch wie ein Rettigbündel heim;
nein, wie ein Pack erlegter Unglücksraben,
die Lercheneier in den Wiesen fraßen."

Bis zur Tonalität dieser Sätze aus dem „Platz" führten aber mäßigere Stufen. Auch sie schillerisch und kleistisch. Der Kampf zwischen Pflicht und Neigung, die Problematik von Gehorchen-Müssen und Gehorchen-Wollen ist Unruhs Werdekrise in den Erstlingen: „Offiziere" und „Louis Ferdinand". Und der Kleistische Homburg-Konflikt von Soldatenzwang und Lebensfreiheit wurde dem Sprößling aus uralter Preußenfamilie, Abkömmling von Generälen, dem gepeinigten Kadetten, kaiserlichen Prügelknaben und späteren Offizier zunächst zum Elementarstoff seiner Dichtung. Keiner von allen unseren revolutionären Politikern hat den Militarismus an der Zentralstelle erleben müssen: in „allerhöchstem" Milieu und zugleich im ureigensten Preußenherzen. Hier ist der wirkliche Revolutionär, der nicht nur als Desparado gegen die nie wirklich verstandene Pflichtethik einer übermütigen Kaste anbrüllte, und beim großen Umschwung weniger als Nichts zu verlieren hatte: keine Standesehre, keine Tradition, keine Erziehung.

Hier riß sich wohl einer das Herz aus dem Leibe. Sagte Nein zu den Gespenstern, die einst ihm und den Seinen ein volles Ja gewesen. Nahm Abschied von dem großen Fritz, von Potsdams Ruhm und auch von des Kameraden Heinrich von Kleist' Cherusker=Deutschheit, und schritt aus der Ehrenpforte seiner Herkunft die Straße zu den Weltbürgern.

Pflicht=Dramen

Noch ist Fritz von Unruh in seinen „Offizieren" an die traditionelle Form gebunden. An einer Fabel entwickelt er in vier Akten oder sechs Bildern einen schulmäßigen Pflichtkonflikt. Der Leutnant Ernst von Schlichting, bebend von soldatischem Tatendrang, wird im Afrikanerkrieg statt in die Front auf den Geduldsposten der Signalstation gestellt. Wassermangel bedroht die Existenz seiner Abteilung; und doch darf er erst das Angriffszeichen geben, wenn vom Hauptquartier Befehl gedrahtet wird. Vernunft gebietet eigenmächtige Handlung, Pflicht aber will unbedingten, unpersönlichen, lebentötenden Gehorsam. Sein Wesen zerspaltet sich zwischen „Du sollst!" und „Ich will!" — die Urmotive von Unruhs Dramatik überhaupt. Versucher stehen ihm in den Offizieren zu beiden Seiten: der Oberst und die maschinellen Gehorcher kennen nur „Pflicht". Der Spieler Harry weist ihn auf die Kraft der Selbstbestimmung. Erst Pflicht, dann Leben! heißt das einexerzierte Gebot. Erst Leben, dann Pflicht! ruft ihm Edgar entgegen. Dieser Edgar ist nächster Verwandter Unruhs, ist die eine keimhafte Seele des künftigen Helden und Revolutionärs vom „Platz". Die andere Seele ist Ernsts Tat und „Titanenrausch". Edgar schwelgt in Musik, liest Bücher, wird verlacht und geschmäht

Unruh
Louis Ferdinand

Deutsches Theater, Berlin / Bühnenbild L. E. Pillartz / Regie Hartung

ob seines Musentums leidet als ein Gezeichneter; quält sich mit Selbstmordgedanken; kommt nicht zurecht mit der Schematik des Dienstes. Doch er ist der Liebestat fähig für einen sterbenden Freund: reißt sich die Uniform auf, schneidet sich in die Brust: „Du sollst leben!"; und läßt den Verdurstenden sein Blut trinken. Da leckt auch die Seele Ernsts den roten Saft, und ein eigenmächtiger Befehl wird Vollzug. Das ist um 1910 schon die Ekstase von heute.

Aber noch anderes läßt den späteren „Expressionisten" ahnen: die Schilderung der elektrischen Atmosphäre auf dem vertrockneten Felsen; diese verdorrenden Menschen, mit verschämten Konventionalitäten im Wort über die innere Verzweiflung sich hinwegtäuschend. Wie aus rissigen Erdspalten steigen die Kopfsilhouetten von halbtoten Reitern und zischeln als Durstgespenster „Wasser!" ... Lange vor Goerings „Seeschlacht" war die Erwartung ungewünschten Heldentods gestaltet. Die Szene auf dem Transportdampfer zeigt Menschen unter den Rätseln des Sternhimmels. Alle die jungen Kerle — der Kampfsehnsüchtige, der Eitle, der Mädchenheld, der Dichterling, der heimlich die Braut des andern Liebende, der Spieler — sie alle in ihrer individuellen Eigenschaft wie irgend bei Hartleben aus dem Kasino abgezeichnet; aber umwoben von der Luft der Ahnung, von Heldentum und Tod; brennend nach Taten. Plötzlich aber taucht „Ein Offizier" auf Deck auf, den keiner kennt; der mitten in der Nacht ruhelos auf und nieder geht und mit verzerrtem Lächeln die lieben Jungen anspricht und ihre Schicksalspur zieht. Die Bühnenanweisung verbietet ihm jede „Mystik", und er wirkt doch als der leibhaftige Dämon der Angst; die keiner zugibt, die jeder bespöttelt, und die doch jeder fühlt. Das ist der Feige um des Lebens willen, der in Unruhs Trilogie später fast wortlos aufsteigt, jagt, sinnlos flieht.

Der realistische Ton, der in den zu breiten Anfangsakten im Kasinogewirr in vielen Stimmen sich verstreut, wird manchmal unterbrochen von fliegenden Rhythmen. Junge Mädchen schwirren im Reigen; Don Carlos-Ton in Ernsts Sehnsucht. Über allem Komment verheimlichte metaphysische Bedürfnisse: der Oberst kniet nieder vor dem Himmel und betet über die Sterne hinaus zum Ewigen. Wird überrascht und gibt vor, seinen Kneifer zu suchen. Ernst — mit den überreizten Nerven Kleists — „sinkt um", wenn er plötzlich mit überwältigendem Gefühl der Braut gedenkt; „er droht umzusinken" bei der seine Tatenlust hemmenden Befehlsausgabe. So unkommentmäßige Nerven gehören den künftigen Revolutionären.

Ernst muß sterben. Der Dichter will es, ohne daß es seine Tragödie streng verlangte. Trotz dem Beispiel des am Leben bleibenden Prinzen von Homburg wirken stärkere dramatische Atavismen. Der eigenmächtige Vollzieher ungegebener Befehle führt den Sieg herbei. Die soldatische Pflicht hat einen andern Namen bekommen: Tat. Selbst der Oberst, der eben noch auf den Ungehorsamen wütete, erklärt: „Also es gibt tatsächlich Fälle ..., wo es Pflicht eines Offiziers ist, zu handeln auf eigene Verantwortung!" Eine Art Kottwitz der Zukunft! Ein weißer preußischer Kuckuck. „Schlichting ... Ich hab' Ihnen Unrecht getan ... War nicht orientiert ... Wo sind Sie denn?" Ja, wo ist er? Der gute Oberst darf es nicht bemerken, daß Schlichting bereits tot im Zelt liegt. Die Überraschung wird um so schmerzlicher als der Held sein Schwiegersohn werden sollte. Alte Theatertradition führt dem jungen Unruh die Marionettenschicksale. Dieser Theatertod straft des Obersten eben zitierten Ausspruch Lügen: die militaristische Nemesis läßt den, der Leben und Sieg von Tausenden rettete, nicht leben, wenn das Heil aus „Ich will" statt aus „Du sollst" kam.

Der Oberst kehrt auch rasch wieder zum alten Kommiß zurück. Und wiederum spricht ein Gegensymbol durch Ernst von Schlichtings Braut, die des Vaters rigorose Preußenpflicht mit seelischer Entfremdung straft. Diese Oberstentochter Hedwig hat aber nur konventionelle Konturen und lebt wie die Amalien und Theklen Schillers mehr von Idee als von Blut. Das Weib — beim Politiker Toller ausdrücklich als Nebensache erklärt, beim Denker Georg Kaiser gewöhnlich nur Figurine — ist hier die Trägerin des Lebensgedankens, der später in Unruhs Mutterideal großmächtig wird.

Vitaler spielt die Frau in „Louis Ferdinand, Prinz von Preußen" mit. In dem zweiten Stück ist schon die ganze Welt weiter als im Kasernenhoftheater der „Offiziere". Der Hof, die Schranzen, die Generäle, die Pagen, die Bürger, die Künstler — alles um den genialischen Prinzen, der in Beethoven aufging. Den die Frauen verehrten, die irdischen wie Pauline Wiesel und die majestätisch himmlische: Königin Luise. Auch hier ein Werdegang des Revolutionärs. Werdegang! nicht Durchbruch. Ein skeptischer Tonfall; ein Ahnen neuen Frühlings; aber kein Erfüllen. Geliebt, umjubelt, fliegend in Kunst und Jugend eröffnet der Prinz seine Szene; vom Volk vergöttert, vom Philosophen, Maler, Dichter und Musiker umschwärmt, vom Sinnenweibchen umflattert.

Preußen ist beleidigt von dem Bürgergeneral Napoleon. Ein schwächliches Greisenregime um den ängstlichen König Friedrich Wilhelm will Schmach hinnehmen um des lieben Friedens willen. Die Würde der alten Generäle zehrt nur noch von vergilbtem friderizianischen Lorbeer. Der König erschauert vor dem Bild des alten Fritz, der als Vorwurf seiner Schwäche nie sterben wird. Schwager Oranien hält es nicht aus im Anblick der allgemeinen Senilität und entleibt sich. Forsche Pagen, süße Jugend, spielt mit verteilten Rollen Kronrat und karikiert mit sicherem Instinkt die Schwäche des Regiments. Da stürmt Louis Ferdinand ins königliche Kabinett, protestiert gegen den schändlichen Friedenspakt und bringt gegen die vorsichtigen Ministerialperücken auf Krieg. Er empfindet wie irgendein Guter: „... welcher Mensch, der Mensch ist, wäre nicht friedliebend." Aber „der Könige Tribunal heißt Krieg!" und „die Ehre war Brandenburgs Gestirn!" Aus seinen Augen wettern des großen Friedrichs Blitze.

Dies ist die eine Hauptszene; zwei Willen, schwach der eine, brennend der andere, reiben sich. Man atmet stockender — Krieg oder Frieden? Das Zaudern der Vielen siegt über die Kraft des Einen. Diese Kraft des Lebens ist feindlich dem preußischen Gehorsamsideal; ist ebenso feindlich dem Reiterideal des frisch-fröhlichen" Kriegs. Verlockungen umgeben den Prinzen. Er könnte König werden; viele Offiziere huldigen ihm vorzeitig; dann würde Tat! Doch was wäre die Tat ohne Pflichterfüllung?

Die Königin mahnt. Die zweite Hauptszene spielt zwischen ihr und Louis Ferdinand. Er will die Kraft. Sie, die von ihm Angebete, spricht kantische Strenge. Thekla Wallensteins Gewissen in edel mütterlicher Haltung: „Herrlich: Einen Mann zu sehen unter seiner Pflicht. Von ihm geht Kraft aus!" Wie er ringt, der Prinz! Immer dieses „muß!" und von außen her befohlen „Du sollst!", das Eisenringe um die heißen Schläfen legt. Ist es Ehre, Pflicht oder Kraft, was den Titaniden in den letzten Kampf treibt; in jenes Gefecht bei Saalfeld, das ihm die tödliche Kugel bringt? Während der königliche Kunktator und Friedensfürst weiterzaudert, ergießt sich der Heerstrom Napoleons ins deutsche Land.

Das ist Schicksal; stärker als alles Wollen eines zum

Problematiker Gewordenen, der seiner alten Ideale nicht mehr gewiß ist, und zu den neuen keine Kraft und keine Gefolgschaft findet. Er stirbt. Romanhafte Linie umreißt sein Geschick, endet es tragisch, vermeidet laute Dramatik. Seele will aufwärts in steilem Flug, hat keinen Atem in der leichteren Luft. Mit Wehmut über das sterbende Vaterland sind diese Szenen durchtränkt. Etwas einst Hohes versinkt. „Es gibt keine Preußen mehr." Schattenhaft geistern Uniformen, die Skelette umhüllen. Dichterische Melancholie überschwebt dieses subtilste Stück Unruhs: sein Kammerspiel. Doch seine leise Stimmung ist nicht weichlich. Ein großer Akkord, kantisch anklingend, hallt aus dem Motto über das ganze Drama: „Wie über Sterne das Gesetz, erhebt sich über Menschen die Pflicht, groß und ernst." Das ist in solchem Zusammenhang die tiefste Reverenz vor dem alten Preußengeist. Das ist aber auch die Frage an das Schicksal: Welche Pflicht? Der Weltkrieg gab Unruh gewaltige Antwort.

„Ein Geschlecht"

Wohin hatte die Pflicht als Werkzeug der Macht geführt? Zur Erstickung der Liebe und Tötung des Lebens. Immer mehr hatte die Staatsräson den Pflichtbegriff aus seinem menschlichen Ethos in militaristische Moral übersetzt. Pflicht war nicht mehr die Tat aus freiem Willen zur Selbstbesiegung, sondern die Seelenknute der Gewaltherrscher. Ihr Befehlston forderte dumpfen Gehorsam, unterdrückten Willen. Wie ein eisernes Korsett umpreßte der militärische Ehrenkomment das Menschentum. Nur keine Sentimentalitäten!

Der Begriff „Mann" wurde zur Ausrede für Brutalität. „Männlich" nannte man Verachtung der Frau, der Gefühlswelt und der Hingabe an ein Höheres. Man gab der Entmenschung den stolzen Namen Männlichkeit. Die römische vir-tus bezeichnete „Tugend" und „Mann=haftigkeit" mit demselben Wort. Doch der Begriff war umfänglicher, um= spannte Mut, Flamme, Geist und Wille des Geschöpfs. Die neue virtus schwelgte in der Roheit, wie auch die neue Weiblichkeit als Geschlechtstier blonde Bestie spielte. Daß man bei der Weibsdressur die Peitsche nicht vergessen soll, wurde bekanntes Bonmot. Die „unverstandene" Frau war die Folge solchen Mannestums. Unnatürliches, überreiztes wurde von der alten Moral notdürftig gesellschaftsfähig er= halten. Es mußte nur die Katastrophe kommen, welche das Lügengitter um die Bestien zertrümmerte.

Der Weltkrieg offenbarte grausig den Bankerott der Ent= seelten und von der Erdenmutter Ausgestoßenen. Mutterlose Männer, unmütterliche Weiber. Der Mythus von Antäus und Gäa war verlorengegangen. Unruh warf sich auf die blutsatte Schlachterde und lauschte der uralten Stimme, sang sich den Mythus beschwörend aus den Tiefen, schuf ihm Formeln und Formen in seiner Trilogie.

Nur zwei ihrer Teile sind vollendet. Der erste ist „Tra= gödie": „Ein Geschlecht". (Vollendet 1918.) Den zweiten Teil nennt der Dichter „Spiel"; sein Titel ist „Platz" (1920). Der dritte, „Dietrich", soll über Tragödie und Spiel zum neuen Menschen führen. Ich kenne den Entwurf zum dritten Drama nicht, weiß nichts von seinem Endsinn und wage keine Konstruktion.

―――――――

Der Krieg zeigte der Mütter Weh. Eine Niobide steht getroffen vor dem Schicksal ihrer Kinder, das ihr eigenes ist. Ein Kirchhof streckt seine Kreuze aus dem berghoch aufgeworfenen Massengrab der Erde. In warmer Nacht steht dort „Die Mutter", die eben den Lieblingssohn ins Grab senken sah. Statt üblicher zwei Akte Vorbereitung auf solche

Szene, geben sieben Zeilen — ein einziger Satz und Auf=
klang — die gewaltig rhythmisierte Exposition:

„Unseliges Weib, gesegnet und verflucht,
Indessen du mit deinem jüngsten Sohn
Den schlachtgefall'nen Liebling fromm beerdigst
Und Flammenglanz von Tapferkeit beschwörst,
Steigt aus dem Tal, gefesselt und bespuckt.
Ein Zwillingspaar auch dir entboren auf,
Das besser du im ersten Bad ersäuft."

Es ist der Feige und der allzu mutige Sohn, die von
den Soldaten des Staates herangeführt werden zum Todes=
hügel. Zwei Extreme des Egoismus. Der Feige fehlte aus
Schwäche vor dem Pflichtgebot, der älteste Sohn aus un=
gezügelter Kraft, die jede Pflichtfessel zerbrach. Der Schwäch=
ling erstarrte vor dem großen Leben und floh um seines
kleinen Daseins willen; der übermütige nützte die tobende
Kriegsbarbarei zum Losbruch seiner eigenen Leidenschaft.
Der eine ist Deserteur; der andere Weibschänder.

Der Krieg schuf ihnen ihr Verbrechen. Die Pflicht des
Staates heischte Unmenschlichkeit und Mord. Er reizte alle
Instinkte zu tierischem Tun; bestrafte die im Zuwenig Ver=
sagenden wie die im Zuviel sich Auslebenden mit Tod. Er
läßt die Armen schuldig werden und überläßt sie dann der
Pein. Derselbe ewige furchtbare Tod, der dulce et decorum
— süß und ehrenvoll — fürs Vaterland vermodern läßt,
stößt die am Vaterland Frevelnden hinab ins selbe Riesen=
grab für Helden, Feige, Notzüchter... Schauderhaft ist
die tragische Logik, die den Mord unter dem Machtgesetz
mit heroischer Geste erlaubt und zugleich außerhalb des
Staatsbefehls als gemeine Tat pönt. Gräßlich aber ist: daß
Mütter — heutige Mütter, doch in Sparta gesäugt —, daß
Mütter, vom Ehrenspiegel ihrer Zeit geblendet, mit Stolz

und Heroinenpathos ihr Kind freudig dem „Ideal" des Krieges opferten. Groß ihre Überwindung, grausam und entseelt die Unkraft ihres Muttertums.

Furchtbar dröhnen die Klagen der Kinder gegen das schmerzstarrte Weib. Wozu war sie Gebärerin? Sinnlos drängte sie Lebendiges aus ihren weiten Weichen, um es dem Ehrentod freudwillig hinzugeben. Erwürgen dieses Weib! schreit es aus der entmenschten Tochter, die vom allgemeinen Taumel in wüste Sinnlichkeit geworfen, ihr eigenes Geschlecht in der Erzeugerin vernichten möchte; vor Weh und Schuld wahnsinnig, unersättlich in Rache und Fleischgier. Nicht Menschen sprechen mehr:

„Ein Riesenvolk, das vom Geschlecht des Tags
Sich losriß und die Einsamkeit der Sterne
Zu seiner Wonnen Lustgefährten wählte."

Muttermord und Inzest zwischen den Geschwistern werden elementare Selbstverständlichkeiten. Denn diese Mutter ist ja nicht mehr Individuum, das Schonung brauchte und humane Rücksicht forderte. Sie ist mythische Erscheinung. Sie ist Komplex aller Sündenströme in ihrer Kinder Leiber. „In mir fließt jeder Brunnen eurer Sinne." Auch s i e „trieb Lust in Arme eines Mannes", auch i h r „versagten Knie oft vor Angst". Sie ist die Tochter, der Feige, der Schänder, der tapfere Gefallene, der mutige Jüngste. Aus ihren Brüsten floß die Tigermilch der Töter und das Feuer künftiger Zeuger.

„O Mütter, Weiber:
Ihr tragt das Grab in eurem feuchten Schoß,
Was ihr gebärt, ist Tod und nichts als Tod!"

Alles Leben kam aus ihr; alles Werden, das ins Vergehen abläuft. Geburt und Tod, Frühling und Schneezeit,

Gäa — die Erde. Das ist Mythus. Im Mythus findet die Fabel letzte Verallgemeinerung.

Der schaudervollen Anklage des Kindes begegnet ihr Weh zuerst mit Aufwallung aus matriarchalischem Stolz. Dann weicher als die milde Mutter voller Schmerzen. Bis sich Empörung in ihr selber sammelt, und müde, weiter angeklagt zu stehen, ihre Notwehr aus erdigem Herzen rote Quellen ausströmt. Hekuba klagt, Niobe rebelliert, Gäa fordert ihr Recht:

„Zum Blutbund aller Mütter aufgerufen!
Ihr bleicher Segen, der dem Todessturm
Des Weltbrandes Flügel gab, ball' sich zum Fluch!
Auf, ihr Gebärerinnen!
An unsern Kleinen frißt die Finsternis."

Furchtbare Sühne vollendet sich an allen. Der Wollüstling stürzt sich von der Kirchhofsmauer in ein entweihtes Grab: denn er riß die Kreuze aus der Erde, die im falschen Heiligenschein des Todes frömmelten. Nicht Ergebung in christliches Jenseits ist sein Sturz: Empörung von Ewigkeit zu Ewigkeit. Die Tochter aber stößt sich „der Gebärung Werkzeug" aus und tötet so für immer künftige Mutterschaft, die aus ihrem Sinnenleib nur neue Tragik schwanger werden ließe. Der Feige bleibt ohne ein Wort, entsetzter Zeuge jeden Vorgangs, und flieht — zum Leben in Schande von den Kriegern begnadigt — irrend vom Grab des Krieges über die Erde bis zum Grab des natürlichen Absterbens. Nur sein Schrei hallt zweimal häßlich und durchbohrend aus dem Schmerz seiner menschlichen Niederlage. Da findet die Mutter Worte neuer Offenbarung. Der Morgen naht, Bergspitzen rötend, Nebel treibend aus den kalten Gräbern. Die Luft ist von neuem Werden geschwängert.

„O Mutterleib, o Leib, so wild verflucht
Und aller Greuel tiefster Anlaß erst,
Du sollst das Herz im Bau des Weltalls werden
Und ein Geschlecht aus deiner Wonne bilden,
Das herrlicher als Ihr den Stab gebraucht! —
Ihm werf' ich ihn erschaudernd so entgegen!"

Sie entreißt den roten Stab der Pflichtmacht dem Soldatenführer und wirft ihn auf die Erde, aus der das neue Geschlecht sprießen wird. Den Führern scheint „des Staates Wuchtgefüge" bedroht. Die Künderin des neuen Liebesworts sinkt von Schwertern durchstoßen auf den Totenhügel. Aber ihr Grabesleib ist Same neuer Frucht. Ihr Jüngster wird erster Vollbringer der Botschaft vom Mutterherzen. Stürmendes Licht bricht aus ihm. Revolution wälzt er mit der Lawine seiner jungen Truppen hinab auf die Kasernen der Gewalt, die noch so festgefügt den „Platz" umrahmen. Den Platz, auf dem die grausame Ordnung Tausende von Jahren weiterdämmern soll: unter den Standbildern einer Justitia aus Stein und des Kriegsgötzen aus Eisen.

„Ein Geschlecht" ist nicht, was man im klassischen Sinne ein ausgerundetes Drama nennen könnte. In seiner einaktigen Kürze bildet es den grandiosen Schlußakt einer Tragödie, deren Exposition der Krieg lieferte. Das ganze Erlebnis des Weltmordens, bei dem der Dichter als Offizier mitschuldig wurde, ist die seelische Bühne, auf der sich erst die furchtbaren Konsequenzen in den Menschen dieses Riesengeschlechtes abspielen können.

Über alles Zeitliche hinaus aber bleibt dichterisch bestehen der gestaltete Mythus von der immerfort gebärenden und begrabenden Urmutter Erde. Hier stellt kein Familienkonflikt die tragischen Fallen wie bei Sorge oder Kornfeld; hier sind die Geschehnisse monumental ins Außerbürgerliche gerückt; jenseits der Zivilisation und ihrer Bedingungen. Die Dialektik betrifft nicht Dinge, die man auch so oder anders hätte denken oder machen können. Mythus ist unabänderliche Fabel vom Urgeschehen. Diese gewaltigste Kriegs-Dichtung unserer Zeit entbehrt den Krieg als Gegenstand und Stoff mit Leichtigkeit. Die Konflikte rücken aus aller Geschichtstragik heraus in die metaphysische Tragik letzter Zwiespalte. Ihre Kürze erleichtert ihr den Verzicht auf allzu gegenständliche Fabel. Und die Erde als Tod und Leben ist Naturmythus wie irgendeine Sage vom Sonnen-Baldur, der die im Winter schlafende Erde vom Eispanzer erlöst, um in liebender Berührung wieder neues Leben zu zeugen.

Ein mittelmäßiger Dichter hätte für solche „prinzipielle" Aussprache nur eine philosophische Dialektik gefunden. Es gehören ungeheure Erlebniskräfte dazu, von der Idee aus nicht nur zu denken, sondern zu dichten. Sonst lohnt sich eher der Weg vom Geschichtsereignis zu der Idee empor. Die aus Sohn, Tochter, Feigem, Mutigen und aus der Mutter redenden „Prinzipien" wären durch einen Denk-Dichter zu einem tragischen System von denknotwendiger Unerbittlichkeit geworden. Denn wo kein individueller Fabelkonflikt mehr zu besprechen ist, gibt es für Denk-Dramatiker nur noch die theoretische Auseinandersetzung der Allegorien.

Unruh aber ist Dichter und nicht Denker. Der Redetrieb seiner Menschen ist trotz der Gedanken nicht gedanklich; er stößt die Worte aus der Leidenschaft. Zwar: die dramatische Gefahr des Lyrismus lauert auch ihm auf. Doch er verfällt nicht der früher angetroffenen „Rollenlyrik" durch Vermeidung des monologischen Ich-Spielers, der seine persönliche Seelenlyrik ausschließlich nur im Ich des Helden und in gedanklichen Reflexfiguren des Helden-Ichs erlebte. In

Unruhs Tragödie stehen sich Mutter und Kinder — so sehr sie unter metaphysischem Aspekt ein Leib und eine Seele sind — in wildem Naturkontrast gegenüber; alle voreinander berechtigt mit ihren Anklagen; unerhört tragisch in der Unvereinbarkeit ihrer Lebenswillen, solange sie im Liebesherz der Mutter die Einigkeit nicht finden. Statt einer Dialektik über Stoffliches oder Gedankliches, statt des expressionistischen Selbstgesprächs mit verteilten Rollen, kämpft hier Lyrik mit Gegenlyrik, wie in der Symphonie das Thema mit dem Gegenthema. Bejahen wir eine dramatische Musik im Tonstreit der Fünften Beethovens, so ist auch diese vielstimmige Kampflyrik Unruhs dramatisch; so gut wie die singende Zwiesprache der Antigone mit den Chören oder des Prometheus mit Jo und den Okeaniden.

Dies alles gilt für den mythischen Bereich der Tragik, der nur mit letzten Gegebenheiten rechnet. Denn keine noch so gewaltige Lyrik wird im Milieu der Geldbeutelsorgen, der unzuverlässigen Köchinnen und boshaften Weiberchen Strindbergs möglich sein. Dem Dichter, der die tragischen Elementarkonflikte noch in den Zufallsschickungen der Bürgergöttlein anerkennt, ist das lyrische Pathos nicht gestattet, ohne daß ihn unfreiwillige Komik straft. Aus solchen erdgebundenen Klagemännchen quillt nimmer die Verskraft eines Unruh. Woher erhielte ihr Pathos das menschlich bewegende Ethos? Jenes Lyrik singt sich aus weiblicher Ekstase in ein Lied von Chaos und übermenschlicher Erlösung. Auf Unruhs tosender Menschenorgel aber spielt nicht allein die sehnsüchtig verschwimmende Seele ihre Melodien, sondern ein männlicher Wille. „Männlich" bedeutet hier nicht Brutalität, Überheblichkeit der physischen Kraft und des rechnenden Kopfes; sondern der Mann als Zeugender, als formende Kraft, die im mütterlich Weiblichen das Leben sucht und findet; an ihm sein Ethos gewinnt; und in der liebenden

Einheit von Mann und Weib die Monade der Lebenstotalität und der Unsterblichkeit erkennt.

Die chorische Breite Unruhs führte viele Kritiker zum Vorwurf der Gedanklichkeit; es sind dieselben, die dann den griechischen Chor schlechtweg als Philosophie bezeichnen müßten. Jede Lyrik, die nicht nur aus Naturstimmung ihr Leben saugt, hat „Gedanken" zum Stoff. Über die Ungedanklichkeit der seelenhaft lallenden Ekstatiker wie August Stramm und der Hasenclever der „Menschen" müssen sich mit Recht alle diejenigen beschweren, die im Drama des menschlichen Werdens das in Seelenlyrik verharrende Zuständliche ablehnen. Paul Kornfelds leidenschaftliche Rhetorik ist gedanklicher, grüblerischer und philosophischer als Unruhs Wortorkane. Bei allem Überschwang des seelischen Sturmes wird bei Unruh der Rhythmus vom Willen gesetzt. Dieser Wille kämpft schwer und oft auch vergeblich gegen den Blutrausch in seinen Adern. Aber er ist da. Unruh spricht von allen Wortkünstlern die metallischeste Sprache: glockenhaft, herb, vom Taktstrich des Verses vor ekstatischer Verseelung behütet. Wird er einst die Disziplin der Worte, Sätze und Perioden auch auf die Szene, den Akt und die ganze Komposition des Dramas anwenden können?

„Ein Geschlecht" hat den Rhythmus des Aufklangs, der Spannungsweite und des Abklangs. Aber die Kurve biegt zu oft aus. Zu häufig ballen sich die Tonmassen nach geringem Anlauf wieder zu Gipfeln, statt daß aus breiten Tälern sich allmählich und immer höher die Berge erhöben, von einer gewaltig gekuppelten Höhe überragt. Es fehlen die Gelenke und Übergänge — viel weniger hier empfindlich im dramaturgischen Sinne als im rhythmisch-musikalischen. Die Symphonie verlangt weisere Dynamik. Zur herrlichen Beherrschtheit seiner Sprache will dies jugendlich titanische Auftürmen der Bauklötze nicht stimmen. Doch wird in dem einen Akt des „Geschlechts" diese Übergewalt nicht zur elementaren Störung. Hier ist ein Vorspiel, das im ungeheuren Impetus sich ausbraust, Gewitter entlädt, künftigem Fatum die Posaunentöne bläst.

Was wird? Der Feige stürmt davon auf seinem Irrlauf; der eine Soldatenführer will in den Tumult des Kriegs zurück, um Ordnung und Gesetz zu wahren; der andere wirft das rote Tuch der Schrecken von den Schultern, damit die Sonne es bleiche. Der jüngste Sohn aber stürmt zum „Platz" der alten Ordnung, um aus der Mutter Geist ein neues Heil zu erkämpfen und zu künden.

„Platz"
„Wo hast du meinen Menschen?"

In zwei Riesenteilen spielt sich neues Geschehen auf dem Platz ab; beide im selben szenischen Bereich. Staatspaläste umgeben ihn mit Ausblick auf Stadt und Gärten. Treppen führen rechts und links symmetrisch von der Erde aufwärts auf die hohe Galerie, die über eine Art Portikus läuft. Ein Vorhang an der Pfeilerhalle kann Vorder- und Hinterbühne trennen. Oben und Unten, Nähe und Tiefe gibt diese universelle Bühne, auf der das „Spiel" ohne Schwere spielen soll. Ein Globus, Sinnbild der Erde, rollt unter wunderbaren Ausrufen von Mann zu Weib als kosmisches Spielzeug über die harten Platten des Platzes. Das ist Symbol der Weltüberwindung in herzfreier Liebe. Der Kampf bleibt nicht erspart, bis sich die mit dem Geist versöhnte Naturkraft gesammelt hat, die Erde spielend zu rollen vom Mann-Pol zum Weib-Pol. Strindberg erstarrt darob. Nicht mehr die Ehebestien toben sich hier aus. Doch auch nicht Heros und Madonna lieben sich schlechtweg um ihrer göttlichen Vollendung willen. Nur: Der Mann — Das Weib.

Eine differenziertere Welt umgibt uns als im „Geschlecht". Die Anonymität der Typen ist großteils aufgehoben: die Menschen tragen wieder die Namen ihrer Individualität. Der Oberherr ist ihr Gebieter mit Soldaten und Gesetzesgewalt. Seine Töchter sollen vermählt werden. Die großgesinnte Irene mit Graf Gutundblut, dem Schemen der selbsttätigen Uniform, die ein Geäder blaublütigen Lebensrestes bemäntelt. Die katzenhaft sinnliche Hyazinthe mit Christlieb Schleich, dem Manne im Zylinder, der zu jeglicher Art von Feierlichkeit paßt. Das Hochzeitsgeläute für die Bräute mengt sich mit dem Gellen der Revolutionsglocken. Dietrich, der jüngste Sohn aus dem „Geschlecht", wird von den jungen Stürmern geschultert auf den Platz getragen und strahlt die Neuzeit aus. Vor seiner Schöne stutzen die Töchter des alten Machttyrannen. Irene vor der geistigen, Hyazinthe vor der leiblichen Jugend. Sie lassen ihre Bräutigame fahren und wollen getroffen werden von den Blitzen Dietrichs. Die Narrenjacke wird ihm von der offiziellen Staatsvernunft angelegt, die einzige Uniform, die keine Uniform mehr ist. Wedekinds Nicolo weinte sentimentale Tränen darüber, daß ihn der Bourgeois für verrückt hielt. Unruhs Narr ist freier. Gewalt fesselt ihm die Hände. Was kann dies wirken? Er lebt in Millionen. Der große Sturm ist unaufhaltbar. Der Oberherr erblaßt, wird schattenhaft, wird affenähnlich, wird Mumie im Sarg. Sein Leben ist zu Ende, auch wenn er noch zu atmen meint. Das Wort „Ich lebe!" ist noch nicht Beweis für Leben. Der Schöpferhauch, das H!, das er durch Pflicht- und Waffengebot ersticken wollte, ist längst in ihm erstorben. Verweht von entmenschender Tradition. Das H, das aus dem Herzmund der Mutter aller Söhne und Töchter der Erde neu begeisten soll, ist die Seele: die Trägerin der Liebe.

Auch damit läßt sich spekulieren. Der schlaue Schleich sieht die alte Herrschaft unwiderbringlich zusammenstürzen. Graf Gutundblut verfällt dem Blödsinn, sein Gespensterleib beschäftigt nur noch die sehnende Wollust der Hofjungfrau Bianka. Gerippe vertreten die alte Macht. Schleich braucht eine neue Firma, er sucht ein neues, sensationelles Motto, er horcht auf Dietrichs Verkündigung. Statt Macht nun Liebe — alles eins. Liebe birgt ja entzückenden Doppelsinn. Liebe verbürgt ja Lust und Genuß; die Schenkelchen und Brüstchen kleiner Hyazinthen, die sich gleich wieder dem Lüstling vergeben; Liebe ist auch Macht. Und mit Liebe läßt sich politisch, ethisch und religiös so prächtig deuten. „Kein Wort vom Kriege mehr!" rief Dietrich, der unaufhörliche Kämpfer. Schleich leitet davon einen schwachen Pazifismus ab; Schleich schleicht um Tolstoi und Dostojewski; Schleich, Christlieb Schleich, macht in Christentum. Schleich lernt den Kaffeehausjargon der Neutöner.

„Vom Krieg kein Wort?" gigantisch! Hebel wuchtend!
Stirb, Archimedes! Schleich fand Instrument,
Entwurzelt Helden und Gesetz für immer!
Vom Krieg kein Wort! Machtparadies geht auf —!
Enterbt! zurück? Kopf kracht! Besinnung stopft!
... Ich sag' „ich liebe" — ist das schwer? Ich liebe..."

Aus literarischen Zeitschriften formt er seine Bergpredigt und freut sich zugleich der kleinen Vergnügungen des Bettes. Warum nicht Gott und Dirne und Tier und Geist und Volksbeglückung mit etwas indischem Nirwana und etwas Messeandacht für das Jenseits mischen? Mit einer alldeutigen Liebe zwingt man Buddha und Venus in den Hexenkessel der Literatur. Mit Enzyklopädie und Schiebung wird alles erreicht. An diesen Proteus der Kultur wirft sich selbst der Oberherr in Götterdämmerungs-Angst. Der Aufruhr

R. und C. Heß, Frankfurt a. M. phot.

Fritz von Unruh

muß bezwungen werden, mit welchen Mitteln immer. Nur das Feuer löschen, nur das H ersticken.

Dietrich kämpft nicht nur mit dem äußeren Feind. Sein Inneres ist noch durchseucht vom Klima des „Platzes". Diese scheinbar frei um ihn treibenden Figuren sind neben ihrer Eigentypik für ihn zunächst doch Teile seiner mahnenden Seele — selbständig als Handelnde im Verlauf und doch die Zeichen von Dietrichs eigener Hemmung. Er selber ist der feige Sohn, der über dem Platz mit zuckenden Sprüngen irrt und selten nur von bebender Zunge ein Wort ausläßt; der immer wieder die letzte Lösung verzögert und den Mut zum Absoluten bricht. Gespenst der Unkraft.

Dietrich sieht sich im Oberherrn gespiegelt, der Zwangspflicht statt Kraft, steinstarre Gerechtigkeit statt Gnade und Liebe befiehlt; als kategorischer Imperator der Lebensfeindschaft. Dietrich sieht sein eitles Soldatenkleid und seinen Ahnenstolz an Guturdblut, der mit Bianka lächerlichen Schattenspielen frönt. Er erkennt sich selbst im Schleich, der alle Hintertüren und Labyrinthe des Gehirns durchschleicht und als Spekulant das Jenseits mit der Kreuzerlösung sichern möchte.

Er sucht die Mutter in Jrenens Augen, er bricht die Feuerlilie im Garten der Natur, die keusche Blume mit der Farbe des Lebensblutes, entsprossen dem Herzen der Mutter; und gibt sie der Geliebten.

„Ein Mann, ein Weib, ein Kind, darüber hell
Als ihrer Seelen Melodie ein Kreis?
Ein neuer Adam, herrlich; dem die Eva
Zart eingefügt als Fleisches Überwindung
Den Einklang seines Geistes wiedergab?
Das Buch der zwei rollt in sich selbst zurück,
Das Paradies erobert und der Mensch
Der Schöpfung Gott! Die Schöpfung seine Liebe!"

Doch der mütterlichen Irene Bild verschwebt in die fleischlustige Hyazinthe, die jener eingeboren ist, wie Schleich dem Dietrich. Sein Liebestrieb ist noch Leibestrieb; ist noch nicht Wille zur Lebensschöpfung. Tierheit bindet ihn an Irene und sie an ihn. Die Feuerlilie fällt aus ihren Locken und wird zerknickt. Wie mit der Hure hat er sich mit ihr vermählt, aus deren Blick die Mutter leuchten sollte. Der neue Mythus von der im Geist der Liebe versöhnten Triebnatur ist wieder abgeleugnet. Das Weib ward ihm wieder Lustpuppe; Eva, Schlange, Ablenkerin vom großen Werk des Kampfes. Hyazinthe ist die Siegerin im Blute.

Sein Geistwille ist geschwächt. Er schließt ja Kompromisse mit den alten Mächten des Platzes, gibt vor, den Aufruhr abzulenken von den Kasernenmauern des Platzes, vom „Zuchthaushof der Seele". Ein Dokument wird unterschrieben. Vorwände fanden sich auf Schleich=Wegen der Selbsttäuschung. Er stößt Irene von sich; ungerecht als selber Schuldiger; gerecht, da er sich selber mitverdammt. Die Tat für alle muß getan werden; ihr Anfang muß in ihm selbst zuerst sich gründen. Weib und Mann sollen sich über der Lust in Liebe finden.

Ein Duett hebt an, steigt fliegend auf in rhythmischem Hochtrieb. Versmaße wechseln. Unruh braucht alle Mittel. Goethische Faustekstasen. Wagnersche Schwingung. Zwei Stimmen erhöhen sich in Stufen. Musik müßte es sein. Die Wortlyrik Unruhs reicht nicht aus für das unaufhörliche Accelerando. Ganz verfehlte Verse, bis zur Banalität gereimt, lassen den Meister der Globusszene, des oberherrlichen Trinkspruchs, der michelangelesken Aushauchung des H kaum mehr erkennen. Aber der Sturm der Kadenzen ist mächtiges Temperament. Alles wogt rhythmisch klanglich. Kornfelds „Himmel und Hölle" hatte ähnlichen Flug ins Musikdrama. Der Auftrieb von „Tristan und Isolde" wird aber bei Unruh aus der Ekstase des Vergehens begeistert in den Jubel des Werdens transponiert. Kornfelds Zwiegesang blieb Moll; Unruh bringt Dur. Das alte Versmaß wird durchbrochen; es strebt auf wie aus gotischen Pfeilerbündeln in schlanke Spitzbogen; und alles Sprießen und Aufschießen der Kräfte bildet einen klingenden Turm.

Wir kennen erst Unterbau und Mittelgeschoß dieses Turmes. Die „Tragödie", elementar, in tragischer Schwere; und das aufgelöstere „Spiel". Die Riesentypen des „Geschlechts" sind im „Platz" Menschen ähnlicher geworden, leben freier als auf dem Gräberboden und unter dem Zwang der unmittelbaren Gewalt des Todes. Waren sie in der Tragödie mythisch aus Erde geballt, so sind sie hier wie die substanzlosen Geister der einstigen Titanen; sie leben als noch nicht Auferstandene, als vom H des Befreiers Dietrich noch nicht erweckte. Es sind nur Ahnungen von Menschen, bis das Paar sich gegenseitig mit dem Odem vom Weib zu Mann versöhnt, so daß sie aus gespenstiger Transparenz in den neuen Erdkreis treten.

Diese unindividuellen Schemen leben von ihrer wirkenden Sehnsucht. Ihre Idee kämpft aus ihnen, reibt sich am Gegenwillen der Rückhalte, verabscheut die Schwäche im Spiegelreflex der Mumien. Es muß Unruhs Absicht gewesen sein, die Gespenster der überlangen Nacht gespensterhaft zu halten. Er muß im dritten Spiel erweisen, ob er aus Schatten auch Lebendige machen kann; ob er sie aus dem lyrischen Taumel in den Willensbezirk der Wirklichkeit zu führen vermag, ohne daß sie ihm spielend verwehen. Doch der Dichter der gegenständlichen „Offiziere" und des „Louis Ferdinand" gab Garantien mindestens für seine Technik zur Individualisierung, so wie sie differenziertere Menschgestalten brauchen. Auch der Typus braucht zum dramatischen Leben eine individuelle Keimzelle. Und Unruh hat früher erwiesen, daß er einen deutlichen Konflikt zustande bringt, an dem der ethische Menschgehalt seiner Figuren sich in Tat umsetzen kann: eine symbolische Fabel, die der Willenshandlung seiner dramatischen Typen bestimmteren Ausdruck schafft, als es im „Platz" geschah.

Denn hier gab Unruh dem Überschwang der Ausbrüche und dem Drängen hundertfältiger Gesichte nach bis zur Verdunkelung seines Spielgeschehens. Auch darin erinnert „Platz" an Kornfelds „Himmel und Hölle". Wenn im „Geschlecht" das Pathos ohne strenge Dialektik von Sprecher zu Sprecher aufbrandete, wenn bei seiner Kürze und der primitiven Mythik das Spiel der thematischen Durchführung entraten konnte, so vermißt man im „Platz" die große Kontrapunktik und entschiedenere Stimmenführung. Hier mußte ein größerer Komplex von Einzelheiten bezwungen werden. Nicht nur Pathetiker wie in der „Tragödie" schreien sich aus; sondern die bis zur Charge skizzierten, ja karikierten „Charakterrollen" Gutundbluts und Schleichs oder der lüsternen Bianka spielen schon so sehr in realer Substanz, daß sie ihre Tätigkeit auf eine bestimmter formulierte Handlung stützen müßten.

Unruh schrieb ja für die Bühne. Er will nicht Rhetoren, sondern Schauspieler. Er bedarf der lebendigen Vertreter seiner Worte, die sich mit ganzer Leiblichkeit ihm widmen. Er verzichtet auf die Bilderserie und die Pantomime. Die Allegorien der Feuerlilie, des Herrscherstabes und des Globus sind nicht Eigenspieler, sondern Spielzeug seiner Wunderverse. Wie die Theatraliker der bloßen Stimmung und der spannenden Handlung nur für ihre Effekte, so braucht er vom Wesen seiner Dichtung aus die Schauspielermenschen zur Ver-Dichtung der Gefühlssphären. Den Spielern muß er mehr Zielstrebigkeit und Richtung in einem konkreten Geschehen weisen. Erst wenn der Typus aus der lyrischen

Wolke heraus in das sichtbare Werden einer Handlung tritt, vermag er sich ohne stark individualisierende Mittel als vollgültiger Mensch zu legitimieren. Nur im Symbol eines individualisierten Geschehnisses können die nicht mehr rein mythischen, sondern politisierten Geschicke ganz mitreißen.

Der Zuschauer kann sich wohl im lyrischen Ausbruch der Seelen wiedererkennen, um zur Mitempfindung bereit zu sein. Aber erst im sinnvoll abgezielten Handeln wird er zu seinem eigenen Willen und Vorwärtskämpfen aufgeweckt; gerät in Spannung und zu innerem Mittun. Unklarheit entspannt und verwirrt. Wie viele Hörer mißverstehen Dietrichs Problem, werden müde vor dem übermächtigen Gewoge der oft wild überbrandenden Erotik Schleichs und Hyazinthens. Und doch dienen die Sinnenorgien nur als Folie dem Strahl von Dietrichs Willen.

Unruh will nicht l'Art pour l'Artist sein. Er ist Aktivist, Geistpolitiker, Verkünder. Er werfe also nicht die Szenen in ein Chaos. Das Gesetz seiner Sprache und seiner Gesamtarchitektur werde auch Gesetz seiner Szenenreihung. Ein Tropfen Georg Kaiser-Öl in Unruhs Meer. Ein Meer Unruhsches Blut in Kaisers Kanäle. Dann tönte die erhabenste Predigt von der Bühnenkanzel. Unruh muß bauen, nicht „spielen". „Spiel" im leichtesten Sinne der romantischen Ironie gelingt nicht seiner ethischen Schwere. Von seinem Pathos gerüttelt fragen die Zuhörer nach Woher und Wohin. Sie möchten wohl vom neuen Licht genießen, sie möchten ihren künftigen Werdelauf symbolisch miterleben und auch den Jubel voll eintrinken, der sie mit Musik erfaßt und emporziehen soll auf die höchste Zinne des Turmbaues.

Das Bild vom Turm ist kein willkürlicher Einfall. Unruh sprach einmal ein Gleichnis aus zur Architektur seiner Trilogie. Giottos Glockenturm am Florentiner Dom gibt ihm das visionäre Vorbild der Dreifaltigkeit seines Gesamtwerks. Die Basis zeigt das schwergemauerte Sockelgeschoß, fast ohne Lichtöffnung, in seiner Masse nur etwas gegliedert durch kleinere Felder und Nischen. Ihm entspricht der dumpfe Mythus von „Ein Geschlecht", dessen wuchtiger Block mit zehn kleinen, kaum vom Ganzen sich abhebenden Szenen, den mächtigen Unterbau aus der Erde streckt, zugleich mit Fundamenten tief in sie versenkt. Der Mittelbau von Giottos Kampanile ist mit zwei Geschossen leichter aufgesetzt. Durch große Doppelfenster — spitzbogig umrahmt und doch vom wuchtigen Viereck der Außenprofile ruhig umrissen — dringt schon Sonne ins Innere der Gelasse. Es ist das „Spiel" vom Platz, das aus der „Tragödie" zweiteilig erwuchs. Den Turm vollendet das oberste Geschoß, wo durch ein einziges mächtiges Fenster die volle Atmosphäre flutet, Mauern durchweht, Materie vergeistet. Wird Unruh danach weiterbauen? Wird er als Former den „Taumel" seiner Menschen meistern?

Ich sehe in Giottos flachem Dach mit dem wuchtigen Kranzgesimse ein weiteres Gleichnis. Nicht wie die gotischen Turmhelme der Kathedralen erd-verneinend sich verjüngen bis in die Kreuzblume, die schon dem Himmel angehört, sondern mit entschiedener Horizontale des Abschlusses spricht hier das Ja der Erde, welcher der Tüchtige und der Liebende angehört für seine Mitmenschen. Dieser von dunkler Schwere zu lichter Weite aufstrebende Turm des Giotto hält seine Sehnsucht innerhalb des menschlichen Bereichs. Frommer gotischer Flug strebt wohl zum göttlichen Licht; nicht aber in die Himmelsleere. Wer wie Unruh das Kreuz in Zweifel stellt, darf nicht die Utopie zum „Diesseits" machen. Die italienische Statik verbietet mit wagerechter Gebärde den aufstrebenden Vertikalen jene verflogene Mystik und Romantik, die mit der Liebe utopische Vergnügungen betreiben.

Es hallt im „Platz" aus wie ein Schlußakkord. Aber nur ein zweiter Riesenakt ist vollendet, nicht das Drama. Noch müßte im dritten Spiel der Trilogie der Mutter Stab gefunden werden, mit dem der taumelnden Menschheit Richtung gewiesen wird zum Ziele aller. Erst dann hat die ethische Linie ihre Monumentalkurve gezeigt. Die neue Ehe hat sich als Element der Gesamtheit erst zu erwähren. Der politische Sieg des Schleich muß sich in Dietrichs Triumph verkehren. Das unirdische Spiel mit der Erdkugel muß sich in irdischen Ernst verwandeln. Das Liebesethos muß über das Idyll der Familientrinität von Vater, Mutter und Kind hinauskämpfen in die ewig tragische Welt. Erst dann, mit dem dritten Hauptakt des Gesamtwerks, läßt sich die Trilogie als Drama völlig werten. Ob Unruh es lösen wird? Wird es Tragödie oder Utopie?

Unruh läßt uns warten. Es bleibt die Frage, ob der Mensch sich je der tragisch-männlichen Zweiheit entwinden und in die Feuerlilie verwandeln kann. In „Stürme" (1922) wird die Sagenblume anschaulich gemacht als die Vision vom „Herzen", das in seinem Organ das Blut der Gier und die Wallungen der Seelenliebe einheitlich treibt und nährt. Aber die Gestalten des Fürsten und der Fürstin sind wieder nur unerlöste Schatten der Helden des „Platz": Dietrich und Irene. Und sie wiederholen sich aufs neue in dem Wirrsal des letzten großen Dramas „Rosengarten" (1923), das als Vorspiel zur Trilogie bezeichnet wird: ein maßloses Vorspiel, in dessen politischem, dichterischem und erotischem Fragenkomplex sich aber noch kein Schimmer einer prophetischen Antwort auf die wohl unlösbare Frage findet: auf die Frage nach der Einheit von Trieb- und Geistnatur des Menschen, die künftig alle Faust- und Hamlet-Tragik aufhöbe.

So ahnt denn Unruh wohl im tiefsten Gemüte, daß er

das Welträtsel der menschlichen Dualität und der durchaus tragischen Artung des Lebens nicht allein mit dem Willen und den Wünschen seines Herzens lösen kann; sondern daß die Erkenntnis des Weltwesens den dritten Teil seiner Trilogie zur Tragödie werden lassen muß, soll dieses Abschlußdrama nicht in Utopie und Theorie verschwimmen. Aber der Revolutionär und Gegner des Krieges scheint ein erneutes Spiel des tragischen Todes zu scheuen. Der dritte Teil der Trilogie ist 1925 noch unvollendet. Und so sehen wir in Unruh einen Dichter, dem sich die notwendig zu erweckende Tragik seines Werkes nach innen geschlagen hat — der die Welt von der Tragödie erlösen möchte, und der doch selber nur in der Tragödie sein Werk vollenden könnte.

Ewiger Kampf und ewiger Sieg

Das Chaos im neuen Drama lichtet sich unserer Erkenntnis, wenn wir, die Willkür der äußeren Gestaltung übersehend, uns nur noch nach dem Sinn der allgemeinen Anarchie befragen. Dann fühlen wir nun doch in Durcheinander der futuristischen Zersplitterung, der kubistischen Starre und der expressionistischen Verseelung ein einheitliches Streben: mehr noch ein Treiben als ein Wollen. Für die meisten eher ein Georg Kaisersches „Fort wovon!" als ein „Wohin!" Mehr Flucht nach der Seele als Vormarsch des Geistes. Aber nun ist die Seele wieder entdeckt und muß nach ihrem Unten und Oben geschieden werden. Doch ihr göttliches „Oben" und ihr animalisches „Unten" darf keiner Verwechslung mehr unterliegen. Die Seele soll ihr Recht fordern! das ist die tiefe Bedeutung und das große Verdienst des Expressionismus — aber aus diesem Recht muß sie die neue Pflicht vom Geiste anerkennen. In vielen Kapiteln wurden die Höllen, Purgatorien und falschen Paradiese der Zeitdramatik durchwandert und der Weg führt wieder zum Eingang dieses Buches zurück. Nach der Mannigfaltigkeit muß das allgemeine noch einmal vor uns erstehen. Der Ausklang halle nach als die Bestätigung des Anfangs. Was dort Behauptung war, soll hier zur Überzeugung werden: das Drama ist nicht nur eine schöngeistige Kunstangelegenheit, sondern der Symbolspiegel unserer ethischen Kraft.

Die in Erde und Hölle verlorenen Bitterliche aus Kornfelds Geschlecht zielen schließlich verzweifelt über das Diesseits hinaus. Ihnen muß ein starker Glaube eigen werden, wenn sie es verantworten wollen, die Kraft der Menschen von der Erde wegzulenken. Für die Kirchengläubigen ist die Form des Jenseitsweges konfessionell gegeben. Ihre Seligkeit ist nicht nur auf ein gutgemeintes Programm gedruckt, sondern ein Wert, über dessen Gnadenfülle und menschliche Bedingtheit genaues zu erfahren jedem Dogmenwilligen freisteht. Weg aber mit allem halbgläubigen Kreuz=Getue und kosmischem Gefackel von einer Pensionsanstalt der Seele. Eine Luxusphilosophie, die sich Zeiten des Überflusses für ihre Dekadents und Snobs leisten dürfen. Ja, wären wir wirklich mitten im „Untergang des Abendlandes", wie ihn Oswald Spengler prophezeit, und müßten wir uns etwa gar die Relativitätslehre Einsteins aus der Naturerkenntnis für unser ethisches Sein zurechtlegen — dann allerdings bliebe uns im Bankerott alles Absoluten nur noch ein ästhetisierendes Rentnertum übrig. Kaisers Koralle und Strindbergs Buddha beschäftigten die Kunstgewerbler heftig, um die Devotionalienhändler des neuen Glaubens mit sakralen Bijous zu versehen. Industrien blühten auf, welche die niedlichsten Korällchen und die Vitziputzlis für die neuen Yoghis, Fakire und mystischen Häretiker schockweise fabrizierten, und kein Absolutes gälte höher, als das mit irgendeinem schönen Namen — Paradies, Nirwana, Lämmleinland — getaufte absolute N i c h t s: die Konsequenz der konsequenten Anarchie.

Um der Seele willen wurde sie proklamiert, tötete sie die geistige Form, machte sie so gründlich Tabula rasa, daß der ganze Tisch zusammenfiel. Da hat denn die von Strindberg neu entdeckte Triebseele keinen Erdenhalt mehr und fliegt wehkrächzend wie ein matter Vogel durch die Ruinenfelder einstiger Geistesmonumente; über christliche Tempel und asiatische Trümmerhaufen, denen sich das heimatlose Geflügel mit verlegener Mimikry angleicht. Seele und Liebe schweben zwischen Tier= und Gottwelt. Die Seele braucht ihr Geisteshaus; Gefühl formt sich im Willen; Liebe als ichsüchtige Neigung bedarf des Pflichtworts: Tat! Tat in der Liebe Namen! Sonst wird die Saat der Expressionisten in falscher Erde aufgehen. Sonst vollzieht sich die Emanzipation der „reinen Seele" in Treibhäusern und ästhetischen Klöstern. Die Predigt für die „reine Natur" des Menschen gegen die Heuchelei des Leibes wird aber zum Programm der Bestialität. Denn da so viele Gott nur da am stärksten spüren, wo ihres Fleisches Spürlust sich am angenehmsten regt, wird schließlich Deus und Phallus eins, wie Anima und Vagina, wie Held, Büßer und Zuhälter, wie Mutter und Dirne.

Nicht alle sind dieses Geistes. Auch jener von den vielen Dämonen Kaisers nicht, der sich im Haupt des Sokrates einnistete. Mit Unerbittlichkeit gegen Vertröstung auf das Jenseits und gegen den Wollusttaumel des Diesseits setzt Fritz von Unruh dem neuen Menschen eine neue Pflicht — er, der die alte Pflicht in ihrer radikalsten Form von Jugend auf erlitt und sie nun befehdet. Die elementarste Zweiheit der Menschen — Mann und Weib — soll zuerst überbrückt werden, damit die Monade für den Gemeinschaftskörper — Mann und Weib und Kind — bautüchtig sei. Der Liebeshaß soll überwunden werden, in welchem sich die Interessanten unserer Zeit mit Strindbergs Hilfe spiegelten. Das Chaotisch-Weibliche und Seelenhafte muß mit dem Kosmisch-Männlichen und Geistformenden unter ein gemeinsames Ideal gestellt werden. Es ist die alte Proklamation der Ehe; nicht schlechter, weil sie alt ist. Denn sie wirkt neu in einer Zeit, wo die Dirne und die Heilige aus bequem gedeuteten Dostojewski heraus beinah zu Synonymen wurden. Der Mutter-Gedanke ist der innigste in unserer jungen Literatur. Sorge, Hasenclever, Kornfeld, Unruh und noch viele suchen im Umkreis der Mutter den neuen Mythus. Mythus als die Sage von den ewigen Grundbeziehungen der Menschen zueinander. Hier als der Mythus der Verwandlung von Lust in Zeugungswille, vom Sinn der Paarung um des neuen Lebens willen; vom Ethos auf der Erde.

Damit ist die Tragik des Daseins jedoch nicht überwunden, wie es die Religiösen und die gedanklichen Besieger der letzten Zweiheit zustande bringen. Die Erde weiß vom ewigen Kampf der Elementarmächte des Hungers und des Triebes gegen den ethischen Willen und die höhere Liebe. Durch keine geistige Konstruktion läßt sich die Zweiheit der Pole wegdenken: Mensch und Schicksal, Ich und Alle, Begier und Verzicht, Liebe und Hassen. Endlich die metaphysisch bedingte Tragik des Werdens: Geburt und Tod. Lohnt es sich, um dieser Zweiheit zu entgehen, über unser Leben hinaus, uns in eine ungewisse oder theoretische Einheit emporzudenken? O nein! das Versprechen des Jenseits ist für die meisten Zuckerbrot und Beschwichtigung ihrer irdischen Saumseligkeit. Nicht nur die Religiösen sind gemeint. Die Utopisten des Jenseits von Gut und Böse sind nicht erdenhafter. Heiße das versprochene gelobte Land nun Himmel oder ein durch immerwährende Liebespredigt in hunderttausend Jahren von Tadel, Sünden und Begierden befreites Eden — so sind diese Zukunftsorte vollkommen gleichartiges Jenseits; nur nach den Maßstäben von Zeit und Raum verschieden gemessen. Das Land Utopia ist in hunderttausend Sonnenjahren und der Himmel des Lieben Gottes ist über Trillionen von Siriusfernen der romantischen Seele erreichbar.

Der Mensch, den wir heute und immer brauchen, hat sein Ethos auf die Gegenwart einzurichten. Er trägt den Lieben Gott in sich selber. Sein Gott ist die tätige Liebe. In der Liebe aller Menschen macht er sich wirklich und wirkend für die Seelen. Das ist erlaubte Mystik. Die neue

Pflicht ist die Liebe zu Allen. Für unser ethisches Verhalten von Mensch zu Mensch, als neuen Pflichten Gehorchende, kann nur der in uns beschlossene Gott befehlen. Und — seine Allmacht scheinbar schmälernd — wird er von Jedem fordern: Dein Wille sei frei! Freiheit in Liebe ist die Anbetung des Göttlichen im Mitmenschen.

Diese Willensfreiheit kann ein guter Gott nicht verdammen. Und wenn sie in Hybris und Selbsteitelkeit sich übernimmt, die Ewigkeit und die Unendlichkeit leugnet und sich in unbegreiflichem Selbstbetrug den Herrgott als Schöpfer und Beweger der Welt verneint, so ist die Sünde gegen den Allgeist nicht frevelhafter als die Herzensträgheit der nur Demütigen, die Liebesflucht der Einsiedler vor den Menschen, die Feigheit vor der Welt mit ihren Kämpfen.

Der Willensfreiheit wird mit der Gnade Gottes begegnet, aus der unser Seelen- und Leibesschicksal gelenkt und behütet werde. Die Gnade — was ist ein Wort! — die Gnade ist nicht wegzudenken aus der Welt. Aus Gnade kommt alles Gute, das unserer Seele eingeboren ward: unsere Talente, unsere Liebeskraft, unser Tatwille. Gnade gab das Pfund, mit dem wir wuchern müssen. Die höchste Gnade aber ist die Kraft zum freien Willen.

Ob dieser Wille mit der Opferung des Ichs für die Menschheit im Namen Gottes wirkt oder ob er das Ich einer Idee für Alle weiht — das berührt die Wertung des Menschen nicht anders. Der Liebesheilige und der Liebesheld sind große Menschen, die mit der Selbstüberwindung den Wert des Menschen bejahen. Liebe zur Menschheit ist hier nicht schwache Neigung, sondern gottgleiche Kraft. Der Gott, der ohne mystische Stimulantien uns zu dem unaufhörlichen Kampf gegen die Dämonen des Ego antreibt, und der den unerschütterlichen Glauben an den stets sich erneuenden Sieg des Guten in uns gelegt hat, dieser Gott ist auch den Kindern der Erde unentbehrlich. In seiner Gnade steht unsere Geburt und unser Tod, zwischen denen wir uns aus täglicher Schuld am Nächsten zum Leben in Freiheit emporringen. Sei die vom Willen freigegebene Tat von der „Liebe" oder vom „Gesetz" aus ursprünglich bewegt, ist für den Tätigen eitle Frage. Der Mensch steht zwischen Beiden. Immer soll die Tat dem für die Liebe siegenden Willen dienen. Und denke man sich den schwersten Konflikt: daß einer um einer großen Wahrheit willen Tausende sterben lassen müßte oder aus der Liebe zu Millionen heraus zum Verräter an der Idee werden müßte: verriete er mit der Idee nicht auch die Liebe zur Menschheit, die von der Idee ihr höheres Leben empfängt? Und wenn er sich nun fragte: was beginnen in diesem Gegenstreit der Wahrheit und der Liebe, den ihm das Schicksal mit böser List erfand? Was soll er tun? Die tragische Antwort heißt: das Schwerere!

Der ist ein Erfüller der Menschheit, der seine Verantwortung mit aller Schwere in sich selber prüft und um der menschlichen Aufgabe willen die selbe Forderung bei den Andern erhebt: weil er sie liebt und achtet. Dann fällt ihm nicht die paradoxe Frage einiger Moderner ein: ob bei der Mordtat der Verbrecher oder sein Opfer schuldig sei. Das geschieht wohl nur bei denen, die sich der ethischen Ansprüche an sich und den Andern begeben haben und in der Entlastung des Verbrechers ihr eigenes Gewissen entpflichten möchten. Nur da ist Leben, wo für die Liebe Pflicht getan und für die Wahrheit Kampf geführt wird. Der Einsatz ist absolut und fordert immer höchstes Opfer.

Jedes andere Lebensideal wäre auch der Tod des tragischen Dramas: wenn das Drama wie bisher das höchste Kunstsymbol des Menschen bleiben soll. Wünschen wir, daß die Besten auch die Weisesten werden und über aller Sehnsucht nach den fernen Zielen die Tragik des Daseins

nicht feige verleugnen. Sie kennen ja den Ursprung ihrer
eigenen Kämpfe. Der Geist des Jakob soll über „Himmel
und Hölle" Kornfelds ewigen Protest wachhalten; die Opfer=
tat der „Bürger von Calais" soll für die Selbstüberwindung
weiterzeugen und Unruhs Dietrich möge im „Taumel" nicht
vergessen, daß er nur mit immerfort kämpfender Liebeskraft
zum Sieg gelangt. Unser Ethos heißt: Tat für die Liebe
und Glauben an den Triumph der Wahrheit. Nicht Solda=
teneitelkeit und Märtyrerwollust dulden wir mehr auf den
Schlachtfeldern des Daseins, auf denen immer wieder die
tragischen Opfer fallen werden im Zeichen des Lichts, der
Liebe und des Lebens.

Zum Bühnenbild

Der Weg zur Symbol-Szene

Längst bevor die ersten revolutionären Stöße der expressionistischen Bildkünstler mit Futurismus und Kubismus die Illusion der verhaßten Wirklichkeit zerstörten, hatten bereits die Szeniker den Kampf gegen das realistische Theater aufgenommen. Nach der historischen Detailkrämerei der Meininger und der naturalistischen Überladung Otto Brahms, die der Geschichte und dem „Leben" mehr dienten als der künstlerischen Einheit des Bildes, strebte eine jüngere Generation zur Bühne des Stils und des Symbols. Maeterlinck, Hofmannsthal und die Neuromantiker forderten für ihre stark stilisierte und stimmungshafte Dichtung eine vom Detail des Alltags gereinigte und rhythmisierte Szene. Man wandte sich vom traditionellen Theatermaler ab, der immer nur schöne Architektur- und Landschaftshintergründe entwarf und steifleinene Kulissenbögen über den Bühnenraum schneiderte; der dann mit gemalten Versatzstücken aus allen möglichen Stilgegenden bunt erfüllt wurde, so daß ein flächiges Panorama oder bestenfalls ein Panoptikum entstand: für Wachsfiguren statt für lebendige Spieler. Man verlangte nun eine eigenkünstlerische Bildwirkung, die mehr als Hintergrund und Zutat war, die den Rhythmus der Dichtung erfaßte und verstärkte.

Von der Fläche zum Raum

Reinhardt war es, der wirkliche Kunstmaler zur Szenik heranzog. Aber was die Orlik, v. Hoffmann, Walser u. a. im ersten Jahrzehnt nach 1900 schufen, bestand im wesentlichen aus schönen Bildern und Graphiken, die mit peinlicher Sorgfalt für die Bühne hergerichtet wurden; bot aber nicht Kompositionen, die der Dreidimensionalität des Spielraumes angepaßt waren. Denn der Bühnenrahmen umgrenzt nicht eine Bild=Fläche, sondern einen Bild=Raum; und die elementarste stilistische Überlegung mußte sich sagen, daß der lebendige Schauspieler, selber eine dreidimensionale Plastik, sich nur in einem als Raum konzipierten Bilde stilvoll bewegen konnte. Wieder war es Reinhardt, dessen Bühnenauge diese Mängel erkannte, der alle Hilfsmittel der Technik und jede Anregung neuzeitlicher Szeniker erwog, um dem rundplastischen Schauspieler den „rundplastischen" Raum zu schaffen. In Reinhardts Werdegang ist zugleich die Entwicklung der Bühnenoptik vom malerischen Flächenbild über die plastisch tendierende Reliefbühne bis zur Architektur der Zirkusarena beispielhaft gegeben. Stand im alten Theater der Schauspieler gewissermaßen en face auf der Szene, wie immer bereit zur Opernarie, so wurde er auf der Flächen= und Reliefbühne der Maler zunächst einmal ins Profil gewendet und erlangte schließlich im Zirkus seine rundplastische Bedeutung: er stand nicht mehr im Bilde, sondern als Raumkörper im Raume. Der Szeniker aber hatte sich aus dem Theatermaler in den Bühnenarchitekten verwandelt.

Sobald man sich die Bühnenwände nun nicht mehr einfach malen lassen konnte, mußten Mittel zur Begrenzung des Raumes gefunden werden. Sie waren technisch schon fast alle gegeben; künstlerisch aber nicht stilvoll ausgenützt. In München kannte man seit 1869 den Rundhorizont, diesen „ewigen Prospekt" aus blauer Luftleinwand, der Hintergrund und Seiten abdeckte und die Kulissen im Prinzip überflüssig machte. Später wurde durch den eingebauten Kuppelhorizont auch die obere „Abdeckung" des Rahmens entbehrlich und ermöglichte zugleich mittels der

Erfindung von Fortuny und Linnebach eine gleichmäßige diffuse Lichtgebung zur Erfüllung des Raumes. Eine zweite epochale Erfindung war die 1896 errichtete Drehbühne Lautenschlägers im Münchener Residenztheater, deren Kreissegmente in der Folge zu neuartigen Kompositionen des Raumes reizten und rasche Verwandlungen gestatteten. Und noch eine dritte Anregung ging von München aus: das war die nach Tieck und Immermann, von Rudolf Genée wieder aufgegriffene Idee der Shakespearebühne, die von Jocza Savits und Lautenschläger im Hoftheater 1889 errichtet wurde: ein in den Zuschauerraum sich vorwölbendes Proszenium, eine ebenso neutral gehaltene Vorderbühne und eine durch Stufen erhöhte, durch einen Vorhang verdeckbare und mit veränderlichen Prospekten zu versehende Hinterbühne. Die Seitenkulissen aber sind durch neutrale Vorhänge ersetzt: die seither zu unerhörter Bedeutung gelangten „symbolischen Gardinen", die künftig alles — Schloß, Hütte und Landschaft — bedeuten konnten und die Phantasie der Bühnenmaler auf Jahre hin pensionierten. Ein architektonischer Raum war hier geschaffen, darin der Ort nach Savits Worten nur symbolisch angedeutet wurde, „um durch die Macht dieses Symbols den übrigen Theaterraum, auf welchem sich die Darsteller bewegen, mitsamt dem architektonischen Bau jeweils in die entsprechende, vom Dichter gewollte Örtlichkeit geistig zu verwandeln." Man sieht: viel weiter ist der Expressionismus im Prinzip der „geistigen Verwandlung" auch nicht gegangen; wohl aber in den Mitteln der Symbolik. Jedenfalls: der Raum als Raum war für die Bühne gesichert.

Rundhorizont, Drehbühne und die symbolische Architektur des Shakespeare-Podiums, dazu die Reliefbühne des Künstlertheaters mit ihren Vorhängen und verschiebbaren Seitentürmen — das sind die verdienstvollen Beiträge Mün=

chens zur neuen Theaterszenik. Aber sie waren primär weit mehr aus dem technischen Bedürfnis entstanden: vielbildrige Klassiker wie Shakespeare, „Faust" und „Götz", in raschen Verwandlungen bewältigen zu können, als aus einem fruchtbaren neuen Stilwillen. Die Drehbühne blieb ein Experiment; die symbolische Architektur der Shakespearebühne wurde durch überhängte Malerdekorationen alten Stils gleich wieder geschändet. Reinhardt aber (und mit und nach ihm andere Neuerer) stellte die neuen Erfindungen in den Dienst einer neuen Optik. Er detaillierte zwar noch lange mit Grasteppichen, echten Parkett- und Steinböden und echtem Wasser in Dandins Teich. Aber er nahm die Anregungen der Raumgestalter Appia und Gordon Craig auf und fand in Stern und Roller malerische Helfer von originalster Phantasie. Zur Raum-Begrenzung wurde der symbolische Vorhang und der Rundhorizont zu stilistisch konsequenter Anwendung gebracht. Zur Raum-Füllung erfand er die Spiel-Treppe und er baute die Drehbühne mit wirklichen dreidimensionalen Gebilden auf: die Kanäle und Paläste Venedigs, die Landschaften und Gassen des „Faust", und die rundum sich drehende Insel in Shakespeares „Sturm" wurden unter dem freien Himmel des Kuppelhorizonts zu erfülltem Raum, in dem der Schauspieler Erde, Wald, Haus, Brücke, Strand und Straße fand; und das wichtigste: Luft und Licht. Denn zur einheitlichen Erfüllung der Raummasse, zur gleichmäßigen Farbgebung und Vereinheitlichung der Stimmung bedurfte es des szenischen Fluidums: des gestaltenden, nicht nur des erhellenden Lichtes. Die uniforme Rampenbeleuchtung mit ihren unnatürlichen Schatten verschwand zugunsten einer Zentrallichtquelle und der mannigfach postierten Scheinwerfer, die aus dem stilisierenden, tongebenden Dämmer des Raumes wie auf Rembrandtbildern die Hauptszene herausleuchteten.

Pirandello
Sechs Personen
suchen einen Autor

Schauspielhaus Frankfurt a. M. / Bühnenbild L. Sievert / Regie F. P. Buch

Die expressionistische Deutung

Mit diesen Mitteln zur Raumbildung konnte der expressionistische Szeniker bereits technisch und teilweise auch künstlerisch seine Bühne aufbauen. Der moderne Dramatiker brauchte eine Szene, die er für seine Bilderserien, Passionen und Revuen rasch verwandeln konnte. Er hatte die flotteste und früher ungeahnte Bewältigung von Shakespeare, Lenz, Büchner und Grabbe auf den Berliner Bühnen erlebt, und es wurde also von hier aus keine „Technik des Dramas" mehr gefordert. Man konnte alles spielen, und man durfte alles dichten. Diese an sich wundervolle Freiheit wurde dann zur Anarchie mißbraucht, indem man sich auch nicht mehr nach den formalen Innenforderungen der Theater- und Dramenkunst zu richten hatte. Drehbühne, Symbolgarbine und Lichtstrahl wurden die Dramaturgen der neuen Dramatik.

Namentlich der Dritte im Bunde, der wahre Luzifer der jungen Anarchisten, verführte zu öder Stimmungsmacherei. Die clair-obskure Verdüsterung der Szene wurde Stil und Methode. Der Scheinwerfer erfüllte die Luft mit jenen Stimmungsgasen, von denen die Gewissensgespenster und Symbolschreier Atem und Leben erhielten. Der Raum, der völlig irreale Raum, war für die irrealen, weil nur noch typisch gültigen Ideenträger und Universal-Iche geschaffen. Sorges „Bettler" wurde 1912 nach des Dichters Angaben bereits in nebeneinanderstehenden Spielkammern gegeben, die vom Scheinwerfer je nach Bedarf ausgewählt und aus dem chaotischen Dunkel herausgehoben wurden. Hasenclever machte auf seinem Weg zum Kino in den „Menschen" aus dieser Lichtmarkierung ein szenisches Prinzip. Hasenclevers „Sohn" wurde durch Weichert und Sievert in Mannheim als einsames Ich in den Lichtkegel eingesperrt. Man sah also mit offenen Augen das Unsichtbare der dichterischen Absicht. Das Unsichtbare — die Bedeutung der Dinge statt der Dinge selber — galt es ja darzustellen. Die Häuser wurden Kuben, die Farben überwirklich, die Formen ornamental. Falkenberg in München brachte in seinen Strindberg=Aufführungen wohl die ersten „desillusionierenden" Straßenbilder. Sievert stellte in Pirandellos „Sechs Personen" oder in Hasenclevers „Jenseits" mit Meisterschaft einen Raum aus Dunst her: so leer durch die dämmerige Belichtung, daß selbst die begrenzenden Vorhänge kaum mehr sichtbar waren. Es galt die Wirklichkeit um jeden Preis zu vernichten. Menschengesichter wurden in Babbergers „Platz"= Inszenierung grün und blau übermalt, damit ihre Gespensterei konkret wurde. Kokoschka machte seinen „Hiob" zur futuristischen Orgie: jeden Bildwinkel ausnutzend. Delavilla malte in Wedekinds „Musik" Aufschriften auf die Bühnenwände, die keine Weltwirklichkeit mehr bedeuten sollten. Ja zur Desillusionierung ging man in Darmstadt so weit, bei Strawinskys „Soldaten" einen Stuhl wieder wie zu Laubes Zeiten an die Wand zu malen: also ein altes Mittel der gründlich entlarvten Illusionsbühne zur verdopplten Desillusion zu verwerten. Es war eben so viel trächtige Phantasie wie nihilistische Phantasterei am Werke.

Was an realen szenischen Gegenständen unbedingt vor Augen mußte, das wurde ins Ornament gebracht. Epochemachend wirkte Svend Gades Inszenierung von Strindbergs „Traumspiel", wo Menschenorgel und Fingalshöhle zu ineinander gleitenden Gebilden werden; wo ein Raum sich in eine Nummerntafel oder in einen Kleiderständer verwandelte. (Man erinnere sich an die Kapitel „Traumspiel=Poesie" und „Szenische Mimik".) Andeutung soll die Phantasie reizen: ein Kreuz bedeutet Kirche, ein Galgen Richtplatz. Nach Symmetrie und Linieneinfall wird die Welt geformt und

Ibsen
Kaiser und Galiläer

Schauspielhaus Düsseldorf / Bühnenbild E. Sturm / Regie Lindemann

Die expressionistische Deutung 451

die Schauspieler passen sich an mit ornamentalen Bewegungen: gespreizte und verkrampfte Stellungen wie Figuren auf Hodler=Fresken. Statt eines Kakteenfeldes ("Geretteter Alkibiades") malt Schenk von Trapp eine einzige himmelragende Kaktee und ein Dreieck, das den Felsen vorstellt. Licht und Dämmer geben Atmosphäre. Zu oft fällt diese Ornamentiererei ins Flächige und Malerische zurück, so daß der plastische Mensch wieder verwaist vor Karton und Leinwand steht und als Lebewesen die ganze Symbolik Lügen straft. Denn nicht alle kommen von der Inspiration des Ateliers los und erleben den Raum des lebendigen Spieles wie u. a. Roller, Ernst Stern, Rochus Gliese, Zuckermandl, Pirchan, Kainer (Kaisers "Europa") und der bedeutende Pilartz.

Der Mensch muß auf der Bühne Raum erhalten und darf sich dennoch nicht im Raum verlieren. Die schwerste Aufgabe bleibt, bei Vermeidung des Allzuwirklichen die Bühne dennoch hell zu halten; und ferner: die Bodenfläche plastisch in den Raum zu heben. Reinhardt hat seit seinem "Ödipus" (im Zirkus) die Treppe zur Aufteilung nach oben oft verwendet. Das Modell von Ed. Sturm zur Düsseldorfer Aufführung von "Kaiser und Galiläer" verneint durch architektonischen Aufbau das Bühnenniveau völlig. Auch mehrere Etagen sollen das Bild nach der Höhe steigern. Überall muß der Schauspieler plastisch in den Raum gestellt werden. Der Mensch darf nicht in der Leere stehen. Für die wechselvolle Auflockerung der Spielfläche hat Tairoffs Kammertheater entscheidende Anregungen gebracht. Er scheut sich nicht, das wilde Getriebe in Chestertons "Mann der Donnerstag war" in einem Maschinengerüst mit Eisenträgern, Brücken und Lifts abrollen zu lassen: die Mechanik unserer Zeit, wie sie Georg Kaiser zum Ausdruck seiner dramatischen Technik macht, konkret auf die Bretter zu stellen. Alles ist erlaubt, denn die Technik verbürgt jede Wirkung. Die schwachen Dramatiker erhalten durch sie allerdings eine szenische Stützung, die sie verweichlicht, weil die Ansprüche an die theaterliche Wirkung ihres Dramas auf die unerhörte Macht der Szenik übertragen wird.

Denn diese moderne Bühnenkunst gibt nicht mehr nur Ergänzung, Zutat und schöne Illustration des Dichterwerks, sondern sie wird zum stimmungsbildenden Bestandteil, organischen Erklärer und Erfüller der dramatischen Vision. Wie diese Dramen in der Mehrzahl dunkel und vor lauter Tiefsinn unverständlich sind, so hilft die Vertuschungskunst der Szenik, die Düsternis — statt zur Verlegenheit — zum Stil zu machen. Gewiß hat die ornamentale und lichtmäßige Irrealisierung der Bühne das schönste Clair-obscure in der ganzen Geschichte des Theaterbildes erzeugt. Aber das Halbdunkel muß nach und nach wieder der vollen Helle weichen. Der Schauspieler muß dem schützenden Stimmungsdämmer wieder entzogen werden und mit Figur und Stimme vital den Raum beherrschen. Der Raum wurde der Fläche abgewonnen, aber sein Stimmungshunger hat nun die Schauspieler verschluckt. Licht — räumlich und geistig — Licht muß wieder leuchten.

Sieg der Technik

Von Georg Kaiser zu Piscator

Der Dichter hat sich von der szenischen Technik überwinden lassen. Erst sträubte sich das Theater, seinen poetisch-unpraktischen Einfällen zu dienen; dann kam es seinen phantastischsten Einfällen so liebedienerisch entgegen, daß sich der Poet im Raum der unbegrenzten Möglichkeiten verlor. Da wurde er hilflos vor der allmächtigen Zaubermaschine, wurde ihr Sklave. Die literarische Dramaturgie hörte auf zu existieren vor einer technischen Dramaturgie, die eigentlich Szenologie zu heißen hätte. Die Drehbühne Max Reinhardts mit ihrem ingeniösen festen Aufbau war schon längst zum Dramaturgen geworden. Die Dichter bekannten es willig: indem sie ihr Drama nicht mehr in Akten, sondern in soundso viel Bildern schrieben.

Aus Bildern wurden Räume. Aus illusionären Räumen mit Symbolanspruch wurden im antiromantischen Rußland technische Räume. Meierhold und Tairoff (in „Der Mann, der Donnerstag war") verzichteten auf die illusionäre Raumbegrenzung, die einfach eine Leere umschloß (vgl. das Frankfurter Szenenbild zu Pirandellos „Sechs Personen" S. 448), sondern sie stellten in die Mitte des Raumes ein Maschinengerüst aus eisernen Treppen, Türmen, Brücken, Aufzügen, Bögen und Gängen. Dieses Gerüst war nicht mehr „Dekoration", nicht „Versatzstück", zunächst auch nicht symbolische Architektur und keineswegs das naturalistische Abbild einer Maschinenhalle. Es war schlechthin ein Instrument zur Plazierung der Schauspieler und Szenen im Raum: ein Stück sichtbarer Bühnenmaschinerie — ein Protest gegen die schwindelhafte Zauberkunst des romantischen Theaters. Die Technik sollte nicht verborgen werden; man durfte sehen: „wie es gemacht wird"; man durfte „von hinten" zugucken; denn es gab in diesem surrealistischen Theater gar kein geheimnisvolles Hinten mehr. Nirgends in der Kunst ist die vielberühmte „neue Sachlichkeit" zu so viel Sachlichkeit gelangt.

Im 17. und 18. Jahrhundert nannte man gewisse Zauberstücke — mit fliegenden Genien, Versenkungen und dem aus der Wolke steigenden Deus ex machina — „Maschinenstücke". Man bedauerte dabei tief, daß die Mechanik der Drähte und Seile nicht völlig unsichtbar gemacht werden konnte. Es waren heimliche Maschinenstücke, die der Romantik von Göttern dienten. In der russischen „Biomechanik" erleben wir das ehrliche Maschinenstück, das es sich leisten kann, mechanische Technik mit Kunst zu identifizieren, was dem Barockausdruck den Tod bedeutet hätte. Denn das Barock gab als Kunst die theatralische Pathetik und offenbarte damit den tatsächlichen Gestus der Zeit. Die heutige Gestik und Mimik der Straße, des Hotels, der Fabrik und des täglichen Lebens ist aber nicht pathetisch, sondern mechanisch. Die Maschine ist heute nicht bloß ein Hilfsmittel, sondern ein rhythmischer Former unseres gesamten Lebens.

Hier ist der Punkt, wo wir die Russenbühne auch kunstsymbolisch begreifen: das Maschinengerüst auf der Bühne ist nicht nur ein szenisch-mechanischer Faktor, sondern es wird zugleich zum symbolischen Ausdruck der technischen Epoche. Was Georg Kaiser in seinen dramatischen Konstruktionen wie „Gas II" oder „Hölle Weg Erde" noch mit der telegrammatischen Satzbildung und einer puritanischen Raumsymbolik erstrebte: für diese neue Welt der elektrischen Taster, Hebel, Bogenlampen und Signale eine dramatisch-symbolische Atmosphäre zu schaffen — auf Meierholds biomechanischer Bühne wurde das Symbol zur Realität. Der ungeheure Vorstoß Georg Kaisers zur „**Technik als Ausdruck**" — die Technik als dramatisches Hilfsmittel in eine technische Ausdruckskunst zu verwandeln — erbrachte auf der biomechanischen Russenbühne den optischen Sieg.

Der russische Exponent auf dem deutschen Theater heißt **Piscator**. Im geistesgeschichtlichen Ablauf der dramatischen Entwicklung ist Piscator die logische Konsequenz von Georg Kaiser. War Reinhardt seiner Zeit der theatralische Erlöser und Lückenfüller der dichterischen Neuromantik, so wurde Piscator zum Erfüller der „neuen Sachlichkeit" im Drama, der kein Dichter aus eigenen Kräften voll entsprechen konnte. Mußte Reinhardt als Regisseur nur Schwächen ausgleichen, Fehler unsichtbar machen und mit theatralischer Optik die dünne Dramatik verklären, so hat Piscator auch den letzten Anschein des „dienenden" Regisseurs preisgegeben. Das literarische Drama hatte die letzten dichterischen Energien ausgeschrien. Die Piscatorbühne wurde zum dramatischen **Ersatz**. Das Wort des Dichters sank zum Operntext herunter. Die alte Dramaturgie war zu Ende. Nach der Anarchie die **Theatrarchie**.

Der neuen Herrschaft mußten sich auch die Klassiker beugen. Am Staatstheater verwandelte Piscator Schillers „Räuber" in ein Bolschewistenstück. Alle spielen in der Russenbluse. Der Brigant Spiegelberg wird in den Mittelpunkt gestellt. Karl Moors Problem wird zur bourgeoisen Schwäche. Neue Dichter, die sich Piscator anvertrauten, mußten es erleben, daß sich ihr Stück von Probe zu Probe verwandelte. Ehm Welks „Gewitter über Gothland", dessen Fabel im fünfzehnten Jahrhundert spielt, wurde mit Filmaufnahmen aus der chinesischen Revolution auf das Datum

1927 aktualisiert. Die Dichterproteste waren berechtigt. Wer sich zu Piscator begab, kam darin um. Aber es war ein schöner und erfolgreicher Tod. Wie aus der Altweibermühle sprangen auf Piscators Bühne die ältesten Historien als junge Leute von der Tauentzienstraße oder aus einer Moskauer Gasse heraus. Denn Piscators Russentechnik bot ja nicht bloß eine szenische Methode, sondern den Ausdruckswillen zu unbedingter Gegenwart und Aktualität.

Tollers gemäßigte Dramatik in „Hoppla, wir leben" — dem Spiel vom deutschen Revolutionär, der acht Jahre im Irrenhaus gefangen sitzt und unvermittelt in die neugewordene Welt entlassen wird — dies brave Spiel erhielt in Piscators Methode den Ausdruck wildester Propaganda für Moskau. Über die Gerüste der Bühne, über die Spielkammern und Vierecksflächen huschte auf Gazeschleiern die lebendige Photographie des Films. Das gesprochene Wort vermittelte nur noch die Privatschicksale einzelner Menschen. Doch der erzählende Film führte das große Schicksal aller auf: der Krieg mit Schützengraben, Kanonen, Leichenfeldern; Hungersnot, Auflauf der Massen, Demonstration; Porträts ordensgeschmückter Generäle, zerlumpte Bevölkerung. Zeitungsausschnitte, Plakate, Schlagworte in Riesenschrift, Aufrufe, Fanfaren des Kampfes — das alles flirrte in monumentalen Zeichen über die Szene. Auch direkt in die Handlung greift der Film. Er spielt auf einer vorderen und einer hinter der Szene ausgespannten Gazewand. Vorn ist im allgemeinen das große Geschehen projiziert: das Fatum unser aller. Vom hinteren Apparat aus wird Hintergrund gedeutet. Hinter den offenen Gefängniszellen erscheint in vielfacher Menschengröße ein Pickelhaubensoldat, geht auf und ab als der leibhaftige Götze des Militarismus.

Ein neues dramarturgisches Prinzip ermöglicht sich auch

durch die neben- oder übereinanderliegenden Spielkammern: die Gleichzeitigkeit verschiedener Handlungen. Die Simultanbühne der Misterien des Mittelalters, dann die Nebeneinanderbühne van de Veldes, die Lichtkegeltechnik der Inszenierung von Sorges „Bettler" (wo von den vielen Spielzellen nur die jeweilig aktuellen vom Scheinwerfer bestrahlt wurden) fand bei Piscator die konsequenteste Weiterbildung zur Darstellung der Simultaneität. Gleichzeitige Vorgänge des Dramas spielen auch gleichzeitig im Nebeneinander. Auch der Film unterstützt diese Verdichtung der Zeit. Während in „Rasputin" die Zarin noch auf die Verteidigung des Schlosses durch die Leibwache hofft, sieht man im Film bereits die Erstürmung des Hauptors durch die revolutionären Truppen. Aus der dadaistisch wirkenden Vielheit der Bilder und Eindrücke wird auf dieser Bühne eine neue Einheit des Ortes und der Zeit geschaffen, von der Aristoteles, Racine und Schiller noch nichts ahnen konnten. Auch die Dauer der Zeit wird auf Piscators Bühne zur bildlichen Realität. In der Geschichte vom Soldaten Schwejk läuft quer, der Rampe parallel, der Bühnenboden als ein „laufendes Band": ein Trottoir roulant, auf dem der arme Musketier von Rußland her nach Deutschland läuft und läuft: sichtlich läuft! Nicht mit Bühnenschritten wie vor Wagners Parzifal-Wandel-Panorama, sondern mit müden, toderschlafften Beinen läuft er daher, während der Film die Steppen, Schneefelder, die Tannen, Berge und Dörfer an der endlosen Straße vorüberschnellt. Dem Drama vom Ewigen Juden wäre hier die erste realistische Szene geschenkt. Die Maschinerie wird zum Erreger vollkommen neuer dramatischer Möglichkeiten. Dichter heraus!

Ja, Dichter heraus! Denn die Piscator-Methode muß sich maschinell wiederholen, schematisieren und entgeisten, wenn nicht die dichterische Phantasie für dieses neue Instrument die Melodie erfindet. Wie Orgel oder Klavier aus der Eigenart ihrer Technik einen musikalischen Orgelstil oder Klavierstil erzeugten, so muß auch hier aus dem Instrument der neue Dramenstil für Wort und Spiel erfunden werden. Piscator ist der Untergang des alten Dramas. Er ist die Fanfare eines von Grund auf neuen. Die alte Anarchie ist zu Ende. Molière entwickelte aus der Typik der Commedia dell' Arte seine Charakterkomödie. Den mimischen Schemata schuf er den geistigen Inhalt, dem Gestus gab er Worte zum Reden.

Auch Piscators Mimus verlangt nach dem geistigen Dichter, der aus Rohstoff feste Formen schafft und der das knappe sachliche Wort findet zu dieser Szenik des Unmittelbaren. Der dem Schauspieler wieder Sprache gibt, so daß er sich auch auf Piscators Maschinenwelt nicht zur Puppe degradieren läßt. Denn noch wirkt der Film mit seinen allgemeinen Inhalten überwältigend über den spröden Text des Piscator=Dramas. Der Film offenbart das große Schicksal aller. Diese Filme von Krieg und Tod und Massenelend reden das Pathos des **antiken Chors**, zu dem die Einzelsprecher auf der Bühne nur kleine Dinge zu entgegnen haben. Sprache muß ins Gleichgewicht mit der Szene gebracht werden. Georg Kaiser hat sie vor=skizziert. Es muß eine starke Sprache sein.

Der Sieg der Technik auf der Bühne muß vom Sieg des Menschen über die Technik erhöht werden. Denn Technik vergißt leicht, daß sie zu dienen hat. Der Mensch läßt sich von ihr befehlen, und er ist willig; weil ihm sein müder Europäerwille abgenommen wird und mühelos mitgerissen vom Schwungrad des maschinellen Tempos. Die ungeheure geistige Aufgabe der Zeit ist es, eine Methodik im Gebrauch von Maschinen zu finden: Ökonomie des Telephons, des

Von Georg Kaiser zu Piscator

Autos; Zähmung der Hast; Formung der Zeit; Sich-selber-Finden im Rasen der Umwelt. Diese Aufgabe ist dem Dichter gestellt. Ohne Haß auf die Maschine hat er ihr Anrecht auf den Menschen zu verneinen. Wenn aus der allbeherrschenden Bühnentechnik — mit oder ohne Piscators Form — einst der redende Schauspieler wieder als Herrscher und Vermittler des Worts heraustritt, dann haben wir wieder ein Drama aus dem Geiste.

Der szenische Raum ist geschaffen. Keine Erinnerung des alten Theaters herrscht im Piscator-Raum. Illusion und Romantik sind verdrängt. Licht darf leuchten über der unmalerischen Realszene. Nur fehlt noch der Mensch dieses neuen Stils. Dichter heraus!

Register
Inhalts-Übersicht

# Register

Aeschylos 251. 349.
Appia 448.
Augier 151.

Bab, Jul. 251.
Babberger 450.
Barlach 284.
Beaumarchais 273.
Becher, J. R. 250.
Becker, J. M. 306. 322 f.
Beer-Hofmann 331.
Bergson 127.
Boetticher, v. 288 ff. 309. 348.
Brahm, Otto 446.
Brecht 7.
Bronnen 7. 10. 279.
Büchner 47. 321. 449.
Burggraf 312.
Byron 254.

Calderon 321. 327. 332 f.
Claudel 334 f.
Craig 448.
Csokor 311 ff. 323. 331.

Dante 158. 181. 327.
Darwin 150.
Delavilla 450.
Diderot 121 f.
Dietzenschmidt 327 ff. 330.
Dostojewski 125. 345. 404.
Dumas 151.

Eiblitz 287.
Eisner, Kurt 397 f. 405.
Ernst, Paul 36.
Eulenberg 136.
Euripides 252.

Falkenberg 450.
Feuchtwanger 285.
Flaubert 101. 121.
Fortuny 447.
Frank, Hans 240.

Gade, Svend 450.
George, Stef. 35. 79. 142. 235. 344. 346. 409.
Gliese 451.
Goering 393 ff. 400 f.
Goethe 25. 111. 166. 174. 193. 223. 266. 277. 309. 312 f. 316 f. 320. 426.
Goltz, v. d. 11. 279.
Grabbe 286 f. 449.
Grelle 312.

Hardt, Ernst 136. 242.
Hasenclever 10. 34 f. 70. 127. 166. 274 ff. 282 f. 299 ff. 309. 311. 323. 348. 421. 437. 449 f.
Hauptmann, Gerh. 136. 149. 242.
Hebbel 32. 48. 132. 158. 268. 307. 353.
Hodler 451.
Hoffmann, E. Th. A. 204. 220. 277. 352.
Hoffmann, L. v. 446.
Hofmannsthal 35. 79. 136. 235. 310. 328. 446.
Hölderlin 345.

Jahnn 10. 291.
Ibsen 28. 29. 32. 48. 70. 149. 154. 158. 176 f. 226.

230. 280. 307. 317. 320. 324. 351.
Immermann 447.
Johst 127. 282 f. 286 f. 290. 309. 348. 398 f.

Kainer 451.
Kaiser, Gg. 7. 10. 34 f. 57. 76. 77 f. 127 ff. 235. 282. 303. 310. 311. 315. 321. 323. 329. 339 ff. 390. 400 f. 404. 406. 411. 429. 435 f. 437. 441. 452. 454 f.
Kant 413.
Kleist 47. 235. 407. 408. 410.
Klinger, Fr. M. 121.
Kokoschka 296 f. 299. 309. 450.
Kornfeld 7. 34 f. 69. 166. 240. 254 ff. 279. 282 f. 284. 293. 308. 310. 312. 315. 325. 329 f. 392. 404. 418. 421. 426 f. 428. 435. 437. 441.
Kranz, H. 400 f.

Lauchner 285.
Laube 450.
Lautenschläger 447.
Lenau 254.
Lenz 47. 449.
Lessing 330.
Linnebach 447.
Lopez 327.

Maeterlinck 135 f. 446.
Meierhold 453.
Mann, Hch. 380.
Molière 78. 95. 109 f. 115. 126. 459.
Musset 152.

Nietzsche 106. 113. 120. 127. 132. 149. 229. 344 f.

Ohnet 125.

Peuckert 297 f. 299.
Pilartz 451.
Pirandello 450. 453.
Piscator 453 f.
Pirchan 451.
Plato 342 f. 345. 387.
Poe, E. A. 180. 204. 220.
Pulver, M. 334.

Reinhardt, Max 446 f. 448. 451. 453 f.
Rolland 119. 391 f.
Roller 448. 451.
Rousseau 225.
Rubiner 311. 400. 404 f.
Rutra 310.

Sachs, Hans 323.
Savits 447.
Schendel 310.
Schenk v. Trapp 451.
Scherer, Wilh. 191.
Schickele 392.
Schiller 25. 121 f. 126. 137. 235. 268. 274 f. 353. 387. 405 f.
Schleiermacher 247.
Schopenhauer 329. 345. 367.
Shakespeare 49. 107. 109. 236. 268. 306 f. 321. 327. 447. 449.
Sievert 449 f.
Sophokles 302 f.
Sorge, J. R. 34. 166. 235 ff. 259. 263. 265. 279. 283. 293. 295. 312. 348. 418. 437. 449. 457.

Steindorff 310.
Stern, Ernst 448. 451.
Sternheim 10. 34. 77ff. 128. 136. 226. 254. 293. 351 f.
Stramm, Aug. 293 ff. 298. 299. 321.
Strauß, Rich. 143.
Strindberg 29. 32 f. 76. 147 ff. 235 f. 240. 255. 262. 267. 281. 284 f. 291. 292 f. 296 f. 298. 309. 312. 315 f. 317. 321 f. 324 f. 331. 344. 346 f. 380. 420. 422. 436. 450.
Stucken 242. 327.
Sturm 451.
Sudermann 48. 151.
Swedenborg 181. 204. 230.

Taine 150.
Tairoff 451. 453.
Talhoff 240. 293.
Tieck 137. 247. 447.
Toller 11. 323. 399 f. 401. 405. 456.
Tolstoi 111 f. 120. 353. 404.

Unruh, Fritz v. 7. 11. 29. 34 f. 235. 240. 321. 404 ff. 437. 441.

Vischer, Fr. Th. 210.
Vollmöller 242. 327. 334.

Wagner, Rich. 28. 133. 135. 158. 186. 230. 235 f. 264. 344. 426. 458.
Walser 446.
Wedekind 32 f. 43 ff. 77 f. 79. 81. 113 f. 127 f. 129. 136. 142 f. 149. 152. 159. 170. 199. 226. 235. 278. 282. 344 f. 350. 450.
Weichert 449.
Weismantel 329.
Welk, Ehm 455.
Werfel 7. 10. 252 f. 254. 316 ff. 403.
Wildenbruch 151.
Wildgans 70. 127. 279 ff. 283. 312. 348.
Wolf, Friedr. 298. 312. 325 f.
Wolfram v. Eschenbach 317.

Zarek 288.
Zola 251.
Zuckermandl 451.
Zweig, Arn. 312. 349.
Zweig, Stef. 390. 391. 402 f.

Übersicht

Drama Geist Seele . . . . 15—40
  Ethos — Tragödie. Geist — Seele. Gesetz —
  Stil. Passion — Aktion.

Antiphilisterium . . . . 43—145
  Wedekind der Narr . . . . . 43—76
    Pädagogik („Frühlings Erwachen"). Moral=
    pauke („Der Marquis von Keith"). „Erdgeist".
    Die Paradoxie der Fleischmoral („Hidalla").
    Der Zirkus (Situationen: „Erdgeist", „Kam=
    mersänger", „Tod und Teufel", „Hidalla").
    Romantisches Selbstporträt („König Nicolo").
    Ironische Kulissen („Schloß Wetterstein").
    „Franziska" das Überweib. Ausklang in Jam=
    ben.

  Sternheim der Grandseigneur . . . 77—126
    Demaskierung der Sprache. Revolution
    in Krähwinkel. „Die Hose". „Die Kassette".
    „Bürger Schippel". Politik und Religion. „Der
    Snob".
    Jenseits von Gut und Böse. Roman=
    tische Rückfälle „1913". „Don Juan" und „Die
    Marquise von Arcis".

  Georg Kaisers Fleisch=Komödien . . . 127—145
    „Rektor Kleist". „Die jüdische Witwe". „König
    Hahnrei". „Zentaur" aus Pflicht und Neigung.
    „Europa".

Strindberg . . . . 147—232
  Strindberg — fin de siècle . . . . 149—185
    Der Psycholog. Haßliebe: Totentanz. Das
    Weib. Bekehrung in der Hölle.
    Der Monologist von „Damaskus". Ge=
    wissensgespenster. „Rausch und Ernüchterung".
    Das Geistermilieu. („Advent". „Ostern".)

Der Theatraliker Strindberg . . . . . 186—211
"Traumspiel". Traumspielpoesie (Die Traumspiel-Szene). Szenische Mimik. Kammerspiele — Stimmungsspiele. ("Wetterleuchten". "Brandstätte". "Scheiterhaufen". "Geisterfonate".)

Der Komplex Strindberg . . . . . . 212—232
Die Schwäche. Die biographische Fabel. Der Nervenspieler.

Die Seele im Theater . . . . . . 235—335
Ich-Dramen . . . . 235—291
Sorges lyrische Sendung ("Der Bettler"). Skepsis an der Weltkunst.

Lyrisches Theater. Franz Werfel, "Die Troerinnen des Euripides". Aschylos, "Prometheus".

Kornfelds Hybris und Demut. "Die Verführung". "Himmel und Hölle". Die Schwindsucht des Monologisten. "Der ewige Traum".

Der Junge Mensch. Hasenclevers In tyrannos ("Der Sohn"). Pubertätspathos (Arton Wildgans, "Liebe", "Dies irae"). Hanns Johst, "Der junge Mensch".

Ich-Historien und Romane. Hanns Johst, "Der Einsame". Otto Zarek, "Kaiser Karl V." Herm. v. Boetticher, "Friedrich der Große", "Die Liebe Gottes".

Bilder-Serien und Passionen . . . . . 292—335
Schrei-Dramen. August Stramm, "Geschehen". Oskar Kokoschka, "Mörder, Hoffnung der Frauen". "Hiob". Will-Erich Peukert, "Passion".

Hasenclevers Weg zum Kino. "Die Menschen". "Antigone".

Stationen des Ichs

Zufalls=Pilger (Werner Schendell, „Parteien", A. E. Rutra, „Golgatha", Ulrich Steindorff, „Die Irren". Franz Theodor Csokor, „Der große Kampf", „Die rote Straße"). Prolog im Himmel (Arnold Zweig, Rich. Beer=Hofmann). Die Absoluten (Franz Werfel, „Spiegelmensch", Jul. Maria Becker, „Das letzte Gericht". Revue. Friedrich Wolf, „Der Unbedingte". Dietzenschmidt, „Christofer". Weismantel, „Der Wächter unter dem Galgen").

Wunder. Calderon. Claudel, „Verkündigung".

Politik der Dramatiker . . . . . 339—432

Georg Kaiser der Denkspieler . . . 339—389

Der Platoniker. Der Kubist. Erotische Restbestände.
Der Aktivist („Die Bürger von Calais"). Der Passivist („Von Morgens bis Mitternachts"). Flucht zur „Koralle". Der Doppelgänger. Die Revue zur Erde („Gas". „Hölle, Weg, Erde"). Revue=Technik. Triumph der Bequemlichkeit. „Der gerettete Alkibiades".

Revolution . . . . 390—403

Das Problem (Romain Rolland, „Die Zeit wird kommen", René Schickele, „Hans im Schnakenloch").
Reinhard Goering, „Seeschlacht", „Scapa Flow", „Retter".
Tendenz. Kurt Eisner, „Die Götterprüfung", Ernst Toller, „Die Wandlung", Ludwig Rubiner, „Die Gewaltlosen".
Hanns Johst, „Der König", Herbert Kranz, „Freiheit", Stefan Zweig, „Jeremias".

Fritz von Unruh . . . . 404—432
 Pflichtdramen. „Offiziere", „Louis Ferdinand", „Ein Geschlecht", „Platz".

Ewiger Kampf und ewiger Sieg. 435—452

Zum Bühnenbild . . . . 445—452
 Der Weg zur Symbolszene. Von der Fläche zum Raum. Die expressionistische Deutung.

Sieg der Technik . . . . 453—459

Porträts

Frank Wedekind	48
Carl Sternheim	80
Georg Kaiser	128
August Strindberg	160
Fritz von Unruh	424

Bühnenbilder

Wedekind / Marquis von Keith 56
    Staatl. Schauspielhaus, Berlin, Bühnenbild E. Pirchan, Regie Jeßner.

Wedekind / Musik 72
    Neues Theater, Frankfurt a. M., Bühnenbild F. K. Delavilla, Regie Dr. Frank.

Hasenclever / Der Sohn 280
    Badisches Landestheater Mannheim, Bühnenbild L. Sievert, Regie Weichert.

Kaiser / Gas II 376
    Neues Theater, Frankfurt a. M., Bühnenbild Reinhold Schön, Regie Hellmer.

Kaiser / Hölle, Weg, Erde 384
    Neues Theater, Frankfurt a. M., Bühnenbild F. K. Delavilla, Regie Hellmer.

Kaiser / Der gerettete Alkibiades 388
    Hess. Landestheater, Darmstadt, Bühnenbild Schenk vom Trapp, Regie Kurt Barré.

Rolland / Danton 392
    Großes Schauspielhaus, Berlin, Bühnenbild E. Stern, Regie Reinhardt.

Brecht / Trommeln in der Nacht 400
    Münchner Kammerspiele, Bühnenbild O. Reigbert, Regie Falkenberg.

Unruh / Prinz Louis Ferdinand 408
    Hess. Landestheater, Darmstadt, Bühnenbild T. C. Pillartz, Regie Hartung.

Pirandello / Sechs Personen suchen einen Autor . . 448
    Schauspielhaus Frankfurt a. M., Bühnenbild L. Sievert, Regie F. P. Buch.

Ibsen / Kaiser und Galiläer 450
    Schauspielhaus Düsseldorf, Bühnenbild E. Sturm, Regie Lindemann.

Die Ziffern geben die Seite an, neben der das Bild steht

FUNDERBURG LIBRARY
MANCHESTER COLLEGE

809.2
D562a